Dr. John Coleman

DIE DIKTATUR
der SOZIALISTISCHEN
WELTORDNUNG

ⓞMNIA VERITAS®

John Coleman

John Coleman ist ein britischer Autor und ehemaliges Mitglied des Secret Intelligence Service. Coleman hat verschiedene Analysen über den Club of Rome, die Giorgio Cini Foundation, das Forbes Global 2000, das Interreligious Peace Colloquium, das Tavistock Institute, den schwarzen Adel sowie andere Organisationen, die der Thematik der Neuen Weltordnung nahe stehen, erstellt.

DIE DIKTATUR DER SOZIALISTISCHEN WELTORDNUNG

ONE WORLD ORDER
socialist dictatorship

Aus dem Englischen übersetzt und herausgegeben
von Omnia Veritas Limited

© Omnia Veritas Ltd - 2022

⊘MNIA VERITAS.

www.omnia-veritas.com

"Der Feind in Washington ist mehr zu fürchten als der Feind in Moskau." Diese Ansicht habe ich immer und immer wieder zum Ausdruck gebracht. Der Kommunismus hat den von Präsident George Washington errichteten Zollschutz nicht zerstört. Der Kommunismus hat die USA nicht gezwungen, die progressive Einkommenssteuer einzuführen. Der Kommunismus hat nicht den Federal Reserve Board gegründet. Der Kommunismus hat die USA nicht in den Ersten und Zweiten Weltkrieg hineingezogen. Der Kommunismus zwang Amerika nicht die Vereinten Nationen auf. Der Kommunismus hat dem amerikanischen Volk nicht den Panamakanal weggenommen. Der Kommunismus schuf nicht den Plan für den Massengenozid des Global-2000-Berichts. Es war der SOZIALISMUS, der diese Übel über die Vereinigten Staaten gebracht hat!

Der Kommunismus hat der Welt nicht AIDS beschert! Der Kommunismus hat Amerika keine katastrophalen Arbeitslosenquoten beschert. Der Kommunismus hat keine ständigen Angriffe auf die Verfassung der Vereinigten Staaten gestartet.

Der Kommunismus hat Amerika nicht dazu gezwungen, "Auslandshilfe" anzunehmen, diese verfluchte Steuer auf das amerikanische Volk, die eine unfreiwillige Knechtschaft darstellt.

Der Kommunismus hat nicht das Ende der Schulgebete durchgesetzt. Der Kommunismus förderte nicht die Lüge von der "Trennung von Kirche und Staat". Der Kommunismus hat Amerika nicht einen Obersten Gerichtshof voller Richter beschert, die miteinander verbunden und entschlossen sind, die Verfassung der Vereinigten Staaten zu untergraben. Der Kommunismus hat unsere Soldaten nicht in einen illegalen Krieg am Golf geschickt, um die Interessen der britischen Krone zu schützen.

Doch in all diesen Jahren, während unsere Aufmerksamkeit auf die Untaten des Kommunismus in Moskau gerichtet war, waren die Sozialisten in Washington damit beschäftigt, Amerika auszurauben! "One World Order: Socialistic Dictatorship" erklärt, wie dies erreicht wurde und wird.

EINLEITUNG

"Wir werden die Neue Weltordnung Stück für Stück bauen, direkt vor ihrer Nase" (das amerikanische Volk). "Das Haus der Neuen Weltordnung wird eher von unten nach oben als von oben nach unten gebaut werden müssen. Durch eine Umgehung der Souveränität, indem sie Stück für Stück ausgehöhlt wird, kann viel mehr erreicht werden als mit dem guten alten Frontalangriff." Richard Gardner, großer amerikanischer Sozialist, *Foreign Affairs*, die Zeitung des Council on Foreign Relations (CFR), April 1974.

I n diesem Buch (sowie in meinen anderen Titeln *Geschichte des Komitees der 300* und *Täuschungsdiplomatie*)[1] erkläre ich, wie Gardners Erklärung einen Einblick in die sozialistische Agenda der Fabianer für die Vereinigten Staaten gibt. Die Ideen, Gedanken und Personen, die fleißig daran arbeiteten, den Sozialismus, die wichtigste und fatale politische Krankheit der modernen Nationen, zu etablieren, werden ausführlich erläutert.

Darin wird über die verschiedenen Ziele der Sozialisten berichtet, die von der britischen Fabian Society festgelegt wurden, deren Motto "Make Haste Slowly" lautet.[2] Als Lenin gebeten wurde, den Kommunismus zu erklären, antwortete er: "Kommunismus ist gepresster Sozialismus". Der Sozialismus hat keinen anderen Ausweg als den Kommunismus, das ist etwas, das ich oft gesagt habe. Dieses Buch erklärt, warum so viele der Übel, die unsere heutige Gesellschaft plagen, ihren Ursprung in einer sorgfältigen

---

[1] Vgl. *Das Komitee der 300* und *Täuschungsdiplomatie*, Omnia Veritas Limited, www.omnia-veritas.com.

[2] "Langsam eilen", Anm. d. Übers.

sozialistischen Planung und Ausführung haben.

Der Sozialismus ist von Natur aus schlecht, weil er die Menschen dazu zwingt, absichtlich gestaltete Veränderungen zu akzeptieren, die sie weder gefordert noch gewünscht haben. Die Macht des Sozialismus ist mit beruhigenden Begriffen verkleidet und verbirgt sich hinter einer Maske des Humanitarismus. Sie zeigt sich auch in grundlegenden und weitreichenden Veränderungen in der Religion, die die Sozialisten seit langem als mächtiges Mittel einsetzen, um Akzeptanz zu erlangen, woraufhin sie ihren Einfluss innerhalb der Kirchen zum Nachteil aller Religionen ausweiten.

Das Ziel des Sozialismus ist die Liquidierung des Systems der freien Marktwirtschaft, das den wahren Kapitalismus darstellt. Der wissenschaftliche Sozialismus tritt in verschiedenen Verkleidungen auf, und seine Befürworter nennen sich Liberale oder Gemäßigte. Sie tragen keine Anstecknadeln und sind nicht erkennbar, wie sie es wären, wenn sie sich Kommunisten nennen würden.

In der Regierung der Vereinigten Staaten gibt es über 300.000 Sozialisten, und nach vorsichtigen Schätzungen waren 1994 87 Prozent der Kongressabgeordneten Sozialisten. Dekrete sind ein verfassungswidriger sozialistischer Trick, um den Weg der Gesetzgebung zu nutzen, um die Verfassung der Vereinigten Staaten unwirksam zu machen, wenn direkte Methoden nicht möglich sind, um die gewünschten sozialistischen Veränderungen herbeizuführen, die durch die Verfassung blockiert werden.

Der Sozialismus ist eine Revolution, die nicht auf offen gewalttätige Methoden zurückgreift, aber dennoch der Psyche einer Nation den größten Schaden zufügt. Er ist eine Bewegung, die von Heimlichkeit beherrscht wird. Ihre langsame Ausbreitung in die Vereinigten Staaten von ihrem Ursprungsort in England aus war bis in die 1950er Jahre hinein fast unbemerkt. Die sozialistische Fabian-Bewegung blieb von den Gruppen der sogenannten sozialistischen Partei getrennt und ihr Vormarsch war daher für die Mehrheit der Amerikaner fast unbemerkt. "Wenn man einen Kommunisten verletzt, blutet ein Sozialist" ist ein Sprichwort, das auf die frühen Tage des Fabianischen Sozialismus zurückgeht.

Der Sozialismus freut sich inbrünstig über die Ausbreitung der Macht der Zentralregierung, die er für sich selbst zu sichern versucht, wobei er stets behauptet, dies geschehe zum Wohle der Allgemeinheit. Die USA und Großbritannien sind zum Bersten voll mit falschen Propheten, die die Neue Weltordnung predigen. Diese sozialistischen Missionare predigen Frieden, Humanitarismus und das Gemeinwohl. Vollkommen bewusst, dass sie den Widerstand des amerikanischen Volkes gegen den Kommunismus nicht mit direkten Mitteln überwinden konnten, wussten die heimtückischen Fabianischen Sozialisten, dass sie leise und langsam vorgehen und es vermeiden mussten, das Volk auf ihre wahren Ziele aufmerksam zu machen. So wurde der "wissenschaftliche Sozialismus" als Mittel angenommen, um die USA zu besiegen und sie zum ersten sozialistischen Land der Welt zu machen.

Dieses Buch erzählt, inwieweit der Fabianische Sozialismus erfolgreich war und wo wir heute stehen. Die Präsidenten Wilson, Roosevelt, Eisenhower, Carter, Kennedy und Johnson waren begeisterte und willige Diener des Fabianischen Sozialismus. Sie haben die Fackel an Präsident Clinton weitergegeben. Demokratie und Sozialismus gehen Hand in Hand. Alle US-Präsidenten seit Wilson haben wiederholt erklärt, dass die Vereinigten Staaten eine Demokratie seien, obwohl es sich in Wirklichkeit um eine konföderierte Republik handelt. Der Fabianische Sozialismus lenkt das Schicksal der Welt auf eine verkleidete Art und Weise, um sie unkenntlich zu machen. Der Sozialismus ist der Urheber der progressiven Einkommenssteuer, der Zerstörer des Nationalismus und der Urheber des sogenannten "freien Handels".

Dieses Buch ist keine langweilige Abhandlung über die Philosophien des Sozialismus, sondern ein dynamischer und dramatischer Bericht darüber, wie er zur größten Bedrohung für freie Menschen auf der ganzen Welt geworden ist, insbesondere aber in den Vereinigten Staaten, die ihm noch immer frontal gegenüberstehen müssen. Die fade und glatte Oberfläche des Sozialismus verbirgt seine wahre Absicht: Eine föderale Weltregierung unter sozialistischer Kontrolle, in der wir, das Volk, ihre Sklaven in einer düsteren Neuen Weltordnung sein werden.

Kapitel 1

DER URSPRUNG DES FABIANISCHEN SOZIALISMUS UND SEINE GESCHICHTE

"Wie alle Sozialisten glaube ich, dass sich die sozialistische Gesellschaft mit der Zeit zu einer kommunistischen Gesellschaft weiterentwickelt." - John Strachey, Minister der Labour Party.

"Im Jargon der amerikanischen Zeitungen würde John Strachey als 'Marxist Nr. 1' bezeichnet werden, und der Titel wäre verdient." *Left News*, März 1938.

Der Fabianische Sozialismus begann mit der Fabian Society, die nach eigenen Angaben "aus Sozialisten besteht, die sich mit dem Kommunistischen Manifest von 1848 verbündet haben", das von Karl Marx verfasst wurde, einem in Preußen geborenen Juden, der den größten Teil seines Lebens in Highgate, London, gelebt hat. In den "Grundlagen der Fabian Society" erfahren wir Folgendes:

> "Sie zielt also auf die Reorganisation der Gesellschaft durch die Emanzipation des Bodens und des Industriekapitals vom individuellen Eigentum und ihre Abtretung an die Gemeinschaft zum allgemeinen Nutzen. Nur so können die natürlichen und erworbenen Vorteile des Landes vom gesamten Volk geteilt werden...".

Das ist das Prinzip, das der Fabianische Sozialismus in die Vereinigten Staaten exportierte und unermüdlich dem amerikanischen Volk aufzwang, zum großen Schaden der Nation.

Marx starb einsam im Oktober 1883, ohne jemals die Vision, die er mit Moses Mendelssohn teilte, verwirklichen zu können (Mendelssohn wird allgemein als Vater des europäischen Kommunismus anerkannt), und wurde auf dem kleinen, geschlossenen Friedhof von Highgate im Norden Londons beigesetzt. Professor Harold Laski, der Mann, der von der Gründung bis zu seinem Tod im Jahr 1950 am engsten mit der Bewegung verbunden war, gab zu, dass das Kommunistische Manifest den Sozialismus zum Leben erweckt habe.

Aber in Wirklichkeit wurde der Sozialismus mit der Gründung der Ethical Society of Culture, früher Fellowship of New Life, in New York geboren. Obwohl die politische Ökonomie von John Stuart Mill, wie sie in Henry Georges sozialistischem Buch "Progress and Poverty" zum Ausdruck kommt, sollte die spirituelle Seite des Sozialismus nicht ignoriert werden. Webb und seine Frau Beatrice leiteten die Fabian Society seit ihren Anfängen. Die meisten Mitglieder der Fellowship of New Life, der Vorgängerin der Ethical Society of Culture, waren Freimaurer, die der okkulten Theosophie von Madame Blavatsky angehörten, der auch Annie Besant anhing.

Laski war keineswegs ein "spiritueller Mann", der eher Marx als Ramsay McDonald ähnelte, der später Premierminister von England wurde. Laski übte einen erheblichen Einfluss auf Dutzende britische politische, wirtschaftliche und religiöse Führer aus, und ihm wird ein unwiderstehlicher Einfluss auf die Präsidenten Franklin Delano Roosevelt und John F. Kennedy zugeschrieben. Victor Gollancz, der sozialistische Herausgeber, erklärte wiederholt, dass der Sozialismus für die Weltherrschaft notwendig sei:

> "Der Sozialismus zentralisiert die Macht und macht die Individuen denjenigen, die diese Macht kontrollieren, völlig untertan", erklärte er.

Nachdem er sich aus der Fellowship of the New Life zurückgezogen hatte, versuchte der Fabianische Sozialismus verschiedene Wege, die bereits von den Kommunisten, Bakunisten, Babouvisten (Anarchisten) und Karl Marx beschritten worden waren, wobei er stets vehement jegliche Verbindung zu diesen Bewegungen abstritt. Da der Fabianische Sozialismus hauptsächlich aus Intellektuellen, Beamten, Journalisten und Verlegern wie dem großen Victor Gollancz bestand, hatte er kein Interesse daran, sich in die Straßenkämpfe der anarchistischen Revolutionäre zu verwickeln.

Die Gründungsmitglieder des Fabianismus perfektionierten die Technik, die Adam Weishaupt zum ersten Mal anwandte - die Technik, in die katholische Kirche einzudringen und sie "von innen heraus zu zerfressen, bis nur noch eine leere Hülle übrig bleibt". Dies wurde "Penetration und Imprägnierung" genannt. Offenbar glaubten weder Weishaupt noch Gollancz, dass die Christen intelligent genug sein würden, um zu erkennen, was vor sich ging.

Gollancz hätte gesagt:

> "Die Christen sind nicht gerade brillant, daher wird es für den Sozialismus leicht sein, sie durch ihre Ideale der brüderlichen Liebe und der sozialen Gerechtigkeit auf unseren Weg zu führen."

Der Fabianische Sozialismus zielte neben der christlichen Kirche auch auf politische, wirtschaftliche und Bildungsorganisationen ab. Später gewährten die Left Wing Books von Gollancz Christen, die sich für sozialistische Ideen interessierten, besondere Rabatte. Das Auswahlkomitee des Left Book Club bestand aus Gollancz selbst, Professor Harold Laski und John Strachey, einem Abgeordneten der Labour Party. Gollancz, dem auch The Christian Book Club gehörte, war der festen Überzeugung, dass das bolschewistische Russland ein Verbündeter des Sozialismus sei. Auf Anregung von Beatrice Webb veröffentlichte er einen der Bestseller der Fabian Society, "Our Soviet Ally" (Unser sowjetischer Verbündeter).

Von Beginn seiner Geschichte an war der Fabianische Sozialismus bestrebt, die britischen Labour- und liberalen Parteien und später auch die Demokratische Partei in den USA zu durchdringen und zu durchdringen. Er war unerbittlich in seinem Eifer und seiner Energie, einen "feministischen" Sozialismus zu schaffen, was ihm auch gelingen sollte. Der Sozialismus schaffte es, unter dem Vorwand, das Los der Arbeiter zu verbessern, die Oberhand über Schulkommissionen, Gemeinderäte und Gewerkschaften zu gewinnen. Die Entschlossenheit des Fabianischen Sozialismus, das Bildungswesen an sich zu reißen, spiegelt das wider, was Frau Sinowjew im bolschewistischen Russland schon lange geraten hatte.

1950 veröffentlichte Gollancz "Corruption in a Profit Economy", ein viel gelesenes Buch von Mark Starr. Starr ist ein Produkt des Fabianischen Sozialismus und obwohl er an den Rändern als etwas brutal gilt (er begann sein Leben als Kohlebergarbeiter), wurde er von den Sozialisten der Ivy League in Harvard und Yale nicht abgelehnt, zu denen die Fabian Society in ihrem geordneten Aufstieg nach oben seit ihren bescheidenen Anfängen in London Zugang gehabt hatte. Starr emigrierte 1928 in die Vereinigten Staaten, nachdem er beim National Council of Labour Colleges seine sozialistischen Beglaubigungsschreiben erhalten hatte.

Ausgebildet von der großartigen Margaret Cole, der Gründerin des Fabian Research Center, war Starr DAS Bindeglied zwischen der Fabian Society in London und den aufkommenden sozialistischen Bewegungen in Amerika. Starr diente von 1925 bis 1928 am Brockwood Labor College und war von klein auf einer unvergleichlichen sozialistischen Erziehung unterworfen. Der Socialist Garland Fund gewährte Starr ein Stipendium in Höhe von 74.227 US-Dollar, was damals eine beachtliche Summe war. Anschließend wurde er von 1935 bis 1962 Bildungsdirektor der International Ladies Garment Workers Union (ILGWU). Seine Arbeit in der Gewerkschaftspolitik und -erziehung war für die Sache des Sozialismus bemerkenswert. Für Starr bedeutete Bildung zu lehren, dass privater Profit schlecht ist und abgeschafft werden muss.

1941 wurde Starr zum Vizepräsidenten der American Federation of Teachers, einer damals avantgardistischen sozialistischen Lehrerorganisation, ernannt. Nachdem er die amerikanische Staatsbürgerschaft angenommen hatte, wurde Starr von Präsident Harry Truman in die durch das öffentliche Gesetz 402 autorisierte Beratungskommission der Vereinigten Staaten berufen, "um das Außenministerium und den Kongress über den Betrieb von Informationszentren und Bibliotheken, die von der Regierung der Vereinigten Staaten in fremden Ländern unterhalten werden, sowie über den Austausch von Studenten und technischen Experten zu beraten". Es handelte sich tatsächlich um einen "Schlag" für den Sozialismus in den Vereinigten Staaten!

Der Fabianische Sozialismus zog einen Großteil der gesellschaftlichen Elite in Großbritannien und den Vereinigten Staaten an. Von den amerikanischen Sozialisten heißt es, dass sie "ihre englischen Pendants nachahmten und deren Sprachbeherrschung, schnelle Redewendungen und raffinierte

Respektabilität bewunderten, die vielleicht durch Professor Graham Wallas, Sir Stafford Cripps, Hartley Shawcross und Richard Crossman personifiziert wurde".

Professor Graham Wallas hielt einen Vortrag an der New School for Social Research in New York, einem sozialistischen "Think Tank", der von der Zeitschrift *New Republic* gegründet wurde und sich an linksgerichtete Professoren wendet, von denen die USA mehr als genug haben. Wallas war einer der ersten Intellektuellen, die sich der damals noch namenlosen Fabian Society anschlossen, die 1879 vor einer sehr ungewissen Zukunft stand und nicht als Bedrohung für die Regierung oder die Kirche angesehen wurde. Wallas' frühes Interesse an der Bildung spiegelt sich in einer seiner ersten Anstellungen wider - der des County School Management Committee des School Board. Wie wir in anderen Kapiteln sehen werden, betrachtete die Hierarchie der Fabianischen Sozialisten die Kontrolle über die Bildung als das Rückgrat ihrer Strategie zur Eroberung der Welt.

Dieses Ideal spiegelte sich auch in Wallas' Ernennung zum Professor an der London School of Economics wider, die von Sydney Webb gegründet wurde und noch eine junge sozialistische Bildungseinrichtung war. Wallas hatte damals nur vier Studenten in seiner Klasse.

Wallas war der Meinung, dass der Weg, ein Land zu sozialisieren, angewandte Psychologie sei. Der Weg, Amerika zu sozialisieren, so argumentierte Wallas, bestand darin, die Masse der Bevölkerung wie Kinder an die Hand zu nehmen (er hatte keine hohe Meinung vom Bildungsniveau in den Vereinigten Staaten) und wie Kinder Schritt für Schritt auf dem Weg zum Sozialismus, zu dem ich hinzufügen würde, und zur endgültigen Versklavung zu führen. Wallas ist ein wichtiger Name in dieser Erzählung über den Sozialismus, denn er schrieb ein Buch, das von Präsident Lyndon Johnson wortwörtlich als offizielle Politik der Demokratischen Partei übernommen wurde.

Der unheimliche schleichende Vormarsch des Sozialismus, der England zu überziehen begann, hätte ohne den Ersten Weltkrieg verhindert werden können. Die Blüte der christlichen britischen Jugend, die sich dem Vormarsch dieses fremden Konzepts widersetzt hätte, lag tot auf den Feldern Flanderns, ihr Leben sinnlos an das nebulöse Ideal des "Patriotismus" verschwendet. Betäubt durch den schrecklichen Verlust ihrer Söhne, kümmerte sich die ältere Generation nicht darum, was der Sozialismus ihrem Land antat, und glaubte, dass "es immer ein England geben wird".

Die Sozialpsychologie war eine geschickt eingesetzte Waffe, um die Angriffe auf die amerikanischen Fabian-Organisationen abzulenken. Die Organisation Americans for Democratic Action (ADA) erklärte, sie sei nicht Teil der Fabian Society, und ihr Sprecher, die Zeitung *The Nation,* versuchte vehement, die Versuche, die beiden Organisationen miteinander in Verbindung zu bringen, zu dementieren.

1902 lehrte Wallas bei den Sommerkursen der Universität Philadelphia den reinen Sozialismus. Er war von reichen amerikanischen Sozialisten, die 1899 und 1902 an den Oxford-Sommerkursen teilgenommen hatten, in die USA eingeladen worden. In dieser Zeit waren die Sommer-Indoktrinationskurse bei reichen Amerikanern, die nichts Besseres zu tun hatten, auf dem Höhepunkt ihrer Beliebtheit. Im Jahr 1910 wurde Wallas zum Mentor amerikanischer sozialistischer Führer wie Walter Lippmann, als er die Lowell Lectures in Harvard hielt. Graham Wallas wurde als einer der vier großen sozialistischen Intellektuellen Großbritanniens anerkannt und als solcher von dem amerikanischen Sozialisten Ray Stannard Baker um Hilfe gebeten. Dieser war der Gesandte, den Colonel Edward Mandel House zur Pariser Friedenskonferenz schickte, um ihn zu vertreten und zu berichten, was die Delegierten taten.

Zwischen 1905 und 1910 schrieb Graham Wallas das Buch "The Great Society" (Die große Gesellschaft), das zum Leitbild des gleichnamigen Programms von Präsident Johnson werden sollte und die Grundsätze der Sozialpsychologie aufgriff. Wallas machte deutlich, dass das Ziel der Sozialpsychologie darin bestand, das menschliche Verhalten zu kontrollieren und so die Massen auf den kommenden sozialistischen Staat vorzubereiten, der sie schließlich in die Sklaverei führen würde - auch wenn er darauf achtete, dies nicht so deutlich zu erklären. Wallas wurde in den USA zu einem Vermittler der Ideen der Fabianischen Sozialisten, von denen viele in Roosevelts "New Deal", der von dem Sozialisten Stuart Chase verfasst wurde, in Kennedys "New Frontier", die von dem

Sozialisten Henry Wallace verfasst wurde, und in Johnsons "Great Society", die von Graham Wallas verfasst wurde, einflossen. Allein an diesen Tatsachen lässt sich der enorme Einfluss des Fabianischen Sozialismus auf die politische Bühne der USA ermessen.

Wie Professor Laski hatte auch Wallas denselben guten Charakter und dieselbe Freundlichkeit, die später einen so großen Einfluss auf die politischen und religiösen Führer der Vereinigten Staaten haben sollten. Beide Männer sollten die erfolgreichsten Missionare der Fabian Society an Universitäten und Colleges in den gesamten Vereinigten Staaten werden, ganz zu schweigen von ihrem Einfluss auf die Führer der aggressiven "feministischen" Bewegung, die gerade erst entstanden war.

So wurde dieser gefährlich radikalen Bewegung seit dem Beginn des Fabianischen Sozialismus in Amerika fälschlicherweise ein Mantel der Güte umgehängt, der in der Lage war, "die Auserwählten" zu täuschen, um die Bibel zu paraphrasieren. Sie diente als Deckmantel für die Revolution auf beiden Seiten des Atlantiks und hielt sich gleichzeitig von der Gewalt fern, die üblicherweise mit dem Wort "Revolution" in Verbindung gebracht wird. Die Geschichte wird sich eines Tages daran erinnern, dass die sozialistische Fabianische Revolution die gewalttätige bolschewistische Revolution an Reichweite und Ausmaß weit übertroffen hat. Während die bolschewistische Revolution vor über fünfzig Jahren zu Ende ging, nimmt die fabianische sozialistische Revolution immer noch an Umfang und Stärke zu. Diese unscheinbare Bewegung hat buchstäblich "Berge versetzt" und den Lauf der Geschichte erheblich verändert - und zwar nirgendwo so sehr wie in den Vereinigten Staaten.

Die beiden Leuchttürme, die bis an ihr Lebensende Meister des Fabianischen Sozialismus blieben, waren George Bernard Shaw und Sydney Webb. Später schlossen sich ihnen Männer wie Graham Wallas, John Maynard Keynes und Harold Laski an. Sie alle wussten, dass der Traum von der sozialistischen Eroberung Großbritanniens und der Vereinigten Staaten nur durch die schrittweise Schwächung des Finanzsystems jedes Landes verwirklicht werden konnte, bis sie in einem totalen Wohlfahrtsstaat zusammenbrachen. Das sehen wir heute, nachdem Großbritannien überholt und zu einem gescheiterten Wohlfahrtsstaat geworden ist.[3] Die zweite Stoßrichtung des Fabianismus richtete sich gegen die von der US-Verfassung mandatierte verfassungsmäßige Gewaltenteilung. Professor Laski und seine Kollegen glaubten, wenn der Fabianische Sozialismus dieses Hindernis beseitigen könne, hätten sie den Schlüssel zur Demontage der gesamten US-Verfassung in der Hand. Es war daher zwingend erforderlich, dass der Sozialismus spezielle Veränderungsagenten ausbildete und einsetzte, die in der Lage wären, diese wichtigste Bestimmung der Verfassung zu untergraben. Die Fabian Society machte sich an die Arbeit, und der Erfolg ihrer Mission lässt sich an der schockierenden Art und Weise ablesen, wie der Kongress seine Befugnisse munter an die Exekutive abgibt, und zwar in einer Weise, die man nur als nicht nur unklug, sondern auch zu 100 Prozent verfassungswidrig beschreiben kann.

Ein gutes Beispiel wäre das Vetorecht, das Präsident Clinton unter Missachtung der Verfassung eingeräumt wurde. Ein weiteres gutes Beispiel ist, dass bei Handelsverhandlungen auf Befugnisse verzichtet wird, die von Rechts wegen dem Repräsentantenhaus zustehen. Wie wir in den Kapiteln über NAFTA und GATT sehen werden, hat der Kongress genau das getan und damit, ob absichtlich oder unabsichtlich - das spielt keine Rolle -, den sozialistischen Feinden dieser Nation in die Hände gespielt.

Sydney Webb und George Bernard Shaw waren die Männer, die den fabianischen sozialistischen Kurs festlegten: Durchdringung und Durchdringung statt Anarchie und gewaltsame Revolution. Beide waren entschlossen, die Öffentlichkeit dazu zu bringen, zu glauben, dass Sozialismus nicht unbedingt links und schon gar nicht Marxismus bedeutete. Beide reisten auf dem Höhepunkt des Terrors ins bolschewistische Russland und ignorierten das öffentlich bekannte Gemetzel eher, als dass sie es kommentierten. Von den beiden war Webb am meisten von den Bolschewiken beeindruckt und schrieb ein Buch mit dem Titel "Der sowjetische Sozialismus - eine neue Zivilisation? ". Später stellte sich heraus, nachdem ein Beamter des sowjetischen Außenministeriums übergelaufen war,

---

[3] Was soll man über das heutige Frankreich sagen...? Nde.

dass Webb das Buch offenbar gar nicht wirklich geschrieben hatte, sondern dass es vom sowjetischen Außenministerium stammte.

Shaw und Webb wurden bekannt als die "Dämonen des Sozialismus, die darauf warten, ausgetrieben zu werden", bevor der Sozialismus seine Flügel ausbreiten und, wie Shaw es ausdrückte, "den Kommunismus von den Barrikaden retten kann." Obwohl Shaw behauptete, sich nicht um die FORM zu kümmern, drückte er dennoch seine Überzeugung aus, dass der Fabianische Sozialismus zu einer "konstitutionellen Bewegung" werden würde. Selbst als die "Großen" des Sozialismus in die Bewegung strömten - Toynbee, Keynes, Haldane, Lindsay, H.G. Wells und Huxley - behielten Shaw und Webb ihren Einfluss auf die Fabian Society in London und führten sie in die Richtung, die sie so viele Jahre zuvor gewählt hatten.

Shaws fast immer mittellose Bedürftigkeit wurde durch seine Heirat mit Charlotte Payne Townshend, einer Dame mit beträchtlichen Mitteln, gelindert, was, wie manche meinen, der Grund dafür war, dass der jähzornige Shaw sie heiratete. Dafür spricht auch die Tatsache, dass Shaw, bevor das Ehegelübde ausgetauscht wurde, darauf bestand, dass man sich in Form eines umfangreichen Ehevertrags um ihn kümmerte.

Shaw hielt keine Ansprachen mehr auf Seifenkisten und traf sich nicht mehr in Kellern, sondern strebte danach, sich sozial in die High Society des Sozialismus einzureihen. Männer wie Lord Grey und Lord Asquith wurden seine guten Freunde, und obwohl Shaw noch ein oder zwei Reisen nach Moskau unternahm, kühlte er gegenüber dem Kommunismus ab. Obwohl er ein bekennender Atheist war, hielt das Shaw nicht davon ab, diejenigen zu kultivieren, von denen er glaubte, sie könnten seine Karriere vorantreiben, wie insbesondere Lord Asquith. Shaw nahm von niemandem Befehle entgegen, schon gar nicht von "Neulingen" wie Hugh Gaitskell, dem späteren Premierminister von England und Schützling der Rockefeller-Familie. Shaw sah sich definitiv als "alte Garde" an der Seite von Sydney und Beatrice Webb. Diese harten und abgebrühten Berufssozialisten hatten auf dem politischen Parkett viele Stürme überstanden und schreckten auch vor einer oftmals beträchtlichen externen Opposition und "Familienfehden" nicht zurück.

Der Fabianische Sozialismus begann 1883 in Form der

Debattiergesellschaft "Nueva Vita" (Neues Leben), die sich in einem kleinen Raum in der 17 Osnaburgh Street in London traf. Dies war den Anfängen der deutschen nationalsozialistischen Bewegung nicht unähnlich, die später von Hitler übernommen wurde. Eines der Ziele von "Nueva Vita" war es, die Lehren Hegels und des Heiligen Thomas von Aquin in einem Amalgam zu vereinen.

Aber das Wort "Sozialismus" war nicht neu, denn es existierte bereits seit 1835, lange bevor die "Nueva Vita" 1883, am Abend des Todes von Marx, ihre ersten Schritte unternahm. Der Leiter der Gruppe - die aus vier Personen bestand - war Edward Pease, und ihr Ziel war es, die Bildung als Vehikel für die sozialistische Propaganda zu nutzen, die eine so tiefgreifende Wirkung auf die Bildung und die Politik auf beiden Seiten des Atlantiks haben sollte. Das schien eine große Herausforderung für eine Gruppe von Männern zu sein, die nicht die erforderliche öffentliche Bildung erhalten hatten, eine Notwendigkeit für die zukünftigen Führer des viktorianischen Englands, und doch zeigt eine Untersuchung der Fabian Society, dass sie genau das erreicht haben.

In einem ziemlich großartigen Stil benannten die jungen Männer ihre Gruppe nach Quintus Fabian, einem berühmten römischen General, dessen Taktik darin bestand, geduldig darauf zu warten, dass der Feind einen Fehler machte, um dann hart zuzuschlagen. Der Ire George Bernard Shaw schloss sich im Mai 1884 der Fabian Society an. Shaw kam aus dem Hampstead Historical Club, einem marxistischen Lesezirkel. Es ist merkwürdig, dass sowohl Shaw als auch Marx in geringer Entfernung voneinander zum Sozialismus kamen - Hampstead Heath ist nicht so weit von Highgate entfernt. Und beide besuchten das British Museum. (Zufälligerweise kenne ich diese Gegend gut, da ich in Hampstead und Highgate gelebt und viele Jahre meines Studiums im British Museum verbracht habe.) In gewisser Weise wurde also meine Wahrnehmung dessen, was der Fabianische Sozialismus war, durch diese Umstände klarer.

Obwohl Shaw nie zugab, Marx zu kennen, obwohl er um dessen Tochter Eleanor warb, wird vermutet, dass er Marx' "Anführer" bei der Verbreitung des Sozialismus an das Publikum war, an das er sich am häufigsten wandte, viermal die Woche, überall, wo er sie finden konnte. Eine Studie, die ich im British Museum durchgeführt habe, lässt mich glauben, dass der Kommunismus den Sozialismus erfunden hat, um seine radikalen Ideen zu transportieren, die sonst in England oder den USA, den beiden Ländern, die der Kommunismus für seine Eroberung am meisten begehrt, nicht gut angekommen wären.

Es gibt kaum Zweifel in meinem Kopf, dass Shaw ein "verkleideter" Marx war, so wie der Sozialismus der "verkleidete" Kommunismus war. Meine Theorie gewinnt an Gewicht, wenn wir erfahren, dass Shaw 1864 als Delegierter der Fabianer an der Sozialistischen Internationale in London teilnahm. Wie wir wissen, war Marx der Schöpfer der Sozialistischen Internationale, in deren Verlauf seine falschen Theorien ad infinitum neben der reinen kommunistischen Propaganda gepredigt wurden. Karl Marx hat nie versucht, das unheilige Bündnis zwischen der Kommunistischen Internationale und seiner eigenen Sozialistischen Internationale zu verbergen, aber Shaw und die Webbs und später Harold Laski haben jede Verbindung zum Marxismus oder Kommunismus vehement abgestritten.

Die Fabianer verbrachten endlose Stunden mit der Frage, ob die "Sozialdemokratie" oder der "demokratische Sozialismus" der Schlachtruf sein sollte. Letztendlich war es der "demokratische Sozialismus", der in den USA so erfolgreich eingesetzt wurde. Shaws Idee war, dass sozialistische Intellektuelle (zu denen er selbst gehörte) bei den Wahlen die Führung übernehmen würden, während die Arbeiter das Geld bereitstellen würden. Diese Idee wurde erfolgreich von der ADA kooptiert, die die Kongressausschüsse mit "Experten" überschwemmte, die nach Harvard pendelten, um die ungebildeten und unerfahrenen Senatoren und Abgeordneten auf den Wegen des sozialistischen Verrats zu verwirren und durcheinander zu bringen.

Sozialismus HAT NICHTS MIT GLEICHHEIT UND FREIHEIT zu tun. Es geht auch nicht darum, der Mittelschicht und den Arbeitern zu helfen. Im Gegenteil, es geht darum, das Volk mit allmählichen und subtilen Mitteln zu versklaven - eine Tatsache, die Shaw einmal in einem Moment der Unachtsamkeit zugab. Graham Wallas' Buch "Great Society" und Lyndon Banes Johnsons "Great Society" waren das Gleiche, und auf den ersten Blick sah es so aus, als würde das Volk der Nutznießer der Großzügigkeit der Regierung sein, aber in Wahrheit war es nur eine mit sozialistischem Honig geköderte Versklavungsfalle. SOLANGE DER SOZIALISMUS LEBT, KANN DER KOMMUNISMUS NICHT TOT SEIN, UND DAS IST ES, WOHIN DER SOZIALISMUS DIESE NATION FÜHRT - IN DIE STAHLFALLE DES KOMMUNISMUS.

Wir müssen uns daran erinnern, was der große Präsident Andrew Jackson über den verborgenen Feind unter uns gesagt hat:

> "Früher oder später wird sich dein Feind zeigen, und du wirst wissen, was zu tun ist. Du wirst mit vielen unsichtbaren Feinden deiner hart erkämpften Freiheit konfrontiert sein. Aber sie werden sich zur rechten Zeit zeigen - genug Zeit, um sie zu vernichten".

Hoffentlich werden dem amerikanischen Volk, das durch die fälschlicherweise sozialistische Politik von vier Präsidenten geblendet wurde, die Schuppen von den Augen genommen, bevor es zu spät ist.

Ein zweiter verkappter Marxist war Sydney Webb, der von Sir Bertrand Russell in den folgenden Jahren so verächtlich als "Angestellter des Kolonialministeriums" abgetan wurde. Webb war wütend, weil er leugnete, Marx jemals getroffen zu haben, aber wie bei Shaw gibt es auch hier Indizienbeweise dafür, dass Webb sich tatsächlich ziemlich regelmäßig mit Marx traf. Im Gegensatz zu Shaw, der erst spät heiratete, heiratete Webb recht früh Beatrice Potter, eine reiche und furchteinflößende Frau, die seine Karriere mehr vorantreiben sollte, als er zugeben wollte.

Beatrice war die Tochter eines kanadischen Eisenbahnmagnaten, die sich in Joseph Chamberlain verliebt hatte, aber von ihm aufgrund des Klassenunterschieds zurückgewiesen worden war. Zu dieser Zeit bedeutete Geld zu haben nicht, dass man automatisch in die besten Kreise aufgenommen wurde. Man musste aus den "richtigen" Kreisen kommen, was in der Regel eine Ausbildung an einer öffentlichen Schule bedeutete (eine "öffentliche Schule" in England ist das Gleiche wie eine Privatschule in Amerika). Schon bei ihrer ersten Begegnung waren Shaw und die Webbs auf einer Wellenlänge und bildeten ein hervorragendes Team.

Die von der Fabian Society vorgeschlagene sozialistische Revolution sollte einen langen und dunklen Schatten auf England und später auf die Vereinigten Staaten werfen. Ihre Ziele unterschieden sich nur wenig von denen, die im Kommunistischen Manifest von 1848 formuliert wurden:

"Sie zielt also auf die Reorganisation der Gesellschaft durch die Emanzipation des Bodens und des Industriekapitals vom individuellen Eigentum und ihre Verleihung an die Gemeinschaft zum allgemeinen Nutzen. Sie arbeitet daher auf die Ausrottung des Privateigentums an Grund und Boden hin... Sie sucht diese Ziele zu erreichen durch die allgemeine Verbreitung von Kenntnissen über die Beziehungen zwischen dem Einzelnen und der Gesellschaft in ihren wirtschaftlichen, ethischen und politischen Aspekten."

Es gab keine Denunziation der Religion, keine langhaarigen Anarchisten, die mit Bomben herumrannten. Nichts von all dem. Auch Faschisten waren willkommen, wie die Tatsache zeigt, dass Sir Oswald Mosely und seine Frau, geborene Cynthia Curzon, beide überzeugte Sozialisten waren, bevor sie sich dem Faschismus anschlossen. Shaw, der Sozialist der "alten Garde", lobte Hitler in den Jahren vor dem Zweiten Weltkrieg. Anstatt seine wahren Farben zu zeigen, gab sich der Fabianismus Allüren und Anmut, die seine gefährlichen revolutionären Absichten Lügen straften: Die ungeschriebene Verfassung Englands und die geschriebene Verfassung der Vereinigten Staaten sollten unterwandert und durch ein System des Staatssozialismus ersetzt werden, und zwar durch einen Prozess, der als "Gradualismus" und "Durchdringung und Imprägnierung" bekannt ist.

Hier gibt es einige Ähnlichkeiten zwischen Hitler und den Fabianisten: Zunächst schenkte ihnen niemand die geringste Aufmerksamkeit. Doch im Gegensatz zu Hitler war die Vision von Shaw und Webb eine Welt, die sich zu einer Neuen Weltordnung entwickelt, in der alle Menschen glücklich und zufrieden sind, und das ohne Gewalt und Anarchie.

Die Fabianer begannen, ihre Flügel auszubreiten und waren 1891 bereit, ihre erste "Fabian News" zu veröffentlichen. Zu dieser Zeit begann Beatrice Webb, radikalen Feminismus zu lehren und entwickelte das Forschungsprogramm der Fabianer, das später mit großem Erfolg von Richter Louis Brandeis eingesetzt wurde und als "Brandeis Brief" bekannt wurde. Dieses Programm bestand aus einem Band nach dem anderen an "Forschungs"-Material, genug, um die Gegner zu überwältigen, abgedeckt durch den dünnsten juristischen Schriftsatz. Unscheinbare und unbedeutende neue Mitglieder wurden nicht sehr gefördert: Webb und Shaw waren der Meinung, dass ihre Bewegung nur für die Elite bestimmt war - sie waren nicht an Massenbewegungen von Menschen ohne Geld und Einfluss interessiert.

Deshalb wandten sie sich an die Universitäten von Oxford und Cambridge, wo die Söhne der Elite ausgebildet wurden, die später die Botschaft der Fabian Society (passend als "Reformen" getarnt) in das Herz und die Seele des Parlaments tragen sollten. Das Ziel der Fabian Society war es, Sozialisten in Machtpositionen zu bringen, wo man sich auf ihren Einfluss verlassen konnte, um "Reformen" durchzuführen.

Dieses etwas abgewandelte Programm wurde auch in den USA praktiziert und brachte Roosevelt, Kennedy, Johnson und Clinton hervor - allesamt Sozialisten. Diese Agenten des Wandels wurden in der Art der Fabianer ausgebildet, die Soziologie und Politik kombinieren, um Türen zu öffnen. Einfache Zahlen waren nie ihr Stil. Eines ihrer Elitemitglieder, Arthur Henderson, der 1929 britischer Außenminister war, initiierte die diplomatische Anerkennung des monströsen bolschewistischen Regimes, der die USA einige Jahre später folgten.

Die erste Zelle der Fabian Society in Oxford wurde 1895 eröffnet, 1912 gab es drei weitere, wobei Studenten mehr als 20 Prozent der Mitglieder stellten.

Dies ist vielleicht die wichtigste Zeit für das Wachstum der Fabian Society; die Studenten werden in den Sozialismus eingeführt, und viele von ihnen werden später zu Weltführern.

Die kleine Bewegung, der 1891 niemand Beachtung geschenkt hatte, war da. Eine der gefährlichsten radikalen und revolutionären Bewegungen des 20. Jahrhunderts hatte in England Wurzeln geschlagen und begann bereits, sich in den USA auszubreiten. Laski, Galbraith, Attlee, Beaverbrook, Sir Bertrand Russell, H.G. Wells, Wallass, Chase und Wallace; das waren einige der Fabianischen Sozialisten, die eine tiefgreifende Wirkung auf den Kurs haben sollten, den die Vereinigten Staaten nehmen würden.

Dies galt insbesondere für Professor Laski. Nur wenige in der

Regierung waren sich in den dreißig Jahren, die Laski in Amerika verbrachte, der Tiefe seines Eindringens in das Bildungswesen und die Regierung selbst bewusst. Er war ein Mann, der die Prinzipien des Sozialismus täglich in die Tat umsetzte. Laski hielt Vorlesungen in vielen Bundesstaaten und an den Universitäten von Oregon, Kalifornien, Colorado, Columbia, Yale, Harvard und Roosevelt in Chicago. Während dieser ganzen Zeit drängte er immer wieder auf die Annahme eines Bundesprogramms für "Sozialversicherungen", das, wie er nicht erwähnte, zum sozialistischen Ziel eines TOTALEN Wohlfahrtsstaates führen würde.

Später besuchten Laski, Wallas, Keynes und viele führende Politiker und Wirtschaftswissenschaftler der Fabian Society das Tavistock Institute of Human Relations[4] , um die Methoden von John Rawlings Reese zu erlernen, die als "innere Konditionierung" und "langfristige Durchdringung" bekannt sind. An dieser Schule wurde auch Henry Kissinger ausgebildet.

Nach und nach begannen die Fabianisten, wie sie es gewohnt waren, in die Labour- und die liberale Partei einzudringen, von wo aus sie einen großen Einfluss auf die Sozialisierung des Engländers ausübten, der früher fest in seiner Unabhängigkeit stand und nicht bereit war, Hilfe von der Regierung anzunehmen. Obwohl die Webbs den Verdienst für die "Penetrationstechnik" beanspruchten, wurde dieser Anspruch 1952 von Oberst I.M. Bogolepow hart untergraben, der erklärte, dass der gesamte Plan für die Webbs im sowjetischen Außenministerium verfasst worden sei, ebenso wie ein Großteil des Inhalts der zahlreichen Bücher, die die Webbs angeblich geschrieben hätten. Bogolepow fuhr fort, dass ein großer Teil des Inhalts der Webb-Bücher von ihm selbst geschrieben worden sei. "Sie haben ihn nur hier und da ein wenig verändert, ansonsten wurde er Wort für Wort kopiert", sagte der Oberst.

Wie so oft, wenn linke oder sozialistische Helden entlarvt werden, deckt und lobt die Presse den Entlarvten mit massenhaft irrelevantem Wortgeklingel, bis die Anklage fast vergessen ist. Wir

---

[4] Vgl. *The Tavistock Institute of Human Relations - Shaping the Moral, Spiritual, Cultural, Political and Economic Decline of the United States of America*, John Coleman, Omnia Veritas Ltd, www.omnia-veritas.com.

sehen dies fast täglich in der Presse in Bezug auf den moralischen Charakter und die politische Unfähigkeit von Präsident Clinton. "Er gehört ihnen, und egal, was man über ihn sagt, sie werden den Schlamm nicht trocknen lassen", sagte einer meiner Kollegen aus dem Geheimdienst. Und sie entlasten Clinton. Wenn man die Berichte über Clintons zweifelhafte Moral und politische Fehler analysiert, kommt man nicht umhin, von der Schadensbegrenzung der Fabianischen Sozialisten beeindruckt zu sein: "Waschen" des Ziels und Ersticken des Angreifers in einem Wortschwall, der wenig mit den Problemen zu tun hat.

Als ich die Geschichte der Fabian Society im British Museum in London studierte, war ich beeindruckt von den beeindruckenden Fortschritten einer winzigen Gruppe von Unbekannten, die schließlich einige der bedeutendsten Politiker, Schriftsteller, Lehrer, Ökonomen, Wissenschaftler, Philosophen, Religionsführer und Verleger in den Orbit der Fabian Society brachte, während die Welt ihre Existenz nie zu bemerken schien. Es gibt eine Erklärung dafür, warum die tiefgreifenden Veränderungen, die sich vollzogen, kein Grund zur Beunruhigung waren. Die fabianische Technik, "Reformen" als "vorteilhaft", "gerecht" oder "gut" darzustellen, war der Schlüssel zu ihrem Erfolg.

Dasselbe gilt für die amerikanischen Sozialisten. Alle wichtigen Maßnahmen der fünften sozialistischen Kolonne in Washington werden als "Reformen" getarnt, die dem Volk zugute kommen werden. Der Trick ist so alt wie die Welt, aber die Wähler fallen jedes Mal darauf herein. Roosevelts "New Deal" stammte direkt aus einem fabianisch-sozialistischen Buch mit demselben Titel von Stuart Chase, und doch wurde er offenbar als echte "Reform" des Systems akzeptiert. Selbst Woodrow Wilsons Eingeständnis des Verrats der Kerenski-Regierung war in eine Sprache gekleidet, die darauf ausgelegt war, das amerikanische Volk absichtlich zu täuschen, indem sie es glauben machte, die in Russland stattfindenden "Reformen" seien zum Nutzen des Volkes. Johnsons "Große Gesellschaft" war ein weiteres "amerikanisches" Programm, das direkt aus einem von Graham Wallas geschriebenen Buch mit dem Titel "Die Große Gesellschaft" stammte.

Mit der Gründung der London School of (Socialist) Economics, obwohl sie ursprünglich bei weitem nicht so prätentiös war, wie der

Titel vermuten ließ, wurden die Fabianischen Sozialisten auf beiden Seiten des Atlantiks zunehmend einflussreicher bei der Gestaltung der Geldpolitik. Die Einrichtung wurde stark aufgewertet, als die Rockefeller-Stiftung ihr einen erheblichen Zuschuss gewährte. Die Methode, sozialistische Einrichtungen durch Zuschüsse der wohlhabenden Elite zu finanzieren, sowie ihre täglichen Programme für die Armen wären Shaws Idee, die er nach dem Besuch einer Vorlesung an der London School of Economics aktiviert hatte.

Die Armen für "lokale" Programme zahlen zu lassen, lief im Grunde darauf hinaus, Gewerkschaften in der Arbeiterklasse zu gründen und dann die Mitgliedsbeiträge zu verwenden, um sozialistische Programme zu erleichtern und zu finanzieren. Das ist ähnlich wie bei den Freimaurern, die uns gerne wissen lassen, dass sie großzügige Summen an Wohltätigkeitsorganisationen zahlen. Das Geld kommt jedoch in der Regel aus der Öffentlichkeit und nicht aus den Kassen der Freimaurer. In den USA sind die Shriners berühmt für ihre Spenden an Krankenhäuser, aber das Geld kommt aus der Öffentlichkeit über die von den Shriners organisierten Straßensammlungen. Keines ihrer eigenen Gelder geht jemals an Krankenhäuser.

Die "Vier Säulen des Hauses des Sozialismus", die Sydney Webb kurz nach dem Ersten Weltkrieg verfasste, wurden nicht nur in Großbritannien, sondern auch in den USA zum Modell für künftige sozialistische Maßnahmen. Dieser Plan sah die Zerstörung des auf Wettbewerb basierenden Produktionssystems für Waren und Dienstleistungen, unbegrenzte und eingreifende Steuern, massive Sozialhilfe, keine privaten Eigentumsrechte und eine einzige Weltregierung vor. Diese Ziele unterschieden sich nicht so sehr von den Grundsätzen, die Karl Marx im Kommunistischen Manifest von 1848 aufstellte. Die Unterschiede lagen eher in der Methode der Umsetzung, dem Stil, als in der Sache.

Im Detail sollte die staatlich finanzierte Sozialhilfe das erste Prinzip sein. Das Wahlrecht für Frauen war eingeschlossen (die Geburtsstunde der Frauenrechtsbewegungen), alles Land sollte verstaatlicht werden, ohne jegliches Recht auf Privateigentum. Alle "dem Volk dienenden" Industrien (Eisenbahn, Elektrizität, Licht, Telefon usw.) sollten verstaatlicht werden, "Privatprofit" sollte aus dem Versicherungswesen eliminiert werden, die Beschlagnahmung von Reichtum durch Steuern sollte intensiviert werden und schließlich wurde das Konzept einer einzigen Weltregierung dargelegt: Internationale Wirtschaftskontrollen, internationale Gerichte, die für internationale Gesetze zur Regelung sozialer Angelegenheiten sorgen.

Eine oberflächliche Betrachtung des Kommunistischen Manifests von 1848 offenbart, wo die "Recherche" für die "Vier Säulen" stattfand. Während "Four Pillars" sich ausschließlich mit der Sozialisierung Großbritanniens befasste, wurden viele seiner Ideen von Wilson, Roosevelt, Johnson, Carter und jetzt Clinton in die Praxis umgesetzt. Die Bewegung "Labour and the New Social Order" sorgte in den USA für Furore, wo ihre revolutionären Ziele nicht anerkannt wurden, obwohl Hitler als größte Bedrohung für die Welt dargestellt wurde. Ob wir es wollten oder nicht: Die von Wilson, Roosevelt, Kennedy, Johnson, Carter und Reagan eingeführten Politiken und Programme trugen alle den Stempel "Made in England By the Fabian Society". Das gilt für Clinton mehr als für jeden anderen früheren Präsidenten.

Ramsay McDonald, der in die USA geschickt worden war, um "das Land auszuspionieren", wurde der erste sozialistische britische Premierminister der Fabian Society. McDonald setzte das Modell für künftige Premierminister, die sich mit sozialistischen Beratern der Fabian Society umgeben sollten, eine Tradition, die von Margaret Thatcher und John Major fortgesetzt wurde. Auf der anderen Seite des Atlantiks umgaben die Fabian-Sozialisten Präsident Wilson und legten ihm ein Programm zur Sozialisierung der Vereinigten Staaten vor. Es war ein durchaus spektakulärer Erfolg dieser wenigen Männer unter der Führung von Pease, die sich zu Beginn des Jahrhunderts aufmachten, die Welt zu verändern, und dies unter voller Nutzung der "Präsidentenberater" taten.

Einer der aufsteigenden Sterne im engen Kreis der Fabian Society war Sir Stafford Cripps, ein Neffe von Beatrice Webb. Sir Stafford spielte eine wichtige Rolle dabei, die amerikanischen Sozialisten zu beraten, wie man die USA dazu bringen könnte, am Zweiten Weltkrieg teilzunehmen. 1929 war Cripps ein Wegweiser für den Eintritt der Oberschicht in den Fabianismus gewesen, und das, obwohl Fabianismus und Kommunismus an den Rändern unscharf geworden waren und mehrere führende Konservative der Zeit davor gewarnt hatten, dass es zwischen dem Fabianischen Sozialismus und dem Kommunismus nicht viel zu wählen gab, außer dass es keine Mitgliedskarten für Fabianische Sozialisten gab.

Das Jahr 1929 sah auch den Aufstieg eines anderen Sterns, der dazu bestimmt war, die Wirtschafts- und Finanzpolitik vieler Nationen, einschließlich Englands, aber vielleicht noch wichtiger, die der Vereinigten Staaten, zu erschüttern. John Maynard Keynes war dank Männern wie Gollancz mit seinem gigantischen linken Verlag und seinem Left Book Club und Harold Joseph Laski zu einer virtuellen Ikone der Fabian Society geworden. (1893-1950)

Seltene Dokumente der Fabian Society, die ich im British Museum gesehen habe, waren der Meinung, dass Keynes ohne Laskis Segen nicht viel erreicht hätte. Laski wurde in diesen Dokumenten als "die Vorstellung, die jeder von einem Sozialisten hat" beschrieben.

Selbst der große H.G. Wells ging vor Laski in die Knie und bezeichnete ihn als "den größten sozialistischen Intellektuellen der englischsprachigen Welt".

Laski stammte von jüdischen Eltern aus einfachen Verhältnissen ab und es heißt, dass Hitlers Machtübernahme ihn zu einem Kämpfer für die Rechte der Juden in Palästina machte. Mit Earnest Bevin, dem sozialistischen Premierminister Großbritanniens, kam es häufig zu wütenden Auseinandersetzungen. Am 1er Mai 1945 hielt Laski als Vorsitzender der britischen Labour Party eine Rede, in der er wiederholte, dass er nicht an die jüdische Religion glaube, da er Marxist sei. Aber jetzt sagt Laski, dass er glaubt, dass die Wiedergeburt der jüdischen Nation in Palästina lebensnotwendig ist. Dies wurde von Ben Gurion selbst bestätigt.

Laskis Meinung wurde Präsident Truman und Rabbiner Stephen Wise am 20. April 1945 übermittelt. Truman hatte Roosevelts harte Linie zugunsten jüdischer Bestrebungen, wie sie von Laski diktiert worden war, geerbt. Als es zu Unruhen über die Frage kam, ob jüdische Siedler in Palästina zugelassen werden sollten, schickte Truman eine Kopie dessen, was viele für einen fabianisch-sozialistischen Bericht über den Status der Flüchtlingslager in Europa hielten, und forderte den damaligen Außenminister Bevin auf, 100.000 Juden aus den Lagern auswandern und sich in Palästina niederlassen zu lassen.

Trumans Botschaft führte bei Bevin zu einer tiefen Verstimmung mit Laski und Truman. Bevins Bild von den Juden war weder pro noch contra. Seine Ansichten wurden durch die von Clement Attlee, dem damaligen Premierminister von England, entschieden abgemildert. Bevin zufolge sind die Juden keine Nation, während die Araber eine solche sind. "Die Juden brauchen keinen eigenen Staat", sagte Bevin. Er sagte Laski, dass er Trumans Vorschlag nicht die geringste Beachtung schenken würde, und schob ihn auf "den Druck der jüdischen Abstimmung in New York". Bevins Weigerung, die Dinge (auf Laskis und Trumans Art) zu sehen, führte zu endlosen Streitereien.

Bevin schloss sich seiner Politik aus der Überzeugung heraus an, dass

> "die Araber waren im Wesentlichen in der Region heimisch und pro-britisch, während ein zionistischer Staat das Eindringen eines fremden und störenden Elements bedeutete, das die Region schwächen und dem Kommunismus Tür und Tor öffnen würde".

Selbst als Weizman ihn treffen wollte, weigerte sich Bevin, mehr als eine monatliche Quote von fünfzehnhundert Juden anzubieten, die nach Palästina gehen könnten. Davon musste die Zahl der illegalen jüdischen Einwanderer abgezogen werden, die jeden Monat nach Palästina kamen. Dies war eine der wenigen Gelegenheiten, bei denen der Fabianische Sozialismus und Laski eine schwere Niederlage erlitten.

Ayn Rand soll Laski als Vorbild für ihren Roman "The Fountainhead" von 1943 genommen haben, und Saul Bellow schrieb: "Ich werde nie Mosbys Beobachtungen über Harold Laski vergessen: über die Verpackung des Obersten Gerichtshofs, über die russischen Säuberungsprozesse und über Hitler." Laskis Einfluss ist in den USA auch vierundvierzig Jahre nach seinem Tod noch spürbar. Sein Umgang mit Roosevelt, Truman, Kennedy, Johnson, Oliver Wendell Holmes Jr., Louis Brandeis, Felix Frankfurter, Edward R. Murrow, Max Lerner, Averill Harriman und David Rockefeller sollte den Kurs und die Richtung, auf die die Gründerväter diese Nation gestellt hatten, grundlegend verändern.

Laski lehrte als Professor für Politikwissenschaft an der London

School of Economics und war Vorsitzender der britischen Labour Party, als Aneuran Bevan Premierminister war. Laski war wie George Bernard Shaw; er zögerte nicht, sich jeder Person vorzustellen, die er treffen wollte. Er pflegte die Freundschaft mit den Personen, die für die Förderung sozialistischer Anliegen am wichtigsten waren. Richard Crossman, ein enger Mitarbeiter, beschrieb seine Persönlichkeit als "warmherzig und herdenhaft, ein Mann, der den Gipfel aus eigener Kraft erreicht hat, ein öffentlicher Intellektueller". Laski wurde nachgesagt, dass er großzügig und freundlich war und die Menschen gerne mit ihm zusammen waren, während er der unermüdliche sozialistische Kreuzritter war.

Ein wichtiger Schritt im Fortschritt des Fabianischen Sozialismus wurde in den 1940er Jahren mit dem Beveridge-Bericht über eine Reihe von Versuchen mit dem schlichten Titel "Soziale Sicherheit" unternommen. Das Jahr 1942 wurde gerade aus psychologischen Gründen gewählt. Großbritannien sah sich mit den dunkelsten Tagen des Zweiten Weltkriegs konfrontiert. Es war die Zeit für den Sozialismus, Hoffnung zu bieten. Laski bot den Plan John G. Winant, dem US-Botschafter am St. James Court, an. Frau Eugene Meyer von der *Washington Post* beschreibt die Aufmerksamkeit Roosevelts. In Großbritannien hielten Honoratioren der Fabian Society wie Lord Pakenham Hunderte von öffentlichkeitswirksamen Reden, in denen sie das Wunder der Abschaffung von Not und Entbehrung propagierten. Die britische Öffentlichkeit geriet in Ekstase.

Aber fünf Jahre später "leiht" sich die britische Regierung massiv Geld von den USA, um die Sozialversicherung am Laufen zu halten. John Strachey, der von den Fabianischen Sozialisten so vergöttert wurde, stellte fest, dass er zwar die Höhe der Sozialversicherung regulierte und sie bei Bedarf erhöhte, dass dies aber immer noch nicht ausreichte, um Kaufkraft zu generieren, sodass Strachey, der Marxist Nr. 1 und Minister für Lebensmittelversorgung, die Lieferungen rationieren musste. Die Sozialisten hatten das Land in nur einem Jahr, 1947, fast in den Bankrott getrieben, indem sie 2,75 Milliarden Dollar für ihre sozialistischen Programme ausgaben, wobei das Geld in den USA "geliehen" wurde! Die "Kredite" waren das Werk von Laski, und Harry Dexter White vom US-Finanzministerium sowie einem sowjetischen Informanten.

Es ist wirklich erstaunlich, dass das amerikanische Volk angesichts der Art der Finanzierung der sozialistischen Hirngespinste, die man von ihm erwartete, still geblieben ist. Der einzige Grund, der einem einfällt, warum das amerikanische Volk nicht protestiert hat, ist ganz einfach, dass man ihm die Wahrheit vorenthalten hat. Die Federal Reserve "lieh" Großbritannien in den 1920er Jahren 3 Milliarden Dollar, damit das "Dole"-System (Sozialhilfe) weitergeführt werden konnte, während bei uns die Renten der Kriegsveteranen als Teilbeitrag um 4 Millionen Dollar pro Jahr gekürzt wurden. Könnte so etwas noch einmal passieren? Die informierte Meinung ist, dass es nicht nur wieder passieren kann, sondern dass die Reaktion des amerikanischen Volkes die gleiche wäre; zum größten Teil völlige Gleichgültigkeit.

Doch selbst mit der unerschütterlichen, wenn auch inoffiziellen Hilfe von Harry Dexter White konnte der Sozialismus seine großartigen Pläne nicht allein finanzieren, und als der Kongress schließlich das ganze Ausmaß von Whites finanzieller Unterstützung für das sozialistische Großbritannien entdeckte, musste Sir Stafford Cripps es unumwunden zugeben und dem britischen Volk sagen, dass die soziale Sicherheit von nun an aus der Einkommenssteuer finanziert werden müsse. Im Zeitraum von 1947 bis 1949 stiegen die Steuern, die Lebensmittel wurden knapper, die Einkommen sanken und obwohl die fabianischen Expertengruppen unermüdlich daran arbeiteten, eine Lösung zu finden, mit der der Sozialismus funktionieren könnte - außer Geld von den USA zu leihen -, kamen sie immer wieder zu demselben Schluss: entweder defizitär auszugeben oder die fabianischen sozialistischen Programme als nicht durchführbar aufzugeben.

Großbritannien hat sich von einem profitablen Anbieter von Waren und Dienstleistungen und einem Vermittlungsagenten für andere Nationen zu einer bettelnden Nation entwickelt. Kurz gesagt, die sozialistischen Programme waren für die Zerstörung seiner Jahrhunderte alten, blühenden Wirtschaft verantwortlich. Großbritannien begann, einer Bananenrepublik zu ähneln. Sich an jeden Strohhalm klammernd, glaubte die Labour Party (deren Führer fast alle Fabian Socialists waren), sie könne die Dinge durch weitere Verstaatlichung und Rationierung in Ordnung bringen, aber die Wähler gaben der Fabian Society keine Chance und jagten Labour bei den allgemeinen Wahlen 1950 davon.

Das Erbe der Fabian Society? Eine leere Schatzkammer, erschöpfte Goldreserven, eine Produktion auf dem Tiefpunkt - sie versuchte, sich von der diskreditierten Labour Party zu distanzieren, indem sie argumentierte, dass "die Fabian Society keine politische Partei ist". In einer Rede vor dem Unterhaus sagte ein sozialistischer Honoratior, Albert Edwards, Folgendes:

> "Ich habe Jahre damit verbracht, über die Mängel des kapitalistischen Systems zu diskutieren. Ich nehme diese Kritik nicht zurück. Aber wir haben die beiden Systeme Seite an Seite gesehen. Und der Mann, der immer noch für den Sozialismus als Mittel plädiert, um unser Land von den Mängeln des Kapitalismus zu befreien, ist wirklich blind. Der Sozialismus funktioniert einfach nicht".

Doch trotz des völligen und abscheulichen Scheiterns des Sozialismus in der Praxis und nicht in der Theorie gab es in den Vereinigten Staaten immer noch Menschen, die entschlossen waren, dem amerikanischen Volk eine gescheiterte sozialistische Politik schmackhaft zu machen. Roosevelt, Truman, Kennedy, Johnson, Nixon, Bush und Carter schienen entschlossen, das große sozialistische Debakel auf der anderen Seite des Atlantiks zu ignorieren, und, angetrieben von ihren sozialistischen Beratern, stürzten sie sich auf amerikanische Versionen der gleichen alten, gescheiterten sozialistischen Fabian-Theorien und -Politiken.

Da sie mit Großbritannien immer noch durch eine gemeinsame Sprache und ein gemeinsames Erbe verbunden waren, gelang es den Sozialisten, die Vereinigten Staaten über die Atlantische Allianz oder die Atlantische Union in ihren Traum von einer einheitlichen Weltregierung einzubeziehen. Die Weisheit der Abschiedsrede von Präsident George Washington ignorierend, verfolgten aufeinanderfolgende US-Regierungen das, was im Wesentlichen ein fabianisches sozialistisches Projekt einer Weltregierung war, bei dem die Americans for Democratic Action (ADA) eine nicht unerhebliche Rolle spielten. Das Royal Institute for International Affairs (RUA) mit Sitz im Chatham House, St. James Square, London, die "Mutter" des amerikanischen Council of Foreign Relations (CFR), war ebenfalls stark in dieses streng sozialistische Unternehmen eingebunden.

Die Kampagne "Sozialistische Hände jenseits des Meeres" wurde durch die Anwesenheit von Owen Lattimore an der Universität Leeds gestärkt. Lattimore, Professor an der Johns Hopkins Universität, ist vor allem für sein verräterisches Verhalten bekannt, als er Leiter des Institute for Pacific Relations (IPR) war, dem die Anstiftung zur Handelspolitik der USA gegenüber Japan zugeschrieben wird. So wurde der Angriff auf Pearl Harbor eingeleitet und die USA traten in den Zweiten Weltkrieg ein, als die deutsche Armee die sogenannten "Alliierten", die der Niederlage ins Auge sahen, in Europa überrannt hatte.

Harold Wilsons Aufstieg zum künftigen Premierminister Englands kann der Kennedy-Regierung zugeschrieben werden, die, nachdem sie Harold MacMillan "mit einem Skybolt", wie ein Kommentator sagte, abgefertigt hatte, dem "Oxford-Sozialisten in grauem Flanell", wie Wilson beschrieben wurde, Freundlichkeit und Know-how ausstrahlte. Wilson war nach Amerika gegangen, um einen Weg zu finden, sich mit einem Slogan wählen zu lassen, und er fand ihn unter den Werbeagenten der Madison Avenue. Es ist schon seltsam, dass sich der Sozialismus dem Kapitalismus zuwenden musste, um herauszufinden, wie die Dinge laufen!

Doch kaum ist Wilson als Premierminister eingesetzt, erklärt er im Unterhaus, dass seine Politik der übliche Sozialismus sein wird: Verstaatlichung von Industrien, "soziale Gerechtigkeit" und natürlich eine SteuerREFORM, ein höherer Anteil an den Unternehmenseinkommen, Lohnabzüge und das ganze sozialistische Drumherum. Ein begeisterter Wilson sagte seinen fabianischen sozialistischen Kollegen, dass sie sich des Erfolgs sicher sein könnten, denn "wir haben eine amerikanische Regierung in Sympathie".

Was Wilson wirklich sagen wollte, war, dass die US-Regierung offenbar mehr denn je bereit war, die Rechnungen für die extravaganten sozialistischen Ausgaben ihrer Labour-Regierung zu bezahlen. Noch einmal: Wir heben den Beitrag zum "Weltsozialismus" hervor.

Premierminister Wilson machte von seinen amerikanischen Beziehungen Gebrauch und lieh sich vier Milliarden Dollar vom Internationalen Währungsfonds (dessen größter Geldgeber die USA waren und sind). Wieder einmal hat sich gezeigt, dass sozialistische Programme ihr eigenes Gewicht nicht tragen können und wie der

Dinosaurier zusammenbrechen würden, wenn sie nicht unterstützt werden. Der IWF wurde von Lord Keynes gegründet, der ihn als "im Wesentlichen ein sozialistisches Konzept" bezeichnete.

Aber es gab in den Vereinigten Staaten Stimmen, die sich gegen die beunruhigende sozialistische Durchdringung der Regierung wandten, die mit Wilson begonnen hatte, sich mit Roosevelt beschleunigt hatte und in der Kennedy-Regierung kühner und offener geworden war. Einer von ihnen war Senator Joseph McCarthy aus Wisconsin. Als echter Patriot war McCarthy entschlossen, die Sozialisten und kommunistischen Agenten des Wandels, von denen das Außenministerium der Vereinigten Staaten durchsetzt war, auszurotten - ein Kampf, den McCarthy 1948 mit der Truman-Regierung begann und mit der Eisenhower-Regierung fortsetzte.

Die Fabian Society war alarmiert. Wie sollte sie ihre Penetration der US-Regierung und ihrer Institutionen gegen die öffentliche Zurschaustellung verteidigen? Um Hilfe zu erhalten, wandten sich die Fabianer an die Americans for Democratic Action, die sich daran machten, eine massive Hetzkampagne gegen den Senator aus Wisconsin aufzubauen. Ohne diese Kraft, mit der man rechnen musste, hätte McCarthy zweifellos sein Ziel erreicht, darzulegen, wie sehr die US-Regierung und ihre Institutionen vom Fabianischen Sozialismus übernommen worden waren, den McCarthy fälschlicherweise als "Kommunismus" identifizierte.

Die ADA gab Hunderttausende von Dollar aus, um zu versuchen, McCarthy zu bremsen, und verteilte sogar Tausende von Kopien der persönlichen Finanzen des Senators, was gegen die Regeln des Senats verstieß und dem Unterausschuss des Senats zugespielt wurde. Die sozialistische Publikation "New Statesman" beschäftigte sich plötzlich mit der Verfassung und der Bill of Rights - und deutete an, dass McCarthys Anhörungen diese "heiligen Rechte" gefährdeten. Die von der ADA gesponserte Resolution, in der McCarthy verurteilt wurde, war ein Beweis dafür, dass die Demokratische Partei damals wie heute in den Händen der internationalen Sozialisten der Fabian Society war. Die ADA zögerte nicht, sich selbst den Verdienst zuzuschreiben, "McCarthy gestoppt" zu haben.

Mit dem Sturz von Senator McCarthy atmete die Fabian Society kollektiv erleichtert auf: Sie war noch nie so exponiert gewesen. Der einzige Mann, der den Angriff der ADA hätte vereiteln können, erschien nicht zur Anhörung vor dem Senat. Senator John F. Kennedy, ein erklärter Bewunderer des Senators aus Wisconsin, soll zum Zeitpunkt der Abstimmung an ein Krankenhausbett gefesselt gewesen sein. Der Grund für seine Abwesenheit wurde nicht erläutert. Kennedy verdankt seinen Aufstieg an die Macht eigentlich McCarthy, der sich weigerte, für Henry Cabot Lodge Wahlkampf zu machen, als dieser in Massachusetts gegen Kennedy antrat.

Diese wenig bekannte Tatsache ist ein schlechtes Omen für die Unabhängigkeit der Vereinigten Staaten und die Republik, die sie verteidigen. In Zukunft, wenn der Sozialismus nicht radikal kontrolliert und dann entwurzelt wird, könnte der Treueschwur durchaus wie folgt formuliert werden:

> "Ich leiste einen Treueeid auf die Flagge der Vereinigten Staaten und die sozialistische Regierung, die sie repräsentiert...".

Wir sollten das nicht für weit hergeholt halten. Wir sollten uns daran erinnern, dass die kleine Gruppe unbedeutender junger Leute, die ihre Bewegung in London startete - eine Bewegung, die ihr gefährliches Gift in der ganzen Welt verbreitete -, zu ihrer Zeit ebenfalls als "weit hergeholt" galt. Die Fabian Society war nun wiederbelebt. Nachdem die Bedrohung durch McCarthy beseitigt war und ein neuer, junger Präsident im Weißen Haus saß, der von Harold Laski an der London School of Economics ausgebildet und von John Kenneth Galbraith beeinflusst worden war, schienen die Sozialisten bereit, einen Sprung in das dornige Mark und die Muskeln der US-Regierung zu machen. Schließlich war Kennedys "Neue Grenze" nicht eigentlich ein Buch, das der große Sozialist Henry Wallace geschrieben hatte?

Wallace hatte nicht gezögert, die Ziele des Sozialismus in den Vordergrund zu stellen:

> "Sozial disziplinierte Menschen werden zusammenarbeiten, um den Reichtum der menschlichen Rasse zu vergrößern, und ihre Erfindungsgabe auf die Umgestaltung der Gesellschaft selbst anwenden. Sie werden den Regierungs- und politischen Apparat sowie das Preis- und Wertesystem verändern (reformieren), um eine viel größere Möglichkeit für soziale Gerechtigkeit und soziale Wohltätigkeit (Wohlstand) in der Welt zu verwirklichen

... die Männer können zu Recht spüren, dass sie eine ebenso hohe Funktion erfüllen wie jeder Minister des Evangeliums. Sie werden keine Kommunisten, Sozialisten oder Faschisten sein, sondern einfache Menschen, die versuchen, mit demokratischen Methoden die Ziele zu erreichen, zu denen sich Kommunisten, Sozialisten oder Faschisten bekennen...".

Dass die Kennedy-Regierung anfangs ein Programm verfolgte, das noch radikaler zu sein schien als das der Roosevelt-Ära, wird nicht bestritten. Selbst die Tatsache, dass die ADA ihr Kabinett und ihre Berater bis auf einen Mann genau auswählte, ist bekannt. In Großbritannien grinsten die Fabianischen Sozialisten breit: Ihre Zeit, so schien es, war gekommen. Doch ihre Freude wurde allmählich von einer gewissen Zurückhaltung gedämpft, als die Nachrichten aus den USA andeuteten, dass Kennedy ihren sozialistischen Erwartungen nicht gerecht wurde.

Der ADA-Sprecher "New Republic" erklärte in einem Leitartikel, der am 1er Juni 1963 veröffentlicht wurde: "Im Allgemeinen ist Kennedys Leistung weniger beeindruckend als der Kennedy-Stil." Laskis Vision von einem "neuen Jerusalem" in der englischsprachigen Welt und dem Aufbau einer neuen sozialistischen Gesellschaft, schien - zumindest für eine Weile - auf Eis gelegt worden zu sein. Laski war mit den Labour-Parteiführern Attlee, Dalton, McDonald und den Kennedy-Brüdern gut zurechtgekommen, die Frage war, ob seine Nachfolger die "amerikanische Seite" ebenso gut wie er würde managen können?

Der Aufstieg des Fabianismus in den USA geht auf die Fellowship of New Life und später auf den Boston Bellamy Club zurück, der nach dem Besuch von Sydney Webb und R. R. Pease, einem Historiker der Fabian Society und einem der ersten vier Fabianer, in den USA im Jahr 1883 entstand. Der Bellamy Club wurde von General Arthur F. Devereux und Kapitän Charles E. Bowers mit Unterstützung der Journalisten Cyrus Field, Willard und Frances E. Willard gegründet. Der Club hatte nicht die Absicht, den Sozialismus voranzutreiben. Devereux' Hauptsorge war der Massenzustrom ungebildeter Immigranten in die USA, die seiner Meinung nach nicht bereit waren, sie aufzunehmen.

General Devereux war der Ansicht, dass die Situation im Keim erstickt werden müsse, bevor sie völlig außer Kontrolle gerate. (Er hätte die schreckliche, bewusst erfundene Einwanderungssituation nicht vorhersehen können, die sich 1990 in den USA entwickelte - dank sozialistischer Politik.) Während Devereux und seine Freunde sich darauf vorbereiteten, den Boston Bellamy Club zu gründen, kam Webb im September 1888 aus England und wurde mit den Gründern des Clubs in Kontakt gebracht. Da sie eine Chance witterten, konnten Webb und Pease die Verstaatlichung der Privatindustrie in die Grundsätze des Clubs aufnehmen, wobei der Name in Boston Nationalist Club geändert werden sollte. Webb und Edward Bellamy nahmen an der Eröffnungssitzung teil. Am 15. Dezember 1888 wurde der Samen des Fabianischen Sozialismus in den Vereinigten Staaten gepflanzt, der später aufgehen und zu einem riesigen Baum heranwachsen sollte.

Im Bereich der Künste wurden 1910 Shaws Stücke von der Theater Guild in New York von Professor Kenneth MacGowan vom Harvard Socialist Club aufgeführt, wobei die vom Moscow Arts Theater erlernten Methoden angewandt wurden. Die League of Industrial Democracy, die Americans for Democratic Action waren noch weit in der Zukunft, aber die Grundlagen für ihre Organisationen waren bereits gelegt worden.

Shaw und H.G. Wells wurden von Literaturagenten in ganz Amerika, vor allem in den Universitätsstädten, umworben, und die sozialistischen Zeitschriften *The New Republic* und The *Nation* sowie *The Socialism Of Our Times, die* von Norman Thomas und Henry Laidler herausgegeben wurden, nahmen ihren Aufschwung.

Laski, ein häufiger Mitarbeiter der "New Republic", lehrte während des gesamten Ersten Weltkriegs in Harvard. Seine wenig freundlichen Kritiker sagen, er habe so jede Möglichkeit vermieden, in irgendeiner Funktion in den britischen Kriegsanstrengungen dienen zu müssen. Es war die "Neue Republik", von der Woodrow Wilson Unterstützung erhielt, nicht nur, um die USA in diesen Flächenbrand zu führen, sondern während seines gesamten katastrophalen Verlaufs. Wenn es jemals einen "sozialistischen Krieg" gegeben hat, dann war es dieser. Die "Neue Republik" hatte nicht die gleiche Sorge um das schreckliche Gemetzel, das in Russland unter dem Deckmantel der Bolschewisierung Russlands stattfand.

Laski war ein begeisterter Bewunderer von Felix Frankfurter, und einige seiner Briefe, in denen er Frankfurter lobte, enthüllen das Ausmaß, in dem der Fabianische Sozialismus in das amerikanische Rechtssystem eingedrungen war. Bei einem seiner zahlreichen Besuche in den USA drängte Laski die ADA und andere amerikanische Sozialisten, aktiv auf die Verabschiedung von Steuererhöhungsgesetzen hinzuwirken: Höhere und neuere Steuern auf hohe, nicht verdiente Einkommen seien der Weg zu einer gerechten Verteilung der Steuern, sagte Laski. Er stand auch in ständigem Kontakt mit seinem Freund, dem Richter Felix Frankfurter, und drängte ihn, sich für "Reformen" der US-Verfassung einzusetzen, insbesondere für eine verfassungsgemäße Gewaltenteilung zwischen Exekutive, Legislative und Judikative.

Laski war ständig an Frankfurters Seite und griff immer wieder die US-Verfassung an, indem er sie spöttisch als "die stärkste Sicherung des Kapitalismus, ein Dokument der Klasse" bezeichnete. Laski nannte Roosevelt "das einzige Bollwerk gegen die faschistische Form des Kapitalismus". Dass Laski nicht wegen Volksverhetzung angeklagt wurde, weil er versucht hatte, die Verfassung der Vereinigten Staaten zu stürzen, war ein großer Fehler. Als häufiger Besucher in Roosevelts Weißem Haus war er auch diesbezüglich sehr geheimnisvoll, da diese Besuche nie in der Presse erwähnt wurden.

Die Treffen wurden stets über Felix Frankfurter arrangiert. Bei einem dieser Besuche soll Laski laut seinem Biografen zu Roosevelt gesagt haben: "Entweder der Kapitalismus oder die Demokratie muss sich durchsetzen", und den Präsidenten aufgefordert haben, "die Demokratie zu retten". Mit "Demokratie" meinte Laski natürlich den SOZIALISMUS, da die Sozialisten die "Demokratie" längst als Fahnenträger des Sozialismus übernommen hatten. Während des Zweiten Weltkriegs forderte Laski Roosevelt häufig dazu auf, die Welt zu sichern, indem er die Grundlagen für den Nachkriegssozialismus legte. Es heißt, dass die sozialistische Erziehung, die Roosevelt von Laski erhielt, fast genauso groß ist wie die, die John F. Kennedy als Laskis Schüler an der London School of Economics erhielt.

Einige waren sich dessen bewusst, was vor sich ging. Der Abgeordnete Tinkham brachte am 14. Januar 1941 einen von Amos Pinchot verfassten Brief in die Archive des Kongresses,

Repräsentantenhaus, ein. In Pinchots Brief heißt es:

"Viele junge Sozialisten erklären, dass das, was allgemein als Roosevelt-Programm bezeichnet wird, in Wirklichkeit das Laski-Programm ist, das den Denkern des New Deal und schließlich dem Präsidenten von dem Londoner Wirtschaftsprofessor und seinen Freunden aufgezwungen wurde."

Das einzige, was an dieser gewagten Aussage nicht stimmt, ist, dass Laski ein Professor für Politikwissenschaft und nicht für Wirtschaft war. Ansonsten traf die Beobachtung den Nagel auf den Kopf!

Laski führte einen langen Briefwechsel mit Frankfurter, in dem er ihn ermahnte, wachsam zu sein und die "politische Psychologie" des Fabianischen Sozialismus voranzutreiben. Es besteht kein Zweifel daran, dass Laskis Ratschläge an Frankfurter die Grundlage für die radikalen Veränderungen durch den Obersten Gerichtshof bildeten - Veränderungen, die den Kurs und den Charakter der Vereinigten Staaten völlig veränderten. Wenn man sagen kann, dass der "New Deal" einen Vater hatte, dann war dieser Vater nicht Roosevelt, sondern Professor Harold Laski von der Fabian Society.

Noch heute sind sich nur wenige Amerikaner des großen Einflusses bewusst, den Professor Laski von der Fabian Society auf Roosevelt ausübte. Sechs Monate nachdem Pearl Harbor die USA wie geplant in den Zweiten Weltkrieg geführt hatte, lud Eleanor Roosevelt Laski als Hauptredner zum Internationalen Studentenkongress ein, der im September 1942 stattfinden sollte - dem Kongress, an dem Churchill Laskis Teilnahme abgelehnt hatte.

Der Abgeordnete Woodruff aus Michigan drückte dies sehr knapp aus, als er Laski als "Schlüssel zur Hintertür des Weißen Hauses" anprangerte. Wenn Patrioten Zugang zu den privaten Briefen zwischen Laski, Frankfurter und Roosevelt gehabt hätten, hätten sie genügend gerechte Empörung hervorrufen können, um Laski des Landes zu verweisen, ein Schicksal, das er mehr als verdient hatte.

Graham Wallas war ein weiterer großer Sozialist, dessen Einfluss auf Frankfurter und den Richter Oliver Wendell Holmes die amerikanische Rechtsprechung auf den Kopf gestellt hätte. Es heißt, dass Laski über William Wisemen, den Leiter des nordamerikanischen Büros des MI6, Frankfurter in eine der allerersten rein sozialistischen Arbeitsgruppen berufen ließ: Die Kommission zur Vermittlung von Industriekonflikten.

In Großbritannien drang der Fabianismus in jeden Winkel, in jede Ecke der zivilen und militärischen Szene ein. Keine Facette der Gesellschaft war vor seinem Eindringen sicher, und diesen Weg sollte er auch bei seiner Invasion der Vereinigten Staaten einschlagen. In Wahrheit ist der Sozialismus ein tödlicherer Feind als der, dem George Washington und seine Truppen während des amerikanischen Unabhängigkeitskrieges gegenüberstanden. Dieser permanente Krieg hört niemals auf, Tag und Nacht geht der Kampf um die Herzen, den Geist und die Seelen der amerikanischen Nation weiter.

Eines der Bollwerke gegen das Eindringen des Sozialismus ist die christliche Religion. Clement Atlee, einer der führenden Fabianer, der später Premierminister von England wurde, führte die Erfolge der Fabianer-Sozialisten auf ihre Durchdringung der Arbeitswelt zurück. Doch die irisch-katholischen Gewerkschaften wurden nie von Webb, Shaw oder einem anderen Führer der Fabian Society durchdrungen. Hier liegt viel Hoffnung für uns heute, wenn wir nach Wegen suchen, um den unerbittlichen Marsch des Sozialismus auf dem nordamerikanischen Kontinent aufzuhalten - ein Marsch, der in den kommunistischen Sklavenlagern enden wird, denn in der Tat ist der Sozialismus der Weg in die Sklaverei.

Die schlüpfrigen, schleimigen und verräterischen Methoden, die zur Verbreitung des Sozialismus angewandt werden, werden niemals besser demonstriert als von herausragenden Sozialisten, die nie als solche erkannt wurden. Diese Leitfiguren haben Positionen mit großer Macht besetzt, ohne jemals offen zu ihren sozialistischen Bestrebungen zu stehen. Einige Namen sollen dies veranschaulichen: In Großbritannien:

> ➢ Der sehr ehrenwerte L. S. Amery. Hielt einen Vortrag in Livingston Hall, einem wichtigen Bildungszentrum.

> ➢ Professor A.D. Lindsay, Redner in Kingston Hall, einem wichtigen Bildungszentrum. Annie Besant, Führerin der theosophistischen Bewegung,

> ➢ Oswald Mosley, Mitglied des Parlaments und faschistischer Führer in England.

> Malcolm Muggeridge, Autor, Akademiker, Redner.

> Bertrand Russell, elder statesmen, das Komitee der 300, Vortragender in der Kingsway Hall.

> Wickham Steed, vielleicht einer der bekanntesten Kommentatoren der British Broadcasting Corporation (BBC), dessen Ansichten Millionen von BBC-Hörern beeinflusst haben.

> Arnold Toynbee, Redner in der Kingsway Hall.

> J.B. Priestly, Verfasser.

> Rebecca West, Rednerin in der Kingsway Hall.

> Anthony Wedgewood Benn, Redner in der Kingsway Hall. Sydney Silverman, Redner und Parlamentarier.

Auf der amerikanischen Seite haben die folgenden Persönlichkeiten ihre sozialistischen Überzeugungen gut versteckt:

> Archibald Cox, Sonderstaatsanwalt im Watergate-Fall.

> Arthur Goldberg, Arbeitssekretär, Vertreter der Vereinten Nationen usw.

> Henry Steel Commager, Schriftsteller und Verleger.

> John Gunther, Schriftsteller, Reporter für das *LIFE-Magazin*.

> George F. Kenan, Experte für das bolschewistische Russland.

> Joseph und Stewart Alsop, Schriftsteller, Zeitungskolumnisten, Meinungsmacher.

> Dr. Margaret Meade, Anthropologin, Autorin.

> Martin Luther King, Bürgerrechtsführer der Southern Christian Leadership Conference.

> Averill Harriman, Industrieller, reisender Abgeordneter, prominenter Demokrat.

> Birch Bayh, Senatorin der Vereinigten Staaten.

> Henry Fowler, Unterstaatssekretär, US-Finanzministerium.

> G. Mennen Williams, Industrieller, Außenministerium.

> Adlai Stevens, Politiker.

> Paul Volcker, Federal Reserve Board (Rat der US-Notenbank).

> Chester Bowles.

> Harry S. Truman, Präsident der Vereinigten Staaten.

> Lowell Weicker, US-Senator.

> Hubert Humphrey, US-Senator.

> Walter Mondale, Senator der Vereinigten Staaten

> Bill Clinton, Präsident, USA

> William Sloane Coffin, Kirchenoberhaupt.

Es gibt Hunderte weiterer Namen, einige prominent, andere weniger prominent, aber die oben genannten reichen aus, um das Gesagte zu veranschaulichen. Die Karrieren dieser Personen passen sehr gut zu dem von Präsident Andrew Jackson beschriebenen Typus des Feindes.

Eine Person, die viel zur Verbreitung des Sozialismus in Großbritannien und den USA beigetragen hat, ist der berühmte Malcolm Muggeridge. Der Sohn von H.T. Muggeridge, machte Malcom eine glänzende Karriere als Autor für "Punch" und hatte gute Beziehungen nach Moskau. Die Tatsache, dass er der Neffe der großen Dame Beatrice Webb war, trug nicht unwesentlich dazu bei. Muggeridge schrieb für den "New Statesman" und die "Fabian News" und war als Redner in den Wochenendschulen der Gesellschaft sehr gefragt. Malcolm Muggeridge wurde zu einer der wichtigsten Visitenkarten des Sozialismus in den USA und war oft prominent in Fernsehinterviews vertreten.

Kapitel 2

WAS SOZIALISMUS IST, WARUM ER ZUR SKLAVEREI FÜHRT

"In Bezug auf die Ziele, die sie verfolgen, sind Sozialismus und Kommunismus praktisch austauschbare Begriffe. Tatsächlich nannte sich Lenins Partei bis zum siebten Parteitag im März 1918 weiterhin 'sozialdemokratisch', als sie aus Protest gegen die nicht-revolutionäre Haltung der sozialistischen Parteien des Westens den Begriff 'bolschewistisch' ersetzte...". Ezra Taft Benson - *Ein Wettlauf gegen die Zeit*, Am 10. Dezember 1963.

"Durch die Umstrukturierung,[5] wollen wir dem Sozialismus neues Leben einhauchen. Um dies zu erreichen, kehrt die Kommunistische Partei der Sowjetunion zu den Ursprüngen und Prinzipien oder der bolschewistischen Revolution zurück, zu den leninistischen Ideen über den Aufbau einer neuen Gesellschaft." Michail Gorbatschow in einer Rede im Kreml im Juli 1989.

D iese und andere aufschlussreiche Kommentare, die wir im Folgenden zitieren werden, rücken den Sozialismus in die richtige Perspektive. Die meisten Amerikaner von heute haben nur eine vage Vorstellung davon, was Sozialismus ist. Sie halten ihn für eine halb-beninische Bewegung, deren Ziele eine allgemeine Verbesserung des Lebensstandards der einfachen Leute sind. Nichts könnte weiter von der Wahrheit entfernt sein. Der

---

[5] Perestroika, Anm. d. Ü.

Sozialismus hat nur einen Ort, an den er gehen kann, und das ist der Kommunismus. Wir wurden von den Medien belagert und dazu verleitet zu glauben, dass der Kommunismus tot ist, doch ein gewisses Maß an Nachdenken wird uns vom Gegenteil überzeugen. Die Fabianischen Sozialisten schlossen sich eng an das Kommunistische Manifest von 1848 an, allerdings auf elegantere und weniger schroffe Weise. Ihre Ziele waren jedoch dieselben: eine Weltrevolution, die zu einer einzigen Weltregierung - einer neuen Weltordnung - führen sollte, in der der Kapitalismus durch den Sozialismus in einem Wohlfahrtsstaat ersetzt würde, in dem jedes Individuum einer diktatorischen sozialistischen Hierarchie in allen Lebensbereichen verpflichtet wäre.

Es gäbe kein Privateigentum, keine verfassungsmäßige Regierung, sondern nur ein autoritäres Regime. Jeder Einzelne wäre dem sozialistischen Staat für seinen Lebensunterhalt verpflichtet. In der Theorie wäre das für die einfachen Leute sehr vorteilhaft, aber eine Untersuchung der sozialistischen Erfahrungen in England zeigt, dass das System ein völliger Fehlschlag und nicht umsetzbar ist. Wie wir an anderer Stelle zeigen, ist das Großbritannien des Jahres 1994 wegen der Sozialisten und ihres Wohlfahrtsstaates völlig zusammengebrochen.

Die Fabianischen Sozialisten versuchten, ihre Ziele in England und den USA zu erreichen, indem sie Intellektuelle in Schlüsselpositionen brachten, von wo aus sie einen ungebührlichen Einfluss auf den Richtungswechsel in beiden Ländern ausüben konnten. In den USA waren die beiden wichtigsten Agenten in dieser Hinsicht zweifellos Professor Harold Laski und John Kenneth Galbraith. Im Hintergrund war einer aus der "alten Garde" des britischen Fabianismus, Graham Wallas, als Propagandadirektor tätig. Gemeinsam verfassten sie die "Grundlagen der Fabian Society of Socialists".

> "Die Fabian Society zielt also auf die Reorganisation der Gesellschaft durch die Emanzipation des Bodens und des industriellen Kapitals vom individuellen Eigentum und ihre Verleihung an die Gemeinschaft zum allgemeinen Nutzen... Die Gesellschaft arbeitet daher auf die Auslöschung des Privateigentums an Grund und Boden hin... Die Gesellschaft arbeitet auch an der Übertragung des industriellen Kapitals, das

von der Gesellschaft leicht verwaltet werden kann, an die Gemeinschaft. Um diese Ziele zu erreichen, setzt die Fabian Society auf die Verbreitung sozialistischer Ansichten und die daraus resultierenden sozialen und politischen Veränderungen... Sie versucht, diese Ziele durch die allgemeine Verbreitung von Wissen über die Beziehung zwischen dem Individuum und der Gesellschaft in ihren wirtschaftlichen, ethischen und politischen Aspekten zu erreichen."

Im Jahr 1938 wurden die Ziele und Zwecke der Gesellschaft etwas geändert: "The Fabian Society of Socialists".

"Sie strebt daher die Errichtung einer Gesellschaft an, in der die wirtschaftliche Macht von Einzelpersonen und Klassen durch kollektives Eigentum und demokratische Kontrolle über die wirtschaftlichen Ressourcen der Gemeinschaft abgeschafft wird. Sie versucht, diese Ziele durch die Methoden der politischen Demokratie zu erreichen. Die Fabian Society ist der Labour Party angeschlossen. Ihre Tätigkeit dient der Förderung des Sozialismus und der Erziehung der Öffentlichkeit im Sinne des Sozialismus durch die Veranstaltung von Versammlungen, Konferenzen, Diskussionsgruppen, Kongressen und Sommerschulen, durch die Förderung der Forschung über politische, wirtschaftliche und soziale Probleme und durch die Herausgabe von Periodika sowie durch andere geeignete Mittel. "

Es fällt sofort auf, wie oft das Wort "Gemeinschaft" vorkommt und wie sehr die individuellen Rechte heruntergespielt werden. Insofern zeigt sich, dass der Fabianische Sozialismus seit den ersten Zusammenkünften der wenigen frühen Mitglieder in London gegen das Christentum gerichtet war. Die Entschlossenheit, industrielle Projekte im Dienste der Öffentlichkeit zu verstaatlichen, war sehr offensichtlich und hatte eine verblüffende Ähnlichkeit mit dem, was das Kommunistische Manifest von 1848 zu diesem Thema sagte. Es war auch klar, dass das Ziel des Fabianischen Sozialismus darin bestand, eine nationale Genossenschaft des gemeinsamen Reichtums zu gründen, in der jeder die gleichen Rechte auf den wirtschaftlichen Reichtum der Nation hat.

Der Boston Bellamy Club, der 1888 eröffnet wurde, löste die Fellowship of New Life mit ihren theosophischen Lehren ab und wurde zum ersten fabianisch-sozialistischen Unternehmen in den

Vereinigten Staaten. The Basis war etwas anders aufgebaut:

"Das Prinzip der Brüderlichkeit der Menschheit ist eine der ewigen Wahrheiten, die den Fortschritt der Welt auf den Linien, die die menschliche Natur von der rohen Natur unterscheiden, bestimmen. Keine Wahrheit kann vorherrschen, wenn sie nicht in der Praxis angewandt wird. Deshalb müssen diejenigen, die das Wohlergehen des Menschen anstreben, danach streben, das auf den rohen Prinzipien der Konkurrenz beruhende System abzuschaffen und an seine Stelle ein anderes System zu setzen, das auf den edleren Prinzipien der Assoziation beruht...".

"Wir befürworten keine plötzlichen oder unüberlegten Veränderungen; wir führen keinen Krieg gegen Einzelpersonen, die riesige Vermögen angehäuft haben, indem sie einfach die falschen Prinzipien, auf denen die Geschäfte jetzt basieren, zu Ende geführt haben. Die Kombinationen, Trusts und Gewerkschaften, über die sich die Menschen derzeit beschweren, zeigen die Praktikabilität unseres Grundprinzips der Assoziation. Wir streben lediglich danach, das Prinzip ein wenig weiter zu treiben und die Industrien im Interesse der Nation - des organisierten Volkes, der organischen Einheit des ganzen Volkes - zu betreiben."

Die Prosa stammt von Sydney Webb und Edward Pease, einem Historiker der Fabian Society, die in den 1880er Jahren in die USA reisten, um den amerikanischen Fabianischen Sozialismus zu etablieren. Der sanfte Ton und die Wortwahl verschleiern die Härte ihrer revolutionären Ziele. Die Verwendung des Wortes "Reformen" sollte Kritiker entwaffnen, ebenso wie fabianische Publikationen wie "The Fabian News", die "Reformen" befürworteten, die sich als besonders schädlich für die Verfassung der Vereinigten Staaten erweisen würden. Dies ebnete den Weg für die laufende Revolution, die die Vereinigten Staaten von einer konföderierten Republik in einen sozialistischen Wohlfahrtsstaat verwandelte (Es war George Washington, der die Vereinigten Staaten als konföderierte Republik beschrieb).

Im "American Fabian" von 1895 (im Gegensatz zu den verkappten Sozialisten, die das Haus und den Senat der Vereinigten Staaten sowie die Justiz befallen und als Berater des Präsidenten fungieren) wurden Fabians sozialistische Ziele für Amerika ziemlich klar formuliert:

"Wir nennen unsere Zeitung aus zwei Gründen 'The American Fabian': Wir nennen sie 'Fabian', weil wir wünschen, dass sie die Art sozialistischer Erziehungsarbeit repräsentiert, die von der englischen Fabian Society so gut geleistet wird... Wir nennen unsere Zeitung 'The American Fabian', weil sich unsere Politik bis zu einem gewissen Grad von der der englischen Fabians unterscheiden muss. England und Amerika ähneln sich in einigen Punkten; in anderen sind sie völlig verschieden. Die Verfassung Englands lässt leicht ständige, aber allmähliche Veränderungen zu. Unsere amerikanische Verfassung lässt solche Veränderungen nicht ohne Weiteres zu. England kann sich daher fast unmerklich in Richtung Sozialismus entwickeln. Unsere weitgehend individualistische Verfassung muss geändert werden, um den Sozialismus zuzulassen, und jede Änderung erfordert eine politische Krise."

So war von Anfang an klar, dass die größte Herausforderung für die Einführung des Sozialismus in den Vereinigten Staaten die Verfassung war und dass sie von diesem Tag an zum Ziel sozialistischer Angriffe auf die Institutionen wurde, die die konföderierte Republik der Vereinigten Staaten von Amerika bilden. Wie wir sehen werden, wurden zu diesem Zweck verhärtete und herzlose Sozialisten wie Walt Whitman Rostow eingesetzt, um die Grundfesten der Nation selbst zu untergraben. Wie erfahrene Beobachter schnell erkannten, war der Fabianische Sozialismus nicht nur eine sympathische und freundliche Debattiergesellschaft, die von Professoren und gebildeten Damen geleitet wurde, die mit höflichen Akzenten sprachen und einen Hauch von sanfter Vernunft versprühten.

Der Fabianische Sozialismus entwickelte die Kunst der Verstellung und der Lüge, ohne dass es so aussieht, als ob man lügt. Viele wurden in England und später in den Vereinigten Staaten getäuscht, wo wir immer noch in großem Stil getäuscht werden. Aber es gab auch Gelegenheiten, bei denen sich die sozialistischen Führer nicht zurückhalten konnten, wie bei der Frühjahrskonferenz 1936 des Ostens der Berufsschulen für Lehrer. Roger Baldwin erklärt die Doppelbedeutung der von den Fabianischen Sozialisten so oft verwendeten Wörter: "Progressiv" bedeutete "Kräfte, die auf die Demokratisierung der Industrie durch Ausweitung des öffentlichen Eigentums und der öffentlichen Kontrolle hinarbeiten", während

"Demokratie" starke Gewerkschaften, staatliche Regulierung der Wirtschaft, Volkseigentum an Industrien, die der Öffentlichkeit dienen, bedeutete.

Senator Lehman war ein weiterer Sozialist, der seinen Eifer, den Fabianischen Sozialismus in den Vereinigten Staaten einzuführen, nicht zügeln konnte. Als er auf dem Jubiläumssymposium der American Fabian League zum Thema "Freiheit und Wohlfahrtsstaat" sprach, äußerte sich Lehman wie folgt:

> "Vor einhundertsiebzig Jahren wurde das Konzept des Wohlfahrtsstaats von den Gründern der Republik in das Grundgesetz dieses Landes übersetzt... Die Gründerväter sind diejenigen, die wirklich am Anfang des Wohlfahrtsstaates standen".

Lehman hatte wie so viele seiner sozialistischen Kollegen im Senat keine Ahnung von der Verfassung, daher ist es nicht verwunderlich, dass er sie mit der Präambel der Verfassung verwechselte, die nie in die Verfassung aufgenommen wurde, einfach weil unsere Gründerväter das Konzept des Wohlfahrtsstaates ablehnten.

Die Präambel der Verfassung: "um eine vollkommenere Union zu schaffen und das allgemeine Wohlergehen zu fördern...". Senator Lehman schien Wunschdenken zu haben, denn diese Klausel ist nicht Teil der Verfassung der Vereinigten Staaten. Außerdem schien er sich auf die beliebte sozialistische Technik einzulassen, Wörter und ihre Bedeutung zu verdrehen.

In der Verfassung der Vereinigten Staaten gibt es eine Klausel über das allgemeine Wohlergehen, und sie findet sich in Artikel 1, Abschnitt 8 der dem Kongress übertragenen Befugnisse. In diesem Zusammenhang bedeutet sie jedoch das allgemeine Wohlergehen ALLER Bürger, d. h. ihren Wohlstandszustand, was weit entfernt ist von der sozialistischen Bedeutung eines allgemeinen Almosens, der Allokation, d. h. des vom Staat bereitgestellten individuellen Wohlergehens.

Das erste Mal, dass die amerikanischen Sozialisten versuchten, ihren Plan, das Industriekapital anzugreifen, in die Tat umzusetzen, war wahrscheinlich einem cleveren Plan zu verdanken, den Rexford Guy Tugwell vorschlug. Dieser Plan bestand darin, Verbraucher in die 27 Industrieräte zu berufen, die im Rahmen des sogenannten

"The National Recovery Act" eingerichtet werden sollten. Tugwell versuchte in Wirklichkeit, das Profitmotiv abzuschaffen; beraubt seiner scheinbar wohlwollenden Absicht, die Preise für die Verbraucher zu senken, bestand die eigentliche Absicht darin, die Gewinne der Unternehmer zu reduzieren und die Löhne der Arbeiter entsprechend zu erhöhen, aber das Vorhaben wurde durch eine einstimmige Entscheidung des Obersten Gerichtshofs für verfassungswidrig erklärt. Im Jahr 1935 war der Gerichtshof noch nicht mit "liberalen" (d. h. sozialistischen) Richtern besetzt. Roosevelt beeilte sich, dieses "Ungleichgewicht" zu beheben. Man kann mit Fug und Recht behaupten, dass der Oberste Gerichtshof der 1920er und 1930er Jahre die Vereinigten Staaten tatsächlich vor dem Zugriff der Fabianischen Sozialisten rettete, die auf allen Ebenen der Regierung, der Banken, der Industrie und des Kongresses gelandet waren, um das Land buchstäblich zu überschwemmen.

Die Sozialisten wissen bei ihrem Versuch, die Verfassung mit sogenannten "Gesetzen" wie dem verfassungswidrigen Brady-Gesetz zu umgehen, nicht, dass die Verfassung der Vereinigten Staaten "das Gleichgewicht oder die vollkommene Balance des gemeinsamen Gesetzes" ist. Die Art und Weise, wie die Verfassung verfasst wurde, besteht darin, dass sich alle ihre Bestimmungen in der Mitte treffen, um sich gegenseitig zu neutralisieren, weshalb die Gesetzesentwürfe, die die Sozialisten unter der Annahme, sie könnten die Verfassung spalten, durchzubringen versuchen, null und nichtig sind. Die Verfassung muss als Ganzes gelesen werden, sie kann nicht isoliert und geteilt werden, um die seltsamen Bestrebungen von Männern wie Präsident Clinton zu erfüllen. Darauf stieß Ramsey McDonald, und das war es, was Professor Laski völlig frustrierte.

Die Fabian Society in London und ihr amerikanisches Gegenstück waren nicht dafür bekannt, dass sie sich Hindernisse in den Weg legen ließen. Um die verfassungsrechtlichen Garantien zu umgehen, kam die amerikanische Fabian League auf die Idee, alle ihre Vorschläge, die gegen die Verfassung verstießen, einem Referendum zu unterziehen. Natürlich waren sich die Fabianer mit ihren enormen Ressourcen und mit fast der gesamten bezahlten Presse in ihren Taschen sicher, dass sie die öffentliche Meinung in ihrem Sinne umdrehen konnten. Man braucht sich nur anzusehen, was sie taten, als sie George Bushs völlig illegalen Golfkrieg unterstützten.

Wenn man sich der wahren Natur des Sozialismus und seiner Ziele bewusst ist, kann man leichter verstehen, warum die bolschewistische Revolution von den Bankiers der City of London und der Wall Street gekauft und bezahlt wurde, unterstützt durch das Handeln der Regierung, die den Bolschewiki stets zu helfen schien. Die bolschewistische Revolution, die Gorbatschow so sehr am Herzen liegt, war keine einheimische Revolution des russischen Volkes. Sie war vielmehr eine fremde Ideologie, die der russischen Nation um den Preis von Millionen von Menschenleben aufgezwungen wurde. Der Bolschewismus wurde vom russischen Volk weder gewollt noch gefordert; es hatte nichts zu sagen und konnte sich nicht gegen diese monströse politische, soziale und religiöse Kraft verteidigen, die in sein Land eindrang.

Dasselbe gilt für den Sozialismus, der die Menschen zwingt, bewusst gestaltete Veränderungen von erheblicher Tragweite zu akzeptieren, die sie nicht wollen und die gegen ihren Willen durchgeführt werden. Nehmen wir als Beispiel den sogenannten Panamakanal-Vertrag. Der einzige Unterschied zwischen Bolschewismus und Sozialismus besteht darin, dass der Bolschewist rohe Gewalt und Terror einsetzt, während der Sozialist langsam und schleichend arbeitet, wobei das anvisierte Opfer nie weiß, wer der Feind ist oder wie das Endergebnis aussehen wird.

In "World Revolution" finden wir die wahren Ziele der Kommunisten und ihres sozialistischen Zwillings:

> "Das Ziel der Weltrevolution ist nicht die Zerstörung der Zivilisation in einem materiellen Sinne: Die von den Führern gewünschte Revolution ist eine moralische und geistige Revolution und eine Anarchie der Ideen, durch die alle im Laufe von neunzehn Jahrhunderten aufgestellten Normen umgestoßen, alle geehrten Traditionen mit Füßen getreten und vor allem das christliche Ideal endgültig entkräftet werden."

Eine Untersuchung von Franklin Roosevelts Buch "On Our Way" kommt im Wesentlichen zu denselben Schlussfolgerungen.

Emma Goldman, einer der leuchtenden Sterne der Sozialisten, organisierte die Ermordung von Präsident McKinley. Das war die vom Kommunismus bevorzugte "direkte" Methode, aber in den letzten zwei Jahrzehnten haben wir die Art von sozialistischer Anarchie gesehen, die auf Verleumdung, üble Nachrede, Verrat, Rufmord und Verunglimpfung einzelner Mitglieder des Repräsentantenhauses, des Senats und des Präsidentenamts zurückgreift, die versuchten, den entsetzlichen Senator Joseph McCarthy, Senator Huey Long, Vizepräsident Agnew - die Liste ist noch viel länger, aber diese Namen sollten ausreichen, um die Situation zu verdeutlichen - zu enthüllen.

Die "Noblesse" der Fabianischen Sozialisten ist alles andere als wahr. Sie wollen die Kontrolle über das Bildungs- und Verlagswesen übernehmen, mit dem einzigen Ziel, den Geist der Menschen zu verändern, indem sie die Prämissen, auf deren Grundlage Meinungen gebildet werden, fälschlicherweise ändern - sowohl individuell als auch in der Masse. Eine kleine Gruppe von Fabianischen Sozialisten machte sich daran, dieses Ziel zu erreichen, indem sie sich still und heimlich bewegten, um die Öffentlichkeit, die sie einfangen wollten, nicht auf ihr eigentliches Ziel aufmerksam zu machen. Man kann mit einiger Genauigkeit sagen, dass diese kleine Gruppe heute, im Jahr 1994, einen langen Weg zurückgelegt hat und virtuell das Schicksal der englischsprachigen Welt kontrolliert.

Die bolschewistische Revolution wäre ohne die volle Unterstützung und die finanziellen Ressourcen der führenden Sozialisten in Großbritannien und den Vereinigten Staaten niemals zustande gekommen. Der Aufstieg des Bolschewismus und wie er von Lord Alfred Milner und den Wall-Street-Banken finanziert wurde, die von Milners Emissären Bruce Lockhart und Sydney Reilly vom britischen Geheimdienst MI6 tagtäglich kontrolliert wurden, wird in "Diplomacy By Deception" detailliert beschrieben.[6]

In den USA hängen die Versorger von Sozialisten andere Zeichen an die Außenseite ihrer politischen Schaufenster. Niemand bezeichnet sich jemals als Sozialist, zumindest nicht in der

---

[6] Vgl. *Diplomatie durch Lügen - ein Bericht über den Verrat der Regierungen von England und den Vereinigten Staaten*, John Coleman, Omnia Veritas Ltd, www.omnia-veritas.com.

Öffentlichkeit. Sie tragen keine Namensschilder, sondern registrieren sich selbst als "liberal", "progressiv" und "gemäßigt". Machtgierige Bewegungen werden mit Begriffen wie "Frieden" und "Humanitarismus" verkleidet. In dieser Hinsicht sind die amerikanischen Sozialisten nicht weniger verschlagen als ihre britischen Kontrolleure. Sie haben die Haltung der britischen Fabian-Sozialisten gegenüber dem Nationalismus übernommen und erklären, dass dieser weder relevant noch wesentlich ist, um das zu erreichen, was sie "soziale Gleichheit", also Sozialismus, nennen. Die amerikanischen Sozialisten schlossen sich ihren britischen Vettern an und erklärten, dass der beste Weg, den Nationalismus zu brechen und die Sache des Sozialismus voranzutreiben, die Einführung eines progressiven Einkommenssteuerprogramms sei.

Fabianische Sozialisten können anhand ihres Umgangs und der von ihnen unterstützten Programme identifiziert werden. Diese Faustregel ist sehr nützlich, um ihre geheimen Männer und Frauen zu unterscheiden. In den USA arbeiten sie in einem langsameren Tempo als ihre britischen Kollegen und zeigen nie die Richtung, in die sie sich bewegen. Einer von ihnen, Arthur J. Schlesinger Jr, der für seine sozialistische Führung den Pulitzer-Preis gewann, schrieb:

> "Es scheint kein inhärentes Hindernis für die GRADUELLE (Hervorhebung hinzugefügt) Umsetzung des Sozialismus in den Vereinigten Staaten durch eine Reihe von "neuen Abkommen" zu geben, die ein Prozess des Rückschritts zum Sozialismus ist". (*Partisan Review* 1947)

Wir sollten uns darüber im Klaren sein, dass die traditionellen Freiheiten, die wir als selbstverständlich ansehen, durch den Sozialismus, der schrittweise tiefgreifende und schädliche Veränderungen mit sich bringt, ernsthaft bedroht sind. Währenddessen werden wir dank ihrer Kontrolle über die Buchindustrie, das Verlagswesen im Allgemeinen und die Presse einem ständigen Prozess der Konditionierung durch "Psychopolitik" unterworfen, um diese von den Sozialisten aufgezwungenen Veränderungen als unvermeidlich zu akzeptieren. Die tödlichen und zerstörerischen sozialistischen Programme, die den USA seit Wilsons Präsidentschaft aufgezwungen wurden, schienen immer segensreich und nützlich zu sein, während sie in Wirklichkeit zerstörerisch und spaltend waren.

Der Sozialismus kann zu Recht als eine gefährliche Verschwörung beschrieben werden, die sich unter einem Mantel von Reformen verbirgt. Fast ausnahmslos wurden und werden ihre Programme als "Reformen" beschrieben. Die Sozialisten haben das Bildungswesen "reformiert" und sie "reformieren" das Gesundheitswesen. Sie haben das Bankensystem "reformiert", und diese "Reform" hat uns die Banken der Federal Reserve beschert. Sie haben die Handelsgesetze "reformiert" und die Schutzzölle abgeschafft, die bis 1913 den Großteil der für das Funktionieren des Landes notwendigen Einnahmen geliefert hatten.

Im Bereich der Bildung versuchen die Fabian Socialists, eine "mittelmäßige Mehrheit" zu schaffen, die den Anschein, aber nicht die Substanz hat, gebildet zu sein.

Die Fabianischen Sozialisten führten einen geheimen Krieg, um die Kontrolle über das Bildungswesen zu erlangen, der in den 1920er Jahren begann und 1980 mit der Verabschiedung des von Präsident Carter erlassenen Bildungsministeriums seinen Triumph feierte. Dieser große Sieg des Sozialismus garantierte, dass von nun an nur noch mittelmäßige Schüler die Highschool verlassen würden. Das war die Summe und die Substanz der sozialistischen "Reform" des Bildungswesens. Im Ausland herrscht die falsche Vorstellung, dass wir heute intelligenter sind als unsere Vorfahren. Wenn wir uns jedoch die Lehrpläne aus dem Jahr 1857 ansehen, stellen wir fest, dass diese Vorstellung absolut falsch ist. Zu den Fächern, in denen die Oberschüler ausreichend kompetent sein mussten, um ihren Abschluss zu machen, gehörten:

"Thompsons Arithmetik" "Robinsons Algebra" "Davies Algebra" "Davies Geometrie" "Comstocks Philosophie" "Willards Geschichte" "Cutters Physiologie" "Browns Grammatik" "Mitchells Geographie" "Sanders Serie".

Wenn man sich den Lehrplan der Mittelschulen in den späten 1880er Jahren ansieht, ist man verblüfft über die Komplexität und die Anzahl der Fächer, die gelehrt werden. Damals studierten die Schüler Geschichte und wussten alles über Napoleon und Alexander den Großen. Es gab keine Rätsel, d. h. keine Multiple-Choice-Fragen. Die Schüler konnten die in ihren Prüfungsarbeiten gestellten Fragen beantworten oder auch nicht. Wenn sie sie nicht wussten, fielen sie durch und mussten in der Schule bleiben, um ihr Wissen zu vertiefen.

Es gab keine Wahlmethoden, um sich mit dem zurechtzufinden, was man nicht wusste. Heute reiht sich ein Wahlfach an das andere, wodurch die Schüler ungebildet und unvorbereitet auf die Welt da draußen zurückbleiben. Mittelmäßigkeit ist das Ergebnis, und das ist das Ziel der Bildungs "reformen" des Fabianischen Sozialismus, eine Nation mit einem mittelmäßigen Bildungsniveau zu produzieren.

Die große sozialistische Untat, die die Bildung in den USA zu Fall brachte, wurde mit dem Fall des Obersten Gerichtshofs der USA, "Brown vs. School Board, Topeka, Kansas", bekannt. In diesem Fall sorgten die Sozialisten dafür, dass die Bildungsstandards knapp über dem kleinsten gemeinsamen Nenner, etwas über den rückständigsten Elementen der Klasse, angesetzt wurden. Dies war das Niveau, auf dem alle Kinder von nun an unterrichtet werden sollten. Selbstverständlich wurden die intelligentesten Schüler auf dem mittelmäßigen Niveau gehalten.

Die Bildung ist in den Vereinigten Staaten so weit zurückgegangen, dass selbst diejenigen, von denen wir glauben, dass sie gewählt werden, um uns im Kongress zu dienen, die Sprache der US-Verfassung nicht verstehen, und insbesondere unsere Senatoren werden mit jedem Jahr, das vergeht, immer inkompetenter in Bezug auf die Verfassung.

Kommen wir zurück zur bolschewistischen Revolution. Die englischen sozialistischen Führer erweckten den falschen Eindruck, dass es sich um eine "sozialistische" Revolution handelte, die das Los des russischen Volkes verbessern und der Tyrannei der Romanows ein Ende setzen sollte. In Wirklichkeit waren die Romanows die wohlwollendsten Monarchen Europas, mit echter Liebe und Fürsorge für ihr Volk. Täuschung ist das Erkennungszeichen des Sozialismus. Sein Motto. "Eile mit Weile" ist irreführend, denn der Sozialismus ist weder langsam, noch ist er ein Freund der Arbeiter. Der Sozialismus ist ein Kommunismus, der vorsichtiger voranschreitet, aber die Ziele sind dieselben, auch wenn sich die Mittel in einigen Fällen unterscheiden. Das gemeinsame Ziel von Kommunismus und Sozialismus ist es, das echte kapitalistische System des freien Unternehmertums zu liquidieren und es durch eine starke Zentralregierung zu ersetzen, die alle

Aspekte der Produktion und Verteilung von Waren und Dienstleistungen kontrolliert. Jeder, der sich ihnen in den Weg stellt, wird sofort als "Reaktionär", "Rechtsextremist", "McCarthy-Reaktionär", "Faschist", "religiöser Extremist" usw. bezeichnet. Wenn Sie diese Worte hören, wissen Sie, dass der Sprecher ein Sozialist ist.

Kommunismus und Sozialismus haben das gemeinsame Ziel, eine föderale Regierung, eine einzige Weltregierung oder, wie sie häufiger genannt wird, die "Neue Weltordnung" zu errichten. Finden Sie heraus, was ihre Führer zu sagen hatten:

> "Ich bin davon überzeugt, dass der Sozialismus richtig ist. Ich bin ein Anhänger des Sozialismus... Wir werden die Sowjetmacht natürlich nicht ändern oder ihre Grundprinzipien aufgeben, aber wir erkennen die Notwendigkeit von Veränderungen, die den Sozialismus stärken werden" - Michail Gorbatschow.

"Das ultimative Ziel des Council on Foreign Relations (CFR) ist es, ein einziges sozialistisches Weltsystem zu schaffen und die Vereinigten Staaten zu einem offiziellen Teil davon zu machen." - Senator Dan Smoot, *The Unseen Hand*.

"Das amerikanische Volk wird niemals wissentlich den Sozialismus annehmen, aber unter dem Namen des Liberalismus wird es jedes Fragment des sozialistischen Programms übernehmen, bis Amerika eines Tages eine sozialistische Nation ist, ohne zu wissen, wie es dazu gekommen ist... Die Vereinigten Staaten machen unter Eisenhower größere Fortschritte auf dem Weg zur Annahme des Sozialismus als unter Präsident Franklin D. Roosevelt. - Norman Thomas. *Zwei Welten*.

Um den gesamten Plan und das Ziel von Florence Kelleys "legislativer Aktion" der amerikanischen Sozialisten zu verstehen, muss man zunächst die Grundsatzerklärung der Fabianischen Sozialisten und des Internationalen Sozialismus sorgfältig lesen:

> "Ihr Ziel ist es, die Mehrheit im Kongress und in jeder bundesstaatlichen Legislative zu erlangen, die wichtigsten Exekutiv- und Justizämter zu gewinnen, die dominierende Partei zu werden und, sobald sie an der Macht ist, die Industrien in Volkseigentum zu überführen, beginnend mit jenen mit öffentlichem Charakter, wie Banken, Versicherungen usw.".

In den USA findet sich die große Mehrheit der Sozialisten in der Demokratischen Partei, mit einigen "Progressiven" in der Republikanischen Partei. In diesem Sinne ist der Fabianische Sozialismus eine politische Partei, wenn auch nur durch Adoption, wie es in England mit der Übernahme der Labour Party der Fall war. Man wird sich daran erinnern, dass Kelley die treibende Kraft hinter den "Brandeis Briefs" war, gefälschten, höchst destruktiven psychojuristischen Dokumenten, die die Art und Weise, wie der Oberste Gerichtshof seine Entscheidungen trifft, verändert haben. Kelley war ein enger Freund der lesbischen Sozialistin Eleanor Roosevelt. (Die Methode der "Brandeis Briefs" hat unser Rechtssystem völlig sabotiert und ist ein weiteres Beispiel für ungewollte und unerwünschte Veränderungen sozialistischen Ursprungs, die dem Volk der Vereinigten Staaten aufgezwungen wurden).

Auf den Seiten 9962-9977, Congressional Record, Senat, 31. Mai 1924, finden wir die Ziele der Sozialisten und Kommunisten noch deutlicher erläutert:

> "Kurz gesagt, die amerikanischen Kommunisten selbst geben zu, dass es unmöglich ist, die Revolution in diesem Land zu fördern, wenn nicht die Rechte der Einzelstaaten zerstört werden und eine zentralisierte Bürokratie unter der Führung einer Kaste von verwurzelten Bürokraten, ähnlich denen in Europa, für Kommunisten (und Sozialisten) die Grundvoraussetzungen für die Revolution bildet."

Obwohl dies auf die Ziele der Kommunisten ausgerichtet ist, sollten wir nicht vergessen, dass dies auch das Ziel der Sozialisten ist, die sich nur in der Methode und dem Grad unterscheiden.

Ich möchte hinzufügen, dass unter den Präsidenten Johnson, Carter, Bush und Clinton das sozialistische Programm der USA einen Gang höher geschaltet wurde. Clinton wird zwar nur eine Amtszeit haben, aber er wird mehr tun, um die sozialistischen Pläne stark zu fördern, und er wird mehr realen Schaden anrichten als Roosevelt, Eisenhower oder Johnson.

Für diejenigen, die nach der Wahrheit suchen, ist es offensichtlich, dass der Kommunismus nicht tot ist. Er hat nur eine vorübergehende Atempause eingelegt und wartet derzeit hinter den Kulissen darauf, dass der Sozialismus aufholt. Was wir heute haben, ist das, was Karl Marx als "wissenschaftlichen Sozialismus" bezeichnete. Er wurde von Professor Harold Laski auch als "Psychopolitik" bezeichnet. Präsident Kennedy übernahm den "wissenschaftlichen Sozialismus" - sein Programm "New Frontier" stammt direkt aus dem Plan der britischen Fabian Society, "New Frontiers", von Henry Wallace (New York, Reynal and Hitchcock 1934).

Die "Psychopolitik" wurde von Charles Morgan in seinem Buch "Liberties of the Mind": "Die Freiheiten des Geistes" zusammengefasst.

> "... Wir alle sind darauf konditioniert, Einschränkungen unserer Freiheit zu akzeptieren. Ich fürchte, dass wir unbewusst, selbst wenn wir bereit sind, diese neue Infektion zu akzeptieren, ... Es gibt keine Immunität in der großen Masse unseres Volkes und kein Bewusstsein für die Gefahr ... Es fallen einem viele Wege ein, wie die Bevölkerung als Ganzes konditioniert oder auf diese mentale Veränderung, den Verlust von Individualität und Identität, vorbereitet wird."

Es dürfte schwierig sein, eine klarere Erklärung für den Sozialismus zu finden, der sich von innen heraus selbst zerstört.

Die Sozialisten betreiben seit dem Erscheinen des Kommunistischen Manifests von 1848 Psychopolitik an den Völkern Englands und der Vereinigten Staaten. Deshalb diskutieren unsere Senatoren 1994 über die Vorzüge eines "nationalen Gesundheitsplans" statt eines anderen, anstatt die Idee kategorisch als sozialistische Ausflucht abzulehnen. Es war Lenin, der sagte, dass ein nationaler Gesundheitsplan die Arche des Sozialismus sei. Ebenso diskutierte der Senat die Vorzüge des sogenannten Brady-Gesetzes, anstatt es von vornherein als sozialistische Ausflucht zur Umgehung der US-Verfassung abzulehnen. Allein über dieses Thema könnte ein ganzes Buch geschrieben werden.

In der Kennedy-Regierung gab es 36 Fabianische Sozialisten. Zwei waren Kabinettsmitglieder, drei waren Assistenten des Weißen Hauses, zwei waren Unterstaatssekretäre und einer war stellvertretender Staatssekretär. Die übrigen besetzten politische Ämter von entscheidender Bedeutung. Aus diesem Grund liefen so viele politische Entscheidungen der Kennedy-Ära den besten Interessen der Vereinigten Staaten und ihres Volkes zuwider und schienen auf seltsame Weise nicht mit dem übereinzustimmen, was Kennedy zu vertreten behauptete.

Seit Kennedys Tod hat der Sozialismus in den USA tiefe Wurzeln geschlagen, immer begossen und gepflegt von denen, die man "Liberale" und "Gemäßigte" nennt und die man mit viel "Toleranz" pflegt. Oberst Mandel House und Sir William Wiseman, der Leiter des Nordamerika-Büros des britischen Geheimdienstes, "betreuten" Präsident Wilson, der als erster offen sozialistischer US-Präsident im Oval Office Platz nahm.

Der Fabianische Sozialismus dominierte sechs Präsidenten der Vereinigten Staaten, angefangen mit Woodrow Wilson. Die Ziele der Sozialisten haben sich nie geändert, vor allem nicht in dem, was sie als "die zu überwindenden Schwierigkeiten" beschrieben, und diese waren und sind in einigen Fällen immer noch vorhanden:

1. Religion, insbesondere die christliche Religion.

2. Nationalstolz der Nationalstaaten.

3. Patriotismus.

4. Die Verfassung der Vereinigten Staaten und die Verfassungen der Bundesstaaten.

5. Opposition gegen eine progressive Einkommensteuer.

6. Handelsbarrieren abbauen.

Diese Ziele werden in ihrem Masterplan, den "amerikanischen Fabian-Techniken", beschrieben, der auf Obskurantismus beruht.

Die sozialistische Bewegung Fabiens war nur daran interessiert, die Elite der britischen Gesellschaft zu rekrutieren, Männer wie Clement Atlee, Sir Stafford Cripps, Herbert Morrison, Emmanuel Shinwell, Ernest Bevin, Lord Grey, Lord Asquith und Ramsey McDonald, die England später vom Parlament aus ihren Willen aufzwingen sollten. Auch wenn diese Namen amerikanischen Lesern fremd sein mögen, spielten diese Männer eine wesentliche Rolle für die Richtung, die die Vereinigten Staaten einschlagen sollten, und als solche verdienen sie es, erwähnt zu werden.

Ein interessanter Aspekt der Fabian Society ist, dass ihr Komitee festlegte, dass nicht mehr als 5% der Bevölkerung würdig waren, gute sozialistische Führer zu werden. Einige britische Fabian-Sozialisten spielten eine wesentliche Rolle beim Kurs- und Richtungswechsel der USA, und wir werden auf diesen Aspekt noch zurückkommen. Der Fabianische Sozialist MacDonald, der später Premierminister von England wurde, wurde 1893 in die USA geschickt, um dort als Spion zu arbeiten. Nach seiner Rückkehr am 14. Januar 1898 erklärte MacDonald den Mitgliedern seines Komitees:

> "Das große Hindernis für den sozialistischen Fortschritt in den Vereinigten Staaten ist ihre geschriebene Verfassung, sowohl auf Bundes- als auch auf Staatsebene, die einem Gerichtshof die ultimative Macht verleiht".

MacDonald sagte auch, dass es notwendig sein würde, mit Sorgfalt zu arbeiten, um die Anweisung von Edward Bellamy, einem amerikanischen Fabian-Sozialisten, auszuführen. Die meisten von uns kennen ihn als Autor des Buches "Onkel Toms Fall", das von seinem Mentor Colonel Thomas Wentworth verfasst wurde, einem berüchtigten Abolitionisten und Fabianischen Sozialisten, wie er glühender nicht sein könnte.

Bellamy war ein wahrer Gläubiger und Anhänger der British Fabian Society und eines der ersten Mitglieder des amerikanischen Kapitels der Fabian Society. Als Bellamy im Februar 1895, drei Jahre bevor MacDonald seinen Untersuchungsbericht über seine USA-Tour vorlegte, in der "American Fabian" schrieb, sagte er:

> "... unsere weitgehend individualistische Verfassung muss geändert werden, um den Sozialismus zuzulassen, und jede Änderung erfordert eine politische Krise. Das bedeutet, dass große Fragen aufgeworfen werden müssen".

Hat Wilson nicht "große Fragen" aufgeworfen und haben Roosevelt, Truman, Eisenhower, Kennedy, Johnson und Bush nicht dasselbe getan, und ist es nicht bemerkenswert, dass Clinton immer wieder "große Fragen aufwirft"? Das ist die Methodik des Sozialismus: "Große Fragen" wie die sogenannte "Gesundheitsreform" aufwerfen und hinter den Staubwolken, die das Thema aufwirbelt, die schmutzige und heimtückische Arbeit verrichten, die Verfassung der Vereinigten Staaten zu untergraben.

Hierin liegt die grundlegende Erklärung für die politischen Maßnahmen der Präsidenten Wilson, Roosevelt, Truman, Eisenhower, Kennedy, Johnson, Bush und Clinton.

MacDonalds Vorschläge folgten sehr genau dem von Bellamy

aufgestellten Modell. MacDonald betonte, dass die Notwendigkeit, die Verfassung der Vereinigten Staaten zu ändern, im Denken des Fabianischen Sozialisten an erster Stelle stehen müsse. Wir betonen noch einmal, dass sich der Fabianische Sozialismus etwas vom europäischen Sozialismus unterschied, insbesondere insofern, als er behauptete, keine Parteizugehörigkeit zu haben. Das wäre richtig, wenn wir die Tatsache ignorieren würden, dass er durch "Durchdringung und Imprägnierung" die britische Labour- und die liberale Partei übernahm und nun die Demokratische Partei der USA unter seine Kontrolle gebracht hat.

MacDonald wies darauf hin, dass die der US-Verfassung zugrunde liegenden Prinzipien auf den im fünften Verfassungszusatz garantierten Rechten beruhen, insbesondere auf dem Recht auf Eigentum, das eine Folge des Naturgesetzes von Isaac Newton ist. Folglich, so MacDonald, müsse die Änderung der Verfassung indirekt, sehr geheim und über einen Zeitraum von mehreren Jahren erfolgen. Er betonte auch, dass die Gewaltenteilung zwischen den drei Ministerien der Regierung ein Hindernis für die Durchdringungs- und Durchdringungstaktik der Sozialisten darstellte.

MacDonalds Worte waren ein Echo dessen, was Bellamy im Februar 1895 vorgeschlagen hatte. Immerhin war Bellamy in Verfassungsfragen gebildeter als die große Mehrheit der Richter und Politiker unserer Zeit. Er gab bereitwillig zu, dass die Verfassung der Vereinigten Staaten nicht flexibel ist. Dies verdeutlicht die Unwissenheit der Richterin Ruth Ginsberg, die kürzlich vom sozialistischen Präsidenten Clinton an den Obersten Gerichtshof berufen wurde, als sie bei einer Anhörung des Unterausschusses für Justiz des Senats erklärte, die Verfassung sei "flexibel", obwohl sie unveränderlich ist.

Die große Vision des Fabianischen Sozialismus der 1890er Jahre war es, die Verfassung der Vereinigten Staaten zu "revidieren", d. h. zu "reformieren". Obwohl es an der Oberfläche so aussah, als ob eine solche Aufgabe ihre Fähigkeiten übersteigen würde, wurde die Fähigkeit der Fabianer, still und heimlich zu arbeiten, leider unterschätzt und übersehen. Das erinnert mich an Frank Sinatras populäres Lied über ehrgeizige Ameisen und einen Gummibaum. Die Ameisen hatten keine Chance, den Baum in einer einzigen

Aktion wegzutragen, aber sie schafften dennoch das Unmögliche und trugen ihn Blatt für Blatt weg, bis der Gummibaum abgerissen wurde. Ich denke, das ist eine gute Analogie zu der Art und Weise, wie der Fabianische Sozialismus seit 1895 (eine Aufgabe, die immer noch andauert) daran arbeitet, die Verfassung der Vereinigten Staaten Stück für Stück wegzutragen.

Bellamy und MacDonald können als "Visionäre" beschrieben werden, doch es handelte sich um fabianische sozialistische Visionäre mit klaren Vorstellungen davon, wie man Erfolg haben kann. Die in "The American Socialist" beschriebenen Methoden sahen vor, eine sozialistische Elite in den USA zu etablieren und dann vom Kader der Elite zu lernen, wie man jede lokale, nationale und staatliche Krise für die geheimen Zwecke des Sozialismus nutzen und durch eine gut organisierte Durchdringung der Presse Unterstützung für diese Ideen gewinnen kann. Die Kristallisation des amerikanischen Fabianischen Sozialismus begann 1905 endgültig.

"The American Socialist" rief auch dazu auf, einen Kader von fabianischen sozialistischen Professoren zu bilden, die in den folgenden Jahren als Berater einer Reihe von Präsidenten fungieren und sie in die Richtung des großen Sozialisierungsprojekts der Vereinigten Staaten lenken sollten. Diese linksextremen Lehrer von Marx und Lenin stammten hauptsächlich aus den Reihen der juristischen Fakultät der Harvard-Universität. Die "Bildungsarbeit" wurde von der Elite des Harvard Socialist Club übernommen, der, wenn man ihn mit der britischen Fabian Society überschneidet - eine der wenigen Gelegenheiten, bei denen sie die Kühnheit besaßen, ihre sozialistischen Kragen zu zeigen - eine enge Übereinstimmung offenbart.

Zu den Gründungsmitgliedern des Harvard Socialist Club gehörte Walter Lippmann, einer derjenigen, die von MacDonald und Bellamy ausgewählt worden waren, um in den USA einen sozialistischen Elitekader aufzubauen. Lippmann verbrachte Jahre damit, in die Geschäftswelt einzudringen.

Lippmanns Rolle bei der Hinwendung des Landes zum Fabianischen Sozialismus wird zu einem späteren Zeitpunkt untersucht werden. Wie wir sehen werden, waren die Sozialisten in den inneren Zirkeln der Macht ein Feind, den es mehr zu fürchten galt als den Kommunismus, obwohl die amerikanische Öffentlichkeit das nie so sehen durfte. Wie ich in der Vergangenheit schon so oft gesagt habe: "Der Feind in Washington ist mehr zu fürchten als der Feind in Moskau".

Der durchschnittliche Amerikaner wurde, wenn er den Sozialismus unter seinem eigenen Label hörte, abgestoßen. In den 1890er Jahren war die American Fabian Society eine aufstrebende Organisation, die Anleitung brauchte, vor allem in der Technik, langsam vorzugehen und ihre Ziele zu verschleiern. Wenn also der Sozialismus erwähnt wurde, ging es um Visionen von bizarren Sexualpraktiken - die Sozialisten heute versuchen, kulturell akzeptabel zu machen - und darum, wie man die Sozialhilfe für alle erschwinglich machen könnte. Daher wurde er nicht ernst genommen, außer von einer Handvoll Akademiker, die ihn als eine größere Gefahr als den Bolschewismus ansahen, zumindest für Amerika.

Und als Engels, das Vorbild für die irreführenden Praktiken von Sozialisten und Marxisten, 1886 die USA besuchte, wurde ein Fehler begangen, als er sein vitriolisches Buch "Der Ursprung der Familie" förderte, das später zur Bibel für Abtreiber, Homosexuelle und die sogenannte "women's lib"-Bewegung[7] von Molly Yard, Patricia Schroeder, Eleanor Smeal wurde. Es gibt Beweise dafür, dass der Zweck von Engels' Besuch darin bestand, den Grundstein für den neuen amerikanischen sozialistischen Club Fabien zu legen.

Auch als Eleanor Marx - die Tochter von Karl Marx, die als Geliebte von George Bernard Shaw bekannt wurde - mit einem anderen Liebhaber, diesmal Edward Aveling, durch die USA tourte, war die Reaktion der Öffentlichkeit äußerst unerfreulich. Der Aufschrei über die "freie Liebe" überraschte die europäischen Sozialisten, die keine Ahnung hatten, wie fest die christlichen Werte in der damaligen amerikanischen Gesellschaft verankert waren. Sie hatten sich verkalkuliert, als sie die "freie Liebe" (die Grundlage für die Abtreibung, d. h. freie Liebe ohne Verantwortung) heirateten, und ihre Angriffe auf die Werte der Familie riefen nur wütende

---

[7] Liberation of Women (Befreiung der Frauen), Vorläufer des MLF. Ndt.

Reaktionen hervor.

Dies erteilte den amerikanischen Sozialisten eine wichtige Lektion: "Mehr Eile" war eine verlustreiche Philosophie. Man musste "langsam eilen". Aber die Sozialisten gaben nie auf, verloren ihre Ziele nie aus den Augen, und das Ergebnis ist, dass die Übel des Sozialismus heute Amerika von allen Seiten beherrschen und kulturell, religiös und sozial an Stärke gewinnen, wie sie es nie getan haben, als Engels, Eleanor Marx und Edward Aveling ihre Vorzüge priesen. Die Leser wissen wahrscheinlich, dass Aveling der offizielle Übersetzer von "Das Kapital", dem bekanntesten der von Marx verfassten Werke, vom Deutschen ins Englische war.

Um Kritiker vom Sozialismus abzulenken, beschloss die britische Fabian Society, in den USA eine Gruppe zu gründen, die als American Economic Association bekannt wurde und am 9. September 1885 zusammentrat. Nur der Elitekader der aufstrebenden amerikanischen Sozialisten war zur Teilnahme eingeladen. (Im Anschluss an dieses Treffen beschlossen die britischen Sozialisten der Fabian Society, dass Mac Donald in die USA reisen sollte, um herauszufinden, welche Probleme den Sozialismus behinderten und wie sie überwunden werden könnten).

Am 9. September 1885 lockte die American Economic Association alle wichtigen sozialistischen Führer und angehenden Sozialisten der damaligen Zeit nach Saratoga im Bundesstaat New York. Viele der "prominenten Gäste", wie die New Yorker Zeitungen sie beschrieben, waren führende sozialistische Professoren, darunter Woodrow Wilson, der später der erste offen sozialistische Präsident der Vereinigten Staaten werden sollte.

Weitere Teilnehmer waren die Professoren Ely, H. R. Adams, John R. Commons und E. James, Dr. E. R. Seligman von der Columbia University, Dr. Albert Shaw und E. W. Bemis, die später zu den wichtigsten Anhängern des Sozialismus in Amerika wurden. Keiner von ihnen war außerhalb seiner engen akademischen Kreise bekannt, und der Sozialismus wurde nicht als ernsthafte Bedrohung für den amerikanischen Lebensstil angesehen. Es war ein Fehler, der in der Zukunft immer wieder begangen werden sollte, ein Fehler, der sich heute wiederholt. Aus diesem kleinen Anfang entstand die Eiche des Sozialismus in den Vereinigten Staaten, deren weit ausladende Äste heute die Konföderierte Republik der Vereinigten

Staaten bedrohen. Wilson, damals am Bryn Mawr College, lehrte dann 1902, als Politikwissenschaft getarnt, Sozialismus in der Erweiterung der Universität von Philadelphia.

Dort tauchte er zusammen mit anderen großen Sozialisten in die Förderung sozialistischer Ideen im Bildungswesen ein. Auf der Liste der sozialistischen Lehrer stehen Mitglieder der britischen Fabian Society, Sydney Webb, R.W. Alden und Edward R. Pease; Ely und Adams, zwei seiner amerikanischen Geschäftspartner, die wir bereits erwähnt haben. Andere prominente amerikanische Sozialisten, die Wilson mit ihren sozialistischen Ideen fütterten, waren Morris Hilquitt und Upton Sinclair. Ihre Kontakte zu den britischen Fabian-Sozialisten erstreckten sich auch auf die Treffen, die zwischen 1805 und 1901 in Oxford stattfanden.

Dr. Seligman von der Columbia University sponserte die Treffen, und ihm wird die Weitsicht zugeschrieben, Wilson mit der Präsidentschaft zu betrauen. Die Ähnlichkeit zwischen Wilsons und Clintons Aufstieg ist durchaus bemerkenswert: Beide waren sozialistisch gesinnt, beide waren von einer großen Zahl sozialistischer Intellektueller umgeben und beide wurden durch ihren Kontakt mit der Oxford University unauslöschlich von sozialistischen Idealen geprägt.

Wilson wurde maßgeblich von sozialistischen Fabian-Publikationen wie "The New Freedom" beeinflusst. Darüber hinaus war er der erste Präsident der Vereinigten Staaten, der Universitätsprofessoren als Berater akzeptierte - ein radikaler Bruch mit früheren Traditionen und eine rein sozialistische Strategie - eine Methodik, um dem amerikanischen Volk unerwünschte und unannehmbare Veränderungen aufzuzwingen. Die Begründung war, dass niemand Akademiker verdächtigen würde, schändliche Absichten zu haben.

Albert Shaw, der Wilson zur Wahl verhalf, indem er die Abstimmung spaltete und Theodore Roosevelt unter einem unabhängigen Etikett, der Bull Moose Party, vorstellte. Wie Dr. Seymour damals sagte: "Roosevelts Überlaufen hat Wilson ins Weiße Haus gebracht". Die Täuschung bestand darin, dass House Roosevelt als "wilden Radikalen" "denunzieren" sollte, und es funktionierte. Wilson wurde Präsident der Vereinigten Staaten und sein Freund Albert Shaw wurde zur Belohnung in den Arbeitsausschuss berufen, als Wilson ins Weiße Haus einzog.

Obwohl dies sorgfältig vor der Öffentlichkeit verborgen wurde, wählten die britischen Fabian-Sozialisten Wilson aufgrund seiner Neigung, sich für sozialistische Themen zu interessieren, und auf starke Empfehlung von House, dessen Schwager, Dr. Sydney Mezes, ein langjähriger Affiliate der British Fabian Society und Präsident des City College in New York war. Mezes spielte eine führende Rolle bei der sozialistischen Planung vor und nach dem Ersten Weltkrieg.

Hinzu kommt, dass ein großer Prozentsatz der Mitglieder der Fabian Society Marxisten waren. Einer der namhaftesten Mitglieder der Fabian Society in London war Professor Harold Laski, der später bis zu seinem Tod 1952 eine zutiefst störende Rolle bei der Sozialisierung der USA spielte. Es wird nicht bestritten, dass Bernard Baruch, der während Wilsons Jahren im Weißen Haus zum absoluten Kontrolleur wurde, ebenfalls Marxist war.

Das gesamte Programm der Präsidentschaft von Woodrow Wilson wurde von sozialistischen Beratern sowohl hier als auch in Großbritannien aufgestellt. Eine der ersten sozialistischen Bemühungen Wilsons war die Föderalisierung von Befugnissen, die der Bundesregierung verwehrt waren, da sie den einzelnen Staaten vorbehalten waren. Dazu gehörten die polizeilichen Befugnisse in den Bereichen Gesundheit, Bildung, Arbeit und Polizeischutz, die den Bundesstaaten durch den zehnten Zusatzartikel der US-Verfassung garantiert wurden.

Später sollte Professor Harold Laski starken Druck auf Präsident Roosevelt ausüben, damit dieser durch einen Exekutivbefehl die Gewaltenteilung zwischen dem legislativen, exekutiven und judikativen Teil der Regierung zerschlägt und zerstört. Dies war der Schlüssel für die Hintertür, um die Verfassung zu zerschlagen und "wirkungslos" zu machen. Einer der Hauptpunkte von Wilsons Programm war die Zerstörung der Zölle, die den USA bis 1913 genügend Einnahmen verschafft hatten, um die Rechnungen der Nation zu bezahlen und immer noch einen Überschuss zu haben. Das versteckte Ziel bestand darin, diese Einnahmequelle zu zerstören und durch eine progressive, marxistisch inspirierte Einkommensteuer zu ersetzen. Abgesehen von allen anderen Ergebnissen war die marxistische progressive Einkommensteuer darauf ausgelegt, die Mittelschicht für immer zu belasten. Wir erinnern uns: Eines der größten Hindernisse, das es zu überwinden galt, war laut Ramsey MacDonald der Widerstand gegen eine progressive Einkommensteuer. Dank Präsident Wilson konnte die britische Fabian Society dem amerikanischen Volk diese kostspielige Last auferlegen und damit eines ihrer sehnlichsten Ziele verwirklichen.

Es muss gesagt werden, und zwar laut und deutlich: Der Kommunismus hat, obwohl er der Initiator war, die progressive Einkommensteuer in den USA nicht eingeführt. Dies war einzig und allein das Werk der britischen Fabian Society. In den letzten 76 Jahren wurde das amerikanische Volk mit dem Glauben getäuscht, dass der Kommunismus die größte Gefahr für eine freie Welt sei. Wir hoffen, dass die Seiten dieses Buches genügend Beweise enthalten, um zu zeigen, dass die Gefahr des Sozialismus alles übersteigt, was bislang vom Kommunismus gesehen wurde. Der Sozialismus hat in den Vereinigten Staaten tausendmal mehr Verheerungen angerichtet, als der Kommunismus es je getan hat.

Die progressive Einkommensteuer, die vom Obersten Gerichtshof der Vereinigten Staaten zweimal als verfassungswidrig eingestuft worden war, wurde Wilson von der britischen Fabian Society vorgeschlagen, und ihre Verabschiedung, die von den amerikanischen Fabian-Sozialisten gefördert wurde, erfolgte schließlich im Jahr 1916, gerade rechtzeitig, um den Ersten Weltkrieg zu bezahlen. Während die Aufmerksamkeit der amerikanischen Bevölkerung auf die Ereignisse in Europa gerichtet war, wurde der sechzehnte Verfassungszusatz mit Hilfe und Duldung einer ganzen Flut von sozialistischen Gesetzgebern in den Kongress geschoben.

Da der sechzehnte Zusatzartikel nie von allen Staaten ratifiziert wurde, blieb er außerhalb der Verfassung, was seine sozialistischen Anhänger jedoch nicht davon abhielt, zu tun, was sie wollten. Wilson versuchte, die Demokratie mit der Demokratischen Partei gleichzusetzen, obwohl eine solche Partei in Wirklichkeit gar nicht existieren kann. Der korrekte Titel sollte "Demokratische Partei" lauten. Wir können keine "Demokratische Partei" in einer konföderierten Republik oder einer konstitutionellen Republik haben.

Wilsons Buch "The New Freedom" (in Wirklichkeit von dem

Sozialisten William B. Hayle geschrieben) prangert den Kapitalismus an. "Er ist gegen den gewöhnlichen Menschen gerichtet", sagte Wilson. In einer Zeit, in der die USA einen nie zuvor gesehenen Wohlstand und industriellen Fortschritt genossen, bezeichnete Wilson die Wirtschaft als "stagnierend" und schlug eine Revolution vor, um die Dinge wieder in Gang zu bringen. In der Tat eine seltsame Argumentation - wenn man vergisst, dass Wilson einen reinen Sozialismus predigte:

> "Wir haben es mit einer Revolution zu tun - nicht mit einer blutigen Revolution, Amerika ist nicht zum Blutvergießen geschaffen -, sondern mit einer stillen Revolution, durch die Amerika darauf bestehen wird, die Ideale, zu denen es sich immer bekannt hat, in der Praxis wiederzufinden, um sich eine Regierung zu sichern, die dem allgemeinen Interesse und nicht Einzelinteressen gewidmet ist."

Das Wichtigste, was in der Rede ausgelassen wurde, war, dass es eine SOZIALISTISCHE REVOLUTION sein sollte, eine schleichende und in ihrer Täuschung grenzenlose Revolution, die auf den britischen sozialistischen Fabien-Idealen und -Prinzipien basierte.

Wilson macht daraufhin eine prophetische Vorhersage - zumindest scheinbar prophetisch, nur dass er bei genauerem Hinsehen lediglich das sozialistische Programm für die Vereinigten Staaten verkündet:

> "... Wir stehen an der Schwelle zu einer Zeit, in der das systematische Leben des Landes in jeder Hinsicht von der Regierungstätigkeit unterstützt oder zumindest ergänzt wird. Und wir haben nun zu bestimmen, welche Art von Regierungstätigkeit dies sein wird; ob sie in erster Linie von der Regierung selbst geleitet wird oder ob sie indirekt über Instrumente erfolgt, die sich bereits gebildet haben und bereit sind, die Regierung zu ersetzen."

Das amerikanische Volk blieb weitgehend unwissend, dass eine finstere Macht am Werk war, die ihm und der Verfassung völlig fremd war und sich irgendwie an die Macht geschlichen hatte, indem sie einen Chef der Exekutive ins Weiße Haus setzte, einen Führer, der völlig einer rücksichtslosen und machthungrigen Gruppe verpflichtet war, wie sie überall auf der Welt zu finden ist - einschließlich des bolschewistischen Russlands -, wobei diese

Macht die Fabianischen Sozialisten nach Großbritannien und in die Vereinigten Staaten brachte.

Dieser Trend hat sich bis heute fortgesetzt, und wie wir sehen, ist Präsident Clinton nun der enthusiastische und um Gefälligkeit bemühte Exekutivchef. Die "großen Hoffnungen" der Ameisen, die den Kautschukbaum für sich beanspruchen wollen, erfüllen sich langsam und unaufhaltsam. Eine große Nation, die Vereinigten Staaten von Amerika, scheint sich der Kriminalität, die sich hinter dem Sozialismus verbirgt, völlig unbewusst und seiner Ziele unkundig zu sein und ist daher schlecht darauf vorbereitet, den kriminellen Raubzügen innerhalb ihrer Regierung ein Ende zu setzen.

Wie konnte Wilson das amerikanische Volk über eine so ungeheuerliche Angelegenheit wie die progressive Einkommensteuer täuschen, etwas, das der Verfassung fremd war und auf das das Land bis 1913 hatte verzichten können? Um diese Frage zu beantworten, müssen wir uns erneut mit der Fähigkeit der Sozialisten befassen, ihr Programm schleichend, durch Täuschung und Lügen umzusetzen, während sie es in einer Sprache formulierten, die darauf hinzudeuten schien, dass das vergiftete Gericht, das sie zubereiteten, dem Wohl des Volkes diente.

Das erste Hindernis, das Wilson überwinden musste, war die Abschaffung der Zölle, die den Handel Amerikas geschützt und es zu einer wohlhabenden Nation gemacht hatten, um deren Lebensstandard die ganze Welt sie beneidete. Am 4. Juli 1789 hatte Präsident George Washington vor dem ersten Kongress der Vereinigten Staaten erklärt:

> "Ein freies Volk muss Manufakturen fördern, die dazu tendieren, es in Bezug auf wesentliche Lieferungen, insbesondere militärische, von anderen unabhängig zu machen."

Diese weisen Worte lösten ein System von Zollschranken aus, das Länder, die ihre Waren auf dem amerikanischen Markt verkaufen wollten, mit Zöllen belegte - die Antithese zum sogenannten "Freihandel", der nichts anderes war als eine von Adam Smith erdachte Ausflucht, die es Großbritannien ermöglichen sollte, seine Waren auf den Markt zu schütten, ohne Gegenseitigkeit für amerikanische Waren auf dem britischen Markt. Irgendwie wurde -

vielleicht durch die Kontrolle der Presse - der Eindruck kultiviert, dass die USA den Lebensstandard ihrer Bevölkerung auf der Grundlage des "Freihandels" entwickelt hätten, obwohl in Wirklichkeit das Gegenteil der Fall war.

Wir haben gesehen, wie diese Täuschung in der Perot-Gore-Debatte ans Tageslicht kam, als Gore fälschlicherweise und in böswilliger Absicht gegenüber dem Volk der Vereinigten Staaten den Protektionismus der Zollschranken als Ursache für den Wall-Street-Crash von 1929 anprangerte. Perot kannte das Smoot-Hawley-Gesetz nicht, um es gegen die Lügen des Vizepräsidenten zu verteidigen.

Der "freie Handel" wurde als marxistische Doktrin in einer Rede von Marx im Jahr 1848 definiert. Es war keine Neuheit, sondern eine Idee, die erstmals von Adam Smith vorgeschlagen wurde, um die Wirtschaft der jungen amerikanischen Nation zu unterminieren. Ein kluger Washington erkannte, dass die aufstrebende Industrie Amerikas geschützt werden musste. Diese weise Politik des Schutzes wurde von Lincoln, Garfield und McKinley fortgesetzt. 125 Jahre lang profitierten die Amerikaner in hohem Maße von dieser weisen Politik, bis Wilsons sozialistische Abrissbirne eingesetzt wurde, um das Gesicht der Vereinigten Staaten zu verändern.

Selbst bis zum Zweiten Weltkrieg waren nur zwei Prozent der US-Wirtschaft vom Außenhandel abhängig. Doch wenn man es jetzt hört, werden die Vereinigten Staaten zugrunde gehen, wenn sie nicht die letzten Reste unserer weisen Zollschranken abbauen. Was Wilson tat, war Verrat und der Kongress beging Aufruhr, als er seinem verheerenden Angriff auf den Lebensstandard des amerikanischen Volkes zustimmte.

Zum größten Teil missbrauchte die Wilson-Regierung die Verfassung. Kaum war Wilson von den Fabianischen Sozialisten gewählt worden, forderte er eine gemeinsame Sitzung des Kongresses. Im Jahr 1900 hatte eine mehrheitlich republikanische Regierung die bestehenden Handelsbarrieren aufrechterhalten und neue Zollschranken errichtet, um die amerikanischen Landwirte, die Industrie und die Rohstoffproduzenten zu schützen. Die Agitation gegen die schützenden Zollschranken hatte ihren Ursprung in London unter den Mitgliedern der sozialistischen Fabian Society,

die das Royal Institute for International Affairs (RIIA)
kontrollierten. Ideen, wie man die Zollschranken durchbrechen
könnte, wurden über das aufrührerische Mandel House direkt von
London aus an Wilson weitergeleitet.

Die Anti-Tarif-Propaganda, die in einem ununterbrochenen Strom
aus London sprudelte und die 1897 ernsthaft begonnen hatte, hier
ein Beispiel:

"Der amerikanische Hersteller erreichte 1907 den höchsten Grad
an Ineffizienz, nach einem bemerkenswerten Rückgang, der
1897 begann. In mehreren wichtigen Bereichen können die
amerikanischen Hersteller auf dem heimischen Markt nicht mit
den ausländischen Konkurrenten mithalten. Diese Tatsache
sollte dem amerikanischen Volk bewusst gemacht werden, denn
aufgrund der Zölle zahlt es einen höheren Preis für Waren, als
es der Fall wäre, wenn die Zollschranken, die den Handel
behindern, beseitigt würden. Die Redewendung "die Mutter aller
Trusts" könnte eine nützliche Möglichkeit sein, den
Protektionismus zu beschreiben, insbesondere wenn sie mit den
gestiegenen Lebenshaltungskosten in Verbindung gebracht
wird, die auf die protektionistische Politik zurückgeführt werden
können".

Anmerkung: Die Forschungsabteilung der Fabian Society begann
mit der Produktion von Dokumenten, die sie "Traktate" nannten, als
wären sie mit den Bemühungen der christlichen Missionare
verbündet. Diese Tausenden von "Traktaten" wurden später in
Büchern und Stellungnahmen zusammengefasst. Das obige Zitat
stammt aus einem Flugblatt, das 1914 veröffentlicht wurde.

Was diese Lügenpropaganda nicht sagte, war, dass es keinen
Zusammenhang zwischen dem Anstieg der Lebenshaltungskosten
zwischen 1897 und 1902 gab, da die Zölle keine Auswirkungen auf
die Inlandspreise hatten. Das hinderte jedoch einen konzertierten
Angriff der großen Zeitungen, die ausländischen Investoren
gehörten (insbesondere die "New York Times"), nicht daran, den
Zollschutz als Ursache für den Anstieg der Lebenshaltungskosten
anzuprangern. Der "London Economist" und andere Zeitschriften,
die Bankern in der City of London gehören, berichteten darüber.

Die Aufwiegelung war nicht auf die Demokraten beschränkt. Viele
der sogenannten "progressiven" Republikaner ("progressiv" und

"gemäßigt" bedeuteten immer Sozialisten) schlossen sich dem Angriff auf die Schutzzölle an. Wie gelang es den Sozialisten, den Kongress davon zu überzeugen, ihren Plänen zu folgen, die darauf abzielen, unseren von der ganzen Welt beneideten Handel zu ruinieren? Dies gelang ihnen, indem sie Soziologie mit Politik verbanden - eine Technik, die Sozialisten in hohe Positionen treibt, von wo aus sie den größten ungebührlichen Einfluss auf lebenswichtige nationale Fragen ausüben können.

Als Beispiel nehmen wir die Frage der diplomatischen Anerkennung der barbarischen bolschewistischen Regierung. Dank der guten Dienste von Arthur Henderson erkannten die Briten 1929 die bolschewistischen Schlächter als legitime Regierung Russlands an. Anschließend richteten sie ihre Aufmerksamkeit auf die Vereinigten Staaten und erreichten mithilfe der an höchster Stelle installierten Sozialisten, dass die USA es ihnen gleichtaten. Diese Handlungen der Führer der englischsprachigen Welt verliehen den Bolschewiki Prestige und Respekt, auf den sie offensichtlich keinen Anspruch hatten, und öffneten Türen für diplomatische, kommerzielle und wirtschaftliche Kontakte, die sonst jahrzehntelang oder sogar für immer fest verschlossen geblieben wären.

Die Fabianischen Sozialisten erschienen sowohl in den Vereinigten Staaten als auch in Großbritannien in einem so gutartigen Licht, und ihr hochgebildetes Umfeld und ihr großer persönlicher Charme machten es sehr schwer, denjenigen zu glauben, die davor warnten, dass diese leutselige gesellschaftliche Elite eine subversive Gruppe war, die das Recht auf Eigentum abschaffen wollte und damit drohte, die Verfassung der Vereinigten Staaten Stück für Stück wegzunehmen. Es war einfach unmöglich, diese Elite als Revolutionäre und Anarchisten zu betrachten, was sie in Wirklichkeit auch waren.

Ein gutes Beispiel dafür war Colonel Edward Mandel House, der nicht nur in jeder Hinsicht angemessen konventionell, sondern auch in seinen Umgangsformen und seiner Rhetorik konservativ war - zumindest wenn er in Hörweite der Öffentlichkeit war -, aber er bewegte sich in Kreisen, die weit davon entfernt waren, dem zu entsprechen, was man sich unter einer Gruppe von Anarchisten vorstellen würde.

Es war diese Gruppe von "leutseligen Anarchisten", die Woodrow

Wilson wählte. House zufolge sind die amerikanischen Bürger kaum mehr als Tauben, die sich durch Äußerlichkeiten täuschen lassen. So sicher, dass die Wähler Wilsons Nominierung nicht als einen Kandidaten "Made In England" sehen würden, schiffte sich House an dem Tag, an dem Wilson auf dem Parteitag der Demokraten in Baltimore 1912 nominiert wurde, nach Europa ein. "Ich habe nicht das Bedürfnis, die Debatten zu verfolgen", erklärt House gegenüber Walter Hines, der ihn im Jahr zuvor Wilson vorgestellt hatte. Nach seiner Ankunft in England erklärte House vor einer Versammlung von Fabianischen Sozialisten der RIIA: "Ich war überzeugt, dass das amerikanische Volk Wilson ohne Fragen akzeptieren würde." Und so war es auch.

Wilson wurde später Präsident. Seine Hauptaufgabe bestand darin, die von Ramsey McDonald in Auftrag gegebene Verfassung in bester sozialistischer Fabian-Manier zu untergraben, ohne dass das amerikanische Volk je davon erfahren würde. House hatte seinen Hass auf die Verfassung oft in privaten Gesprächen mit seinen geheimen Auftraggebern an der Wall Street zum Ausdruck gebracht. Er bezeichnete die Verfassung der Vereinigten Staaten als "eine Schöpfung der Geister des 18. Jahrhunderts, die nicht nur überholt, sondern grotesk ist", und fügte hinzu, dass "sie sofort entsorgt werden sollte". Wir kommen auf den Mann zurück, den Wilson als seinen größten Freund bezeichnete.

Wie House es ausdrückte, "wurde Wilson gewählt, um ein sozialistisches Programm durchzuführen, ohne das Volk zu alarmieren". Wie dies geschehen sollte, wurde in einer romantisierten Version des Masterplans für die langfristigen Ziele der Fabianischen Sozialisten dargelegt. "Philip Dru, Administrator" war ein bemerkenswertes Bekenntnis zur sozialistischen Planung und zu den Strategien, die gegen das amerikanische Volk eingesetzt werden sollten, und sehr aufschlussreich dafür, wie die Sozialisten erwarteten, dass die Präsidentschaft der Vereinigten Staaten unterwandert und untergraben werden würde.

Das von dem Fabian-Sozialisten B.W. Huebsch herausgegebene Buch hätte in ganz Amerika die Alarmglocken läuten lassen sollen, doch leider gelang es ihm nicht, dem amerikanischen Volk klarzumachen, wofür House stand. Er stellte die Agenda für Wilsons Präsidentschaft so klar auf, als wäre sie dem Kongress von House selbst vorgelegt worden. "Philip Dru" (in Wirklichkeit House) schlug vor, durch eine Reihe von Dekreten zum Herrscher Amerikas zu werden. Zu den Aufgaben, die "Dru" sich selbst stellte, gehörte die Einsetzung einer Gruppe von Wirtschaftswissenschaftlern, die an der Zerstörung des Zollgesetzes arbeiten sollten, was letztendlich "zur Abschaffung der Schutztheorie als Regierungspolitik führen würde". Die Gruppe sollte außerdem ein progressives Einkommensteuersystem entwickeln und neue Bankgesetze einführen. Beachten Sie die hinterhältige Verwendung des Wortes "Theorie". Die Schutzzölle waren keine bloße Theorie: Die Zölle hatten den USA einen Lebensstandard ermöglicht, um den sie von der ganzen Welt beneidet wurden. Der Schutzhandel war eine von George Washington aufgestellte Doktrin, die sich 125 Jahre lang bewährt hatte, und war keine bloße Theorie.

Wie konnte "Dru" den Zollschutz als "Theorie" bezeichnen? Offensichtlich war es ein Versuch, das Konzept zu verunglimpfen und herabzusetzen und den Weg für das sozialistische Ideal des "Freihandels" zu ebnen, das den Verfall des Lebensstandards der amerikanischen Bevölkerung einleiten würde. Auch Wilsons Idee einer Einkommenssteuer, die, wenn sie erst einmal eingeführt wäre, den Lebensstandard der Mittelschicht noch weiter aushöhlen würde, stammte von hier.

Wilson brach seinen Eid, die Verfassung der Vereinigten Staaten zu respektieren, mindestens 50 Mal. In Wilson hatte das Komitee der 300 den idealen Mann gefunden, um die Sozialisierung Amerikas einzuleiten, genauso wie sie später in Bill Clinton einen weiteren idealen Kandidaten für ihre anarchistischen Ziele fanden. Eine zweite Parallele zwischen Wilson und Clinton findet sich in der Art der Berater, mit denen sie sich umgaben.

Zu Wilsons engstem Kreis gehörten prominente Anarchisten, Sozialisten und Kommunisten: Louis D. Brandeis, Felix Frankfurter, Walter Lippmann, Bernard Baruch, Sydney Hillman, Florence Kelley und natürlich Edward Mandel House. House, ein enger Freund von Roosevelts Mutter, lebte nur zwei Blocks vom Gouverneur des Staates New York, Franklin D. Roosevelt, entfernt und traf sich häufig mit ihm, um ihm Ratschläge zu geben, wie er seine zukünftigen sozialistischen Programme finanzieren könnte.

Der erste Angriff auf die Verfassung war die Aussage von Ramsey

McDonald, dass die Verfassung geändert werden müsse. Der zweite Angriff wurde von House geführt, dessen Vater während des Bürgerkriegs Millionen von Dollar verdient hatte, indem er für die Rothschilds und Warburgs gearbeitet hatte. Nach seinem Treffen mit Wilson im Jahr 1911 war House dank der Vermittlung von Walter Hines sicher, den richtigen Mann gefunden zu haben, um die von McDonald am 14. Januar 1898 geforderte Änderung der US-Verfassung durchzuführen.

House beginnt Wilson zu kultivieren, der sich von der Aufmerksamkeit eines Mannes geschmeichelt fühlt, der jeden in Washington zu kennen scheint. Es gibt eine deutliche Parallele zwischen House und Mrs. Pamela Harriman, die in Clinton den idealen Mann sah, um eine Vielzahl sozialistischer Reformen durchzuführen, ohne das Volk zu alarmieren. Frau Harriman kannte ebenfalls jeden in Washington.

House weiß, dass Wilson die Hilfe eines glühenden Sozialisten brauchen wird. Er vermittelte ihm daher ein Treffen mit Louis D. Brandeis, einem Rechtsprofessor an der Harvard University. Dieses Treffen sollte sich als schlechtes Omen für das zukünftige Wohlergehen der Nation erweisen, da Brandeis sich verpflichtete, die Verfassung durch Gesetze außer Kraft zu setzen. Brandeis hatte seine Vorlieben bereits gesetzlich verankert, indem er die Verfassung so "interpretierte", dass sie auf der Grundlage soziologischer Prämissen und nicht des Verfassungsgesetzes unwirksam wurde.

Der dritte fabianische sozialistische Angriff auf die Verfassung der Vereinigten Staaten erfolgte mit der Gründung der American Civil Liberties Union (ACLU) im Januar 1920 durch den fabianischen Sozialisten Philip Lovett. Huebsch, der Herausgeber von "Philip Dru, Administrator", war eines der Gründungsmitglieder dieser sozialistischen Organisation, deren wichtigstes Lebensziel darin bestand, die Verfassung der Vereinigten Staaten durch das, was Florence Kelley "den Weg der Gesetzgebung" nannte, zu ändern.

Obwohl dies bestritten wird, haben Untersuchungen ergeben, dass im Vorstand der ACLU vier bekannte Kommunisten saßen. In den 1920er Jahren arbeiteten Kelley und seine Partner hart daran, die Verfassung der Vereinigten Staaten durch eine Reihe von Scheinfronten wie die National League of Women's Voters zu zerstören, worauf wir später noch zu sprechen kommen. Dies war der Beginn der "Entweiblichung" der Frauen durch die Sozialisten.

Viele der wichtigsten sozialistischen (und kommunistischen) Führer in den USA waren eng mit der ACLU verbunden, einige saßen sogar in ihrem Nationalkomitee. Einer von ihnen war Robert Moss Lovett, ein Direktor und enger Freund von Norman Thomas und Paul Blanchard, die mit den "Protestants and other Americans United for the Separation of Church and State" (Protestanten und andere Amerikaner vereint für die Trennung von Kirche und Staat) verbündet waren.

Thomas ist ein ehemaliger Geistlicher, der zum Kommunisten geworden ist. Lovetts charmante Manieren und sein angenehmes Verhalten widerlegen die Tatsache, dass sich unter seinen leutseligen Manieren ein gefährlicher Anarcho-Radikaler der schlimmsten Sorte verbirgt. In einem Wutanfall explodierte Lovett eines Tages und enthüllte seine wahre Natur:

"Ich hasse die Vereinigten Staaten, ich wäre bereit, die ganze Welt explodieren zu sehen, wenn dadurch die Vereinigten Staaten zerstört werden könnten."

Lovett verkörperte die sehr gefährliche Seite des Fabianischen Sozialisten.

Bei der Suche nach Erklärungen, die von Kommunisten gegen die USA abgegeben wurden, konnte ich nie eine finden, die in ihrer Absicht so giftig war wie die von Lovett von der ACLU. Es könnte hilfreich sein, an dieser Stelle des Buches einen kurzen historischen Abriss der ACLU zu geben:

Die ACLU ist aus dem Büro für Bürgerliche Freiheiten von 1914-1918 hervorgegangen, das gegen den Militarismus war. Einer ihrer ersten Direktoren war Roger Baldwin, der einige Zeit im Gefängnis verbracht hatte, weil er sich dem Militärdienst entzogen hatte. In einem aufschlussreichen Informationsschreiben an die Mitglieder, Angeschlossenen und Freunde der ACLU wandte Baldwin die traditionellen irreführenden Taktiken der Fabian Socialists an, um die wahren Absichten und Ziele der ACLU zu verschleiern:

"Vermeiden Sie es, den Eindruck zu erwecken, dass es sich um ein sozialistisches Unternehmen handelt. Wir wollen auch bei allem, was wir tun, den Anschein von Patrioten erwecken. Wir wollen eine gute Anzahl von Flaggen haben, viel über die Verfassung und darüber sprechen, was unsere Vorfahren mit dem Land machen wollten, und zeigen, dass wir wirklich die Leute sind, die den Geist unserer Institutionen verteidigen."

Wenn jemals das zukünftige Emblem der britischen Fabian Society passte, dann dieses - der Wolf im Schafspelz par excellence.

1923 vergaß Baldwin seinen eigenen Rat und enthüllte sein wahres Gesicht:

"Ich glaube an die Revolution - nicht unbedingt die gewaltsame Machtergreifung in einem bewaffneten Konflikt, sondern der Prozess des Wachstums von Klassenbewegungen, die entschlossen sind, die Kapitalistenklasse zu enteignen und die Kontrolle über alle gesellschaftlichen Güter zu übernehmen. Da ich Pazifist bin - weil ich glaube, dass gewaltfreie Mittel langfristig am besten kalkuliert sind, um nachhaltige Ergebnisse zu erzielen -, bin ich gegen revolutionäre Gewalt. Aber ich sehe lieber eine gewalttätige Revolution als gar keine Revolution, auch wenn ich sie persönlich nicht unterstützen würde, weil ich andere Mittel für viel besser halte. Selbst die schrecklichen Kosten einer blutigen Revolution sind ein geringerer Preis für die Menschheit als die Fortsetzung der Ausbeutung und des Untergangs des menschlichen Lebens unter der installierten Gewalt des gegenwärtigen Systems."

1936 erläuterte Baldwin einen Teil der von den Fabianischen Sozialisten verwendeten Terminologie:

"Mit progressiv meine ich die Kräfte, die auf die Demokratisierung der Industrie hinarbeiten, indem sie das öffentliche Eigentum und die öffentliche Kontrolle ausweiten, die allein die Macht der relativ wenigen, die den Reichtum besitzen, abschaffen werden... Wahre Demokratie bedeutet starke Gewerkschaften, staatliche Regulierung der Wirtschaft, Volkseigentum an Industrien, die der Öffentlichkeit dienen."

Man muss nur eine beliebige Fabrik besuchen, um zu sehen, wie weit die Sozialisten auf dem Weg zur Versklavung der USA vorangeschritten sind. An den Bürowänden sieht man eine verblüffende Bandbreite von "Genehmigungen", die das eine oder andere erlauben. Inspektoren der OSHA, der EPA und der

"Gleichstellungsbehörde" haben das "Recht", jederzeit unangekündigt zu erscheinen, den Betrieb zu unterbrechen und sogar zu stoppen, während sie eine Inspektion durchführen, um zu sehen, ob die in ihren "Genehmigungen" genannten Bedingungen verletzt wurden.

Die irreführende Sprache, die Baldwin benutzte, bedeutete nicht das, was der Durchschnittsamerikaner glaubte, dass sie bedeutete. Baldwin setzte die fabianischen sozialistischen Techniken an einer "hinterwäldlerischen" Elitegruppe um, die Amerika sanft an der Hand auf dem Weg in die Sklaverei führen würde. Das ist Sozialismus in seiner schlimmsten Form. Niemand hätte die Ziele und Methoden des Sozialismus besser erklären können als der Präsident der ACLU, die bis heute ihre Positionen und Methoden kein Jota geändert hat. Obwohl die Zahl ihrer Mitglieder zwischen 1920 und 1930 nie mehr als 5000 betrug, gelang es der ACLU dennoch, jeden Aspekt des amerikanischen Lebens zu infiltrieren und zu durchdringen, den sie dann auf den Kopf stellte.

Die Hauptaufgabe der ACLU in den 1920er Jahren bestand darin, die große Zahl von Verhaftungen und Ausweisungen von Kommunisten, Anarchisten gesetzlich zu blockieren. Anfang der 1920er Jahre begannen die Sozialisten ihre Kampagne zur Unterwanderung der US-Verfassung auf Umwegen, indem sie Ausländer als Prediger einsetzten - und Aufruhr durchführten. Der sozialistische Harvard-Professor Felix Frankfurter diente der ACLU als Rechtsführer. Roger Baldwin beschrieb Anarchisten, Kommunisten und Aufrührer als "Opfer des Gesetzes, Mitglieder von Arbeiter- und Wohlfahrtsbewegungen, die heimtückisch von skrupellosen Männern angegriffen werden, die unter dem Deckmantel des Patriotismus arbeiten".

Frankfurter - hinter den Kulissen von Harold Laski unterstützt - half Präsident Wilson bei der Einsetzung eines Vermittlungsausschusses, der unter Frankfurters Führung die Verfassung immer wieder dazu benutzte, Aufrührer, Anarchisten und erklärte Feinde der Vereinigten Staaten für den Schutz durch die Verfassung der Vereinigten Staaten zu qualifizieren. Es war eine schäbige Taktik, die bemerkenswert gut funktionierte: Seit 1920 hat der Missbrauch der US-Verfassung, um all den Dicks, Toms und Harrys, die versuchen, die konföderierte Republik zu untergraben,

"Rechte" und Schutz zu gewähren, in einem schrecklich alarmierenden Ausmaß zugenommen. Andere, wie Professor Arthur M. Schlesinger Sr. und der Harvard-Rechtsprofessor Francis B. Sayre, Wilsons Schwiegersohn, setzten sich mit ihrem ganzen Gewicht für "verfolgte Immigranten" und "Opfer des Gesetzes" ein, eine Kategorie, in der alle Linken, Brandstifter, sozialistischen Agitatoren, Mörder und Aufrührer zu finden sind. Dies war der Beginn einer gewaltigen Kampagne, die darauf abzielte, den eigentlichen Zweck und die eigentliche Absicht der US-Verfassung mit Füßen zu treten, und sie wurde von einem Erfolg gekrönt, der die kühnsten Träume der sozialistischen Sappeure in diesem Land übertraf.

Es war eine Zeit, in der die Vereinigten Staaten versuchten, sich einer Flut von Kommunisten zu entledigen, die gekommen waren, um Aufruhr zu begehen, mit dem Ziel, das Land zu kommunisieren und zu sozialisieren. Der Sozialist Upton Sinclair schrieb Ruder, um die Hardcore-Aufrührer zu verteidigen, und die Harvard Law School schickte einige ihrer besten Sozialisten ins Getümmel, darunter ihren Dekan Roscoe Pound. Die Nachrichtenmedien, darunter Magazine wie "The Nation" und die "New Republic", tun ihr Bestes, um die juristischen Spuren zu verwischen, indem sie ständig auf "die rote Angst" verweisen.

1919 kam das Overman Committee on Bolschewism des US-Senats nach umfassenden Untersuchungen zu dem Schluss, dass der Fabianische Sozialismus eine ernste Bedrohung für die Bürger der Vereinigten Staaten, insbesondere für Frauen und Kinder, darstellte.

Die ACLU stand bei der "Entweiblichung" von Frauen unter dem Deckmantel der "Frauenrechte" an vorderster Front. Die ACLU hat es geschafft, die Hauptakteure des Sozialismus zu schützen, indem sie immer dann zu ihrer Verteidigung eilte, wenn sie befürchtete, dass die wahren Führer und Ziele des Sozialismus bloßgestellt werden könnten. Das ist der Hauptzweck der ACLU: Die Angriffe auf die sozialistische intellektuelle Führung, die "Reformer" mit den "guten Absichten" und die Harvard-Rechtsprofessoren im Hintergrund abzulenken.

Seit 1920 ist der Modus Operandi der ACLU gleich geblieben und lässt sich am besten durch sich selbst beschreiben:

"Gegen blinde Maßnahmen auf Bundes-, Staats- und Kommunalebene, die zwar auf den Kommunismus (man beachte den Ausschluss des Sozialismus) abzielen, aber die bürgerlichen Freiheiten aller Amerikaner bedrohen; um ein wirksames Bürgerrechtsprogramm zum Gesetz des Landes zu machen; gegen die Zensur von Filmen, Büchern, Theaterstücken, Zeitungen, Zeitschriften und Radio durch staatliche und private Lobbygruppen und zur Förderung fairer Verfahren bei Gerichtsverfahren, Kongressanhörungen und Verwaltungsanhörungen."

Die ACLU hat keinen Zweifel an ihrer Absicht gelassen, die Verfassung "auf dem Wege der Gesetzgebung" umzuschreiben. Es besteht auch kein Zweifel daran, dass dieser wichtige sozialistische Apparat das Gesicht Amerikas verändert hat In einem Interview mit Fareed Zakaria von "Foreign Affairs" wurde Lee Kuan Yew, der ehemalige Premierminister von Singapur, gefragt:

"Was ist Ihrer Meinung nach im amerikanischen System schief gelaufen? "

"Es ist nicht meine Aufgabe, den Leuten zu sagen, was in ihrem System falsch läuft. Meine Aufgabe ist es, den Leuten zu sagen, dass sie ihr System nicht auf diskriminierende Weise Gesellschaften aufzwingen sollen, in denen es nicht funktionieren wird", antwortete Yew.

Zakaria fragte dann: "Betrachten Sie die USA nicht als Vorbild für andere Länder? ", worauf Lee antwortete:

"... Aber als Gesamtsystem finde ich einige seiner Teile (die USA) völlig inakzeptabel. Landstreicherei, ungebührliches Verhalten in der Öffentlichkeit, die Ausweitung des Rechts des Einzelnen, sich zu verhalten, wie er will, ist auf Kosten einer geordneten Gesellschaft gegangen. Im Orient besteht das Hauptziel darin, eine geordnete Gesellschaft zu haben, damit jeder seine Freiheit so weit wie möglich genießen kann. Diese Freiheit gibt es nur in einer geordneten Gesellschaft und nicht in einem natürlichen Zustand von Streit und Anarchie".

"... Die Idee der Unverletzlichkeit des Individuums (in den USA) wurde zu einem Dogma gemacht. Und doch hat niemand etwas dagegen, dass das Militär loszieht, um den Präsidenten eines anderen Staates gefangen zu nehmen, ihn nach Florida zu bringen und ihn dort ins Gefängnis zu stecken (Dies bezieht sich auf die Banditenaktion des ehemaligen Präsidenten George Bush, der General Noriega aus Panama entführte). "

Zakaria fragte dann:

"Wäre es fair zu sagen, dass Sie Amerika heute mehr bewundern als vor 25 Jahren? Was ist Ihrer Meinung nach schief gelaufen? "

Lee antwortete:

"Ja, die Dinge haben sich verändert. Ich würde sagen, dass dies viel mit der Erosion der moralischen Grundlagen der Gesellschaft und der Abnahme der persönlichen Verantwortung zu tun hat. Die liberale intellektuelle Tradition, die sich nach dem Zweiten Weltkrieg entwickelte, behauptete, dass die Menschen diesen perfekten Zustand erreicht hätten, in dem es allen besser gehen würde, wenn man sie nur ihre eigenen Angelegenheiten regeln und sich entfalten ließe. Das hat nicht funktioniert und ich bezweifle, dass es funktionieren wird. Einige grundlegende Elemente der menschlichen Natur ändern sich nicht. Der Mensch braucht einen gewissen moralischen Sinn für Gut und Böse. Das Böse existiert und es resultiert nicht daraus, dass man ein Opfer der Gesellschaft ist...".

Zweifellos hat die ACLU eine entscheidende Rolle dabei gespielt, bestehende "Rechte" zu dehnen und Rechte zu erfinden, die es in der Verfassung nicht gibt, und zwar in einem solchen Ausmaß, dass sich die USA heute in einem Zustand virtueller Anarchie befinden. Nehmen wir als Beispiel die "Gay Pride"-Parade, die in San Francisco am Vatertagssonntag, dem 19. Juni 1994, stattfand.

Die Wahl des Tages und des Datums war kein Zufall, sondern eine bewusste und durchdachte Beleidigung des Christentums, der Tradition der Ehe und der Familie. Die Parade bestand aus Lesben, die nackt oder halbnackt auf Motorrädern durch die Gegend rasten (sogenannte "Fahrradlesben"), Männern in obszönen Transvestitenkostümen und Horden von anderen Männern, deren Genitalien vollständig entblößt waren und wild hin und her rannten. Es handelte sich um eine absolut ekelhafte Zurschaustellung von Vulgarität in den Straßen der Stadt, die früher niemals geduldet worden wäre und auch jetzt nicht geduldet werden sollte.

Aber wenn jemand die widerliche "Parade" erwähnt und vielleicht eine geeignete Maßnahme vorschlägt, um solch hässliche und völlig abscheuliche Veranstaltungen in Zukunft einzuschränken, dann wird er mit Sicherheit die ACLU dabei antreffen, wie sie die "Bürgerrechte" des amoralischsten Teils der Bevölkerung schützt. Die beklagenswerte "Parade" wurde vom *San Francisco Chronicle* gelobt, der auch eine lobende Kritik zu einem Film über zwei Lesben, die sich "verlieben", veröffentlichte. Die Zeitung beschrieb das ekelhaft amoralische Stück als "für Heterosexuelle geeignet". Wir sind also als Gesellschaft auf den Grund der sozialistischen Kloake gesunken. Die Fabianischen Sozialisten waren immer große Bewunderer von Karl Marx. Sie geben diese "Heldenverehrung" nicht gerne zu, aus Angst, dass die von ihnen so verachteten Schafe Alarm schlagen könnten. Während meines fünfjährigen intensiven Studiums am British Museum in London habe ich mich eingehend mit den ökonomischen Schriften von Marx befasst. Ich konnte das tun, weil Karl Marx 30 Jahre lang in eben diesem British Museum studiert hatte, und einige meiner Mentoren wussten, welche Bücher er am meisten liebte und las, und sagten mir, welche das waren.

Was ich über seine Schriften herausgefunden habe, ist, dass es nur sehr wenige originelle Gedanken gab. Dies ist den meisten großen sozialistischen "Denkern" gemein. Alle Theorien von Marx über die Wirtschaft lassen sich, wenn man sie von dem dichten Wortgeklingel, das sie umgibt, befreit, auf sieben oder acht grundlegende mathematische Gleichungen reduzieren, die ich in der vierten Klasse aufstellen konnte.

Die Theorien von Marx laufen auf die Prämisse hinaus, dass die Kapitalisten, die Unternehmen finanzieren, den Arbeitern letztendlich große Geldsummen stehlen. Dies lässt die tatsächliche Prämisse völlig außer Acht, dass der Investor, der alle Risiken auf sich genommen hat, um das Unternehmen zu gründen, Anspruch auf seinen Gewinn hat. Das ist im Wesentlichen die Summe und Substanz der Theorien von Marx und seinem Geschwätz.

Die Liga für industrielle Demokratie (LDI) rangierte direkt hinter der ACLU. Die 1905 gegründete Liga, die aus der Inter-collegiate Socialist Society hervorgegangen war, sollte eine wichtige Rolle bei der Denaturierung von Bildung, Industrie und Arbeit spielen. Die LID wurde von Eleanor Roosevelt während ihres gesamten Lebens unterstützt, ebenso wie Florence Kelley und Frances Perkins. Eleanor Roosevelt förderte die "Sozialdemokratie" innerhalb und außerhalb der Organisation zusammen mit Frances Perkins, der Arbeitskommissarin des Staates New York ihres Mannes und guten Freundin des sozialistischen Richters Harlan Stevens.

Morris Hillquit war von 1908 bis 1915 Schatzmeister der LID. Lovett, der so lange Zeit der Anführer der ACLU war, war immer eng mit der League for Industrialized Democracy verbunden und bezeichnete diese Phase seiner sozialistischen Karriere einmal als "die glücklichsten Tage meines Lebens". Morris Hillquit hatte schon früh in seiner sozialistischen Karriere den "Industriesozialismus" propagiert.

Hillquit und Eugene V. Debbs folgten stets dem Modell der Londoner Fabian Society, keine Programme und Plattformen zu haben, sondern die Lehrinstitute als gefangenes Publikum zu nutzen und die Studenten mit sozialistischen Ideen und Philosophien zu inspirieren, sodass sie später die bestehenden politischen Parteien infiltrieren konnten. Sozialismuskurse wurden zumindest in den frühen 1900er Jahren diskret eingeführt, aber in den 1970er Jahren wurde dieser Prozess in der reinsten sozialistischen Fabianischen Orthodoxie in vielen Bildungsinstituten erheblich beschleunigt.

Es heißt, dass die Liga für industrielle Demokratie den amerikanischen Sozialismus wiederbelebt hat, der um 1900 an Bedeutung verloren hatte. Zu dieser Zeit besuchten mehrere prominente Mitglieder der Elite der amerikanischen Gesellschaft die Fabianischen Sozialisten in England. Unter ihnen waren religiöse Führer, Lehrer und Politiker: Paul Douglas, der später Senator Douglas wurde, Arthur M. Schlesinger, dessen Sohn sich in der Kennedy- und Johnson-Regierung hervortat, der Schauspieler Melvyn Douglas und seine Frau Helen Douglas sowie Walter Raushenbusch, ehemaliger Pastor der Second Baptist Church in New York. Raushenbusch war ein engagierter Anhänger von Giuseppe Mazzini, John Ruskin, Edward Bellamy und Marx. Mazzini war ein weltweit führender Vertreter der Freimaurerei. Ruskin bezeichnete sich selbst als "Kommunist der alten Schule" und lehrte in Oxford. Bellamy war der führende amerikanische Sozialist der damaligen Zeit.

Raushenbusch verzichtete darauf, das Christentum zu predigen, und predigte stattdessen die sozialistische Politik, die er bei möglichst vielen seiner baptistischen Kollegen zu indoktrinieren versuchte. Die LID stand als subversive Organisation auf der Liste des Geheimdienstes der US-Armee, aber wie viele ähnliche sozialistische und kommunistische Organisationen befahl Woodrow Wilson der Armee, die Listen in ihrem Besitz zu vernichten, was einen Verlust bedeutete, der nie wieder gutgemacht werden konnte. Die Tatsache, dass Wilson laut Verfassung keine Befugnis hatte, einen solchen Befehl zu erteilen, wurde von den Sozialisten in seiner Verwaltung in Harvard und an der Wall Street als unwichtig beiseite geschoben.

Aber es waren nicht die deutschen Agenten aus dem Ersten Weltkrieg oder die russischen Agenten aus der Zeit des Kalten Krieges, sondern die britischen Fabian-Sozialisten, die jeden Aspekt der Regierung, ihrer Institutionen und der Präsidentschaft selbst durchdrungen und durchdrungen haben. Da Bildung als Mittel zum Voranbringen des Sozialismus anerkannt wurde, wurden große Anstrengungen unternommen, um den "Studentenmarkt" zu erobern. Als die Lusk-Kommission die Rand School in New York untersuchte, bezog sie sich darauf:

> "Wir haben bereits auf die Fabian Society als eine sehr interessante Gruppe von Intellektuellen aufmerksam gemacht, die sich in einer sehr brillanten Propagandakampagne engagiert."

Offenbar fiel das Lusk-Komitee etwas auf die falsche Schärfe herein, die die LID-Publikationen durchdrang, und kein Typus des gewalttätigen Revolutionärs durfte seine Mitgliederlisten beschmutzen. Das zerstreute Lusk-Komitee, das nach Kommunisten suchte - so wie es die USA immer wieder taten -, ging völlig an der äußerst subversiven und gefährlichen LID vorbei. Beobachter sind immer wieder erstaunt, wie geschickt es den Sozialisten gelungen ist, die Aufmerksamkeit von sich abzulenken, indem sie wiederholt auf die "rote Angst" verwiesen und alle Bemühungen zur Gewährleistung der inneren Sicherheit als auf einer nicht vorhandenen "kommunistischen Bedrohung" basierend verunglimpften. Wir werden 1994 immer noch weitgehend auf die gleiche Weise getäuscht wie das Lusk-Komitee 1920.

Nach dem Ersten Weltkrieg schloss sich die LID mit mehreren

führenden sozialistischen Organisationen in den USA zusammen, darunter die ACLU, Federated Press und der Garland Fund, der vom militärischen Geheimdienst als bereitwillig zur Finanzierung von Kommunisten und einigen dezidiert sozialistischen Organisationen zitiert wurde. Robert Moss Lovett von der ACLU war Direktor aller oben genannten Organisationen, darunter "Protestants and other Americans United for the Separation of Church and State" (Protestanten und andere Amerikaner vereint für die Trennung von Kirche und Staat).

Die Mitglieder der LID wurden dazu angehalten, den Sozialismus öffentlich zu desavouieren und ihre Verwandte, die von Sydney und Beatrice Webb gegründete Fabian Society, zu desavouieren. Das war die sozialistische Standardpraxis: leugnen, leugnen, leugnen. Als eines der geehrtesten Mitglieder der Fabian Society gefragt wurde, ob er Sozialist sei, antwortete John Kenneth Galbraith: "Natürlich nicht". Während des Zweiten Weltkriegs, als klar war, dass Roosevelt alles tun würde, um die USA in den Krieg gegen Deutschland zu ziehen, hielt es die LID für angebracht, ihre Position zu ändern und veröffentlichte 1943 eine Erklärung, in der es hieß, dass die LID das Ziel habe, durch Bildung das Verständnis für die Demokratie zu erhöhen, und nicht, Krieg zu führen.

Was die LID nicht sagte, war, dass die "Demokratie", die sie im Sinn hatte, das war, was Karl Marx die "wissenschaftliche sozialistische Demokratie" nannte. Die Tatsache, dass die USA eine Republik und keine Demokratie sind, wurde einfach beiseite geschoben. So wurde die LID durch Täuschung, Heimlichkeit und List zur wichtigsten sozialistischen Organisation der USA, die sich dem Untergang der Republik verschrieben hat. Die Geschichte der LID zeigt, dass sie eine Schlüsselrolle dabei spielte, sozialistische "Reformen" in den Regierungen Wilson und Roosevelt durchzusetzen.

Als Roosevelt Gouverneur von New York war, ernannte er Frances Perkins zur Industriebeauftragten. (Wir geben Perkins' bemerkenswerte Leistungen in den Kapiteln über sozialistische Frauen an). Perkins zog den LID-Ökonomen Paul H. Douglas hinzu, um ein Programm zur Bekämpfung der Arbeitslosigkeit zu entwerfen, das von Gouverneur Roosevelt verabschiedet wurde. Einer seiner Mitarbeiter war Dr. Isadore Lubin, ein überzeugter Sozialist, der sich zusammen mit Perkins für eine bevorzugte

Behandlung der Sowjetunion einsetzte, ein Rat, den Roosevelt prompt annahm.

Perkins und Lubin leiteten den langen Prozess ein, der auf der britischen sozialistischen Fabian-Strategie basierte und darauf abzielte, die USA von einem kapitalistischen Staat über einen Wohlfahrtsstaat in einen sozialistischen Staat zu verwandeln. Dieser Plan beinhaltete den "nationalen Krankenversicherungsplan", der direkt aus der Sowjetunion kam. Es sei darauf hingewiesen, dass die "Gesundheitsreform", die nationalen Altersrenten und die Arbeitslosenversicherung alle Teil des Plans zur Veränderung der Struktur der Vereinigten Staaten waren, in dem die "Sozialversicherung" nicht das geringste Element war.

1994 hatten wir eine weitere sozialistische Frau, Hillary Clinton, die den Ausdruck "Gesundheitsreform" als ihre eigene Erfindung vereinnahmte, obwohl er in Wirklichkeit von Presotonia Martin Mann, einer der engagiertesten sozialistischen Frauen auf der amerikanischen Bühne, verwendet wurde, die ihn ihrerseits von dem britischen Fabian-Sozialistenführer Sydney Webb entlehnt hatte. Dieser Satz war ein Meisterwerk der angewandten Psychologie, genauso wie ein anderes Stück angewandter Psychologie, das zur Täuschung gedacht war, das "Gesetz über soziale Sicherheit", das in England erfunden und von Pater Ryan in dieses Land gebracht worden war. Der fabianische sozialistische Plan wurde später von Prestonia Martin an die amerikanischen Verhältnisse angepasst, wie wir in ihrem Buch "Prohibiting Poverty" finden, das von Eleanor Roosevelt verteidigt wurde.

Das LID hat nie auch nur den geringsten Verdienst für seine Beteiligung hinter den Kulissen von Perkins und Martin beansprucht, genauso wie es nie behauptet hat, Felix Frankfurter sei einer der seinen gewesen. Der beträchtliche Schaden, den das LID in den USA angerichtet hat, ist angesichts der relativen Kleinheit der Gruppe bemerkenswert. Genau so funktioniert der Fabianische Sozialismus - mit dem Hintergrund verschmelzen, alle wichtigen Regierungen und Entscheidungsgremien infiltrieren und dann (ebenfalls aus dem Hintergrund) einen aufsteigenden politischen Stern fördern, um von den Sozialisten entworfene Programme zu starten.

So funktionierte der Sozialismus in den 1920er Jahren und

funktioniert in den USA noch immer auf diese Weise, und so waren die Sozialisten und ihre marxistischen/kommunistischen Verbündeten in den 1920er und frühen 1930er Jahren gefährlich nahe daran, die Kontrolle über die USA zu übernehmen. Wilson, Roosevelt, Johnson, Bush und heute Präsident Clinton und seine Frau Hillary Clinton sind nahezu perfekte Beispiele für das Wirken des Sozialismus durch aufstrebende Politiker. Clinton wurde von der britischen Fabian Society ausgewählt, aber die Aufgabe, ihn "aufzublasen", wurde insgeheim der Sozialistin Pamela Harriman übertragen.

Präsident Clinton, der nur eine Amtszeit hat, hat die Aufgabe, sozialistische Programme mit weitreichenden und verheerenden Folgen durchzudrücken. Zu seinen Erfolgen Mitte 1994 gehörten die weltweit stärkste Erhöhung der Einkommenssteuer, Handelsabkommen mit einer einzigen Weltregierung und möglicherweise eine "nationale Gesundheitsreform". Bereits dreimal hat der britische Fabian-Sozialismus das Gesicht Amerikas verändert, indem er Führungsgruppen und "Berater" des Präsidenten sowie über die Gerichte einsetzte, um sozialistische Ziele zu erreichen. Es war die LID, die das Personal stellte, das Perkins und Roosevelt brauchten, um den "New Deal" umzusetzen. Interessanterweise war der "New Deal" eine exakte Kopie eines britischen sozialistischen Fabian-Buches. Die vierte Bewegung zur Sozialisierung Amerikas trat mit der Präsidentschaft Clintons ein.

Einer der "Großen" der LID war Walter Reuther. In typisch sozialistischer Manier entschied sich Reuther jedoch dafür, zu leugnen, dass er Sozialist war. In einem Interview mit "Face the Nation" im Jahr 1953 wurde Reuther nach seinen sozialistischen Wurzeln gefragt. Er brachte die sozialistische Standardausrede hervor:

"... ich war es, als ich sehr jung und sehr dumm war, und ich kam sehr schnell wieder heraus, wofür ich sehr dankbar bin".

Dies entsprach jedoch bei weitem nicht der Wahrheit. Reuther hatte tatsächlich in einem Komitee der LID gedient, dem er seit den frühen 1940er Jahren angehörte. Im Jahr 1949 war er Ehrengast bei einem Dinner der Fabian Socialists in London.

Die Mitglieder der LID spielten eine führende Rolle bei der

Durchsetzung sozialistischer Programme im Senat, und ihre Wirkung auf die Schulen kannte keine Grenzen. Theodore "Ted" Sorenson, der später zu einer Schlüsselfigur in der Kennedy-Regierung wurde, war ein lebenslanger Sozialist, der seine Nominierung dem LID-Senator Paul Douglas zu verdanken hatte. Andere US-Senatoren, die sich bei der LID als Sozialisten qualifiziert hatten, waren die Senatoren Lehman, Humphrey, Neuberger und Morse (aus dem "konservativen Oregon"). Man könnte der Liste noch die Senatoren Jacob Javitts und Philip Hart hinzufügen. Obwohl sie es einem Mann gegenüber energisch bestritten, wurden sie 1950 vom ehemaligen Generalstaatsanwalt Francis Biddle (einem ehemaligen Vorsitzenden von Americans For Democratic Action (ADA), dem Nachfolger der LID) als bekannte Mitglieder der LID und ihres Nachfolgers, der ADA, benannt.

Eine Durchsicht von Javitts Abstimmungsregister im Senat zeigt, dass er die LID und die ADA in 82 von 87 sozialistischen Maßnahmen, über die er abstimmte, unterstützte. Javitts, dessen Eltern aus Osteuropa stammten und sich im Bekleidungsviertel der Lower East Side von New York niederließen, schloss sich im frühen Erwachsenenalter der LID an und wurde zu einem der gefragtesten Redner der LID, während er in seinen persönlichen Überzeugungen und Verbindungen zu sozialistischen Gruppen wie der LID jegliche Verbindung zum Sozialismus kategorisch verneinte. Wie dem auch sei, Javitts war 1952 Hauptredner auf dem vom LID gesponserten Seminar mit dem Titel "Needed, A Moral Awakening In America". Auch Walter Reuther, ein "Nicht-Sozialist", besuchte diese Veranstaltung, bei der eine Diskussion über Korruption in der Arbeitswelt sorgfältig vermieden wurde, während die Arbeitgeberverbände und die Wirtschaft im Allgemeinen energisch angegriffen wurden.

Der Congressional Record Senate vom Oktober 1962 enthielt eine lange Liste prominenter Sozialisten in der Regierung, im Gesundheitswesen, in der Bildung, in der Frauenrechtsbewegung, in der Religion und in den Gewerkschaften. Die Liste enthielt die Namen von mehr als 100 Professoren und Erziehern an einigen der renommiertesten Colleges und Universitäten des Landes. Die Liste enthielt die Namen von über 300 Mitgliedern und ehemaligen Mitgliedern der LID, die sich ausgebreitet hatten und alle Zweige der Regierung, das Rechtswesen, das Bildungswesen, außenpolitische Berater, Kirchen und sogenannte Frauenrechtsorganisationen infiltriert hatten. Als die LID ihren Namen in Americans For Democratic Action (ADA) änderte, fanden sich viele ehemalige LID-Mitglieder auf der Mitgliederliste von ADA wieder.

Die Inter-Collegiate Socialist Society (ISS), die der LID vorausging, öffnete die Türen der Universitäten und bot die Möglichkeit, sozialistische Programme unter beeinflussbaren Studenten zu verbreiten. Es war die versteckte sozialistische Agenda, die das Gesicht der Bildung in den USA verändern sollte.

Nichts davon war bei der Geburt dieses fabianischen sozialistischen Unternehmens ersichtlich. Das erste Treffen des SSI fand am 12. September 1905 im Peck's Restaurant in New York statt. Zu den Anwesenden gehörten Oberst Thomas Wentworth, Clarence Darrow, Morris Hillquit und zwei junge sozialistische Autoren, Upton Sinclair und Jack London. Beide Autoren waren begeisterte Sozialisten, die durch das Land reisten, um an Universitäten und in sozialistischen Clubs das sozialistische Fabian-Evangelium zu verkünden.

Ein weiterer Prominenter von etwas rauerem Schlag, der am Abendessen in Peck's Restaurant teilnahm, war William Z. Foster, der später eine führende Rolle in der Kommunistischen Partei der Vereinigten Staaten spielte. Fosters Liebe zu Karl Marx war über eine Reihe von Jahren hinreichend belegt worden. Der wahre Zweck des Abendessens wurde erst 25 Jahre später enthüllt: Es handelte sich tatsächlich um das erste Treffen der American Fabian Society.

Hillquit wird vor allem als treibende Kraft hinter der 1902 gegründeten Sozialistischen Partei der USA in Erinnerung bleiben. Zwei Jahre später erhielt die Sozialistische Partei bei Wahlen 400.000 Stimmen - hauptsächlich von Bekleidungsarbeitern, die Anfang der 1890er Jahre aus Russland in die USA geströmt waren und eine Auswahl an Revolutionären und Anarchisten mitbrachten. Doch trotz ihres wenig glanzvollen revolutionären Gesichts zog die Socialist Party of America erstaunlich viele Mitglieder der New Yorker Gesellschaftselite an. Doch die Fabianischen Sozialisten in Großbritannien rieten zur Vorsicht - ein so schnelles Vorpreschen würde zu einer Katastrophe führen, und so wurde die "Partei" still und leise aufgelöst.

Wie Edward R. Pease, Sekretär der Fabian Society in London, sagte:

> "Die europäischen Länder mit ihren großen Hauptstädten haben nationale Gehirne entwickelt. Amerika besitzt wie niedere Organismen Ganglien für verschiedene Zwecke in verschiedenen Teilen seines gigantischen Gerüsts."

Pease gehörte zur Elite der Fabian Society, die Amerika nicht ausstehen konnte, da sie den Siedlern nie verziehen hatte, dass sie den Armeen von König Georg III. eine so schwere Niederlage zugefügt hatten. Trotz dieser studierten Beleidigung reiste eine Reihe prominenter Amerikaner nach London und unterschrieb mit den Fabian Socialists.

Die langfristigen Ziele der britischen Fabian Society im Verhältnis zu den USA mussten noch definiert und entwickelt werden. Es musste noch ein Präsident gefunden und ernannt werden, der sozialistischen Ideen gegenüber sehr aufgeschlossen war, um die gut versteckten sozialistischen Techniken der Machteroberung auf dem Schleichweg umsetzen zu können. Wie Ramsey McDonald gesagt hatte, würden die USA sehr schwer zu sozialisieren sein - aber nicht unmöglich.

Der größte Stein des Anstoßes war natürlich die Verfassung. Hinzu kamen die Größe des Landes und die sechs verschiedenen Rassengruppen mit sehr unterschiedlichen religiösen Überzeugungen. Bildung und gut bezahlte Arbeitsplätze, so glaubte man, waren zwei weitere Hindernisse, die es zu überwinden galt. Wie Webb es ausdrückte, standen "Mutterschaft und Apfelkuchen" den ehrgeizigen Verfechtern des Sozialismus im Weg. London befahl der Sozialistischen Partei, sich aufzulösen und in den Hintergrund zu treten, um sich zu einem günstigeren Zeitpunkt unter einem anderen Namen neu zu formieren, damit ihre Methoden den Erfolg garantieren würden.

Die Bildung einer politischen Partei stand für die Sozialisten nicht auf der Tagesordnung. Man wollte dem Modell der "Ligen" und "Gesellschaften" des ISS folgen. Durch Täuschungsmanöver hofften sie, eventuell bestehende politische Parteien zu kooptieren, aber nie wieder würden sie versuchen, eine eigene Partei zu gründen. So wurden 1921 die League of Industrial Democracy (LID) und die ISS gegründet, die als sozialistische Zentrale der britischen Fabian Society in den USA fungieren sollten.

Eine der subtilsten Methoden, die sich die amerikanischen Sozialisten ausgedacht haben, um ihre Absichten und Spuren zu verbergen, war die Ernennung sozialistischer Professoren zu Verantwortlichen für die Politik des Präsidenten. Diese Technik begann mit Wilson und wurde seitdem fortgesetzt. Die entscheidenden Professoren kündigten selten ihr Programm an, sondern verfassten Positionspapiere, die sie unterzeichneten. Diese Dokumente hatten eine streng begrenzte Verbreitung, wodurch die breite Öffentlichkeit außen vor blieb.

Außerhalb des Kreises der Professoren spielten auch andere Honoratioren eine wichtige Rolle in Wilsons Präsidentschaft. Unter ihnen ragte Walter Lippmann mit Kopf und Schultern aus den anderen heraus. Der britische Fabian-Sozialist galt als ihr Apostel Nr. 1 in den USA, der zusammen mit Mandel House die "14 Punkte" geformt hatte, den ersten Versuch eines US-Präsidenten, eine "neue Weltordnung" zu gestalten. Es wird allgemein angenommen, dass Wilsons Kriegsrede vor dem US-Kongress am 6. April 1917 den Vorhang über der alten Ordnung fallen ließ und die USA dazu zwang, die ersten Schritte auf dem langen sozialistischen Weg in die Sklaverei zu machen.

Wilson legte den Grundstein für die Lügen, auf denen der amerikanische Sozialismus aufgebaut werden sollte. Die Amerikaner sind das verlogenste Volk auf dem Planeten. Seit Wilson die politische Bühne betrat, und natürlich auch schon davor, bestand die gesamte sozialistische Struktur aus Lügen über Lügen, gepaart mit weiteren Lügen. Eine der größten Lügen ist, dass wir den Vereinten Nationen angehören. Andere Lügen behaupten, dass Abtreibung legal ist, dass Schulabholung und die sogenannte "Schusswaffenkontrolle" legal sind; GATT, NAFTA, der Golfkrieg, Waco, die FEMA, "König" George Bushs Überfall auf Panama und die Entführung seines Staatsoberhauptes sowie Mandelas Herrschaft über Südafrika sind nur die Spitze eines riesigen Eisbergs aus vielen Schichten sozialistischer Lügen.

Eine der einzigartigsten ihrer großen Lügen ist vielleicht, dass der Sozialismus bestrebt ist, das Los der einfachen Leute zu verbessern, und dass Sozialisten im Gegensatz zum Kapitalismus kein Interesse an persönlichem Reichtum haben. Sozialisten predigen immer wieder über die Übel des Kapitalismus. Doch ein kurzer Blick auf einige der führenden Sozialisten offenbart schnell, dass ihre Führer aus den elitärsten Elementen unserer Gesellschaft stammen, aus Menschen, die sozialistische Anliegen nutzen, um sich die Taschen zu füllen.

Für Franklin D. Roosevelt und seine Familie war nichts zu niedrig und keine Kloake zu tief, um sie auf ihrer Suche nach Geld zu ergründen. Die Delanos (Roosevelt heiratete Sara Delano) hatten ihr Vermögen durch den Opiumhandel gemacht. Einer von Roosevelts engsten "Beratern", Bernard Baruch, und sein Partner hatten das Monopol auf die Kupferindustrie, wodurch Baruch Millionen und Abermillionen von Dollar durch den Ersten Weltkrieg verdiente, während der "einfache Mann" zu Millionen im Schlamm und Blut der Schützengräben in Frankreich starb.

Roosevelt gehörte dem Vorstand der Internationalen Bankiervereinigung an, bis er Gouverneur von New York wurde. Während seiner Zeit als Bankier besorgte er Kredite für europäische Nationen in Höhe von Milliarden von Dollar zu einer Zeit, als der amerikanische Arbeiter Schwierigkeiten hatte, seine Hypotheken abzuzahlen und später, in den Jahren der Depression, einen Arbeitsplatz zu finden. Roosevelt war ein versierter sozialistischer Lügner, genauso wie die besten von ihnen. Er sagte dem amerikanischen Volk nicht, dass das Geld an die Banker gehen würde, deren Fabriken Waren produzieren würden, die auf den amerikanischen Märkten verkauft werden konnten, weil sein Vorgänger Wilson die Zollschranken abgeschafft hatte. Schätzungsweise 12 Millionen Männer verloren durch Wilson-Roosevelts Angriff auf unsere Handelsbarrieren, die amerikanische Arbeitsplätze schützen sollten, ihren Arbeitsplatz.

Ein eklatantes Beispiel für Tausende von Roosevelts großen Lügen findet sich auf den Seiten 9832-9840, Congressional Record, Senat, 25. Mai 1935:

> "... und da er auf dem Parteitag angekündigt hatte, dass er zu 100 Prozent für die Demokratische Plattform sei, war es kaum vorstellbar, dass die Menschen verstehen würden, wenn er mit seinem unterworfenen Kongress sofort die Zölle (Zölle auf importierte Agrarprodukte und verarbeitete Hilfsgüter) senken würde, während 12 Millionen Männer arbeitslos waren. So

kamen er, seine Bankerfreunde und die Großunternehmen (d. h. die Unternehmen des Komitees der 300) sofort auf die Idee, den N.R.A. - den so genannten National Recovery Act, heute besser bekannt als 'National Ruin Act' - auf den Weg zu bringen".

"Es wurde berichtet, dass Bernard Baruch und seine Freunde 1800 Fabriken in fremden Ländern errichtet haben und dass die republikanischen Tarife etwas zu hoch waren, als dass sie unser Geschäft mit billigen ausländischen Arbeitskräften machen könnten, um ihre Vorstellungen von großem Geld zu erfüllen. Warum also nicht unter dem Deckmantel des Krieges gegen die Depression die National Racketeer Association unters Volk bringen und Barney Baruchs Partner, Brigadier 'Crackup' Johnson, damit beauftragen, dafür zu sorgen, dass die Preise auf das Niveau von 1928 angehoben werden, während sie gleichzeitig die Preise für die Landwirtschaft zwischen 1911 und 1914 festsetzen."

"Die Landwirte würden die Ungleichheit nicht bemerken, und wenn doch - da er unter diesen Umständen mit Steuergeldern die Zeitungen, das Radio, die Filme und alle Informationswege der Menschen kontrollieren konnte, ihnen die Ohren mit der Propaganda füllen, die er wollte...".

Roosevelt, der sozialistische Führer der USA, und seine internationalen Bankerfreunde spielten mit Hilfe der von der Federal Reserve begangenen Volksverhetzung mit dem Leben der Menschen der Nation und verursachten absichtlich die Rezession von 1922, den Wall-Street-Crash von 1929, den Zweiten Weltkrieg und darüber hinaus. Roosevelt wollte als Präsident mehr Macht haben, als sein machtverrückter Vorgänger Wilson gehabt hatte.

Obwohl das amerikanische Volk es nicht weiß - und Millionen wissen es immer noch nicht -, führte Wilson die USA in den Ersten Weltkrieg und sein nicht gewählter Berater Mandel House bereitete den Boden für den Zweiten Weltkrieg. Roosevelt sorgte dafür, dass der Prozess der Verleihung von Milliardenbeträgen durch internationale Banken an die europäischen Mächte zur Auslösung von Kriegen fortgesetzt wurde. Laut Dokumenten, die mir im British Museum zur Verfügung gestellt wurden, nutzte Lord Beaverbrook, der große britische Fabian-Sozialist, das Weiße Haus praktisch als sein Büro in Washington und zeigte Roosevelt, wie man Milliarden und Abermilliarden von Dollar nach Deutschland schütten konnte, um Hitlers Aufstieg zu finanzieren.

Wilson zeigte keine Skrupel, offen bekennende Sozialisten auf Schlüsselpositionen in seiner Regierung zu setzen, von wo aus sie alles tun konnten, um die Sache des Sozialismus in den Vereinigten Staaten voranzutreiben. Fred C. Howe, einer der von Wilson eingesetzten Sozialisten, wurde zum Einwanderungskommissar in New York ernannt. Seine Lieblingsbeschäftigung bestand darin, Aufrührer und Anarchisten zu befreien, die im Hafen von New York inhaftiert waren und auf ihre Abschiebung warteten.

Eine weitere "Ex-officio"-Nominierung des Hauses war Walter Lippmann als Sekretär einer "Brainstorming"-Gruppe, die ins Leben gerufen wurde, um plausible Kriegsziele und Gründe für die Teilnahme der USA am Ersten Weltkrieg zu erfinden. Es war Lippmann, der den Slogan "Frieden ohne Sieg" erfand, der zur Grundlage des Korea- und des Vietnamkriegs wurde. Die Ernennung des skandalumwitterten Ray Stannard Baker zu Wilsons vertraulichem Korrespondenten bei den Verhandlungen über den Versailler Vertrag war eine weitere dieser "entscheidenden Ernennungen".

Es wurde gesagt, dass Baker der Hauptverantwortliche dafür war, dass Wilson so sehr von der britischen Fabian Society abhängig war, dass er auf der Pariser Friedenskonferenz keine eigenständigen Entscheidungen treffen konnte, ohne sich vorher mit Sydney Webb, dem Gründer der Fabian Society, Graham Wallas, Bertrand Russell und George Lansbury abzusprechen. Es ist diese Gruppe, die ständig von Wilsons Regierung als einer "demokratischen" Regierung spricht. Bakers Depeschen an Wilson in Washington, D.C., bezogen sich bewusst auf "Ihre demokratische Verwaltung".

Die Pariser Friedenskonferenz scheiterte an der Verfassung. Etwa 59 aufgeklärte Senatoren, die sich der Absichten des Sozialisten voll bewusst waren, weigerten sich, den Völkerbundvertrag zu verabschieden, und erkannten ihn als Dokument einer einheitlichen Weltregierung an, das den Völkerbund über die Verfassung der Vereinigten Staaten stellen wollte. Zu diesem Zeitpunkt soll House Sydney Webb gesagt haben, dass die einzige Möglichkeit, die US-Verfassung zu umgehen, darin bestünde, alle künftigen US-Regierungen mit Schlüsselsozialisten zu durchdringen, die einen "parteiübergreifenden Ansatz bei Fragen von großer Bedeutung" verfolgen würden. Seit diese Worte gefallen sind, ist der "überparteiliche Ansatz" zu einem Euphemismus für einen sozialistischen Ansatz in Fragen von entscheidender Bedeutung für das amerikanische Volk geworden.

Um die neue "überparteiliche" Idee mit Leben zu erfüllen, veranstaltete House am 19. Mai 1919 im Pariser Hotel Majestic ein Abendessen für eine Auswahl amerikanischer Fabianisten und Sozialisten. Zu den Gästen gehörten die Professoren James Shotwell, Roger Lansing (Wilsons Außenminister), John Foster und Allen Dulles, Tasker Bliss und Christian Herter, der später Mao tse Tung in China an die Macht bringen sollte. Auf britischer Seite waren auch John Maynard Keynes, Arnold Toynbee und R.W. Tawney anwesend, die alle große Praktiker des Fabianischen Sozialismus und dessen Fahnenträger waren.

Die Gruppe erklärte, dass zur Umgehung der US-Verfassung eine Organisation in den USA unter der Leitung des Royal Institute of International Affairs (RIIA) gegründet werden müsse. Der amerikanische Zweig sollte den Namen "Institute of International Affairs" tragen. Sein Mandat, das ihm von seinem Londoner Verwandten erteilt wurde, bestand darin, "die wissenschaftliche Untersuchung internationaler Fragen zu erleichtern". Das Fabian International Bureau sollte als Berater für das RIIA und seinen amerikanischen Cousin fungieren, der 1921 seinen Namen in "Council on Foreign Relations" (CFR) änderte.

Diese drei Institutionen wurden mit vier Hauptzielen gegründet:

1. Verwirrung um die Verfassung der Vereinigten Staaten stiften.

2. Nutzung dieser Organisationen zur Beeinflussung und Irreführung des US-Kongresses und der Öffentlichkeit.

3. Spaltung der Opposition gegen sozialistische Anliegen im Repräsentantenhaus und im Senat durch die Täuschung "überparteilicher Studienausschüsse".

4. Die Gewaltenteilung zwischen dem legislativen, exekutiven und judikativen Arm der Regierung zerstören, wie von Professor Harold Laski empfohlen.

Mandel House war der Begründer der "Kamingespräche", ein

wesentliches Propagandainstrument, das von Roosevelt häufig eingesetzt wurde, und er "schlug" die meisten Nominierungen für das sozialistische Kabinett vor. In vielen Fällen beriet er sich mit Harvard-Professor Charles W. Elliot - jener Brutstätte des Sozialismus, die eine so entscheidende, wenn auch geheime Rolle in unserer Geschichte gespielt hat. Das ist nicht überraschend, da Harvard völlig von dem fabianischen Sozialisten Harold Laski dominiert wurde, dessen häufige Vorlesungen in Harvard den Ton für stark sozialistisch orientierte Lehrmethoden angaben.

Die meisten der von House vertretenen Ansichten wurden in der "New Republic" veröffentlicht, einer Zeitschrift, die von amerikanischen Sozialisten, darunter Wilson selbst, sehr geschätzt wurde. House hatte viele enge sozialistische Vertraute unter dem Socialist Register. Einer von ihnen, Joseph Fels, wurde von House überredet, Lenin und Trotzki 500 englische Pfund zu leihen, und zwar bei einer Gelegenheit, als sie vor einem Treffen mit Lord Alfred Milner in London festsaßen. Baruch sagte einmal: "House hat eine Hand in jeder Kabinettsnominierung und in jeder anderen wichtigen Nominierung." Das war in der Tat eine Untertreibung.

Es wird angenommen, dass Wilson genau über die Aktivitäten der Sozialistin Nina Nitze Bescheid wusste, die als Hauptschatzmeisterin der in den USA operierenden deutschen Spione fungierte. Dies störte Wilson oder House offenbar nicht, ebenso wenig wie es später das Urteilsvermögen der Präsidenten Kennedy und Johnson beeinträchtigte, die Ninas Bruder Paul Nitze zum Marinesekretär in beiden Regierungen und zum Hauptsprecher bei verschiedenen Abrüstungskonferenzen ernannten. Nitze ist dafür bekannt, dass er bei jeder Abrüstungskonferenz, bei der er die USA vertrat, das Machtgleichgewicht zugunsten Russlands verschob.

Ebenfalls den Dokumenten des British Museum zufolge wurde Hitlers Finanzierung auf beiden Seiten des Atlantiks über die Warburg-Familie abgewickelt; in Europa insbesondere über die sozialistische Mendelssohn-Bank in Amsterdam, Holland, die Schroeder-Bank in London und Frankfurt, Deutschland, während dieselbe Bank über ihre Niederlassung in New York Hitlers Finanzierungsplan abwickelte. Die Transaktionen wurden von der Rechtskanzlei des Komitees der 300, Sullivan und Cromwell, kontrolliert, deren Hauptpartner Allen Dulles aus der berühmten Dulles-Familie war. Die Dulles-Brüder übernahmen die Kontrolle über den Senat und das Außenministerium, um sicherzustellen, dass die abweichenden Stimmen derjenigen, die über die getroffene Vereinbarung hätten stolpern können, unterdrückt wurden, bevor sie die Nation alarmieren konnten.

Diese Art von finanziellen Absprachen war auch im Vorfeld des Zweiten Weltkriegs üblich. Während meines fünfjährigen Studiums entdeckte ich im British Museum in London Dokumente über die Art und Weise, wie Sozialisten auf beiden Seiten des Zauns arbeiteten. Aus Telegrammen, die der deutsche Botschafter in Washington an seine Vorgesetzten im Auswärtigen Amt in Berlin schickte, ging hervor, dass J. William Byrd Hale ab 1915 einer von ihnen war, der vom deutschen Außenministerium für ein Jahresgehalt von 15 000 Dollar angestellt wurde.

Hale, ein Mitglied des inneren Kreises von Turtle Bay, einer exklusiven Sommerkolonie, in der die Elite der Elite der amerikanischen Sozialisten wohnte. Zu ihnen gehörten Professor Robert Lovett und eine große Anzahl weiterer Professoren der Harvard Law School. House lebte nicht weit entfernt in Manchester. Sie alle wurden von der anbetenden Presse damals als "höfliche Produkte aus Harvard und Groton" beschrieben, doch die Presse war von diesen glamourösen Menschen so geblendet, dass sie nicht erwähnte, dass sie auch Sozialisten waren, die aus der obersten Schublade der Fabian-American Society geholt wurden. Lovett liebte die Arbeit von John Ruskin, der sich selbst als "Kommunist der alten Schule" bezeichnete, und William Morris.

Hale, ein engagierter "christlicher" Sozialist, machte sich zusammen mit Wilson in Mexiko einen Namen, indem er den Diebstahl des mexikanischen Öls für seine wichtigsten sozialistischen Kollegen orchestrierte. (Siehe "Diplomacy By Deception" für einen umfassenden Bericht über diesen skandalösen Diebstahl am mexikanischen Volk). Es stellte sich heraus, dass Hale bis zum 23. Juni 1918 in Wirklichkeit das deutsche Außenministerium vertrat, und das zu einer Zeit, als Tausende von Soldaten der amerikanischen Citizen Militia "für die Sache der Freiheit" starben. Anschließend reiste der "christliche" Sozialist als Korrespondent des American Press Service nach Deutschland. Seine stark prosozialistischen Reportagen erschienen an prominenter Stelle in den damaligen Zeitungen, die man in den Archiven des British Museum finden kann.

Dank dieser Transaktionen wurde die Elite der sozialistischen Welt immer reicher. Nicht, dass es an diesen ekelhaften Absprachen etwas Neues gegeben hätte. Als der Bürgerkrieg näher rückte und während seiner gesamten Dauer machten Kommunismus und Sozialismus in Amerika enorme Fortschritte - eine Tatsache, die in unseren Geschichtsbüchern nicht erwähnt wird und die in den riesigen Hollywood-Extravaganzen über diesen Krieg, den tragischsten von allen, gut vor der Öffentlichkeit versteckt wird.

Ein roter Faden zieht sich durch die fabianische sozialistische Bewegung: der leidenschaftliche Wunsch, alles niederzureißen und zu zerstören. Dies wird auf den Seiten 45944595, Congressional Record, 23. Februar 1927, unter der Überschrift "General Deficiency Bill" bestätigt. Diese Seite unserer Geschichte beschreibt die Sozialisten und Kommunisten und ihre Bemühungen, die konföderierte Republik der Vereinigten Staaten von Amerika zu zerstören. Viele Informationen darüber, wie die Sozialisten mit ihren kommunistischen Brüdern zusammenarbeiteten, finden Sie in der Broschüre "Key Men of America".

Der Sozialismus ist viel mehr eine Weltrevolution als es der Kommunismus war, wenn auch in einem langsameren Tempo und auf einer sesshafteren Ebene. Doch die von den Sozialisten angestrebte Revolution ist dieselbe: geistige Anarchie, die Zerstörung von neunzehn Jahrhunderten westlicher Zivilisation, die Zerstreuung der Traditionen und das Ende des Christentums. Falls der Leser daran zweifelt, wird die Lektüre von Franklin D. Roosevelts Buch "On Our Way" die Skeptiker davon überzeugen, dass sich der Sozialismus nur in der Methode vom Kommunismus unterscheidet.

Der Bolschewismus war das gewalttätige und radikale Experiment, das versuchte, Russland vom Christentum zu befreien: In den USA werden andere, subtilere Mittel eingesetzt, wie das Verbot des Gebets in den Schulen, die sogenannte "Trennung von Kirche und Staat", und in den Klassenzimmern, wo Myriaden sozialistischer Lehrer die Schüler einer Gehirnwäsche unterziehen, die geeignet ist, die stille Revolution zu fördern, die die Sozialisten gerade durchführen. Der Bolschewismus, der Marxismus. Sozialismus - sie alle haben das gleiche gemeinsame Ziel und gehen Hand in Hand mit "Liberalismus", "Pazifismus", "Toleranz", "Progressivität", "Mäßigung", "Frieden", "Demokratie", "Volk" und den Ausflüchten, die verwendet werden, um die wahren Ziele des Sozialismus zu verschleiern und zu verschleiern.

Diese Begriffe sollen unvorsichtige Menschen täuschen, damit der Sozialismus nicht mit der Revolution in Verbindung gebracht wird. Das Ziel des Sozialismus und des Bolschewismus ist jedoch dasselbe: die Zerstörung der Zivilisation, die auf neunzehn Jahrhunderten Tradition und Christentum aufgebaut ist. Die Ziele des Sozialismus sind:

1. Abschaffung der Regierung.

2. Die Abschaffung des Patriotismus.

3. Die Abschaffung des Eigentumsrechts. (Während die Kommunisten es schlichtweg verbieten würden, wählen die Sozialisten den schleichenden und hinterhältigen Weg der Besteuerung von Privateigentumsrechten, um sie abzuschaffen.

4. Die Abschaffung des Erbes. (Auch hier würden die Kommunisten es schlichtweg verbieten, die Sozialisten mittels Erbschaftssteuergesetzen).

5. Abschaffung der Ehe und der Familie.

6. Abschaffung der Religion, insbesondere des Christentums.

7. Zerstörung der nationalen Souveränität der Länder und des nationalen Patriotismus.

Woodrow Wilson kannte diese Ziele, doch er schreckte nicht vor ihnen zurück und zögerte nicht, sich zu einem Instrument der internationalen Sozialisten zu machen. Er umarmte begeistert die sozialistischen Programme Amerikas, für die er Befugnisse benötigte, die ihm die Verfassung der Vereinigten Staaten nicht gewährte. Wilson zögerte nicht, die hinterhältigen Methoden der Sozialisten zu nutzen, um seine Ziele zu erreichen. So gelang es ihm beispielsweise, die USA in den Ersten Weltkrieg zu führen, indem er es als "patriotische Pflicht" bezeichnete, Amerika zu verteidigen, das zu keinem Zeitpunkt von Deutschland bedroht worden war!

Wilson war nicht der erste machthungrige Präsident, auch wenn er der erste offen sozialistische war. Die zweifelhafte Auszeichnung der Machtanmaßung gebührt Präsident Lincoln, der als erster Proklamationen herausgab, die heute als Exekutivbefehle bezeichnet werden. Präsident George Bush trat in Roosevelts Fußstapfen und nutzte die gleichen verfassungswidrigen Methoden, um sich ein Nest zu bauen. Er tauchte in jede Kloake ein, in der es auf Kosten des amerikanischen Volkes Geld zu verdienen gab.

Als sogenannter "Republikaner" hat Bush den "einfachen Leuten" in den USA so viel Schaden zugefügt, wie Roosevelt es getan hatte und wie Wilson es vor ihm getan hatte. Hüten Sie sich vor den Etiketten der Parteien. George Washington bezeichnete politische Parteien als "ärgerlich und nutzlos", und die moderne Geschichte zeigt, dass sie zu Spaltungen führen. Tyrannen waren dank politischer Parteien und ihrer "Teile und herrsche"-Mentalität erfolgreich. Die Verfassung der Vereinigten Staaten sieht vor, dass Männer wie Wilson, Roosevelt und Bush angeklagt werden. Tatsächlich reichte der patriotische Kongressabgeordnete Henry Gonzalez während des Golfkriegs sechs Artikel für eine Anklage gegen Bush ein, doch die Parteipolitik verhinderte, dass Artikel 2, Abschnitt 4, Artikel 1, Abschnitt 3 genutzt wurde, um George Bush vor Gericht zu bringen.

Es gab eine Vielzahl von Gründen, Bush anzuklagen, nicht zuletzt seine Unfähigkeit, die Verfassung zu respektieren und eine korrekt formulierte Kriegserklärung zu erwirken. Dann sein verfassungswidriger Erlass der ägyptischen Schulden in Höhe von 7 Milliarden Dollar, seine Bestechung Syriens und anderer Nationen, die sich seinem "Wüstensturm" gegen die irakische Nation anschlossen: Sein fortgesetzter verfassungswidriger Missbrauch der drei Zweige der Dienste und die Tatsache, dass er sich selbst zum Oberbefehlshaber der bewaffneten Dienste ernannte, was er nicht war, sind ebenfalls anklagepflichtig.

Es muss wiederholt werden, dass der Golfkrieg illegal war. Er wurde ohne Kriegserklärung und unter Missachtung der Verfassung geführt. Der Kongress, der weitgehend von Parteigefühlen geprägt war, versuchte, eine Art Resolution - keine Kriegserklärung - zu verfassen, die Bushs Vorgehen angeblich den Anschein von

Rechtmäßigkeit verleihen sollte. Doch der Kongress fügte der Verletzung des amerikanischen Volkes noch eine Beleidigung hinzu, indem er den Fehler machte, seine Version einer Kriegserklärung in Übereinstimmung mit dem Bush erteilten UN-Mandat und nicht in Übereinstimmung mit der Verfassung der Vereinigten Staaten zu verfassen.

Das war absolut falsch: Die Vereinigten Staaten sind den Vereinten Nationen nie verfassungsgemäß beigetreten, und eine Kriegserklärung dieses Organs der einen Weltregierung KANN NICHT auf demselben Instrument erscheinen oder auch nur mit einer Kriegserklärung des Kongresses verbunden werden. Artikel 1, Abschnitt 9 der Verfassung der Vereinigten Staaten verneint und oder beschränkt die Befugnis des Kongresses, Gesetze zu erlassen. Der Kongress hat keine absolute Macht, Gesetze zu erlassen, und kann dies nur im Einklang mit der Verfassung tun.

Die vom Kongress verabschiedete "halbherzige" Resolution, hinter der Bush versuchte, einen Anschein von Legalität für seinen illegalen Krieg zu erwecken, lag außerhalb des Rahmens und des Geistes der Verfassung der Vereinigten Staaten und war keine Kriegserklärung. Eine Analyse des Abstimmungsverhaltens des Kongresses zeigt dramatisch, dass fast bis auf einen Mann die Hunderte von Sozialisten, die das Repräsentantenhaus und den Senat durchseuchen, für Bush gestimmt haben, damit er die Verfassung weiter mit Füßen treten kann. Bush hätte angeklagt und vor Gericht gestellt werden müssen. Wäre die Verfassung in einem solchen Verfahren befolgt worden, hätte er zweifellos ins Gefängnis gemusst, das er zu Recht verdient.

Die Befugnisse des Präsidenten sind in Abschnitt II der Verfassung der Vereinigten Staaten enthalten. Handlungen, die nicht in Abschnitt II enthalten sind, sind willkürliche Machtausübungen. Die Sozialisten, angefangen bei House, Frankfurter und Brandeis, gefolgt von Katzenbach und Co. behaupten, dass die drei Zweige der Regierung gleichberechtigt sind. Das ist eine Lüge - eine weitere der Lügen, die den riesigen Eisberg bilden, an dem diese Nation Schiffbruch erleiden wird, wenn wir unseren Kurs nicht ändern. Professor Harold Laski war der Hauptinitiator dieser Lüge, die als erster Schritt zur Aufweichung der Gewaltenteilung, wie sie in der Verfassung der Vereinigten Staaten verankert ist, gilt.

Die drei Zweige der Regierung sind nicht koegal und waren es auch nie. Das Repräsentantenhaus und der Senat haben die Judikative geschaffen, und das Repräsentantenhaus und der Senat hatten nie die Absicht, ihnen gleiche Befugnisse zu geben. Natürlich würde die sozialistische Aushebelung der Verfassung "durch Gesetzgebung" aus dem Fenster geworfen, wenn dies bekannt würde. Vielleicht wacht das amerikanische Volk ja auf, bevor es zu spät ist, wie die Richter die Verfassung bekritzeln.

Der Kongress hat höhere Befugnisse - eine davon ist die Befugnis, Geld auszugeben. Eine weitere einfache Möglichkeit, sozialistische Richter loszuwerden, ist die Anwendung von Artikel III Abschnitt I, der besagt, dass Richter "für ihre Dienste keine Vergütung erhalten dürfen, die während der Dauer ihrer Amtszeit nicht gemindert wird".

Das bedeutet, dass die Richter des Obersten Gerichtshofs der Vereinigten Staaten laut Gesetz nicht in entwertetem Geld bezahlt werden dürfen und dass es kein besseres Beispiel für entwertetes "Geld" gibt als die Banknoten der Federal Reserve, die gemeinhin (und fälschlicherweise) als "Dollar" bezeichnet werden. Was für ein schwerer Schlag wäre es für die Erben der Kelley-Doktrin, wenn wir, das Volk, den Obersten Gerichtshof aus Mangel an Geld, das nicht abgebucht wird, schließen würden.

Auch Wilson hätte angeklagt werden müssen. Seine wahnwitzige Machtübernahme erfolgte auf Anregung von Mandel House, dem sozialistischen Erzfeind des amerikanischen Volkes, der im Hintergrund an seinen finsteren, skandalösen und bösartigen Plänen arbeitete, die konföderierte Republik der Vereinigten Staaten von Amerika zu stürzen und zu zerstören. Zu diesem Zweck ließ House von Wilson alle möglichen Elite-Sozialisten in Schlüsselpositionen ernennen.

Die Ziele des amerikanischen Sozialismus wurden in der Vergangenheit, insbesondere in der Zeit vor dem Zweiten Weltkrieg, gut verschleiert. Es ist klar, dass der Sozialismus viele seiner Ziele erreicht hat. Er tat dies durch die Bildung von Bewegungen, die darauf abzielten, die Moral Amerikas zu brechen, wie das erstaunliche Wachstum der "freien Liebe" (Liebe ohne Verantwortung) zeigt, die bislang über 26 Millionen ermordeten Babys das Leben gekostet hat, sanktioniert durch die abtreibungsfreundlichen Entscheidungen des Obersten Gerichtshofs, die allesamt zu 100 Prozent verfassungswidrig sind, da die Verfassung zur Abtreibung schweigt. Wenn die Verfassung zu einer Macht schweigt, handelt es sich um ein Verbot dieser Macht.

Präsident Clinton glaubt fest an Kindstötung und unterstützt als guter Sozialist, der er ist, die Abtreibung mit allen Kräften seiner Regierung. Interessanterweise wurde zum ersten Mal an Abtreibungskliniken gedacht, als Frau Laski, die Frau von Professor Laski von der Fabian Society, damit begann, in England Kliniken zur Geburtenkontrolle einzurichten. Frau Laskis Taktiken bedienten sich der Methoden der berühmten kommunistischen Kommissarin, der Genossin Alexandra Kollontay.

Wenn Sozialisten konfrontiert und bloßgestellt werden, indem sie die Sache des Kommunismus mit unterschiedlichen Taktiken vorantreiben, protestieren sie lautstark. Aber das alte Sprichwort: "Verletze einen Kommunisten und ein Sozialist blutet" war noch nie so wahr wie heute. Was wir in den USA haben, ist eine geheime, hochrangige sozialistische Parallelregierung, die als Council on Foreign Relations (Rat für Auswärtige Beziehungen) bekannt ist und 1919 von den Erzsozialisten Mandel House und Walter Lippmann unter der Leitung und Kontrolle des RIIA in London gegründet wurde.

Oft sehen wir in der Presse Geschichten über offene Meinungsverschiedenheiten zwischen Kommunisten und Sozialisten. Das wird gemacht, um Unvorsichtige zu täuschen und diejenigen bei der Stange zu halten, die darauf hereingefallen sind, dass "progressiv", "liberal", "gemäßigt" wirklich etwas anderes bedeutet als das, was die Sozialisten meinen. Auf diese Weise sind sie in der Lage, eine große Zahl von Menschen bei der Stange zu halten, die sonst schockiert zurückweichen würden, wenn sie wüssten, dass sie die Ziele einer revolutionären Weltregierung fördern. Die Tatsache, dass unser neuer Präsident, dem vorgeworfen wird, ein Frauenheld zu sein, ein Wüstling ohne Moral, für Millionen von Amerikanern, die keine Sozialisten sind, akzeptabel ist, ist ein Triumph für die Methoden des Fabianischen Sozialismus.

Ihre Methoden sind so subtil, dass ihre Ziele nicht immer auf den ersten Blick erkannt werden. In letzter Zeit gab es viele

Diskussionen (die meisten davon auf niedrigem Niveau, was zeigt, wie wenig die Mehrheit der Senatoren die Verfassung der Vereinigten Staaten versteht) über das Vetorecht, das angeblich das Recht des Präsidenten ist. Dies ist reine sozialistische Propaganda, die gegen die Verfassung verstößt, und die Fortsetzung des Prozesses, den die Sozialisten unter Präsident Wilson begonnen haben, nämlich dem Präsidenten Rechte zu übertragen, die normalerweise der Legislative zustehen. Das Ziel der Sozialisten ist es, dem Präsidenten Befugnisse zu verleihen, die ihm nicht zustehen und auf die er keinen Anspruch hat, damit sie die Verfassung durchwalzen und sie ihren Plänen für eine Neue Weltordnung in den Weg stellen können.

Die Sozialisten wollen, dass der Präsident im Rahmen einer "verstärkten Kündigung" über von der Verfassung nicht gewährte Vetomöglichkeiten verfügt. In der sozialistischen Tradition sagen sie nicht direkt "Wir wollen, dass der Präsident sein Veto gegen jeden Teil einer Gesetzesvorlage einlegen kann, die von der Kammer und dem Senat verabschiedet wurde". Das ist mit "Veto pro Artikel" gemeint.

Diese Ausflucht folgt auf Florence Kelleys Anweisung, dass Änderungen im Voraus "auf dem Wege der Gesetzgebung" vorgenommen werden müssen, wenn sie nicht mit verfassungsrechtlichen Mitteln erreicht werden können. Wie wir an anderer Stelle in diesem Buch sehen, verbrachte Professor Harold Laski einen Großteil seiner Zeit damit, mit Felix Frankfurter und Präsident Roosevelt darüber zu diskutieren, wie die Verfassungsbestimmung, dass die von der Verfassung verliehenen Befugnisse jedes Regierungszweiges nicht übertragen werden können, unterwandert werden könnte. Laski griff diesen Stolperstein bei der Förderung des Sozialismus über den "Weg der Gesetzgebung" häufig an. Die schockierende Heuchelei der Sozialisten offenbart sich in ihrem Beharren auf der strikten Durchsetzung der Idee der sogenannten "Trennung von Kirche und Staat". Offenbar ist das, was für die Gans Soße ist, für den Gänserich keine Soße.

Diese Art von Macht dem Präsidenten zu übergeben, ist ein Akt des Selbstmords - und höchstwahrscheinlich auch Verrat. Was hier wirklich auf dem Spiel steht, ist Macht und wie die Sozialisten diese durch einen ihrer Diener, den sie im Weißen Haus platzieren, immer mehr an sich reißen können. Nichts ist gefährlicher als das Bestreben der Sozialisten, dem Präsidenten Befugnisse zu übertragen, die dem Repräsentantenhaus und dem Senat vorbehalten sind. Das würde Super-Wilson, Roosevelt, Bush und Clinton hervorbringen und die USA in eine sozialistische Diktatur stürzen - was praktisch bereits der Fall ist.

Das Vetorecht würde zu einem Streit zwischen politischen Parteien werden und die Gesetzgeber einschüchtern, die das Volk der Bundesstaaten nach Washington zurückgeschickt hat, damit sie das tun, was das Volk der Bundesstaaten von ihnen verlangt - und nicht die Bundesregierung. Die Aufgabe des Vetorechts für die Befugnisse des Kongresses wird die Entstehung zukünftiger Tyrannen garantieren, die noch schlimmer sind als George Bush, dessen Privatkrieg für und im Namen der britischen Krone Hunderte von Amerikanern das Leben und 200 Milliarden Dollar gekostet hat. Ein Vetorecht für den Präsidenten wäre ein großer Triumph für Florence Kelley.

Würde man dem Präsidenten ein Vetorecht gegen einen bestimmten Artikel einräumen, würde dies das Repräsentantenhaus und den Senat in Verwirrung stürzen, ihre Bemühungen lähmen und generell den Zusammenbruch der Regierung in diesem Land beschleunigen - alles erklärte Ziele der Sozialisten. Die Spannungen und Leidenschaften zwischen den gesetzgebenden Gewalten würden sich entladen und den Kongress völlig einem kriegerischen Präsidenten unterwerfen, der entschlossen ist, die sozialistische Agenda zu verfolgen. Die Verfassung der Vereinigten Staaten würde zu einem weißen Blatt Papier werden, mit Kontrollen und Gleichgewichten, die zu einer rauchenden Ruine reduziert würden.

Diese Nation hat bereits viel zu sehr unter den Exzessen der von ihnen eingesetzten sozialistischen Präsidenten (Wilson, Roosevelt, Kennedy, Johnson, Carter, Eisenhower, Bush und Clinton) gelitten. Diese Präsidenten haben die Nation in mörderische Kriege gestürzt, in die wir uns niemals hätten stürzen dürfen, auf Kosten von Millionen und Abermillionen von Menschenleben, ganz zu schweigen von den Milliarden Dollar, die diese Kriege eingebracht haben, Milliarden, die an die Banker der Wall Street und der City of London, an die Bank für Internationalen Zahlungsausgleich, die

Weltbank usw. geflossen sind.

Die Vetomacht und die sogenannten illegalen Exekutivbefehle würden einen tyrannischen zukünftigen Präsidenten vom Kaliber Roosevelts und Bushs so sicher zum König machen, als wäre ihnen der Titel verliehen worden. Dem Präsidenten die verfassungsmäßige Befugnis zu geben, gegen Gesetzesentwürfe des Kongresses ein Veto einzulegen, würde eine Änderung der US-Verfassung erfordern. Die drei Abteilungen dürfen keine Gesetze erlassen oder auf andere Weise Funktionen oder Befugnisse auf eine andere Abteilung der Regierung übertragen. Die Gründerväter verfassten diese Bestimmung, um potenzielle Tyrannen daran zu hindern, auf diese Weise die Macht an sich zu reißen.

Wenn wir ein Beispiel für Tyrannei wollen, müssen wir nicht weiter suchen als bis zum Angriff der Bundesregierung auf eine christliche Kirche in Waco, der ein völliger Verstoß gegen die Verfassung der Vereinigten Staaten war. In Waco wurden 87 Menschen ermordet. Beim "Massaker" auf dem Tiananmen-Platz (Beschreibung des Ereignisses durch die sozialistischen Medien) wurden 74 Chinesen getötet. Dennoch war Clinton bereit, mit China wegen der durch den Aufstand auf dem Tiananmen-Platz gegen die Regierung in Peking verursachten "Menschenrechtsverletzungen" die Klingen zu kreuzen, hat aber bislang nichts unternommen, um die Täter von Waco vor Gericht zu bringen. Dies ist typisch für die unverhohlene Heuchelei eines echten Sozialisten.

Wo in der Verfassung der Vereinigten Staaten steht, dass die Bundesregierung das Recht hat, sich in die Bundesstaaten einzumischen und eine religiöse Gruppe zu verfolgen? Nirgendwo! Die Bundesregierung hat kein Recht, sich in die Angelegenheiten der Bundesstaaten einzumischen, vor allem nicht, wenn es um Polizeibefugnisse geht. Der zehnte Verfassungszusatz ist in dieser Hinsicht völlig klar: Die Polizeigewalt in den Bereichen Gesundheit, Bildung und Polizeischutz liegt ausschließlich bei den Bundesstaaten. Wenn die Branch Davidians zufällig ein Verbrechen begangen hätten, das polizeiliche Maßnahmen gegen sie rechtfertigte, hätten diese Maßnahmen von der örtlichen Polizei und von niemand anderem durchgeführt werden müssen. Das Waco Sheriff's Department hat es kläglich versäumt, die Davidianer innerhalb ihrer Kirche angemessen zu schützen.

Die Bundesregierung hat einmal mehr ihre arrogante Haltung gegenüber der Verfassung der Vereinigten Staaten unter Beweis gestellt, indem sie gegen Artikel 1 der Bill of Rights der Verfassung der Vereinigten Staaten verstoßen hat, in dem es heißt, dass:

> "Der Kongress wird kein Gesetz erlassen, das die Niederlassung einer Religion betrifft oder die freie Ausübung einer Religion verbietet oder die Rede- oder Pressefreiheit oder das Recht der Menschen, sich friedlich zu versammeln und Petitionen an die Regierung zur Wiedergutmachung von Unrecht zu richten, einschränkt."

Was in Waco geschah, war, dass die Bundesregierung Befugnisse annahm, die sie nicht hat, und mit der ausdrücklichen Absicht nach Waco reiste, die freie Ausübung religiöser Überzeugungen und das Recht auf freie Meinungsäußerung zu verbieten. Das ist säkularer Humanismus in Aktion, der in unserer Verfassung keinen Platz hat. Die Sozialisten halten sehr viel von der "Trennung von Kirche und Staat" - wenn es ihnen in den Kram passt. Was ist mit der "Trennung von Kirche und Staat" in Waco passiert? Sie war nicht dort!

Die Bundesregierung entschied, dass sie die Religion vereinfachen könne, da sie ein komplexes Thema sei, das sich jeder Vereinfachung widersetze. Auf Seite E7151, Congressional Record, House, 31. Juli 1968, drückte Richter Douglas die Frage wie folgt aus;

> "...Es ist für die Regierung unmöglich, eine Linie zwischen Gut und Böse zu ziehen (die Nostrum des säkularen Humanismus), und um der Verfassung treu zu bleiben, ist es besser, solche Ideen in Ruhe zu lassen."

Anstatt auf ihre eigenen sozialistischen Richter zu hören, entschied die Bundesregierung, dass sie das Recht habe, zwischen einer "guten" und einer "schlechten" Religion zu entscheiden. Die Regierungsbeamten vor Ort in Waco nahmen es auf sich, die Komplexität der Religion extrem zu vereinfachen. Die Erfahrung über Jahrhunderte hinweg hat gezeigt, dass Religion nicht vereinfacht werden kann. Außerdem steht sie außerhalb politischer Fragen und sollte nie vereinfacht werden.

Die ersten zehn Zusatzartikel der US-Verfassung stellen eine Einschränkung für die Bundesregierung dar. Darüber hinaus spricht

Artikel 1, Abschnitt 9 der US-Verfassung der Bundesregierung das Recht ab, Gesetze zu religiösen Fragen zu erlassen. Die primären Befugnisse des Repräsentantenhauses und des Senats finden sich in Artikel 1, Abschnitt 8, Klausel 1-18. Denken Sie daran, dass die Bundesregierung keine absolute Macht hat. Die Bundesregierung hat kein Recht zu entscheiden, was eine Kirche und was ein Kult ist. Offenbar haben die Regierungsbeamten vor Ort in Waco, diese Bestimmung mit Hilfe eines "Sektendeprogrammierers" der einen oder anderen Art vorgenommen. Allein die Vorstellung einer solchen Aktion ist abstoßend, um nicht zu sagen regelrecht illegal.

Wenn die Bundesregierung über diese Macht verfügen würde - was nicht der Fall ist -, hätte sie die Macht, alle Religionen zu zerstören - ein Element des sozialistischen Programms und eines der Ziele der Weltrevolution. Diese Macht ist weder im ersten Zusatzartikel der US-Verfassung noch in den delegierten Befugnissen des Kongresses oder in den primären Befugnissen des Kongresses in Artikel 1, Abschnitt 8, Klauseln 1-18 enthalten. Wenn die US-Verfassung zu einer Macht schweigt, handelt es sich um ein Verbot dieser Macht.

Woher haben also das FBI und die ATF ihre Macht, die es ihnen erlaubt hat, eine christliche Kirche anzugreifen? Offensichtlich vom Präsidenten und vom Generalstaatsanwalt, die beide keine derartigen Befugnisse haben, und da beide ihre Verantwortung für die entsetzliche Tat in Waco zugeben, sollten sie angeklagt werden. In Waco starben mehr Amerikaner als chinesische Studenten auf dem Tiananmen-Platz. Hat die Boulevardpresse in den USA die chinesischen Studenten als "Sekte" bezeichnet? Natürlich haben sie das nicht getan. Auch die Bundesregierung hat nicht das Recht, eine christliche Bewegung als "Sekte" zu bezeichnen.

Die Verfassung der Vereinigten Staaten wurde durch die Handlungen der Bundesregierung in Waco kompromittiert. Die Verfassung der Vereinigten Staaten darf nicht kompromittiert werden. Keine Regierungsbehörde steht über der Verfassung, und die Behörden der Bundesregierung, die am Angriff auf Waco beteiligt waren, haben gegen das Gesetz verstoßen. Sie hatten kein verfassungsmäßiges Recht, sich in eine Angelegenheit einzumischen, die in die Zuständigkeit des Staates Texas, aber nicht in die der Bundesregierung fiel. Die Bundesregierung bezeichnete die Branch Davidian als "Terroristen", hätte aber bei dieser

Abgrenzung kein Mitspracherecht haben dürfen. Dies wäre Sache des Staates Texas gewesen.

Nirgendwo in der Bill of Rights hat die Bundesregierung die Autorität, eine christliche Kirche als "terroristische" Organisation zu bezeichnen. Die Autorität für den Angriff auf Waco findet sich nicht in Artikel 1, Abschnitt 8, Klauseln 1-18. Es hätte einer VERFASSUNGSÄNDERUNG bedurft, um die Bundesregierung zu ermächtigen, einen bewaffneten Angriff auf die Branch Davidian Church in Waco zu starten. Um den Schrecken von Waco zu verstehen, muss man die Unabhängigkeitserklärung lesen, in der die brutalen Akte zusammengefasst sind, die König George III. gegen die Siedler verübt hat. Waco ist König George III. in neuem Gewand - nur noch schlimmer.

Der Kongress (das Repräsentantenhaus und der Senat) hat die Macht, diesen Fehler zu beheben. Er kann eine umfassende Anhörung des Kongresses anordnen. Der Kongress kann auch die Finanzierung von Bundesbehörden kappen, die sich an diesem modernen Angriff von König Georg III. auf die Bürger der Vereinigten Staaten beteiligt haben. Artikel zur Anklageerhebung sind dringend erforderlich. Der Kongress muss den größten Teil der Verantwortung übernehmen. Die Bundesbeamten, die an der Erstürmung der Branch Davidian Church beteiligt waren, dachten wahrscheinlich, dass sie unter der Autorität des Gesetzes handelten, obwohl sie es nicht waren. Der Kongress sollte dies wissen, und der Kongress sollte die Situation korrigieren, damit sie nicht anderswo fortgesetzt wird. Birch Bayh, ein ehemaliger sozialistischer Senator aus Indiana, wurde von der Fabian Society benutzt, um die Verfassung der Vereinigten Staaten zu untergraben, und er tat dies bei jeder Gelegenheit, wie die Lektüre der Seiten S16610-S16614, Congressional Record, Senat, eindeutig belegt.

Wo steht in Artikel 1, Abschnitt 8 oder in den an den Kongress delegierten Befugnissen, dass die Bundesregierung befugt ist, Militärfahrzeuge einzusetzen, um eine Kirche anzugreifen? Wo steht, dass Bundesbeamte befugt sind, eine Kirche als "Kult" zu bezeichnen? Dieser Angriff auf die christliche Kirche Branch Davidian ist eine Verletzung des ersten, vierten und fünften Verfassungszusatzes und stellt eine Anklage gegen die Bürger der Vereinigten Staaten in Waco dar. Weder die Legislative, noch die

Exekutive oder die Judikative der Bundesregierung haben das Recht, eine christliche Kirche - oder überhaupt irgendeine Kirche - als "Sekte" zu bezeichnen. Seit wann hat die Bundesregierung die Befugnis, über diese komplexen religiösen Fragen zu entscheiden? Seit wann kann die Bundesregierung eine Bill of Attainder ausüben?

Was die Bundesregierung in Waco tat, war, eine komplexe religiöse Frage zu nehmen und sie in eine einfache Frage einer "Sekte" zu verwandeln, die ihr nicht gefiel. Gemäß Artikel II der US-Verfassung ist die Exekutive nicht befugt, gegen das vorzugehen, was der Präsident und sein Generalstaatsanwalt als "Sekte" bezeichnet haben. Es ist nicht das erste Mal, dass die Bundesregierung einen Angriff auf eine religiöse Gruppe startet, die sie nicht mag. Es ist keine Entschuldigung, einfach zu sagen, dass der Präsident und sein Generalstaatsanwalt die Verantwortung dafür übernehmen, dass sie gegen das Gesetz verstoßen haben.

Auf den Seiten 1195-1209, Congressional Record, Senate 16. Februar 1882, sehen wir, dass der Senat versuchte, wie Gott zu handeln, indem er eine Kommission aus fünf Männern einsetzte, die Mormonen daran hindern sollte, zu wählen, nur weil sie Mormonen waren. Dies war ein eklatanter Verstoß gegen eine bill of attainder. Das einzig Positive an dieser schrecklichen Episode der Geschichte war, dass es eine Debatte im Senat gab. Die Opfer der Bundesregierung in Waco hatten dieses Recht nicht. Über die Bemühungen, die Mormonen am Wählen zu hindern, und wir finden es auf Seite 1197 - und das ist sehr relevant für den Angriff in Waco, lesen wir: "Dieses Recht gehörte der amerikanischen Zivilisation und dem amerikanischen Recht, lange bevor die Verfassung verabschiedet wurde."

Dieses Recht bestand bereits während der Kolonialzeit, ebenso wie das Recht, Waffen zu tragen, und diese Rechte wurden durch eine Reihe von Änderungen zusätzlich zu den im Originalinstrument enthaltenen in die Verfassung aufgenommen. Diese Änderungen zielten darauf ab, die Rechte zu schützen. Sie garantierten lediglich Rechte, die bereits vor der Verfassung bestanden, die selbst nicht die Schöpferin der Rechte war. Was die Bundesregierung in Waco tat, unterschied sich nicht wesentlich von der Art des Handelns, die der internationale Sozialist Karl Marx befürwortete - und die die chinesische Regierung auf dem Tiananmen-Platz beobachtete. Die

Bürger, die bei dem Brand in Waco ums Leben kamen, hatten nicht ihr verfassungsmäßiges Recht auf einen fairen Prozess und ein ordentliches Gerichtsverfahren, wie es im 5.

Ich lese weiter aus dem Congressional Record, Senat, 16. Februar 1882, auf Seite 1200:

"Zum Beispiel wird niemand, wie wir annehmen, behaupten, dass der Kongress in einem Territorium ein Gesetz erlassen kann, das die Niederlassung der Religion oder die freie Ausübung der Religion betrifft, oder die Rede- oder Pressefreiheit einschränken kann, oder das Recht der Bevölkerung des Territoriums, sich friedlich zu versammeln und Petitionen an die Regierung zu richten, um Missstände zu beheben. Der Kongress darf dem Volk auch nicht das Recht verweigern, Waffen zu behalten und zu tragen, oder das Recht auf ein Geschworenenverfahren, noch darf er jemanden zwingen, in einem Strafverfahren gegen sich selbst auszusagen. Diese Befugnisse in Verbindung mit den Rechten der Person, die hier nicht aufgezählt werden müssen, werden in ausdrücklichen und positiven Worten der Generalregierung verweigert; und das Recht auf Privateigentum muss mit der gleichen Sorgfalt bewahrt werden."

Was in Waco geschah, war ungehinderter Sozialismus in Aktion, der die Verfassung der Vereinigten Staaten grob missachtete. Da klar ist, dass weder der Kongress (Haus und Senat) noch die Judikative oder die Exekutive (der Präsident) das geringste verfassungsmäßige Recht hatten, einen bewaffneten Angriff auf die Branch Davidian Church in Waco anzuordnen, lautet die nächste Frage: Was unternimmt der Kongress, um diesen eklatanten Verfassungsbruch zu beheben, und was unternimmt er, um die Schuldigen innerhalb der Bundesregierung vor Gericht zu stellen?

In einem sozialistischen/marxistischen Staat wäre Waco eine einfache Ausübung der Regierungsgewalt gewesen. Aber die Vereinigten Staaten sind dank ihrer Verfassung kein sozialistischer/marxistischer Staat; sie bleiben eine konföderierte Republik, trotz der schrecklichen Angriffe, die sie von sozialistischen Fabianern wie Harold Laski, Felix Frankfurter, Hugo Black, Franklin Roosevelt, Dwight Eisenhower, George Bush und jetzt Präsident William Jefferson Clinton erlebt haben. Waco war eine zynische Ausübung von Befugnissen, die dem richterlichen oder exekutiven Zweig der Regierung nicht zugestanden wurden, und erscheint auf derselben Ebene wie die Exzesse der Vergangenheit in Bezug auf religiöse Intoleranz.

Um auf die Versuche der Sozialisten zurückzukommen, Befugnisse von einem Teil der Regierung auf einen anderen zu übertragen. Auch ohne Vetomächte hatten wir bereits einen König anstelle eines Präsidenten. Ich meine den "König" George Bush, dessen Machtgier mehr Macht und noch mehr Macht hervorbrachte, bis die Nation von der Flut seiner wahnwitzigen Machtergreifung mitgerissen wurde und in einem Krieg landete, der so verfassungswidrig war wie kein anderer in der Geschichte der Vereinigten Staaten.

Was in der Debatte im Repräsentantenhaus und im Senat über die Frage, ob man dem Präsidenten eine solche Macht "geben" sollte, völlig aus dem Blickfeld geraten ist, ist die Tatsache, dass dies zu 100 % verfassungswidrig wäre und eine Änderung der US-Verfassung erfordern würde. Der Kongress (Haus und Senat) ist nicht befugt, dem Präsidenten ein Vetorecht gegen einen bestimmten Artikel einzuräumen: Dies kann nicht durch den Kongress, sondern nur durch eine Verfassungsänderung geschehen.

Die Gründerväter wollten verhindern, dass die Verfassung von den drei Departments, die sich gegenseitig die Macht zuschieben, umgangen wird. Artikel 1, Abschnitt 9 der US-Verfassung verneint oder schränkt die Befugnis des Kongresses, Gesetze zu erlassen, stark ein. Der Kongress kann seine Aufgaben nicht ohne Verfassungsänderung auf den Obersten Gerichtshof oder den Präsidenten übertragen. Diese Bestimmung sollte machtbesessene Sozialisten wie Wilson, Roosevelt und Bush davon abhalten, das Land in einen Krieg nach dem anderen zu stürzen, aber sie hat Wilson, Roosevelt und Bush nicht davon abgehalten, genau das zu tun.

Clinton wartet auf seine Chance, einen neuen Krieg anzuzetteln. Gegen Nordkorea hat er sie knapp verpasst, aber vielleicht kommt er noch vor dem Ende seiner einzigen Amtszeit an die Reihe. Die Vetomacht pro Artikel ist ein weiterer Schritt in Richtung des sozialistischen Ziels, "die Verfassung der Vereinigten Staaten wirkungslos zu machen". Die verfassungsmäßige Macht des Präsidenten findet sich in Abschnitt II der US-Verfassung. Er hat keine weiteren Befugnisse.

Die Fabian Society setzte den Krieg fort, den die Armeen von König Georg III. verloren hatten. Sie provozierten den Bürgerkrieg und alle Kriege seither in der Hoffnung, die Konföderierte Republik der Vereinigten Staaten zu stürzen. Die Annals of Congress, die Congressional Globes und der Congressional Record enthalten eine Fülle von Informationen und Details, die diese Ansicht bestätigen. Auf Seite 326, Congressional Globe, House, 12. Juli 1862, finden wir eine Rede des ehrenwerten F.W. Kellogg mit dem Titel "Ursprung der Rebellion": "...

"Der Nationalstolz wurde beglückt, ebenso die Zunahme der Macht und die Gewissheit, dass die Vereinigten Staaten noch in einem halben Jahrhundert die bei weitem mächtigste Nation auf dem Globus sein müssen. Aber die Großmächte Europas haben dieses schnelle Wachstum mit Sorge beobachtet; und verteidigen Amerika, das zu keinem Zeitpunkt von den Deutschen bedroht worden ist!"

Die Untaten, die die amerikanischen Sozialisten der Neuzeit begangen haben, sind enorm. Jacob Javitts sah in dem, was er "Bürgerrechtsfragen" nannte, eine goldene Gelegenheit, die Rassenwasser aufzuwirbeln, indem er Sozialisten in wichtige Regierungsbehörden wie die Kommission für Chancengleichheit einschleuste. Auf der internationalen Bühne war Javitts unter Anwendung der Einschüchterungstaktiken, die Sozialisten so gut beherrschen, für die Gründung der sogenannten "internationalen Banken" verantwortlich und erreichte dann, dass der Kongress diese auf völlig verfassungswidrige Weise finanzierte.

Ein weiterer großer Förderer des Sozialismus in diesem Land war Richter Abe "Fixer" Fortas, der mehr als jeder andere Sozialist für die "Legalisierung" einer Flut von obszöner Literatur und Pornografie verantwortlich war. Diese Maßnahme zielte darauf ab, die Moral der Nation noch weiter zu schwächen. Fortas gab die entscheidende Stimme zu der völlig falschen Entscheidung des Obersten Gerichtshofs der Vereinigten Staaten ab, Pornografie unter dem Deckmantel der "freien Meinungsäußerung" zuzulassen. Psychologen und Psychiater sagen uns, dass dies direkt zu einem enormen Anstieg der Kriminalität geführt hat, da diese Art von "Unterhaltung" die unteren Zentren des Gehirns reizt.

Die Mitglieder des Repräsentantenhauses und des Senats müssen ihren Teil der Verantwortung für diese Situation und für den schockierenden Anstieg der Arbeitslosigkeit und der Kriminalität im Tandem tragen. Das Repräsentantenhaus und der Senat können mit einer Zweidrittelmehrheit jede Entscheidung des Obersten Gerichtshofs aufheben, und das hätten sie schon vor zehn Jahren tun sollen, ohne abzuwarten, bis die Situation außer Kontrolle gerät, und dann zuzulassen, dass die Sozialisten in ihren Reihen das Problem auf "Schusswaffen" schieben. Im Repräsentantenhaus und im Senat gibt es einige wirklich heiße Sozialisten. Der Abgeordnete Bill Richardson ist ein prominentes Beispiel: Auf den Seiten E2788 E2790, Congressional Record, am Mittwoch, den 31. Juli 1991, erging sich Richardson in einer Lobeshymne auf einen der schlimmsten Sozialisten der Welt: den damaligen Abgeordneten Stephen Solarz, der sich in die Angelegenheiten von Rhodesien, Südafrika, den Philippinen, Südkorea und jedem nicht-linken Land unter der Sonne eingemischt hat. Als ob das nicht schon genug wäre, fanden die Ermittler, die den Bankenskandal im Repräsentantenhaus untersuchten, heraus, dass Solarz die meisten ungedeckten Schecks unterschrieben hatte.

Andere sozialistische "Heilige", die diesem Land unbegrenzten Schaden zugefügt und den Zusammenbruch nicht nur unserer Wirtschafts-, Politik- und Rechtssysteme herbeigeführt haben, sondern auch aktiv versucht haben, die sozialistische Agenda zum Schaden des amerikanischen Volkes voranzutreiben, sind: Harry Dexter White, John Kenneth Galbraith, Arthur Schlesinger, Telford Taylor, Robert Strange Mc Namara, David C. Williams, George Ball, Felix Frankfurter, Bernard Baruch, Arthur Goldberg, Alger Hiss, Richter Gesell, Ralph Bunche, Nicholas Katzenbach, Cora Weiss, Louis Brandeis, McGeorge Bundy, Henry Kissinger, Allen und John Foster Dulles, Sam Newhouse und Walt Whitman Rostow. Einige von ihnen und andere sozialistische "Krieger" werden in den Kapiteln "Die Sterne am sozialistischen Firmament" mit einem Bericht über ihre Taten vorgestellt.

Ihre Pläne und Ziele bestanden darin, die Vereinigten Staaten langsam und schleichend zum Sozialismus zu führen, in leichten Schritten, die vom Volk nicht bemerkt würden. Das Programm wurde von der Fabian Society in London ausgearbeitet, wie es von ihren Hauptakteuren, Professor Laski, Graham Wallas und Kenneth

Galbraith, detailliert beschrieben wurde. Diese Pläne wurden so ausgearbeitet, dass sie sich mit dem, was die "Liberalen" in Amerika taten, deckten oder dazu passten, insbesondere in den Bereichen Bildung, Schwächung der Verfassung der Vereinigten Staaten, des amerikanischen Systems der politischen Ökonomie auf der Grundlage einer gesunden Währung und von Handelsschutzzöllen.

Diese deckten sich weitgehend mit den Plänen der internationalen Sozialisten für die Bildung einer möglichen einheitlichen Weltregierung - der Neuen Weltordnung. Für die Fabianer in England war es ein großes Unterfangen, ihre Pläne an einen amerikanischen Zeitplan anzupassen. Ihr Erfolg lässt sich daran messen, dass es ihnen zwischen den 1920er und 1930er Jahren fast gelungen wäre, die USA vollständig zu sozialisieren.

Kapitel 3

SOZIALISTISCH KONTROLLIERTE BILDUNG: DER WEG IN DIE SKLAVEREI

D er einzige Bereich des Lebens in den Vereinigten Staaten, der vollständig vom Fabianischen Sozialismus kooptiert wurde, ist das Bildungswesen. In keinem anderen Bereich ihrer Bemühungen, Amerika zu sozialisieren, war ihre indirekte, schleichende und verdeckte Methodik so erfolgreich wie auf dem langen Weg des Fabianischen Sozialismus, das Bildungssystem dieser Nation zu übernehmen. Die Sozialisten übernahmen die Kontrolle über Yale, Harvard, Columbia und viele andere Universitäten, die angeblich im direkten Dienst des Sozialismus standen. Sie sollten die zukünftigen Bildungszentren und "Veredelungsschulen" der Sozialisten in Amerika sein, so wie Oxford und Cambridge für die Fabian Society in England.

An diesen Universitäten entwickelte sich eine Schicht von hochrangigen Elitepädagogen, deren Verbindungen zum britischen Fabianismus stark waren. Zu den prominentesten Mitgliedern dieser Elitegruppe gehörten Walter Lippmann und John Reed, der in den Mauern des Kreml in Moskau begraben ist. Der sozialistische Druck auf die Bildung wurde ausgeweitet, indem linke/sozialistische Lehrer damit drohten, konservativen Schülern schlechte Noten zu geben, weil sie falsche Antworten gegeben hatten - schlechte Antworten, sobald sie den fabianischen sozialistischen Ideen widersprachen. So kam es zu einer schrecklichen Erosion der traditionellen christlich-konservativen Ansichten der Amerikaner. Eine zweijährige Untersuchung (1962-1964) in einem kalifornischen Schulbezirk ergab, dass in Klassenzimmern, in denen sozialistische Lehrer arbeiteten, derselbe Druck ausgeübt wurde wie an den Universitäten des Landes. Die Eltern zögerten, sich zu beschweren, denn in den Fällen, in denen Beschwerden bei der Schulbehörde eingereicht wurden, erhielten ihre Kinder schlechte Noten und verloren Kreditpunkte.

Seit Ramsay McDonalds Besuch in den USA war den Fabian Socialists in London klar, dass ein Frontalangriff auf das Bildungswesen in den USA nicht in Frage kam. Auf einem der denkwürdigsten der vielen sozialistischen Treffen, die 1905 in New York im Peck's Restaurant stattfanden, wurde die Intercollegiate Socialist Society (ISS) gegründet. Sie war der Brückenkopf, der den Fabian Socialists in Amerika eine Autobahn zu ihrer Übernahme des Bildungssystems verschaffen sollte.

Der Mann, den die Fabian Society auswählte, um die Bildung in Amerika zu sozialisieren, war John Dewey, Professor für Philosophie an der Columbia University in New York. Dewey ist als Vater der progressiven (sozialistischen) Erziehung bekannt und wird mit marxistischen Organisationen wie der League of Industrial Democracy (LID), deren Vorsitzender er war, identifiziert. Dewey fiel der sozialistischen Hierarchie zunächst auf, als er an der Lincoln School des Teachers College unterrichtete, einer marxistisch-liberalistischen Bildungsstätte, die vom General Education Board unterstützt wurde.

Dort lernte Dewey Nelson Aldrich und David Rockefeller kennen. Von beiden soll Dewey gesagt haben, dass David vollständig sozialisiert war und seinen Philosophien von ganzem Herzen anhing. Das Un-American Committee zitiert Dewey als Mitglied von 15 marxistischen Tarnorganisationen. Einige Jahre später belohnte Rockefeller Dewey, indem er ihn zum Gouverneur von New York und zum Mitglied des Council on Foreign Relations (CFR) ernannte. Obwohl Dewey später die meisten politischen Ämter bekleidete, war es die Indoktrination von Nelson und David Rockefeller mit Sozialismus und Marxismus, die den größten Schaden anrichtete, denn Millionen und Abermillionen von Dollar wurden später gespendet, um Schulfälle im Zusammenhang mit der "Religionsklausel" vor dem Obersten Gerichtshof zu bekämpfen, die Bildung zu untergraben und das amerikanische Schulsystem mit dem sozialistischen Virus zu infizieren.

Der 10. Zusatzartikel zur Verfassung der Vereinigten Staaten behält den Bundesstaaten die polizeilichen Befugnisse in den Bereichen

Bildung, Gesundheit und Polizeischutz vor. Die Befugnisse der Bundesregierung sind von den Bundesstaaten übertragene Befugnisse. Die ersten 10 Zusatzartikel der US-Verfassung sind ein Machtverbot. Einer der strengsten Zusatzartikel besagt, dass das Bildungswesen in den Zuständigkeitsbereich der Bundesstaaten fällt.

Bis sie in der Lage waren, auf legislativem Wege voranzukommen, wie Florence Kelley (mit bürgerlichem Namen Weschnewetsky) erklärt hatte, mussten die amerikanischen Fabian-Sozialisten damit beschäftigt sein, das Bildungswesen in den Vereinigten Staaten auf typisch fabianische Weise zu untergraben. Das Treffen der Intercollegiate Socialist Society (ISS) in Peck's Restaurant war der erste langsame Schritt, um die Bildung zu durchdringen und zu durchdringen, ohne die Richtung zu verraten. Wenn wir an die scheinbar langsame und fast zögerliche Entstehung der ISS zurückdenken, fällt es schwer zu glauben, dass dieselbe amerikanische sozialistische Fabian-Bewegung, die sie ins Leben gerufen hat, heute galoppiert und unser Bildungssystem an den Haaren herbeizieht.

Andere dachten wie Richter Douglas, Felix Frankfurter, Frank Murphy, William J. Brennan, Arthur Goldberg, Richter Hugo Black und Abe Fortas. Douglas, Murphy und Brennan waren nicht nur glühende Sozialisten, sondern auch hochrangige Freimaurer. In der Zeit von 1910 bis 1930 begann der Oberste Gerichtshof, sich intensiv mit den als "Religionsklauseln" bezeichneten Fällen des Schulunterrichts zu befassen, von denen er sich mindestens zwei Jahrzehnte lang ferngehalten hatte. In dieser Zeit erlitt das amerikanische Bildungssystem den größten Schaden, wodurch der Sozialismus enorme Durchbrüche erzielen konnte, die zuvor außer Frage zu stehen schienen.

Während der Oberste Gerichtshof den Religionsunterricht - insbesondere Schulgebete - verboten hatte, waren ihre Freimaurerbrüder sehr erfolgreich darin gewesen, in die Schulen einzudringen und sie mit freimaurerisch-sozialistischer Literatur zu durchtränken. 1959 überredete Franklin W. Patterson den Direktor einer Highschool in Baker, Oregon, sozialistisch orientierte Schulbücher in der Schule zu verwenden. Dasselbe geschah in North Carolina, wo sozialistische Freimaurerliteratur in allen

Klassenzimmern aller Schulen in Charlotte verteilt wurde. Wie der Vorsitzende des Bankenausschusses des Repräsentantenhauses, Louis T. McFadden, sagte:

"Was die Erziehung betrifft, so haben die fabianischen Illuminaten eine Theorie verfolgt, die keine andere ist als die, die der Förderer des bayerischen Illuminismus, Nicolai, im achtzehnten Jahrhundert vorschlug. Nachdem sie Posten in den Schulkommissionen des Landes erhalten hatten, war es für die Fabian-Sozialisten sehr einfach, ihre erzieherischen und entchristlichten Prinzipien in die Lehrpläne einzuführen. Ihr Angriff auf den Religionsunterricht war subtil, aber tödlich, wie der Entwurf des Bildungsgesetzes von 1902 beweist".

Sie rühmen sich offen damit, mehrere Bischöfe und Theologen in ihren Reihen zu haben, wobei die Liste von Bischof Headlam, einem der ersten Fabianer, angeführt wird... Im Rahmen der Bildungsprojekte der Fabier findet man die Bildung von Bildungsgruppen in der "Nursery", wobei letztere als eine Art Ausbildungsschule für sehr junge potenzielle Sozialisten gedacht ist. (Gouverneur Clinton von Arkansas hat seine sozialistische "Gouverneursschule" nach diesem Modell gestaltet...). Die bei weitem wichtigste Maßnahme, die die Fabianer im Bildungsbereich ergriffen, war jedoch die Eröffnung von "sozialistischen Universitätsgesellschaften" an den bestehenden Universitäten. Der Höhepunkt des Triumphs der Fabianer im Bildungsbereich war die Gründung der London School of Economics and Political Science an der Universität London, wo einer der Hauptdozenten heute der Sozialist Harold Laski ist...".

Man kann von den sozialistischen Plänen sagen, dass sie den Bildungsbereich mit einem Virus infizierten, von dem sie hofften, dass er sich ausbreiten und unsere Gesellschaftsordnung radikal verändern würde. Dieser "Virus" sollte in das Rückenmark der "Sozialstudien" und "Sozialwissenschaften" eindringen und alle Studiengänge nach links verlagern. Das war die Grundprämisse der National Education Association, die sie 1936 in ihrem 14. Jahrbuch formulierte, eine Position, von der sozialistische Pädagogen nie abgewichen sind: "Wir sind für die Sozialisierung des Individuums."

In diesem Sinne beabsichtigten die Sozialisten, die in den 1920er

Jahren wie ein Heuschreckenschwarm über die USA herfielen, möglichst viele der im Kommunistischen Manifest von 1848 formulierten Ideen in der Bildungsgesetzgebung umzusetzen. Sie hofften, die Verfassung durch das, was Florence Kelley als "legislative Aktion" bezeichnet, umgehen zu können. Auf den Seiten 4583-4604, Congressional Record, 23. Februar 1927, unter der Überschrift "General Deficiency Appropriation Bill" finden wir ihre Methoden dargelegt.

> "... Kommunistische Gruppen müssen den Kindern zeigen, wie man heimlichen Hass und unterdrückte Wut in einen bewussten Kampf umwandelt ... Am wichtigsten ist der Kampf gegen die Tyrannei der Schuldisziplin".

John Dewey und seine Anhänger versuchten, das Vokabellernen in der Schule einzuschränken, da sie wussten, dass die Tiefe der Bildung proportional zum Vokabular eines jeden Einzelnen ist. Der Wortschatz muss den Kindern beigebracht werden, selbst wenn er nur anhand eines Wörterbuchs vermittelt wird. Alle Bewerber für eine Stelle im öffentlichen Dienst sollten verpflichtet werden, einen englischen Vokabeltest abzulegen, und dies könnte auch auf Bewerber für eine Stelle auf staatlicher Ebene ausgeweitet werden. Selbst Bewerber für Sozialhilfe sollten verpflichtet werden, einen Englischvokabeltest zu absolvieren. Dies würde die Wirkung des Sozialismus in der Bildung zunichte machen und das Ziel des Sozialismus vereiteln, eine Mehrheit mittelmäßiger Kinder auszubilden, die zu mittelmäßigen Erwachsenen heranwachsen, zu "Sozialhilfeempfängern", um ein sozialistisches Regime zu unterstützen.

Eine weitere spezialisierte Taktik besteht darin, die Substanz der Nationen durch unverantwortliche Ausgaben zu verschwenden, so dass "destruktiv" zur Tagesordnung wird. Dies führt dazu, dass die Gebühren für die Hochschulbildung stetig steigen. Wir sehen den kumulativen Effekt der Politik von John Maynard Keynes an der Zahl der Studenten, die nicht zur Universität gehen, und derjenigen, die abbrechen, weil die Gebühren für sie zu hoch werden. Auf diese Weise wird die Zahl der Studenten mit zukünftigen Führungsqualitäten absichtlich und gezielt reduziert.

Die allgemeine Idee der sozialistischen "Erziehung" besteht darin, die Intelligenz möglichst auf ein Minimum zu reduzieren und gleichzeitig die Mittelmäßigkeit zu fördern. Das gilt natürlich nicht für die zukünftigen Führer, die sie selbst unter den besten und klügsten Sozialisten ausgewählt haben und die als Rhodes-Stipendiaten in die "Schule für den Feinschliff" in Oxford geschickt werden. Ein ausgezeichneter Hinweis auf Bildung als Mittel zur Verwechslung von Kommunismus und Sozialismus findet sich im Congressional Record, House, 26. Juni 1884, Seite 336, Anhang:

"Ich glaube, dass die Intelligenz der Ankerpunkt unserer Regierungsform ist, und deshalb bin ich ein starker Befürworter der Volksbildung. Daniel Webster drückte dieses Gefühl, dessen Wahrheit die Geschichte bewiesen hat, aus, als er sagte: "Es war die Intelligenz, die die majestätischen Säulen unseres nationalen Ruhmes errichtet hat, und sie ist es auch, die sie davor bewahren kann, in Schutt und Asche zu fallen". Die Verbreitung der Intelligenz muss die Regierung sein - sie wird nicht nur ein Schutz gegen die Zentralisierung der politischen und finanziellen Macht auf der einen Seite sein, sondern unsere sichere und zuverlässige Verteidigung gegen Kommunismus, Nihilismus und revolutionäre Tendenzen auf der anderen Seite".

"Aber mit einer dichten Bevölkerung, angehäuftem Reichtum und einem gewissen Feminismus entstehen neue Gefahren, und wir müssen uns auf Bildung und Intelligenz verlassen, um ihnen so weit wie möglich entgegenzuwirken, denn 'was du säst, wirst du ernten' gilt für Staaten ebenso wie für Menschen. Nach der christlichen Religion ist der größte Zivilisator des Menschen die Schule. Öffentliche Schulen werden, wie alles andere auch, kritisiert, aber bis etwas Besseres entworfen wird, bin ich dafür, sie beizubehalten und auszubauen...".

Diese großartige Rede wurde von dem ehrenwerten James K. Jones aus Arkansas und zeigt, wie viel fortschrittlicher unsere Vertreter in den 1800er Jahren waren als diejenigen, die jetzt im Kongress sitzen. Er zeigt auch so deutlich wie möglich, warum die Sozialisten sich verpflichtet fühlen, die Erziehung für ihre eigenen unheimlichen Zwecke zu übernehmen, und warum sie auch das Bedürfnis verspüren, das Christentum zu leugnen. Es ist klar, dass Moral, Bildung und Religion Hand in Hand gehen, und die Sozialisten wissen das.

Den Sozialisten gelang es, einen ihrer wichtigsten Protagonisten, Hugo Lafayette Black, auf die Richterbank des Obersten

Gerichtshofs zu setzen. Black, ein Mitglied der unitarischen (gottlosen) Kirche und Freimaurer, hätte niemals bestätigt werden dürfen, da er gegen alle Regeln des Senats verstieß. Die ernste Situation, die durch Blacks Ernennung entstand, wurde von den Senatoren William Borah (R.ID) und Warren Austin (R.NH) angesprochen. Sie wiesen darauf hin, dass Black verfassungsrechtlich nicht wählbar war, weil er Mitglied des Kongresses war, als dieser ein Gesetz erließ, das die Gehälter der Richter am Obersten Gerichtshof erhöhte, und dass er daher nicht in ein Amt befördert werden konnte, das mehr Geld einbrachte als das, was er als Mitglied des Kongresses erhielt.

Die Verfassung ist in diesem Punkt vollkommen klar:

> "Kein Senator oder Abgeordneter darf während des Zeitraums, für den er gewählt wurde, in ein ziviles Amt unter der Autorität der Vereinigten Staaten berufen werden, das während dieses Zeitraums geschaffen wurde oder dessen Bezüge sich erhöht haben."

Zum Zeitpunkt von Blacks Ernennung erhielt er als Kongressabgeordneter ein Gehalt von 109.000 US-Dollar, während das Gehalt von Richtern auf 20.000 US-Dollar pro Jahr angehoben wurde. Doch trotz dieses offensichtlichen Gesetzesverstoßes hielt Roosevelts Generalstaatsanwalt Homer Cummings die Ernennung von Black zum Obersten Gerichtshof für rechtmäßig!

Die Allianz aus Sozialisten und Freimaurern brauchte Black am Obersten Gerichtshof, weil sie wussten, dass er ihre Sache unterstützte und in Bildungsangelegenheiten, die unter die "Religionsklausel" fielen, immer zu ihren Gunsten entscheiden würde, und ihr Vertrauen in Black wurde reichlich belohnt. Black steckte mit Samuel Untermeyer, Schofield, Gunnar Myrdal, den Richtern Earl Warren und Louis D. Brandeis, Roosevelt und Florence Kelley unter einer Decke, die alle daran arbeiteten, das Bildungswesen unter die Kontrolle des Sozialismus zu bringen.

Das höchste und organische Gesetz des Landes ist das Gesetz, das auf den Lehren der christlichen Bibel basiert. Indem der Oberste Gerichtshof der Vereinigten Staaten es nicht befolgt, befindet er sich in einem Zustand der Übertretung. Das moderne Bildungswesen hat auf der Grundlage der Entscheidungen des Obersten Gerichtshofs gegen das biblische Gesetz verstoßen. Schulen und Colleges sind zu den gefährlichsten Orten geworden, an denen unsere Jugend unbeaufsichtigt und ohne Betreuung gelassen wird. Eines der Mittel, mit denen die Sozialisten die Oberhand gewannen, war die Nichtanerkennung von religiösen und vor allem katholischen Schulen.

In diesem Fall waren die Dienste des unrechtmäßig ernannten Richters Hugo Black von unschätzbarem Wert, als es darum ging, über Fälle zu entscheiden, die aufgrund der sogenannten "Religionsklausel" von den Feinden der Verfassung der Vereinigten Staaten eingereicht worden waren. Black, der für seinen militanten Anti-Katholizismus und seine Ablehnung der Schulbildung im Allgemeinen bekannt war, folgte in seinen Gerichtsurteilen sklavisch den freimaurerischen "Prinzipien"; tatsächlich waren die meisten von ihnen direkt aus der freimaurerischen Literatur entnommen. Die bemerkenswertesten "Prinzipien", auf die Black seine Entscheidungen stützte, waren die folgenden:

Grundsatz 1: "Öffentliche Bildung für alle Kinder des ganzen Volkes".

Grundsatz Nr. 5: "Die vollständige Trennung von Kirche und Staat und der Widerstand gegen jeden Versuch, sich öffentliche Gelder direkt oder indirekt zur Unterstützung von sektiererischen oder privaten Einrichtungen anzueignen".

Wie wir in den Kapiteln über die Korruption der Verfassung sehen werden, machte der Oberste Gerichtshof innerhalb von zwei Jahren nach Blacks Ernennung einen gewaltigen Linksruck und erklärte die staatliche Finanzierung religiöser Schulen für verfassungswidrig, und zwar auf der Grundlage des völlig falschen Postulats von Jeffersons Bill for Religious Freedom, das nicht in der Verfassung stand, sondern Virginia vorbehalten war. So entstand die "Mauer zur Trennung von Kirche und Staat", die völlig verfassungswidrig ist und auf reiner Täuschung und Betrug beruht.

Die Frage der "Bundes"-Hilfe für religiöse Schulen wurde 1940 vom Abgeordneten Graham Barden erneut aufgeworfen. Barden war ein sozialistischer Freimaurer, und im Laufe der Zeit werden wir sehen, wie sehr Freimaurerei und Sozialismus zusammenwirkten, um die Bildung in Amerika zu zerstören. Die Absicht von Bardens

Gesetzentwurf war es, die Schulen zu kontrollieren, damit der Sozialismus frei gelehrt werden konnte. Dies wurde von Dr. Cloyd H. Marvin, Präsident der George Washington University, in einem Brief vom 11. Mai 1944 an den Ausschuss des Repräsentantenhauses für Weltkriegsveteranen. Was Burden anstrebte, war die Beseitigung des Rechts von Kriegsveteranen, theologische Seminare, insbesondere katholische Seminare, zu besuchen, wenn sie dies wünschten. Barden hatte 1941 an der Fabian Conference of Representatives of Educational Associations teilgenommen, einer Konferenz, die ein Werkzeug der Freimaurerei und des Sozialismus war.

Laut Dr. Marvin sollte es keine Privatschulen geben, denn in seinen Worten: "Wir können nicht zwei Systeme unterhalten, um in die Politik der regulären Bildung einzugreifen." Dies war einer der deutlichsten Fälle in den Archiven, in denen die Freimaurerei als treibende Kraft hinter der Konferenz der Vertreter der Bildungsvereinigung genannt wurde. Obwohl der zur Diskussion stehende Gesetzentwurf vordergründig die G.I. bill betraf, waren seine Verzweigungen dennoch sehr weitreichend, da Rep. Barden versuchte, mithilfe der "G.I. bill" religiöse Privatschulen für Veteranen, die die Universität besuchten, unerreichbar zu machen.

Dr. Marvin war kein gewöhnlicher Erzieher. Er war ein langjähriger Sozialist und ein Freimaurer des 33. Grades. An der George Washington University konnte er dank der 100.000-Dollar-Förderung, die er vom Schottischen Ritus der Freimaurerei erhalten hatte, einen mächtigen Einfluss ausüben. Einen Freund fand Marvin in Richter Hugo Black, der seinen Posten am Obersten Gerichtshof den Freimaurern zu verdanken hatte. Nachdem er aus dem Senat ausgeschieden war, setzten die Sozialisten durch, dass Blacks Sitz im Senat von Lister Hill aus Alabama besetzt wurde, einem regelmäßigen sozialistischen Kreuzritter und überzeugten Freimaurer. Jahrelang war Hill in der Lage, die Bundesfinanzierung von Privatschulen, insbesondere von religiösen Schulen, zu blockieren. Hill ist im Congressional Directory, 79. Kongress, 1. Sitzung, August 1985, Seite 18, als Freimaurer im 32.

Nirgendwo hat sich der sozialistische Druck auf das Bildungswesen so stark manifestiert wie in der National Education Association (NEA). Mit der Verabschiedung der GI Bill wurde ein weiterer

Versuch unternommen, die Bundesfinanzierung von Privatschulen ohne Auflagen abzuschaffen, wobei die Auflagen immer noch in den Händen der NEA lagen. Am 10. Januar 1945 sponserte die NEA eine neue Gesetzgebung, die eine Bundesfinanzierung von Privatschulen nicht zulassen würde. Die Gesetzgebung war von Richter Hugo Black entworfen worden. Ziel der Maßnahme war es, durch Unterlassung statt durch direkten Ausschluss die von der NEA gewünschten Ziele zu erreichen. Es handelt sich um einen geschickt formulierten Gesetzestext. Die gleiche Geschicklichkeit wurde 1940 bei der Abfassung der Gesetzgebung zur sogenannten "Trennung von Kirche und Staat" bewiesen.

Die Entscheidungen der sozialistisch-unitarischen Richter, die den Obersten Gerichtshof von 1935 bis 1965 beherrschten, verboten tatsächlich christliche Bildungsprogramme an öffentlichen Schulen. In der Atmosphäre der Kriegshysterie der 1940er Jahre hielt es niemand für nötig, darauf hinzuweisen, dass jede Einmischung der Bundesregierung in das Bildungswesen eine eklatante Verletzung des 10. Die weitreichende Entscheidung des Gerichts über die sogenannte "Trennung von Kirche und Staat" war völlig illegal und fand sich nicht in der Verfassung. Es gibt keine verfassungsrechtliche Grundlage für die "Trennung von Kirche und Staat", die dazu benutzt wurde, die Grundlage für den Religionsunterricht in den Schulen zu zerstören.

Die Annahme dieses voreingenommenen Gesetzestextes, eines starken Angriffs auf die verfassungsmäßigen Rechte von Uns, dem Volk, wirkte sich unmittelbar nach dieser betrügerischen und verfassungswidrigen Entscheidung direkt auf die Qualität des amerikanischen Bildungswesens aus, das zusammenbrach. Das amerikanische Bildungswesen wurde daraufhin mit dem Unterricht über alle möglichen "Rechte" überschwemmt, die es gar nicht gab, "Frauenrechte", "Bürgerrechte" und "Rechte für Homosexuelle". Auf das Verbot des Religionsunterrichts in den Schulen und die Einführung des "Humanismus" durch John Dewey folgte fast unmittelbar ein sehr starker Anstieg der Gewaltkriminalität.

Das auf dem Christentum gegründete Amerika wurde entführt, erpresst, vergewaltigt, Opfer sozialistischer Barbarei, geschlagen und geschunden und war in den 1990er Jahren kaum noch in der Lage, auf Knien zu kriechen, ungefähr so weit weg von dem Land, das die Gründerväter anzustreben versucht hatten. Bei diesem wilden Angriff auf die tugendhafte Republik der Vereinigten Staaten spielte die sozialistische freimaurerische Kontrolle des Bildungswesens vom ersten Jahr an die Hauptrolle.

Es wurde mehrfach nachgewiesen, dass Kinder in der Grundschule, der ersten, zweiten und dritten Klasse mit dem Lernen beginnen. In Haushalten der Mittelschicht, in denen dem Lernen mehr Bedeutung beigemessen wird, helfen die Eltern ihren Kindern beim Lesen, aber in Familien der Unterschicht helfen die Eltern ihren Kindern ausnahmslos nicht, mit dem Ergebnis, dass Kinder, die schlecht lesen, zu kriminellen Aktivitäten abgleiten. Es gibt immer Ausnahmen, aber Pädagogen, die nicht durch die Scheuklappen der "Minderheiten" geblendet sind, erkennen, dass das oben Gesagte in der Regel zutrifft.

Im Rahmen einer faulen Verschwörung, die zwischen dem Sozialisten und Präsident Harry Truman geschlossen wurde, wurde das Urteil Plessy gegen Ferguson, die Doktrin der "getrennten, aber gleichen" Bildung, von Präsident Truman untergraben, während er hinterhältig behauptete, dafür zu sein. Der eigentliche Punkt war, dass weder Truman noch irgendjemand in der Bundesregierung das Recht hatte, sich in Bildungsfragen einzumischen, da, wie bereits an anderer Stelle erwähnt, der 10. Zusatzartikel der US-Verfassung die Befugnisse im Bildungsbereich den Bundesstaaten vorbehält. Der Bundesregierung ist es untersagt, sich in das Bildungswesen einzumischen, das allein den Bundesstaaten zusteht.

Eine der Hauptursachen für den schrecklichen Niedergang des Bildungswesens in unserem Land findet sich in dem historischen Fall Everson gegen Board of Education, der am 5. Oktober 1943 vor dem Obersten Gerichtshof von New Jersey verhandelt wurde. Der Fall ging auf Fragen zurück, die der Abgeordnete Graham Barden 1940 im Zusammenhang mit religiösen Schulen, die staatliche Zuschüsse erhielten, aufgeworfen hatte. Der Fall Everson war eine Wiederaufnahme des abgelehnten Gesetzentwurfs von Barden. Wie ich bereits erwähnt habe, sind die Sozialisten hartnäckig in ihren Bemühungen, die Verfassung der Vereinigten Staaten zu stürzen, die sie als Hauptstolperstein für ihren brennenden Wunsch betrachten, die Menschen dieser Nation zu sozialisieren.

Der Fall Everson betraf den Bundesstaat New Jersey, der der Stadt

Ewing gestattete, die Kosten für den (freiwilligen und nicht verpflichtenden) Transport von Schulkindern zu allen Schulen, einschließlich religiöser Schulen, zu übernehmen. Der Kläger, Herr Arch Everson, hatte sich gegen die Finanzierung des Transports von Kindern, die religiöse Schulen besuchen, ausgesprochen. Dabei wurde er von den Freimaurern und der American Civil Liberties Union (ACLU) unterstützt, obwohl sich die ACLU aus den staatlichen Gerichtsverfahren herausgehalten hatte. Auffällig war, dass der Einwand nur von Mr. Everson in diesen Verfahren ausging. Die Sozialisten mussten den Fall gewinnen, um ihn als Eckpfeiler zu verwenden, der einen Präzedenzfall für zukünftige geplante Angriffe auf Fälle von "Religionsklauseln" im Bildungswesen schuf, die sie im Falle eines Sieges von Everson anstreben wollten.

Der Fall wurde vor dem Obersten Gerichtshof von New Jersey verhandelt, der der Stadt Ewing gestattete, weiterhin den Transport der Kinder zu allen Schulen zu finanzieren. Unterstützt von der ACLU, die nun aus ihrem Versteck kam, und den Freimaurern, brachte Everson seinen Fall vor den Obersten Gerichtshof. Es war die Chance seines Lebens für Black, seine Unkenntnis der Verfassung und seine Vorurteile gegen das Christentum zu demonstrieren und gleichzeitig einen Schlag für den Sozialismus zu landen. Der Oberste Gerichtshof entschied gegen den Staat New Jersey, wobei die ACLU offen als "Freund des Gerichts" auftrat. Der Schriftsatz der ACLU war praktisch eine exakte Kopie eines Mason-Zitats, das Elmer Rogers mehrere Jahre zuvor abgegeben hatte. Über das Mason-Zitat gelegt, passte das ACLU-Memorandum fast perfekt.

Die Mehrheitsentscheidung des Gerichts wurde von Richter Hugo Black verfasst. Gefüllt mit Sozialisten und Freimaurern hätte das Gericht kaum gegen die Vorurteile seiner Mitglieder entscheiden können, Hasser, die sich vehement gegen den Unterricht christlicher Glaubensrichtungen in Schulen, die sogenannte "Bundeshilfe" erhalten, aussprechen.

Vor 1946 war die "Mauer zwischen Kirche und Staat" praktisch nie in einer juristischen Argumentation verwendet worden. Schließlich handelte es sich dabei nur um die Worte Thomas Jeffersons, einen einfachen Satz, der nicht in der Verfassung stand. Doch nach dem Fall Everson, in dem Richter Hugo Black eigens in den Obersten

Gerichtshof gehoben worden war, um zugunsten des Klägers Everson zu entscheiden, lösten die Gerichte eine Flut von Beleidigungen gegen das Christentum im Besonderen und gegen den Religionsunterricht in den Schulen im Allgemeinen aus.

Die Gerichte haben Schulgebete für illegal erklärt, mündliche Bibellesungen verboten, Atheismus und säkularen Humanismus zu Religionen erklärt, die durch den ersten Verfassungszusatz geschützt sind, und den Brauch, Kindern den Besuch von Gebetsgottesdiensten auf dem Schulgelände zu gestatten, für nichtig erklärt - all dies gegen langjährige Traditionen und Bräuche wie das Singen von Weihnachtsliedern -, den Religionsunterricht durch Lehrer verboten und, wie wir in den Kapiteln über das Recht sehen werden, den Rahmen der Verfassung gesprengt. Der Oberste Gerichtshof nahm einen von Jefferson ausgesprochenen Satz, "die Trennmauer zwischen Kirche und Staat", der keinen Verfassungsrang hat, und fügte ihn in die Verfassung ein. Damit verwandelte er die Vereinigten Staaten von Amerika in eine Gesellschaft, in der die christliche Religion keine wie auch immer geartete Rolle in den Staatsangelegenheiten spielen darf, was sicherlich nicht die Absicht der Gründerväter war.

Black hatte so eklatante Vorurteile, dass seine Richterkollegen Gelegenheit hatten, in wenig schmeichelhaften Worten über ihn zu schreiben. In einem Tagebucheintrag vom 9. März 1948 schrieb Frankfurter, dass Richter Harold O. Burton "nicht die geringste Ahnung von der Bösartigkeit von Männern wie Black und Douglas hat, die nicht nur sein können, sondern auch pervers sind". Dies zeigte sich im Fall Everson, wo Black seine vorurteilsbehaftete, auf Hass gegen Christus beruhende Entschlossenheit demonstrierte, dass die Religion im Leben unserer Nation keine Rolle spielen darf. Die Fäulnis begann mit Everson, setzte sich fort mit Brown vs. Board of Education und unvermeidlich mit Roe vs. Wade, der bis heute der größte Sieg und Triumph über die Verfassung der Vereinigten Staaten und das amerikanische Volk ist, den die Fabianischen Sozialisten je errungen haben. Der Oberste Gerichtshof wurde mit dem Aufstieg von Black korrupt und ist es seitdem geblieben.

Es gab nie einen eindeutigeren Fall einer Verletzung des neunten Verfassungszusatzes als die Everson-Entscheidung. Der neunte

Verfassungszusatz verbietet es Richtern, ihre eigenen Vorstellungen in Rechtsfragen einzubringen, die nicht in der Verfassung stehen. Das nennt man Vorliebe, und genau das haben Black und seine Richterkollegen im Fall Everson getan. Sie verdrehten und pressten die Verfassung so, dass sie ihren eigenen stinkenden Vorurteilen entsprach, stellten sich auf die Seite der sozialistischen Freimaurerei und beschmutzten die Verfassung vollständig.

Die Sozialisten stehen kurz davor, den Fall Brown gegen School Board, Topeka, Kansas, vor den Obersten Gerichtshof zu bringen. Richter Vinson hatte Truman gesagt, dass der Fall Brown vs. School Board beigelegt werden würde und dass die "getrennte, aber gleiche" Bildung bestehen bleiben würde. Vinson tat dies, obwohl er genau wusste, dass dies nicht der Wahrheit entsprach. Als also der Vorsitzende Richter Earl Warren, ein Sozialist und Freimaurer im 33. Grad, die Entscheidung im Fall Brown gegen School Board verliest, schreien die Zuschauer überrascht auf, da einige von ihnen, die gut informiert waren, gekommen waren, um zu hören, wie das Gericht Plessey gegen Ferguson bestätigte.

Nur wenige, die an diesem schicksalhaften Tag im Gerichtssaal anwesend waren, konnten sich vorstellen, welch gewaltiger Schlag der "standardisierten", "sozialisierten" Bildung soeben versetzt worden war, was bis dahin den eklatantesten Verstoß gegen die Verfassung darstellte. Zwar hatte es in der Vergangenheit mehrere Versuche gegeben, die Verfassung durch eine "gesetzgeberische Maßnahme", wie sie von der Sozialistin Florence Kelley (Weschnewetsky) vorgeschlagen worden war, zu umgehen. Ein Gesetzentwurf wurde 1924 mit der Absicht und dem Ziel eingebracht, gegen den 10. Zusatzartikel der US-Verfassung zu verstoßen, da der Gesetzentwurf auf die Schaffung eines Bildungsministeriums abzielte, das seinen Titel vom kommunistischen Bildungsministerium im bolschewistischen Russland übernahm. Die Idee war, das Bildungswesen in den USA wie in der UdSSR zu "nationalisieren", zu "standardisieren" und zu "föderalisieren".

Der Gesetzentwurf zielte darauf ab, alle amerikanischen Kinder zu zwingen, dieselben "standardisierten" Schulbücher zu lesen, die eine gehörige Portion marxistischer, sozialistischer und leninistischer Lehrbücher enthalten würden, damit die Kinder das

Schulsystem als brave kleine Sozialisten verlassen, die bereit sind, in Richtung der einzigen Weltregierung - der neuen Weltordnung - zu marschieren. Die führenden Sozialisten der Fabian Society haben immer gesagt, dass die Standardisierung der Bildung der schnellste Weg sei, um die natürlichen Barrieren gegen den Sozialismus in Amerika abzubauen, die durch die Größe des Landes, die Geografie, das Klima, die lokalen Bräuche und die lokalen Schulkommissionen entstehen. Webb hatte bemerkt, dass Vielfalt ein Problem für den Sozialismus ist, und Vielfalt gab es in Amerika im Überfluss, was es schwierig machte, das Land mit Marxismus, Kommunismus und Sozialismus zu durchdringen.

Deshalb sorgten unsere Gründerväter in ihrer Weitsicht und Weisheit dafür, dass die Befugnisse im Bildungsbereich in den Händen der Bundesstaaten blieben und der Bundesregierung verwehrt wurden. Dieses Bildungssystem der Einzelstaaten war ein Schutz vor Anarchie und Nihilismus innerhalb der Nation. Obwohl sie in diesem Fall versagten, gaben die Sozialisten ihren Versuch, die Kontrolle über das Bildungswesen zu erlangen, nie auf. Ihre Chance bot sich mit dem verräterischen Verhalten von Präsident Jimmy Carter und den Aufrührern im Repräsentantenhaus und im Senat, die ein Gesetz zur Föderalisierung des Bildungswesens verabschiedeten und damit gegen den zehnten Verfassungszusatz verstießen. Infolgedessen wurde das illegale Bildungsministerium der Vereinigten Staaten geschaffen.

Carter wird als ein Präsident in die Geschichte eingehen, der Verrat und Aufruhr im großen Stil begangen hat. "Ich werde euch nicht anlügen", sagte Carter und machte sich dann daran, sozialistische Gesetze umzusetzen, die die Bundesstaaten daran hinderten, eigene Entscheidungen im Bildungsbereich zu treffen, und die den Menschen der Nation den Panamakanal vorenthielten. Die 13., 14. und 15. Zusatzartikel zur Verfassung der Vereinigten Staaten wurden nie ratifiziert, sodass alle Gesetze, die der Kongress aufgrund dieser Zusatzartikel verabschiedet, der Kontrolle und dem Geltungsbereich der Verfassung entzogen sind. Dr. William H. Owen hätte Carter geliebt. Owen war Präsident des Chicago Normal College, Chicago, Illinois, und Vorsitzender der NEA. Er wurde ausgewählt, die NEA bei der Weltkonferenz über Bildung am 23. Juni 1923 in San Francisco zu vertreten. In seiner Rede sagte er unter anderem:

" ... Trotz dessen, was wir schreiben und sagen, glaubt die Welt nicht, dass Bildung als eine Form der sozialen Kontrolle mit Armeen, der Marine und der Kunst des Regierens vergleichbar ist... Wir sollten unsere Zeit und unsere Anstrengungen darauf verwenden, ein konstruktives Bildungsprogramm zu teilen, das zeigt, was Bildung als eine mit Armeen vergleichbare Form der sozialen Kontrolle leisten kann...".

Das oben Gesagte zeigt, warum es so gefährlich ist, die Bildung der Gnade der Bundesregierung zu überlassen, besonders nach dem Aufstieg des Sozialisten Woodrow Wilson, dessen Regierung in Quantensprüngen Sozialisten sammelte, bis wir heute die von Sozialisten durchsetzte Clinton-Regierung haben, die sich in der Tat kaum von den Regierungen der sozialistischen Labour Party in England unterscheidet. Unsere Gründerväter waren weise genug, um den Zeitpunkt vorherzusehen, an dem sozialistische Agenten wie Wilson, Kennedy, Johnson, Carter, Bush und Clinton und als "Erzieher" getarnte Sozialisten wie Owen versuchen würden, unsere Nation durch ihre aufrührerischen "Bildungs"-Programme nach links zu lenken, und so sorgten sie dafür, dass der Bundesregierung die Befugnis zur Bildung verwehrt wurde.

Den Obersten Gerichtshof zur Umgehung der Verfassung zu nutzen, war jedoch eine gefährliche Entwicklung, die die Gründerväter nicht vorhersehen konnten. Sie wussten, dass es in ihrer Zeit Verräter gab, aber sie konnten nicht ahnen, dass ein Mann wie der Oberste Richter Earl Warren kommen und sich über die Verfassung lustig machen würde. Warren wird nachgesagt, er habe dafür gesorgt, dass der 14. Zusatzartikel der US-Verfassung "alles und jedes" bedeutet. Dank dieses schrecklichen Täuschungsmanövers, nicht ratifizierter Gesetzesänderungen und eines Obersten Gerichtshofs, der von Richtern mit Aufruhr im Kopf erstickt wurde, wurde das abscheuliche Urteil Brown vs. Board of Education zu einem "Gesetz", was es nicht ist, aber dem die Bundesstaaten dennoch gehorchen müssen.

Eine weitere schreckliche Ausflucht und schlichte Täuschung war Warrens Verwendung völlig schädlicher soziologischer Daten, die von Dr. Gunnar Myrdal ausgegraben worden waren, einem sozialistischen Verwerflichen, dessen Wirtschaftstheorien Schweden Milliarden Dollar gekostet haben, und wir werden zu gegebener Zeit auf diesen Lügner zurückkommen.

Das Bildungsministerium wurde eingerichtet, um den Staaten die Kontrolle über die Bildung zu entziehen und die amerikanische Bildung durch ein System zu ersetzen, das sicherstellen würde, dass die Kinder im sozialistischen Format aufwachsen und zu politischen Führern werden, auf die sozialistische Art und Weise, um eine neue politische Ordnung auf der Grundlage des Sowjetsystems zu fördern, die zur einzigen Weltregierung - der Neuen Weltordnung - führen wird.

Was das Warren-Gericht im Fall Brown vs. Board of Education versuchte und was auch andere Richter des Obersten Gerichtshofs versuchten, war, den ersten Abschnitt des 14. Zusatzartikels von der gesamten Verfassung zu trennen, so dass er alles bedeuten konnte, was sie darin lesen wollten - eine klassische Vorliebe, die durch den 9. Jeder Teil der Verfassung MUSS im Lichte der gesamten Verfassung ausgelegt werden, die nicht fragmentiert werden darf. Die Entscheidungen des Schlachthofs machten sich über das Urteil Brown vs. Warrens Board of Education lustig, das, wenn es beachtet worden wäre, Warren den Fehler seiner Methoden aufgezeigt hätte.

Da Richter Warren beschloss, die Entscheidung zum Schlachthof nicht zu verlesen, entschied er im Fall Brown vs. Board of Education auf der Grundlage des sogenannten "Civil Rights Act" von 1964. Auf dieses Thema gehen wir in den Kapiteln über die Verfassung näher ein. Im Fall Brown vs. Board of Education haben wir die Kommunalisierung des Bildungswesens in den USA. Was ist der Unterschied zwischen dem erzwungenen Transport von Kindern aus ihren Orten und dem Transport von politischen Gefangenen in die sibirischen Gulags oder dem Transport von Siedlern nach England, um dort vor Gericht gestellt zu werden, gegen den Thomas seinen ganzen Zorn entfesselt hat?

Es gibt keinen Unterschied! Die Kinder, ob schwarz oder weiß, werden gegen ihren Willen an andere Orte transportiert. Das ist eine Verletzung des Lebens, der Freiheit und des Eigentums sowie der regulären Rechtsdurchsetzung, die Brown vs. Board of Education den Kindern und Eltern verweigert hat. Allein aus diesem Grund ist Brown vs. Board of Education zu 100 % verfassungswidrig. Warum sollten Eltern und Kinder unter einer Verletzung ihres Rechts auf den fünften Verfassungszusatz leiden, um die sozialistischen Absichten der sozialistischen Erzieher und ihrer Freunde im

Gerichtssaal zu erfüllen? Unsere Kinder erleiden eine "grausame und unübliche Bestrafung", indem sie aufgrund ihrer Rasse aus ihrer Region in Magnetschulen, Paring Schools und andere Schulen transportiert werden. Sie kommen nicht in den Genuss eines Geschworenenprozesses oder eines regulären Verfahrens, sondern werden aufgrund totalitärer "Gesetze" kommunistischer Prägung einfach in Bussen zusammengetrieben.

Kinder und ihre Eltern sind Bürger der Bundesstaaten, ERSTENS: Artikel IV Abschnitt 2, Teil 1. Die Bürger jedes Staates haben Anspruch auf alle Vorrechte und Immunitäten der Bürger mehrerer Staaten und der Bürger der Vereinigten Staaten, ZWEITENS. Der 14. Verfassungszusatz stellt immer noch eine Einschränkung für die Bundesregierung dar, auch wenn er nicht ratifiziert wurde, so dass die Bundesstaaten ihre Souveränität behielten und in Bildungsfragen nicht von der Bundesregierung auferlegt werden konnten.

Auf Richter wird enormer Druck ausgeübt, damit sie in Fällen, in denen es um Religion an Schulen geht, zugunsten der American Civil Liberties Union (ACLU) entscheiden. Die ACLU reichte 23 solcher Schriftsätze ein, und in den Fällen, die von Richter Felix Frankfurter verhandelt wurden, entschied dieser stets zugunsten der ACLU. Einer der Verbündeten der ACLU ist Pastor Davies von der Unitarian Church, der auch Richter Hugo Black angehört. Davies hatte zu den Schulangelegenheiten der "Religionsklausel" Folgendes zu sagen:

> "Wie die Freiheit des heiligen Paulus muss auch die Religionsfreiheit zu einem hohen Preis erkauft werden. Und für diejenigen, die sie am umfassendsten ausüben, indem sie auf der religiösen Erziehung ihrer Kinder bestehen, gemischt mit Säkularismus gemäß den Bedingungen unserer Verfassung, ist der Preis höher als für andere... Die Religionen der Glaubensbekenntnisse sind überholt, die Grundlage ihrer Ansprüche ist mit gestern abgelaufen".

Richter Hugo Black war zu 100 Prozent dafür, den Obersten Gerichtshof der Vereinigten Staaten mit sozialistischen Richtern zu besetzen, was Roosevelt und Truman sicherlich auch taten.

Richter Hugo Black war ein überzeugter Freimaurer, und man muss davon ausgehen, dass ihm die Freimaurerzelte in der Erziehung wichtig waren:

> "Daneben ist die Form der gelehrten literarischen Gesellschaft für unsere Zwecke am besten geeignet, und wenn es die Freimaurerei nicht gegeben hätte, wäre diese Deckung verwendet worden, und sie kann viel mehr als eine Deckung sein, sie kann ein mächtiger Motor in unseren Händen sein. Indem wir Lesegesellschaften und Abonnementsbibliotheken gründen, sie unter unsere Leitung nehmen und sie durch unsere Arbeit nähren, können wir den öffentlichen Geist in die von uns gewünschte Richtung lenken... Wir müssen das gemeine Volk in jedem Winkel gewinnen. Wir werden dies hauptsächlich durch die Schulen erreichen, und durch ein offenes und herzliches Verhalten, Beliebtheit und Toleranz ihrer Vorurteile, die sie nach Belieben ausrotten und zerstreuen... Wir müssen die Leitung der Bildung und der Kirchenverwaltung erwerben - von der professionellen Kanzel und vom Altar".

Was wirklich erstaunlich ist: Wenn wir die Schriften von Beatrice und Sydney Webb nehmen und sie über die freimaurerischen Ansichten zur Bildung legen, stellen wir fest, dass sie fast immer identisch sind! Der Angriff auf die amerikanische Bildung wurde vom Tavistock Institute of Human Relations, der ersten Gehirnwäsche-Einrichtung der Welt, und seinen "Erziehern" Kurt Lewin, Margaret Meade, H.V. Dicks, Richard Crossman und W.R. Bion angeführt. Diese Feinde der amerikanischen Republik wurden auf ein unschuldiges und ahnungsloses Publikum losgelassen, mit katastrophalen Folgen für die Bildung.

Zu ihren wissenschaftlichen Projekten der "neuen Wissenschaft" für amerikanische Schulen gehörte die Erforschung von Masturbation, Homosexualität, Transvestitismus, Lesbianismus, Prostitution, exotischen Religionen, Kulten und religiösem Fundamentalismus.

Der sogenannte "Civil Rights Act" von 1870, der den 15. Verfassungszusatz durchsetzen sollte, der nie ordnungsgemäß ratifiziert wurde, galt speziell für Chinesen, die von Opiumhändlern und Eisenbahnmagnaten wie den Harimans ins Land gebracht wurden, und sollte heute keinerlei Auswirkungen mehr haben, da der 15. Verfassungszusatz nie ordnungsgemäß ratifiziert wurde. Zu implizieren, dass der "gleiche Schutz der Gesetze" in Abschnitt 1 des 14. Verfassungszusatzes bedeutet, dass jeder Mensch den gleichen Grad an Intelligenz hat - das ist mehr, als selbst der schlimmste Sternliberale für wahr halten könnte! Aber das ist genau und präzise das, was Brown vs. Board of Education versucht hat - alle Geister auf ein mittleres oder durchschnittliches Niveau zu nivellieren. Das ist der Kern des Falls Brown vs. Board of Education und das ist Egalitarismus in Aktion.

Die Volksverhetzung im Bildungswesen ist ebenso Realität wie die "Schusswaffenkontrolle", ebenso wie die von Senator Meztenbaum und dem Abgeordneten Schumer praktizierte Volksverhetzung. Durch die Pervertierung der Bildung, zunächst durch die Einrichtung eines Bildungsministeriums der Bundesregierung und dann durch eine Klage des Obersten Gerichtshofs in der Größenordnung von Brown vs. Board of Education, kommt es zu Verrat und Volksverhetzung. Die Zerstörung des amerikanischen Bildungssystems und seine Ersetzung durch ein marxistisch/leninistisch/sozialistisches System wird dazu führen, dass die Nation von innen heraus verfault. Richter Warren, ein säkularer Humanist, hat sich des Verrats schuldig gemacht, als er zuließ, dass der Fall Brown gegen Board of Education zum "Gesetz" wurde.

Die National Education Association (NEA) ist eine zu 100 % sozialistisch-marxistische Organisation. Ihre erste Aufgabe bestand darin, den Schulen den angemessenen Unterricht in Geschichte, Geografie und Staatsbürgerkunde zu entziehen und stattdessen kommunismusfreundliche Sozialkunde einzuführen. Die NEA ist eine sozialistische Organisation, die sich seit den 1920er Jahren aktiv für die Unterminierung der Bildung in den USA einsetzt. Sie gehörten zweifellos zur Avantgarde derjenigen, die 1954 den Fall Brown gegen Board Education vorbrachten, der von Richter Earl Warren in der Art von Abe Fortas "arrangiert" wurde.

Mit der Übernahme der amerikanischen Schulen durch die Sozialisten wurden neue Lehrpläne eingeführt, wobei den Kindern Credits in Fächern wie Seifenopern und absurden "Umweltfragen" gutgeschrieben wurden. "Insgesamt hat das Tavistock-Institut 4000 neue Sozialwissenschaftler angeworben, die daran arbeiten, die amerikanische Bildung von traditionellen Werten abzubringen. Das Ergebnis ihrer Bemühungen zeigt sich in dem enormen Anstieg der Gewaltkriminalität unter Jugendlichen, der Schulvergehen und der

Vergewaltigungen. Diese Statistiken spiegeln den Erfolg der Methoden des Tavistock-Instituts wider.

Zu den von den Sozialisten angeworbenen "Erziehern" gehörten auch der aus Schweden stammende Sozialist Gunnar Myrdal und seine Frau. Die Myrdals haben eine lange Geschichte der Treue zu sozialistischen/marxistischen Ideen. Dr. Myrdal hatte als Assistent des bekennenden Sozialisten Walt Whitman Rostow bei der Wirtschaftskommission für Europa der Vereinten Nationen in Genf gearbeitet. Über Rostows verräterische Aktivitäten wird in anderen Kapiteln dieses Buches berichtet. Bevor er sich Rostow anschloss, hatte Myrdal in Schweden als Handelsminister gearbeitet, ein Amt, in dem er in bester sozialistischer Spendierlaune der schwedischen Wirtschaft fast irreparablen Schaden zufügte.

Myrdal wurde von der sozialistischen Carnegie-Stiftung mit einem Zuschuss von 250.000 Dollar ausgewählt, um eine Studie über die Rassenbeziehungen in den USA durchzuführen. Man dachte, da Myrdal keine Erfahrung mit Schwarzen hatte, da es in Schweden keine gab, würde seine Studie unparteiisch sein. Was man damals nicht begriff, war, dass das Ganze ein abgekartetes Spiel war: Myrdal sollte eine Reihe von Schlussfolgerungen produzieren, die in dem berühmten Fall Brown vs. Board of Education verwendet werden sollten. Myrdal erstellte einen Bericht voller völlig betrügerischer sozialpolitischer Schlussfolgerungen, in denen im Wesentlichen behauptet wurde, dass Schwarze im Bildungsbereich benachteiligt würden. Myrdals Schlussfolgerungen waren von klaffenden Löchern durchzogen.

Darüber hinaus war Myrdal alles andere als ein selbstloser Wissenschaftler, sondern ein erklärter Feind der Verfassung der Vereinigten Staaten, die er als

> "fast fetischistischer Kult ... eine 150 Jahre alte Verfassung (die) in vielerlei Hinsicht unpraktisch und schlecht an die modernen Bedingungen angepasst ist ... Moderne historische Studien offenbaren, dass der Verfassungskonvent nichts anderes als eine Verschwörung gegen das Volk war... Bis vor kurzem wurde die Verfassung dazu benutzt, den Volkswillen zu blockieren".

Myrdal und seine Frau machten unter der Schirmherrschaft des Sozialisten Benjamin Malzberger eine Tour durch die Vereinigten

Staaten. Unter den vielen abfälligen Bemerkungen, die Myrdal machte, war auch eine, in der er das amerikanische Volk als "engstirnige, von der evangelikalen Religion beherrschte Weiße" und die Weißen im Süden als "arm, ungebildet, grob und schmutzig" beschrieb. Dieser Mann war es auch, der den "unparteiischen" soziologischen Bericht verfasste, der angeblich dem Obersten Richter Earl Warren die Entscheidung im Fall Brown gegen Board of Education ermöglichte.

Was steckt hinter der großen sozialistischen Kampagne der 1920er und 1950er Jahre, die darauf abzielte, das amerikanische Bildungssystem zu zerstören? Man kann es in wenigen Worten zusammenfassen: Die zentrale Idee war die "Herstellung eines neuen Geistes", denn nur durch einen neuen Geist könne sich die Menschheit neu erholen - so einer der Hohepriester der sozialistischen Erziehung, Eric Trist, der hinzufügte, dass der neue Geist den Glauben an die christliche Religion ausschließen würde. Und wie Myrdal es ausdrückte: "Wo könnte man besser anfangen als in den Schulen? ".

Um den Fall Brown vs. School Board vor den Obersten Gerichtshof zu bringen, erhielt die NAACP zehn Millionen Dollar aus verschiedenen Quellen, darunter die Political Action Group, eine sozialistische Tarnorganisation, und die Freimaurerei. Die Anwälte der NAACP erhielten detaillierte Anweisungen von Florence Kelley und Mary White Ovington. Kelley war die Urheberin der "Brandeis Briefs", die aus Hunderten von soziologischen Meinungen bestanden und oft von nicht mehr als zwei Seiten mit rechtlichen Verweisen abgedeckt wurden. Die Methode der Brandeis Briefs war die Art und Weise, wie der Oberste Gerichtshof in allen zukünftigen Fällen, in denen es um verfassungsrechtliche Fragen ging, entscheiden sollte.

In den von der Gesellschaft korrumpierten Lehrplänen der amerikanischen Schulen wird die Verfassung nicht gelehrt, denn wenn die Kinder darüber unterrichtet würden, müsste man ihnen beibringen, dass die Verfassung als erste Verteidigung gegen die Bundesregierung und Präsidenten wie George Bush und Bill Clinton da ist, die danach streben würden, Tyrannen zu werden, wenn sie nicht ihren Zwängen unterworfen wären. Das Ziel der sozialistischen Erzieher ist es, die verfassungsmäßigen

Schutzmechanismen, die das Leben, die Freiheit und das Eigentum aller Bürger garantieren, schrittweise auszuhöhlen und sie durch einen totalitären Sozialismus zu ersetzen.

Nur ein auf der Bibel basierendes Bildungssystem ist gut. Alle anderen Systeme wurden von Menschen entworfen und müssen daher zwangsläufig unvollkommen sein. Unsere Schulen sind in die Hände von zutiefst einflussreichen Personen gefallen, deren wichtigstes Lebensziel es ist, sie in ein sozialistisches Bollwerk zu verwandeln. Dabei werden sie von der Justiz unterstützt. Ihr Ziel ist es, langsam und im wahren sozialistischen Stil in Richtung einer sozialistischen/marxistischen Regierung voranzuschreiten, indem sie die Ausrichtung und Richtung dessen, was in den Schulen gelehrt wird, ändern. Wenn die Sozialisten weiter so voranschreiten wie in den letzten drei Jahrzehnten, werden wir bis 2010 eine Nation von jungen Erwachsenen und Bürgern mittleren Alters haben, die nichts gegen die geheime Agenda der zentralisierten Macht in einer sozialistischen Diktatur einzuwenden haben, die von einer nationalen Polizeitruppe unterstützt wird.

Es ist klar, dass eines der Ziele, das die Sozialisten bereits erreicht haben, das mangelnde Interesse am Lesen ist. Amerikanische Kinder wären völlig verloren, wenn sie, sagen wir, in die Bibliothek des British Museum in London oder des Louvre in Paris gesteckt würden. Die großen Schriftsteller und Künstler hätten ihnen nicht viel zu sagen. Bücher sind nicht mehr die Freunde der Kinder, die sie zu Beginn unserer Geschichte waren. Dafür hat unser Bildungssystem gesorgt. Selbst Dickens ist für die meisten amerikanischen Schüler ein Fremder.

Das Fehlen einer echten Erziehung führt dazu, dass Kinder und junge Erwachsene ihre Inspiration in Filmen oder in der Rockmusik suchen, was auch beabsichtigt war. Die einzige Möglichkeit, diese schleichende und schleichende Lähmung zu bekämpfen, besteht darin, regelmäßig und energisch einzugreifen. Der sogenannte "Kampf gegen Rassenvorurteile" in den 1960er Jahren hat den Geist und die Einstellungen unserer Jugendlichen stark beeinflusst. Die sogenannte Demokratisierung unserer Schulen und Universitäten in den letzten drei Jahrzehnten war ein direkter Angriff auf ihre inneren Strukturen, der in seinem Gefolge zu einem Verlust an Orientierung und Führung geführt hat.

Die sogenannte "feministische" Bewegung ist ein direktes Produkt des kommunistischen Manifests von 1848 und des verdrehten Denkens von Gunnar Myrdal und den Wissenschaftlern der Neuen Wissenschaft des Tavistock-Instituts. Das Ergebnis ist, dass die Studenten das von Gott gegebene biologische Geschlecht in Frage stellen. Ebenso ist die Verzerrung der "Geschichte" in den 1990er Jahren sehr präsent. Eine Gruppe von Schülern wurde gefragt, wer der böseste Mensch der Welt sei; ohne zu zögern antworteten sie: "Hitler". Die gleiche Gruppe wusste überhaupt nichts über Stalin, sicherlich nicht, dass er der größte Schlächter der Menschheit aller Zeiten war, der zehnmal so viele Menschen tötete, wie Hitler hätte ermorden lassen. Eine solche Behauptung rief ratlose Blicke auf ihren Gesichtern hervor.

Die Helden der Schüler und Studenten sind nicht die großen Persönlichkeiten der Geschichte; ihre "Idole" sind vielmehr die dekadenten, schlechten, ungewaschenen und drogensüchtigen "Popstars". Beethoven und Brahms bedeuten ihnen nichts, aber sie zeigen sofort echtes Interesse, wenn die hässlichen Klänge der "Rock"-Musik die Luft erfüllen. Andererseits ist Marx den meisten Schülern bekannt, aber sie wissen nicht wirklich, wofür er steht. Wir sind an einem Punkt in der Bildung an unseren Schulen angelangt, an dem die "Reform" über das Lernen gestellt wird. In den 1990er Jahren ist praktisch jede Bildungsfrage mit dem Wort "Reform" verbunden.

Nirgendwo sonst fand eine größere Veränderung aufgrund von "Reformen" statt als im Sexualkundeunterricht. Die Kommunisten waren fest entschlossen, dass selbst die jüngsten Schüler verpflichtet werden sollten, etwas über Sex zu lernen. Frau Sinowjew war im bolschewistischen Russland für das Projekt verantwortlich, das sie in die USA zu verlegen versuchte, was aber in den 1920er Jahren durch einen Obersten Gerichtshof, der noch nicht mit sozialistischen Richtern besetzt war, und durch die Wachsamkeit der amerikanischen Töchter der Revolution blockiert wurde. Die Produkte der "feministischen Höfe" betrachteten die Ehe nunmehr als einen bloßen Vertrag. Sex hat nichts Mystisches mehr, so dass die Studentin von heute sich nicht die Zeit nehmen will, eine emotionale Beziehung aufzubauen, bevor sie sich der "freien Liebe" hingibt. Wir wissen, dass diese Ideen im bolschewistischen Russland von Frau Kollontay vorbereitet und dann in die USA verpflanzt wurden.

Unser fehlerhaftes Bildungssystem bringt Mädchen hervor, die für die Gesellschaft ungeeignet sind, und die Kriminalitätsstatistiken, in die Teenager verwickelt sind, bestätigen die Richtigkeit dieser Behauptung. Die Drogenkultur ist tief in der Jugend der 1990er Jahre verwurzelt. Spirituelle Fragen wurden aus unseren Schulen verdrängt. Heute stehen unsere jungen Schüler an der Schwelle zum "Jahrhundert der sozialistischen Aufklärung", in dem alles erlaubt ist, wenn es sich gut anfühlt.

Von allen Wissenschaften ist die Politikwissenschaft die älteste, ihre Anfänge reichen bis ins antike Griechenland zurück. Die Politikwissenschaft umfasst die Liebe zur Gerechtigkeit und erklärt, warum Menschen regieren wollen. Die Politikwissenschaft wird in unseren Bildungseinrichtungen jedoch nicht richtig gelehrt, sondern in einer pervertierten Form, die als Sozialismus bekannt ist. Wäre Politikwissenschaft an unseren Schulen und Universitäten korrekt gelehrt worden, wäre es Richter Warren nicht so leicht gefallen, uns das Urteil Brown vs. Board of Education unterzujubeln. So haben sich die Sozialisten durch List, Heimlichkeit und Täuschung ihren Weg zum schicksalhaften Urteil Brown vs. Board Education gebahnt, das die Bildung in den USA in sozialistische/marxistische/kommunistische Kanäle umgelenkt hat.

Die Rockefeller- und die Carnegie-Stiftung finanzierten eine Studiengruppe, bestehend aus Margaret Meade, einer Anthropologin für neue Wissenschaften, und Rensis Likert, um eine Überprüfung aller Bildungspolitiken vorzuschlagen, die durch biblische Gesetze geregelt sind. Frau Meade nutzte die Technik der umgekehrten Psychologie des Tavistock-Instituts, um das, was der Bericht als "Bildungsproblem" bezeichnet, zu überwinden. Der Bericht, der verheerende Auswirkungen auf das Bildungswesen in den Vereinigten Staaten hatte, ist bis heute als geheim eingestuft. Eines der Ergebnisse der MeadeLikert-Studie war die Entstehung der National Training Laboratories (NTL) mit über vier Millionen Mitgliedern. Eine ihrer Mitgliedsorganisationen war die National Education Association (NEA), die größte Lehrerorganisation der Welt.

Dank der Bemühungen dieser Organisation und Hunderttausender sozialistischer Lehrer hat sich der Kreis der säkularen und humanistischen Bildung seit ihren langsamen Anfängen im Jahr 1940 geschlossen. In den 1990er Jahren haben die Sozialisten so viele beeindruckende Siege vor dem Obersten Gerichtshof errungen, dass sie keinen Hehl mehr aus ihrer Absicht machen, das Bildungswesen vollständig zu säkularisieren. Dieses neue Projekt wird, obwohl es außer in der Wahl des Titels nicht wirklich neu ist, das amerikanische Bildungswesen in den Staub treten lassen und unsere Kinder zu den ungebildetsten der Welt zählen lassen.

Wir haben bereits das Tavistock Institute for Human Relations an der Universität von Sussex in England und die entscheidende Rolle, die es im wirtschaftlichen, politischen, religiösen und bildungspolitischen Leben der Nation gespielt hat, erwähnt. Diese Organisation war in den USA unbekannt, bis ich in den 1970er Jahren meine Arbeit über sie veröffentlichte. Tavistock steht unter der direkten Kontrolle der mächtigsten sozialistischen Persönlichkeiten Großbritanniens und ist eng mit der britischen Freimaurerei verbündet. Sie hat die engsten Kontakte zur National Education Association, deren Führungskräfte in den National Training Laboratories ausgebildet wurden. Auf dieser Ebene hat die "Geopolitik" auf Lehrerebene Einzug in die Bildung gehalten.

Das "neue" System wird "ergebnisorientierte Bildung" (EbB) genannt. Was OBE bewirken wird, ist, dass unsere Kinder lernen, dass es nicht notwendig ist, richtig lesen und schreiben zu lernen, dass es nicht notwendig ist, sich in der Bildung auszuzeichnen; was zählt, ist, wie sie sich untereinander und gegenüber Kindern anderer Rassen verhalten.

Was ist das OBE? Es ist ein System, das Spitzenleistungen bestraft und Mittelmäßigkeit belohnt. Das OBE zielt darauf ab, unsere Kinder zu Schülern einer einzigen Stufe zu machen, in der die vorherrschende Norm die Mittelmäßigkeit ist. Warum wäre das so wünschenswert? Die offensichtliche Antwort ist, dass eine Nation, in der die große Mehrheit der Bevölkerung auf dem Niveau des kleinsten gemeinsamen Nenners ausgebildet wird, leicht in Richtung einer sozialistischen Diktatur zu steuern sein wird. Die Grundlage für das OBE wurde mit dem Fall Brown vs. Board of Education geschaffen, der in einem sehr realen Sinne die Bildungsniveaus auf den kleinsten gemeinsamen Nenner "festlegte".

Was die OBE tun wird, ist, christliche amerikanische Kinder in Heiden zu verwandeln, ohne Respekt vor ihren Eltern und ohne Liebe zu ihrem Land, Kinder, die die nationale Identität und den Patriotismus verachten. Die Liebe zum eigenen Land wird in etwas Hässliches verwandelt, das um jeden Preis vermieden werden muss. Die OBE lehrt das marxistische Konzept, dass das traditionelle Familienleben überholt ist. Das ist genau das, was Frau Kollontay in den 1920er Jahren in den USA durchzusetzen versuchte; das ist das, was die Sozialisten Bebel und Engels in Amerika in die traditionelle Erziehung einzuführen versuchten. Heute werden ihre kühnsten Erwartungen durch OBE erfüllt.

Es ist seltsam, ja sogar beunruhigend, wie OBE die Schriften von Bebel, Engels, Kollontay und Marx wiedergibt - fast eine exakte Kopie der Feinde des Familienlebens und der Heiligkeit der Ehe. Es ist beunruhigend, dass das von der OBE vorgeschlagene System fast wortwörtlich im Kommunistischen Manifest von 1848 zu finden ist. Wir können nur sagen, dass nach den verblüffenden Erfolgen des Evers-Falls und des Falls Brown vs. Board Education die Sozialisierung der Bildung in Amerika wie ein Hurrikan abgehoben hat, und anscheinend kann sie heute nichts mehr aufhalten.

Die Richter Black und Douglas hätten sich gefreut, wenn sie noch unter uns weilen würden, ebenso wie Brandeis, Frankfurter und Earl Warren. Die OBE hat die Kontrolle über die Schulen übernommen. Heute haben wir statt Lehrern Change Agents, die die Akzeptanz von Gruppenansichten erzwingen, die sie, die Moderatoren, in den Köpfen der Schüler waschen. Die von den Animateuren durchgeführten "Reformen" wenden die Kinder gegen ihre Eltern und ihre Familienwerte. Der Gruppenleiter in der Klasse nimmt den Platz der Eltern ein. Es gibt immer den Begriff der "inneren Reform" oder der "inneren Bedürfnisse", die befriedigt werden müssen, und diese "Bedürfnisse" bedeuten alles, was der Gruppenleiter sagt, dass sie bedeuten.

Die alte sozialistische Technik der "Sexualerziehung" wird weit über alles bisher Dagewesene hinausgetrieben. In der OBE gibt es Gruppenpaare mit expliziter Schulung in Sinnlichkeit und Promiskuität wird aktiv gefördert. Es gibt keinen Versuch, den Sinn für Geschichte zu fördern. Es wird nichts über die großen Führer der Vergangenheit gelehrt, die der Welt die Zivilisation gebracht haben.

Der Schwerpunkt liegt auf der Gegenwart, "tu es jetzt" und "tu es, wenn es dir gut tut". Die OBE ist für den gewaltigen Anstieg der Jugendkriminalität verantwortlich. Die heutige und die zukünftige Generation von Jugendlichen, denen die Methoden der OBE beigebracht werden, werden zu den Straßenmassen der heutigen "Französischen Revolution", die in nicht allzu ferner Zukunft für die gleichen Zwecke eingesetzt werden.

Zweifellos ist das OBE-Projekt aus dem "World Curriculum" von 1986 und dem Buch "Brave New World" von Aldous Huxley hervorgegangen, in dem er behauptet, eine perfekte Welt wäre eine Welt ohne Familien, ohne Kinder ohne Eltern, in der man Widerwillen und Ekel vor den Worten "Vater" und "Mutter" empfinden würde und in der Kinder von staatlichen sozialen Einrichtungen betreut würden, Kinder, deren Loyalität ausschließlich dem Staat gilt. Das Streben nach einer solchen Gesellschaft reicht weit zurück, noch vor "World Curriculum" und Huxley. Der Kommunist Bebel schrieb seine Version davon, wie Kinder betrachtet werden sollten - als Mündel des Staates. Marx, Engels und insbesondere Frau Kollontay, deren Werk "Kommunismus und Familie" die Quelle für einen großen Teil von Huxleys "Brave New World" war.

Die Kinder würden durch das Reagenzglas kommen, und die Labors würden die Spermien paaren, um eine höhere geistige Ebene, eine mittlere Intelligenz und eine niedrigere Intelligenz zu erhalten. In ihrem Erwachsenenleben würden diese Wesen verschiedene Rollen in einer Welt der Sklaven zugewiesen bekommen, wie ich es in meinem Buch "Das Komitee der 300" beschrieben habe.[8] Falls dies für den Leser zu schwer zu akzeptieren ist, sollten Sie daran denken, dass die Retortenbabys bereits unter uns leben. Sie wurden von der Gesellschaft akzeptiert, ohne sich über den finsteren Zweck hinter dieser unheiligen Entwicklung im Klaren zu sein. Der Sozialismus braucht eine Masse von Dummen und eine kleine Anzahl von Menschen mit überlegener Intelligenz. Die Masse der Dummen wird die Arbeit in der sozialistischen Sklavenhalterwelt erledigen,

---

[8] Vgl. *Die Hierarchie der Verschwörer - Die Geschichte des Komitees der 300*, John Coleman, Omnia Veritas Ltd, www.omnia-veritas.com.

da die intelligente Klasse die Macht hat. In einer solchen Welt werden wir eine "Apartheid" haben, wie sie in der südafrikanischen Version wie ein goldenes Zeitalter des guten Willens aussehen würde.

Die Reaktion der Leser auf diese Information wird, wie zu erwarten, eine skeptische Reaktion sein. Wir müssen jedoch die Realitäten untersuchen, also schauen wir uns an, wie weit OBE gegangen ist, um mit Huxley, Kollontay, Engels und Bebel gleichzuziehen. Der Gesetzentwurf HR 485 des Repräsentantenhauses ist Teil des sozialistischen Programms zur "Reform" des Bildungswesens. Präsident Clinton wurde ausgewählt, um eine umfangreiche Reformbatterie durchzuführen - und er tut dies mit großer Geschwindigkeit und Effizienz, da er weiß, dass er nur für eine Amtszeit Präsident sein wird. Der sozialistische Plan "Parents as Teachers" (PAT) wird bereits in 40 Bundesstaaten umgesetzt. Das sogenannte "Co-Parenting Program" (COP) begann mit einem Pilotprogramm in St. Louis, Missouri, im Jahr 1981. Die eigentliche Absicht des COP besteht darin, die elterliche Autorität durch COP-Sozialarbeiter zu ersetzen, vorzugsweise in der vorgeburtlichen Phase.

In Anlehnung an Aldous Huxley schrieb Laura Rogers ein Buch mit dem Titel "The Brave New Family in Missouri", in dem sie behauptet, dass es nur vier Jahre gedauert hat, bis die PAT von der Legislative des Staates Missouri akzeptiert wurde, und dass sich das Konzept der PAT in Europa verbreitet hat und in 40 US-Bundesstaaten umgesetzt wird. Ist das die Realität? Ist sie vergleichbar mit dem, was wir in diesem Kapitel über Bildungs "reformen" dargelegt haben? Die Sozialisten beabsichtigen, die Bildung so weit zu "reformieren", dass sie genau das Klima erzeugt, das in Huxleys "Brave New World" vorhergesagt wurde. Und sie tun es jetzt, vor unseren Augen!

Im Rahmen des PAT wird sich ein so genannter "Erzieher" an eine Familie heften - im wahrsten Sinne des Wortes - und den Prozess einleiten, in dem die Eltern und das Kind bzw. die Kinder ihre Einstellung ändern, um den sozialistischen Idealen zu entsprechen. Wie dies geschieht, erläutert Rogers in seinem Artikel "The Brave New Family in Missouri" (Die mutige neue Familie in Missouri).

Der erste Schritt. Die "Eltern-Erzieherin" geht in Schulen und

Heime, um sich unter dem Vorwand, die Erziehung des Kindes zu fördern, an die Familie "anzubinden".

Der zweite Schritt. Das Kind/die Kinder erhält/erhalten eine Computeridentifikationsnummer, die dauerhaft ist.

Schritt 3. Der "Change Agent" wird versuchen, die Beziehung zwischen dem Kind und seinen Eltern durch ein "Mentorenprogramm" zu verändern, wie es an der sozialistischen Universität in Oxford praktiziert wird.

Vierter Schritt. Die "erziehenden Eltern" sind verpflichtet, alles, was sie als "feindseliges Verhalten" oder Missbrauch ansehen, über eine eigens eingerichtete "Hotline" zu melden.

Schritt 5. Die Richter entscheiden über "Fälle in gerader Linie" und wenn das Kind oder die Kinder als gefährdet eingestuft werden, kann das Kind oder die Kinder aus dem elterlichen Sorgerecht entlassen werden.

Schritt 6. Wenn die Empfehlungen des "elterlichen Erziehers" zu psychosozialen Diensten von den Eltern abgelehnt werden, z. B. hinsichtlich der zu verschreibenden Medikamente, kann der Staat das Kind bzw. die Kinder aus der elterlichen Obhut entlassen. Das Kind bzw. die Kinder können in eine stationäre Behandlungseinrichtung eingewiesen werden und die Eltern können gerichtlich angewiesen werden, sich so lange einer "psychologischen Beratung" zu unterziehen, wie der "elterliche Erzieher" dies für erforderlich hält.

Was das PAT-Programm tut, ist, sich als Richter und Jury aufzustellen, um zu entscheiden, welche Eltern geeignet und welche ungeeignet sind! Dazu verwendet das PAT-Programm das, was Rogers als "Definitionen von Risikofaktoren" bezeichnet, die zum Standard für die Messung der Eignung oder Nichteignung von Eltern für die Kindererziehung geworden sind, und vergessen Sie nicht, dass diese Kriterien derzeit in 40 Staaten verwendet werden:

"Unfähigkeit des Elternteils, mit (was nicht definiert ist) unangemessenem Verhalten des Kindes umzugehen (z. B. schwere Bisswunden, destruktives Verhalten, Apathie)".

"Eltern mit geringer Funktionsfähigkeit. Sie gelten als potenziell missbräuchliche Eltern. In dieser Kategorie hat der Elternteil eine große Anzahl von Optionen. Praktisch alle Eltern können in die Kategorie "Eltern mit geringer Funktionsfähigkeit" fallen.

"Übermäßiger Stress, der die Familienfunktionen negativ beeinflusst". Dies gibt dem unterrichtenden Elternteil eine praktisch unbegrenzte Anzahl von Optionen, um als Anzeichen für "missbräuchliche" Gefahren zu nennen, darunter auch ein niedriges Einkommen.

"Sonstiges ... Es kann sich um eine Vielzahl von Erkrankungen handeln, z. B. Allergien, hoher Zigarettenkonsum im Haushalt (weiß R.J. Reynolds davon?), eine Familiengeschichte von Hörverlust ...".

Aus dem oben Gesagten geht klar hervor, dass der Sozialismus in der Bildung in Amerika zur Reife gelangt ist. Was Madame Kollontay, Engels, Bebel und Huxley für am wünschenswertesten hielten, ist nun eingetreten. Bildung ist das Mittel, mit dem der Sozialismus besiegt werden kann, wie so viele unserer Staatsmänner in den 1800er Jahren deutlich gemacht haben, aber in den falschen Händen ist sie eine mächtige Waffe, die der Sozialismus gnadenlos schwingen wird, um den ersehnten Sklavenstaat der Neuen Weltordnung zu verwirklichen. Nichts davon wäre möglich gewesen ohne den Verrat und die Perfidie des Obersten Gerichtshofs und vor allem die giftige Haltung der Richter Douglas und Black, die als zwei der gemeinsten Verräter in der Geschichte dieser Nation in die Geschichte eingehen sollten.

Kapitel 4

DIE TRANSFORMATION VON FRAUEN

Im Laufe der Geschichte haben Frauen immer wieder eine entscheidende Rolle gespielt. Vor dem 20. Jahrhundert waren sie meist im Hintergrund, beobachteten, gaben Ratschläge und Ermutigungen, nie auffällig und selten, wenn überhaupt, in der Öffentlichkeit. Das änderte sich jedoch Ende des 19. Jahrhunderts, und das Vehikel für den Wandel waren die Fabian Society und der internationale Sozialismus.

Als der kleine, bebrillte Sydney Webb auf die statuenhafte Martha Beatrice Potter trifft, beginnen die Funken zu sprühen. (Beide erkennen im jeweils anderen ein besonderes Genie für Organisation und die Bewältigung des Tagesgeschäfts. Antonius und Kleopatra waren glamouröser, die Königin von Saba und Salomon majestätischer, Hitler und Eva Braun dramatischer, aber im Vergleich zu den Webbs war ihr Einfluss auf die Welt geringer. Der Schaden, den die Webbs angerichtet haben, wirkt noch heute in der ganzen Welt nach, lange nachdem die beiden anderen zu bloßen historischen Figuren geworden sind.

Sydney Webb lernte Beatrice Potter im Jahr 1890 kennen. Sie war gut ausgestattet, sowohl körperlich als auch finanziell. Er hingegen war klein, kleinwüchsig und hatte kein Geld. Beatrice stammte aus einer Familie von kanadischen Eisenbahnmagnaten und verfügte dank ihres Vaters über ein eigenes Einkommen. Was Sydney und Beatrice vielleicht zusammenbrachte, war ihre Eitelkeit, die sie sich nie die Mühe machten, zu verbergen. Die Ablehnung ihres Liebesangebots an Joseph Chamberlain, einen Mann aus der Oberschicht, hatte Beatrices Wut und Verbitterung hervorgerufen, was offenbar der Brennstoff ist, der ihren "Klassenhass" schürt. Webb arbeitete als Büroangestellter im British Colonial Office, was im viktorianischen England als eine recht niedrige Position galt.

1898 wandten sich Beatrice und ihr Mann den Vereinigten Staaten zu und begaben sich auf eine dreiwöchige "große Tour". Während dieser Zeit trafen die Webbs nicht auf die Basismitglieder der Gewerkschaften oder die hart arbeitenden Damen im New Yorker Bekleidungsviertel. Stattdessen suchen sie die Elite des New Yorker Sozialismus auf, darunter Miss Jane Addams und Prestonia Martin, die beide aus dem Social Register stammen, und werden von ihr empfangen.

Dieses Modell wird in den kommenden Jahren von allen sozialistischen/bolschewistischen Führern befolgt. Im Jahr 1900 beschließt die Königliche Kommission der Universität London - nicht zuletzt dank Beatrices Arbeit -, dass die Wirtschaft von nun an in den Rang einer Wissenschaft erhoben wird. Beatrice verliert keine Zeit und beeindruckt Granville Barker, einen bekannten Theatermann, und den persönlichen Vertreter von Präsident Wilson, Ray Stannard Baker, mit diesem großen Erfolg bei einem von Beatrice und ihrem Mann veranstalteten Mittagessen.

Die Webb-Potter-Partnerschaft wurde zu einer Ehe und setzte den Trend in Gang, dass Mann und Frau privat mehr dem Sozialismus als dem anderen verpflichtet waren, aber nach außen hin ein sehr engagiertes Paar waren. Dies erwies sich als großer Vorteil, um Frauen für soziale Anliegen und die Politik zu gewinnen, und man kann sagen, dass dies die Geburtsstunde des radikalen Feminismus war. Aus Clements Inn, dem Sitz der Fabian Society, stammten die "Fabian News", die 1891 zum ersten Mal veröffentlicht wurden. Beatrice war Mitautorin und ihr Geld bezahlte die Druckkosten.

Für Beatrice war es ganz natürlich, dass sie ihre Ideale am besten über die Elite des Landes verbreiten konnte. Wenn die einfachen Leute für "Versammlungen" à la Billy Graham gut sind, dann ist es die Elite, die die Dinge vorantreiben kann. In dieser Hinsicht verlor Beatrice nie ihren Snobismus. Für sie musste zuerst die Elite bekehrt werden, der Rest würde folgen. Dies war das Muster, das die bolschewistischen Führer später übernehmen sollten. Bei seinem Besuch in England und anderen westeuropäischen Ländern sah man Chruschtschow nie in einer Hütte von Hafenarbeitern wohnen oder sich mit der Gewerkschaftsbasis treffen. Es war immer die Elite, der Chruschtschow seine volle Aufmerksamkeit schenkte, Agnelli in

Italien, Rockefeller in den USA, und das galt auch für alle sozialistischen Führer.

Es ist nicht überraschend, dass Beatrice an der Universität Oxford begann, sich auf die Söhne der Reichen und Berühmten zu konzentrieren. Die Qualität ihrer Arbeit lässt sich an der Zahl der aus Oxford und Cambridge hervorgegangenen Verräter aus der Oberschicht ablesen, die den Westen freiwillig verrieten, um ihr Ziel einer sozialistischen Weltrevolution voranzutreiben; Burgess, Mclean, Philby, Anthony Blunt und Roger Hollis sind die bekanntesten, aber sicher nicht die einzigen von ihnen. Unter dem Mantel der sozialen "Reformen" verbarg sich ein tödliches und gefährliches Krebsgeschwür, das an den Idealen des christlichen Abendlandes nagte und den Namen Fabianischer Sozialismus trug. Einer seiner ersten namhaften Konvertiten war Walter Lippmann, den Beatrice Webb dazu "verleitete", sich der Fabian Society anzuschließen.

Bis 1910 hatten Beatrice und ihr Geld mehrere Zentren eingerichtet, von denen aus die fabianische Propaganda verbreitet wurde. Die Schriftsteller, Theaterleute und Politiker der damaligen Zeit begannen, sich ihrem Kreis anzunähern. Laut dem "New Statesman" war die allgemeine Meinung, dass Beatrice eine liberale und sympathische kulturelle Bewegung anführte. Die Millionärin Charlotte Payne-Townshend wird eine Freundin von Beatrice, die damit beauftragt wird, sie George Bernard Shaw vorzustellen, woraufhin Charlotte ihn zu einem ehrlichen Mann macht. Von nun an konnten es sich die beiden männlichen Führer dank des Geldes ihrer jeweiligen Ehepartner leisten, ihre gesamte Zeit der Förderung des Sozialismus zu widmen.

Was oft übersehen wird, ist, dass diese beiden Frauen ihr Leben lang das System selbst angriffen, das ihnen das Geld für ihre Aktivitäten zur Verfügung stellte. Beatrice Webb war die treibende Kraft hinter der Übernahme der Labour Party, so wie später eine andere Sozialistin, Frau Pamela Harriman, die Demokratische Partei in den USA übernahm und einen Präsidenten an die Macht brachte, dessen sozialistisches Programm darauf abzielte, das Land in eine einzige sozialistische Weltregierung - die Neue Weltordnung - zu führen.

Es steht fest, dass Beatrice Webb unermüdlich daran arbeitete, die Wirtschaftspolitik zu vernichten und die soziale und wirtschaftliche

Ordnung eines geordneten Englands zu demontieren. Was mich überrascht, ist, dass die Webbs nicht wegen Aufwiegelung und Verrat verhaftet wurden, ebenso wenig wie der "rote" Professor Harold Laski. Wäre dies geschehen, hätte es die USA vielleicht vor den sozialistisch orientierten Krämpfen bewahrt, die bis heute anhalten. Beatrice zählte damals eine Gräfin und viele berühmte Damen der damaligen Londoner Gesellschaft zu ihren Freunden, darunter die Ehefrau von Sir Stafford Cripps. Diese Anhängerinnen des radikalen Feminismus öffneten ihre Häuser für Teepartys und Wochenendklausuren zugunsten sozialistischer Anliegen.

Während ihrer langen Regierungszeit zögerte Beatrice Webb nie, die Bolschewiki zu unterstützen, was ihre lange Liste von Kontakten in der High Society nicht zu stören schien, darunter Sir William Beveridge, der die Politik in England und den USA nachhaltig beeinflussen sollte (der Beveridge-Plan wurde zum Vorbild für die Sozialversicherung in den USA). Als Beatrice 1943 starb, wurden ihre Verdienste um den Sozialismus auf seltsame Weise gewürdigt - Martha Beatrice Webbs Asche wurde in der Kathedrale von Westminster beigesetzt - ein seltsamer Ort für eine bekennende Atheistin!

Die Tigerin der radikalen, ehe- und familienfeindlichen Frauenbewegung, die der Welt von den Fabianischen Sozialisten präsentiert wurde, war Madame Alexandra Kollontay. Es ist nicht bekannt, ob Beatrice Webb Kollontay auf ihren häufigen Reisen nach Moskau getroffen hat. Wer war Madame Kollontay? Auf Seite 9972 der Seiten 9962-9977, Congressional Record, Senat vom 31. Mai 1924, finden wir Folgendes:

> "Frau Kollontay ist jetzt sowjetische Ministerin in Norwegen, nach einer bewegten Karriere mit acht Ehemännern, zwei Posten als Volkskommissarin, der erste als Wohlfahrtskommissarin, zwei Besuchen in den USA (1915 und 1916), einer deutschen sozialistischen Agitatorin, nachdem sie 1914 als gefährliche Revolutionärin aus drei europäischen Ländern deportiert wurde...".

Dann gibt es noch eine weitere Darstellung dieser radikalen Feministin und Weltrevolutionärin, die eine reine Kommunistin ist, auf Seite 4599 der Seiten 4582-4604:

> "... Vor kurzem kam die Botschafterin der Sowjetunion,

Alexandra Kollontay, nach Mexiko. Es heißt, dass sie seit 28 Jahren eine Führerin der revolutionären Weltbewegung ist; dass sie 1916 wegen ihrer Bemühungen in drei verschiedenen Ländern verhaftet wurde und dass sie 1917 die Vereinigten Staaten besuchte und von einem Ende des Landes zum anderen sprach. Sie stand unter der Leitung von Ludwig Lore, der heute ein prominenter Kommunist in den Vereinigten Staaten ist. Der Zweck und das Ziel von Kollontays Besuch in den USA in den Jahren 1916 und 1917 bestand darin, die Sozialisten in diesem Land aufzustacheln und unsere Aktivitäten zu behindern, falls die USA durch das, was passiert ist, in ein Widerstandssystem eintreten würden. Alexandra Kollontay ist die weltweit führende Vertreterin der "freien Liebe" und der Verstaatlichung von Kindern. Sie ist zu diesem Zweck in Mexiko und verheißt nichts Gutes für das Volk der Vereinigten Staaten".

Kollontays Buch "Communism and the Family" ist der heftigste und wildeste Angriff auf Ehe und Familie, der je geschrieben wurde, und übertrifft das dekadente Übel von Fredric Engels' "Origin of the Family". Die radikalen Anhänger von Kollontays "freier Liebe" nannten sich früher "Internationale Liga für Frieden und Freiheit". Sie haben jedoch eine Reihe von Namensänderungen erfahren, um die Tatsache zu verschleiern, dass ihre Agenda immer noch dieselbe ist wie die von Alexandra Kollontay: Heute nennen sie sich "National League of Women Voters" und "National Abortion Rights League" (NARL). Sie sind auch so dreist, sich als "Befürworter der Wahl" zu bezeichnen, was bedeutet, dass sie die Wahl haben, ob sie ungeborene Kinder ermorden wollen oder nicht.

Die Ziele der marxistischen/sozialistischen "liberalen Feministinnen" - besser bekannt als radikale Feministinnen - wurden in den 1920er und 1930er Jahren festgelegt und haben sich bis heute nicht geändert. Die Forderung nach "Frauenrechten" ist gleichbedeutend mit Liebe ohne Verantwortung, d. h. Abtreibung auf Verlangen. Sie und ihre brandgefährlichen Sozialisten im Repräsentantenhaus und im Senat bilden eine unheilige Allianz mit den Schakalen der Medien, die bereits zu Zeiten von Florence Kelley begann.

Kollontay war die Bannerträgerin der radikalen Feministinnen, mit denen dieses Land heute verflucht ist. Das Overman-Komitee zum Bolschewismus in den Vereinigten Staaten berichtete wie folgt:

Das offensichtliche Ziel der bolschewistischen Regierung Russlands ist es, die russischen Bürger, insbesondere Frauen und Kinder, von dieser Regierung abhängig zu machen... Sie hat den natürlichen Ehrgeiz zerstört und es unmöglich gemacht, die moralische Verpflichtung zu erfüllen, für das Kind zu sorgen und es angemessen vor dem Unglück des Waisenhauses und der Witwenschaft zu schützen... Er verkündete Dekrete über Ehe und Scheidung, die praktisch die "freie Liebe" etablierten." Senatsdokument Seite 61, 1. Sitzung, Seiten 36-37 Congressional Record.

Das oben Gesagte entspricht vollkommen den Zielen und Zwecken des Fabianischen Sozialismus. Der radikale Feminismus, der heute in den USA grassiert und entfesselt wird, ist eine sozialistische Lehre. Das sozialistische Modell der Fabian Society erlaubte den radikalen Feminismus, ja förderte ihn sogar, verbarg ihn aber unter einem Schleier der Häuslichkeit. Auch wenn es Beatrice Webb und ihren Partnern nicht gelang, offene Abtreibungshäuser zu schaffen, sollte wiederholt werden, dass Mrs. Harold Laski, die Frau von Professor Laski, einem der großen Namen in sozialistischen Kreisen, als erste die Idee von Beratungsstellen für Geburtenkontrolle in England vorantrieb.

Dr. Annie Besant war Beatrice Webb durch die Kreise der Liberalen Partei in London gut bekannt. Besant war die Nachfolgerin von Madame Blavatsky und hatte deren theosophische Gesellschaft geerbt, deren Anhänger sich unter den Reichen und Berühmten in den Machtkreisen des viktorianischen Englands befanden. Besant spielte eine nicht unwesentliche Rolle bei der Anregung von Agitation über den Salon. Sein erstes Unternehmen war ein Angriff auf die Industrie in Lancashire, einem großen Industriezentrum in England.

Als Anführerin der mit dem KKK "Clarte" (keine Verbindung zum KKK in den USA) und der Loge der Neun Schwestern des Grand Orient in Paris verbündeten Co-Freimaurerei war Besant sehr aktiv bei der Förderung dessen, was sie als "soziale Demokratie" bezeichnete, aber die ganze Zeit über stand sie unter der Kontrolle der Loge des Grand Orient in Paris, von der sie den Titel Vizepräsidentin des Obersten Rates und Großmeisterin des Obersten Rates für Großbritannien erhalten hatte. Hier wird die Konvergenz von Freimaurerei, Theosophie und der Allianz der

Religionen deutlich erkennbar.

H.G. Wells glaubte an Besants Vorstellungen, wahrscheinlich, weil er wie Besant Mitglied des KKK "Clarte" war, ebenso wie Inez Milholland. Die beiden sozialistischen Damen arbeiteten hart für die Sache des Frauenwahlrechts, das Sydney Webb scharfsinnig als die Welle der Zukunft sah, wenn es darum ging, Stimmen für die Labour- und die liberale Partei zu gewinnen.

Was Besant geworden ist, verdankt sie Madame Petrova Blavatsky, die wiederum ihren schnellen Aufstieg auf der sozialen Leiter Herbert Burrows zu verdanken hat, der ihre "Talente" über die Society for Physical Research förderte, einen exklusiven Club für die Reichen, die Aristokratie und die politisch Mächtigen in den Londoner Kreisen des viktorianischen Zeitalters. Diese Kreise wurden von H.G. Wells und Conan Doyle (dem späteren Sir Arthur Conan Doyle) besucht. Wells beschrieb Blavatsky als "einen der versiertesten, einfallsreichsten und interessantesten Betrüger der Welt".

Blavatsky wurde von dem unbestrittenen Führer dieser Loge in Italien, dem großen Mazzini, in die Carbonarian Freimaurerei eingeweiht. Sie stand auch Garibaldi nahe und war mit ihm in den Schlachten von Viterbro und Mentana. Zwei Männer, die ihr Leben stark beeinflussten, waren Victor Migal und Riavli, beide revolutionäre Freimaurer in der Loge des Großen Orients. Sie starb 1891 als abgebrühte und gefirmte Sozialistin.

Susan Lawrence war eine der ersten drei Labour-Kandidatinnen, die dank der Arbeit der Suffragettenbewegung, die von den Kriegerinnen der Fabian Society, Ellen Wilkinson und Emily Pankhurst, angeführt wurde, ins Parlament gewählt wurden. Lawrence wurde berühmt für ihre Aussage: "Ich predige den Klassenkrieg nicht, ich lebe ihn". Margaret Cole entwickelte ihren Instinkt für den radikalen Feminismus, indem sie als Forscherin für die Fabian Society arbeitete. Später konnte sie das Gelernte anwenden, als sie im britischen Arbeitsministerium arbeitete, während ihr Mann, G.D.H. Cole, in einer Reihe von Labour-Regierungen zu großem Ansehen gelangte. Wie die Webbs wahrten auch die Coles den Anschein häuslichen Glücks, doch ihre Ehe war eine sozialistische Zweckehe.

Eine der Starschülerinnen von Beatrice Webb war Margaret Cole, die "The Story of Fabian Socialism" schrieb, in dem die Ziele des radikalen Feminismus mit Zuckerguss überzogen werden, um Fliegen anzulocken. Cole ist für einen großen Teil der Durchdringung und Prägung des Fabianischen Sozialismus in Amerika verantwortlich. Forscher des Fabianischen Sozialismus sind der Meinung, dass die Annullierung des Lusk-Berichts durch das Veto des Gouverneurs von New York, Al Smith, genau dem Diktum des Fabianischen Sozialismus entspricht: "Bitte einen Sozialisten, die Drecksarbeit für dich zu erledigen". Cole war Mitglied der Delegation des Internationalen Bundes Freier Gewerkschaften bei den Vereinten Nationen.

In den USA war eine der bedeutendsten Sozialistinnen Florence Kelley. Ihr richtiger Name war Weschenewtsky. Niemand schien viel über sie zu wissen, außer dass Kelley in der Schweiz, dem internationalen Zufluchtsort für Revolutionäre, Lenin und Marx studiert hatte. Sie bezeichnete sich selbst gern als "marxistische Quäkerin". Etwas, das die Fabianischen Sozialisten wussten, war, dass Kelley die Last der "Reform" in den USA anführte. Manchmal stellte sie ihre berühmtere Freundin Eleanor Roosevelt in den Schatten, indem sie diese überredete, der sozialistischen National Consumers League (NCL) beizutreten, zu deren Gründungsmitgliedern sie gehörte.

Die NCL, eine engagierte sozialistische Institution, war eine Organisation, die entschlossen war, die Bundesregierung in die Bereiche Gesundheit, Bildung und Polizeibefugnisse einzuschalten, die nach dem 10. Zusatzartikel der US-Verfassung den Bundesstaaten zustanden. Kelley erwies sich in dieser Hinsicht als Genie. Ihr wird die Formulierung der sogenannten "Brandeis Brief"-Strategie zugeschrieben, bei der ein dünner Rechtsfall in Massen von irrelevanten Dokumenten ertränkt wurde, sodass der Fall letztlich nicht auf der Grundlage des Rechts, sondern auf der Grundlage einer sozialistisch geprägten soziologischen und wirtschaftlichen "Rechtsmeinung" entschieden wurde. Da die Richter nicht in Soziologie ausgebildet waren, waren sie nicht die richtigen Personen, um die Vorzüge der SOZIOLOGIE des ihnen vorgelegten Falles zu beurteilen, so dass diese Fälle in der Regel zugunsten der Sozialisten entschieden wurden.

Elizabeth Glendower, eine äußerst wohlhabende Society-Lady, empfing Kelley oft in ihrem Haus, ebenso wie Brandeis und die wichtigsten sozialistischen Schriftsteller der damaligen Zeit. Kelley ist bekannt für seine enge Freundschaft mit Upton Sinclair, dessen literarisches Frühwerk aus Bündeln von "Stellungnahmen" der Fabianischen Sozialisten bestand, die an Studenten der sozialistischen Universitäten geschickt wurden, um sie auf dem Campus des Landes zu verteilen. Trotz seiner Leugnung war Kelley ein unermüdlicher Sucher nach Gelegenheiten, um die Sache der Weltrevolution zu fördern.

Mrs. Robert Lovett, deren Mann als Professor für Englisch an der Universität von Chicago tätig war, war eine enge Verbündete Kelleys. Die Lovetts, Kelley und Jane Addams leiteten ein sozialistisches Eingliederungszentrum namens Hull House, das Eleanor Roosevelt und Frances Perkins besuchten. Viele Mitglieder von Hull House reisten nach England, um am Sommerkursprogramm der Fabian Society teilzunehmen. Kelley hatte ein Talent dafür, Menschen zum Sozialismus zu bekehren, und war ein unermüdlicher Missionar im Dienste des amerikanischen Sozialismus.

Sozialistische Frauen betraten die Bühne in den Vereinigten Staaten am Ende des Bürgerkriegs. Die Kommunisten waren in der Zeit vor und unmittelbar nach dem Krieg sehr aktiv - eine Tatsache, die in den Geschichtsbüchern des Establishments nicht erwähnt wird - und diese sozialistischen "Feministinnen" waren sehr erfolgreich darin, die legitimen Organisationen von Frauen, die sich um das Wohlergehen ihrer Familien sorgten, zu durchdringen und zu durchdringen.

Das war für ausgebildete Fabianische Sozialisten relativ einfach, da es damals üblich war, Frauen auf ein Podest des Respekts zu stellen, das den Schutz der Männer verdiente. Einige der Anführer der "carpet baggers" waren zutiefst engagierte Sozialisten oder Kommunisten. Als die Frage des Frauenwahlrechts von den sozialistischen Frauen aufgeworfen wurde, hielten es die Männer für unklug, Frauen der Harte der Politik auszusetzen, aber sie kannten ihre harten weiblichen Sozialisten nicht.

Andere waren sich durchaus bewusst, wie Sozialisten und Kommunisten militante und aggressive Frauen rekrutierten und sie ausbildeten, um sich gegen den vorherrschenden Feminismus zu stellen. Die damalige Haltung kommt auf den Seiten 165-170 des Congressional Globe Annex "Suffrage Constitutional Amendment" gut zum Ausdruck. Der ehrenwerte J.A. Bayard sagte 1869 über den Sozialismus:

"Die nächste Ausnahme ist die des Geschlechts. Ich werde diese Position nicht mit Kommunisten oder Sozialisten oder der Frauenrechtspartei diskutieren, wegen der Verrücktheit dieser Art von Nativismus, obwohl er in letzter Zeit große Fortschritte gemacht hat, ist er nicht so weit verbreitet, dass er ausgearbeitet oder widerlegt werden müsste. Maßlose Eitelkeit und die Liebe zur Berühmtheit mögen einige Frauen dazu verleitet haben, sich sowohl in ihrer Kleidung als auch in ihren Beschäftigungen zu entsexualisieren; aber das Herz der Frauen und der Instinkt der Mutterschaft werden sie ihrer größten Pflicht im Leben, in der Kultur und in der Charakterbildung ihrer Nachkommen treu bleiben lassen...".

Dass es die Zeit des Rittertums war, die von Hillary Rodham Clinton, Bella Abzug, Eleanor Smeal, Elizabeth Holtzman, Pat Schroeder, Barbara Boxer, Dianne Feinstein und ihren Verwandten völlig zerstört wurde, findet sich auf Seite 169 des Anhangs zu den Congressional Globes (Rede von Senator Bayard):

"Ich bin stolz und glücklich, dass es in diesem Land, unserem Amerika, eine ritterliche Hingabe an das Geschlecht gibt, die in keinem anderen Land erreicht wurde. Ich beuge mich niemandem in meiner Ehrerbietung gegenüber dem Geschlecht und meinem Wunsch, Frauen in all ihren Rechten zu garantieren und zu schützen; aber das Wahlrecht ist kein Recht ...".

Es ist interessant zu sehen, wie sehr die Sozialisten die von der weiblichen Gesellschaft empfundenen legitimen Sorgen nutzten und sie in ein Vehikel für sozialistische Anliegen verwandelten, um einen schädlichen Effekt zu erzielen. Es ist die natürliche Folge dieser Durchdringung und Durchdringung durch geschickte Fabianische Sozialisten, dass der Kongress der Vereinigten Staaten zum Spielplatz eines Kaders abgehärteter, unweiblicher Frauen wurde, die den ritterlichen Geist in ihrem heftigen Wunsch, dass der Fabianische Sozialismus die Kontrolle über die Vereinigten Staaten übernimmt, auf den Kopf gestellt haben.

Einige der sozialistischen Fronten, die als "Frauenrechte" bezeichnet wurden, waren folgende:

> General Federation of Women's Clubs.

> National Congress of Mothers and Parent-Teachers Association.

> Nationale Liga der wählenden Frauen.

> National Federation of Business and Professional Women (Nationaler Verband der Geschäfts- und Berufsfrauen).

> Christliche Union der Mäßigung.

> Akademische Frauenvereinigung.

> National Council of Jewish Women (Nationaler Rat jüdischer Frauen).

> Liga der weiblichen Wähler.

> National Consumers League.

> Gewerkschaftsliga der Frauen.

> Internationale Frauenliga.

> Freundschaftsgesellschaft der Töchter Amerikas.

Diese Organisationen waren an einer Klage beteiligt, die von Frau Florence Kelley und mehreren führenden (sozialistischen) "Feministinnen" im Juli 1926 eingereicht wurde. Sie versuchten, ein Gesetz, den "Maternity and Infancy Act", durchzusetzen, das gegen den 10. Zusatzartikel der Verfassung der Vereinigten Staaten verstieß, aber der Oberste Gerichtshof, frei von der Kontrolle, die heute über ihn ausgeübt wird (die mit der Roosevelt-Ära begann), rettete die Nation vor einem sozialistischen Versuch, die vollständige Kontrolle über die Vereinigten Staaten zu erlangen. Präsident Carter übernahm die meisten Elemente aus Frau Kollontays Buch "Kommunismus und Familie" für seinen Entwurf des Bildungsgesetzes.

Sozialisten hatten schon immer die Absicht, die Kinder in Amerika zu nationalisieren. Die Sozialistin Shirley Hufstedler, die zeitweise das verfassungswidrige Bildungsministerium der Vereinigten Staaten leitete, ließ sich von Madame Lelina Zinoviev, der Ehefrau von Gregory Zinoviev, inspirieren. Hufstedler strebte eine "Nationalisierung" und "Internationalisierung" der amerikanischen Kinder an, um sie auf ihre zukünftige Rolle als Rassenvermischer in einer einzigen Weltregierung vorzubereiten.

Dies war auch die Absicht von Frances Perkins, einer ausgebildeten Sozialarbeiterin, die viele Jahre lang die sogenannte "Frauenbewegung" in den USA anführte. Perkins war die Arbeitsbeauftragte des Staates New York unter Gouverneur Franklin D. Roosevelt. Zu ihren engsten Freundinnen zählte Eleanor Roosevelt, und Kelley stand Roosevelt während dessen drei Amtszeiten im Weißen Haus nahe. Eine von Perkins' ersten Aufgaben war die Gründung der International Association for Labor Legislation zusammen mit Eleanor Roosevelt und ihrem Schützling Harry L. Hopkins, mit dem Perkins eng zusammenarbeitete, um eine Arbeitshilfe für Arbeitslose im Bundesstaat New York einzurichten.

Der ursprüngliche Plan stammte von einer sozialistischen Gruppe, die unter dem Namen "Association for the Improvement of the Status of the Poor" bekannt war. Perkins und seine Freunde drückten auf alle richtigen Knöpfe und taten alles, damit ihre "Reformen" von der gesetzgebenden Versammlung des Staates New York verabschiedet werden konnten. Hunderte von Broschüren und Faltblättern wurden in Schulen und Universitäten verteilt, um Unterstützung für diese "segensreichen Veränderungen" zu gewinnen, während erfahrene Redakteure Artikel verfassten, die von der Boulevardpresse aufgegriffen wurden. Dutzende von "Umfragen" wurden durchgeführt, um eine "Volksstimmung" für die Arbeits "reformen" zu erzeugen, die dem ganzen Land nur "zum Vorteil gereichen" würden.

Perkins trug viele Hüte und fiel durch seine unermüdliche Energie und Hingabe an die Fabianische Sozialistische Bewegung in den Vereinigten Staaten auf. Als Roosevelt von Albany nach Washington zog, folgte Perkins ihm. Sie war die erste Frau, die in der Geschichte der Vereinigten Staaten in ein Ministeramt berufen wurde. Ihr Einfluss bei Roosevelt war nur geringfügig geringer als der von Eleanor Roosevelt.

Perkins blieb vom allerersten bis zum allerletzten Tag seiner drei Amtszeiten an Roosevelts Seite. In dieser Zeit führte sie eine wahre Flut von sozialistischen Juristen, Ökonomen, Statistikern und

Analytikern in die Bundesregierung ein. Als John Maynard Keynes Roosevelt besuchte und mit wenig Erfolg versuchte, seine Wirtschaftstheorien zu erklären, war es Perkins, der sie an Roosevelt verkaufte. Perkins schluckte die Theorie des "Multiplikators" und machte die fast unsterbliche Beobachtung, dass "mit dem System (von Keynes) mit einem Dollar vier Dollar geschaffen haben".

Perkins heckte die Masche aus, um den Parteitag der Demokraten 1940 zu manipulieren, der Roosevelt zu seiner dritten Amtszeit verhalf, obwohl die "Lorbeeren" in der Regel Harry Hopkins gebühren. Zu Beginn der Zeit, als Roosevelt Gouverneur von New York war, war Perkins Lobbyist der National Consumers League und des Women's Trade Council in Albany, New York.

Es heißt, dass ihre Kontakte zu den wichtigsten sozialistischen Intellektuellen der damaligen Zeit in die Hunderte gingen und sie Felix Frankfurters Favoritin war. Ein weiterer ihrer männlichen Unterstützer war Harry Hopkins, der in der Roosevelt-Ära zu neuen Höhenflügen ansetzen und den USA erheblichen Schaden zufügen sollte. Perkins brachte eine Schar sozialistischer Ökonomen und Arbeitsprofessoren mit nach Washington, von wo aus sie eine wahre Flut von sozialistischem Material ausschütteten, von dem vieles noch heute an den Universitäten gelehrt wird. Mehr als jede andere Frau - einschließlich Eleanor Roosevelt - beeinflusste Perkins Roosevelt dabei, die Vereinigten Staaten in den Zweiten Weltkrieg zu führen.

Perkins wird die Abfassung der nationalen Gesetze zur Arbeitslosenversicherung und zur Altersrente zugeschrieben. Auf Wunsch von Präsident Roosevelt arbeitete Perkins hinter den Kulissen daran, diese beiden sozialistischen Träume Wirklichkeit werden zu lassen, wobei er Prestonia Martins Buch "Prohibiting Poverty" als Leitfaden benutzte. Viel Hilfe erhielt Perkins von John Maynard Keynes, der 1934 als sozialistischer Fabian-Botschafter des guten Willens die USA besuchte. Keynes und Perkins sind sich einig, dass der Sozialismus während der Amtszeit von Roosevelt eine unschätzbare Gelegenheit hat, große Fortschritte zu machen.

Wie fast der gesamte New Deal, der fast wörtlich aus dem gleichnamigen Buch von Graham Wallas übernommen wurde, wurde "Prohibiting Poverty" weitgehend dazu verwendet, ein System zur Einführung einer obligatorischen Sozialversicherung

(Social Security) zu formulieren. Perkins erbat und erhielt einen wichtigen Beitrag von Sydney und Beatrice Webb, die Perkins und Roosevelt darauf hinwiesen, dass die Fabian Society den Wahlplan der Labor Party von 1918 verfasst hatte und einen großen Einfluss auf die Ausarbeitung des Beveridge-Plans hatte, der zur Grundlage der britischen Sozialversicherung wurde.

So bildeten Graham Wallas' "New Deal", der Beveridge-Plan und Sydney Webbs 1918 für die Labour Party verfasste Vorschläge sowie John Maynard Keynes' Wirtschaftsgrundsätze "Steuern und Ausgeben" der Fabian Society mit kleineren Anpassungen und Nachbesserungen die Grundlage für Roosevelts "New Deal". Die Rolle, die Frances Perkins dabei spielte, kann gar nicht hoch genug eingeschätzt werden. Die Leute fragen mich oft mit einem tiefen Zweifel in der Stimme: "Wie könnten die Briten ein Land wie die Vereinigten Staaten so beeinflussen, geschweige denn regieren, wie Sie denken?"Das Gesetz zur sozialen Sicherheit von 1936 war das Werk von Sir William Beveridge, Professor Graham Wallas und dem Direktor der Fabian Society, Sydney Webb, und wurde von Frances Perkins retuschiert und ergänzt. Eine Studie darüber, wie dies zustande kam und welche Rolle Frances Perkins dabei spielte, beantwortet die Frage aller zweifelnden Thomisten weitaus besser, als alle meine Worte es jemals könnten.

Das Sozialversicherungsgesetz von 1936 war reiner Fabianischer Sozialismus in Aktion. Es war in der Geschichte der Vereinigten Staaten beispiellos und außerdem zu 100 % verfassungswidrig. Ich habe viel Zeit damit verbracht, die Archive des Kongresses von 1935 bis 1940 und darüber hinaus zu durchsuchen, um zu sehen, ob ich etwas finden konnte, das dieses Stück rein sozialistische Gesetzgebung verfassungsgemäß gemacht hätte, aber ohne Erfolg.

Die Art und Weise, wie dieser sozialistische Überfall auf das amerikanische Volk durchgeführt wurde, zeigt, wie Sozialisten bereit sind, außergewöhnliche Anstrengungen zu unternehmen, damit ihre offensichtlich absurden Gesetze vom Obersten Gerichtshof geheiligt werden. Perkins, der mit diesem Dilemma konfrontiert war, sah keinen Ausweg. Roosevelt musste das Sozialversicherungsgesetz zum Gesetz machen, damit er es für seine Wiederwahl nutzen konnte. Dank der Fürsprache von Harry Hopkins, Brandeis und Cardoza saß Perkins auf dem Höhepunkt der

Krise bei einem Abendessen in Washington neben dem sozialistischen Richter Harlan Stone, einem prominenten Liberalen.

Sekretärin Perkins sagte Richter Harlan Stone, dass sie mit der Verfassung kollidiere und dass sie eine Lösung zur Finanzierung der Sozialversicherung brauche, die vom Obersten Gerichtshof akzeptiert würde. Unter Verstoß gegen jede richterliche Etikette, ja sogar unter eklatantem Gesetzesverstoß, flüsterte Richter Stone Perkins ins Ohr:

"Die Steuerkraft der Bundesregierung, meine Liebe, die Steuerkraft der Bundesregierung ist ausreichend für alles, was Sie wollen und brauchen".

Perkins folgte dem Rat von Richter Harlan Stones, und so haben wir heute eine sozialistische Sozialversicherung in einer konföderierten Republik. Es besteht kein Zweifel daran, dass Richter Stone hätte angeklagt werden müssen, doch es wurde nie Anklage gegen ihn erhoben.

Perkins behielt das Vertrauen des Richters und erzählte es niemandem außer Roosevelt, der diese grob illegale Masche sofort nutzte, um jedes seiner sozialistischen New-Deal-Programme zu finanzieren. Später wurde Harry Hopkins in das Geheimnis eingeweiht und durfte die Lorbeeren für den Ausdruck "tax and spend, tax and spend" ernten.

Perkins war ein Vertrauter und Freund von Henry Morgenthau, dem Richter Hugo Black und Susan Lawrence, der großartigen Abgeordneten und leitenden Angestellten der Fabian Society. Perkins war eine der wichtigsten Persönlichkeiten bei dem Versuch der Sozialisten, die Vereinigten Staaten in den 1920er Jahren zu übernehmen - ein tödlicher Plan, der auf dem Buch "Philip Dru-Administrator" von Oberst Edward Mandel House basierte.

Nach dem, was Susan Lawrence Jane Addams erzählt hat, ist es durch

"eines der seltsamsten Phänomene der Geschichte, das ausgeklügelte System von Kontrollen und Gleichgewichten, das in der amerikanischen Verfassung entworfen wurde, hat, zumindest für den Moment, zum vollständigen persönlichen Aufstieg von Franklin Roosevelt geführt".

Ein kurzer Blick auf "Philip Dru-Administrator" zeigt jedoch, dass es statt Zufall eine ausgeklügelte Planung und eine besondere Aufmerksamkeit für die Technik von Colonel House waren, die Roosevelt an die erste Stelle brachten, bereit, die Kontrolle über die Demokratische Partei zu übernehmen.

Als es soweit war, stand Frances Perkins an der Seite ihres ehemaligen Arbeitgebers. Als Produkt von Hull House und professionelle Sozialarbeiterin wurde Perkins als die beste Opportunistin unter den Sozialisten beschrieben. Perkins bewegte sich leicht in den Kreisen der "Aristokratie" der britischen Fabian Society und lernte ihre Lektionen gut an den Händen von Lilian Wald, Jane Addams und Eleanor Roosevelt. Als die Zeit für ihre Erbauung gekommen war, war sie bereit. Wenn es in den 1920er Jahren zwei führende weibliche Verschwörerinnen gab, dann waren es Kelley und Perkins. Ihre Hingabe an den Sozialismus erregte die Aufmerksamkeit von Mary Rumsey, der sozialistischen Schwester von Averill Harriman.

Mary Harriman Rumsey war die erste einer Gruppe begeisterter New-Deal-Befürworter, die sich für die Übernahme des Plans der Fabian Society, angepasst an die amerikanischen Verhältnisse, einsetzten. Rumsey stammte aus einer der elitärsten Familien, die in den 1930er Jahren in den USA lebten. Seine enge Verbindung zu Eleanor Roosevelt trug dazu bei, seinen ohnehin schon tief verwurzelten sozialistischen Aktivismus noch weiter zu schärfen. Rumsey war ein unermüdlicher Leser der Schriften von Sydney Webb, Shaw, Haldane, Muggeridge und Graham Wallas.

Ihre lebenslange Freundschaft mit Frances Perkins entwickelte sich, nachdem sie sich über Eleanor Roosevelt kennengelernt hatten, und sie entdeckten schnell ihre gemeinsame Leidenschaft für sozialistische Anliegen, auf die Rumsey bald auch ihren berühmten Bruder Averill Harriman drängte, der ein glühender Sozialist und ein Intimus einer Reihe von bolschewistischen Führern wurde. Rumseys sozialistische Aktivitäten führten sie durch die Vereinigten Staaten und Europa, und in England wurde sie von den Webbs und den blaublütigen Mitgliedern der Aristokratie der Fabian Society gefeiert.

Was damals oft bemerkt wurde, war, wie diese Frau, deren gute Manieren sie eindeutig als aus der obersten Schublade der

Gesellschaft stammend kennzeichneten, dazu kam, Gewerkschaftsführerinnen anzuspornen und unter der weiblichen Gewerkschaftsbasis zu arbeiten, wo sie scheinbar zu Hause war. Es ist klar, dass der Fabianische Sozialismus einen unauslöschlichen Eindruck im Leben von Mary Rumsey hinterlassen hatte, die dafür bekannt war, dass sie zu den fünf reichsten Frauen Amerikas gehörte.

Mary Rumseys langjährige Freundschaft mit der eleganten Miss Jane Addams, "ladylike bis in die Fingerspitzen", wie der Sozialkolumnist einer New Yorker Zeitung einmal schrieb, war ein weiterer jener Anachronismen, die sich über die konventionelle Einteilung der Sozialisten auf beiden Seiten des Atlantiks hinwegzusetzen schienen. Addams war die treibende Kraft hinter Hull House, jener fabianischen sozialistischen "Denkfabrik", in der die weibliche Elite der damaligen Zeit in die sozialistischen Überzeugungen eingeführt wurde. Als Beatrice und Sydney Webb im April 1898 die Vereinigten Staaten besuchten, waren sie Gäste von Miss Addams. Der ehemalige "Angestellte im Kolonialministerium" soll von der von Addams gezeigten Beherrschung der englischen Sprache und "ihren schönen dunklen Augen" verzaubert worden sein.

Addams, der sein ganzes Leben lang Single war, gebot Männern wie Colonel Edward Mandel House, H.G. Wells Respekt. Arthur Conan Doyle und Sir Arthur Willert, einem großen britischen Fabian-Journalisten.

Addams war stark an der Gründung der Kirche der Einen Weltregierung beteiligt, einem sozialistischen Kompromiss mit der Religion, der dazu bestimmt war, die offizielle "Religion" der Einen Weltregierung zu werden, deren Geschichte an anderer Stelle in diesem Buch ausführlich beschrieben wird.

Addams war eine echte sozialistische "Pazifistin", die für ihre Bemühungen um die Förderung des "internationalen Friedens" den Nobelpreis erhielt. Addams gründete die Women's International League zusammen mit Mrs. Pethwick Lawrence, einem Mitglied der britischen "High Society" und einer herausragenden Figur der Londoner Gesellschaft zu Beginn des Jahrhunderts. Wie Addams war sie Mitglied des KKK - "Clarte" und der Co-Freimaurerei. Man beachte die Namen aus der High Society, die man nicht mit

Anarchisten und revolutionären Bombenlegern in Verbindung bringt. Dennoch hat der Schaden, den diese notablen Frauen, die dem Sozialismus anhingen, in den USA anrichteten, in vielen Fällen die Wirkung der Radikalen übertroffen.

Addams wurde von zwei US-Präsidenten empfangen und war eine begeisterte Unterstützerin der Wall-Street-Banker, die in Lenin und Trotzki investiert hatten, sowie Aktionärin von Lenins Russian American Industrial Corporation und der Communist Federation Press. Addams stand in Verbindung mit der American Society for Cultural Relations with Russia, die die Publikationen des Glaubensbundes vor allem an Buchhandlungen vertrieb, die sich auf sozialistische/kommunistische Literatur spezialisiert hatten.

Seine enge Freundschaft mit Rosika Schwimmer war wichtig, denn Schwimmer hatte das Ohr von Graf Karloyi, dem Mann, der Ungarn auf einem blutigen Tablett an die abscheuliche Bestie Bela Kuhn (mit bürgerlichem Namen Cohen) lieferte, der in Ungarn Hunderttausende von Christen ermordete, bevor er ausgewiesen werden konnte. Addams ist der Sozialist, der eine Vortragsreise für den blutigen und teuflischen Grafen Karloyi organisiert hat.

Die Anhängerinnen des Fabianischen Sozialismus waren reich, mächtig und hatten die richtigen familiären Beziehungen, wodurch sie sicherstellen konnten, dass ihre stark sozialistischen Ideen ein nennenswertes Publikum fanden. Der Einfluss von sozialistischen Frauen wie Webb, Perkins, Rumsey und Mrs. Pethwick Lawrence, Addams und Besant auf eine Reihe von Schlüsselereignissen in den USA und Großbritannien ist bis heute weder vollständig beschrieben noch richtig verstanden worden. Diese Damen mit ihrem aristokratischen Aussehen und ihrer Stimme hätten in scharfem Kontrast zu den Boxerinnen, Feinsteins, Abzugs und Schroeders der "Frauenrechts"-Bewegung in den USA gestanden. Von allen Frauen, die sich in den 1980er und 1990er Jahren politisch engagierten, hätte sich nur Margaret Thatcher mit Jane Addams wohlgefühlt, deren häufige Besuche in London ihr zwar keine Einladung in die Downing Street Nr. 10 einbrachten, die sie aber zum Liebling der Fabian Society und ihrer Anführer Beatrice und Sydney Webb machte.

Hinter Addams' Manieren und geschliffener Rhetorik verbarg sich ein Inneres, das so hart wie Nägel war, und ein Geist, der sich weigerte, zurückzuweichen, auch wenn alle Widrigkeiten auf ihn einprasselten. Obwohl sie es nie zugab, war Addams diejenige, die Robert Mors Lovett tief beeinflusste, den Mann, der auserwählt wurde, Fabians sozialistischen Vorstoß in den USA zu leiten. Es war unmöglich, einen unwahrscheinlicheren Anführer für sozialistische Anliegen zu finden. Der zurückhaltende und distanzierte Lovett verwandelte sich in einen Brandstifter, nachdem er Addams in Hull House getroffen hatte. In vielerlei Hinsicht war Lovetts Kampagne für die Sozialisierung Amerikas eine der wichtigsten Schlachten, die je von den "großen" Sozialisten geschlagen wurden. Harry Hopkins, der Mann, der mehr Waldbrände für den Fabianischen Sozialismus in Amerika entfachte als jede andere Person in den Reihen der Sozialisten, verdankte seinen Posten Addams, der ihn 1932 Roosevelt nachdrücklich empfohlen hatte.

Addams führte die Liste der sozialistischen Frauen an und erhielt den Friedensnobelpreis für ihre pazifistischen Aktivitäten im Namen des sozialistischen Programms für die Vereinigten Staaten. Sie setzte ihren sozialistischen Kreuzzug unter der Ägide der von ihr in Chicago gegründeten Women's International League for Peace fort, die sich zu einer kommunistischen Fassade für den "Frieden" entwickelte, der den bolschewistischen Führern so am Herzen lag. Addams studierte eingehend die Veröffentlichungen der Fabian Society, insbesondere die aus Madame Kollontays Büchern destillierten Angriffe auf Ehe und Familie, und widmete den größten Teil ihrer Zeit den familienfeindlichen sozialistischen Anliegen in den Vereinigten Staaten.

Obwohl sie sich nie nahe standen, war Dorothy Whitney Straight (Mrs. Leonard Elmhurst) eine Bewunderin von Addams. Die Whitney-Straight stammten wie Addams direkt aus der amerikanischen Oberschicht. Dorothy Whitney-Straights Bruder war Teilhaber bei J.P. Morgan, was den Whitney-Straights freie Hand gab, um in die gehobenen Kreise der fabianischen sozialistischen Zirkel in London, New York und Washington zu gelangen. Die Whitney-Straights finanzierten die amerikanische fabianisch-sozialistische Publikation "New Republic" (Dorothy war die Hauptaktionärin), zu der Walter Lippmann regelmäßig Beiträge lieferte, sowie die führenden sozialistischen Professoren in Oxford und Harvard. Professor Harold Laski war einer der bevorzugten Autoren von "New Republic". Dorothy Whitney Straight war eine begeisterte Anhängerin von Präsident Woodrow Wilson.

Nach ihrer Heirat mit Leonard K. Elmhurst verließ Dorothy ihr Anwesen auf Long Island und zog nach Dartinton Hall in Totnes, Devonshire, England - "wo ihr Herz ist", wie sie ihren Freunden sagte -, um näher am Machtzentrum des fabianischen Sozialismus zu sein. Dort verkehrte sie mit den "Großen" des britischen Sozialismus wie Lord Eustis Perry, Sir Oswald Mosely und Grahame Haldane. 1931 waren Dorothy und die Webbs mit ihrem Plan beschäftigt, den New Deal in den USA einzuführen, um die Ankunft von Franklin Roosevelt vorzubereiten. Um keinen Verdacht zu erregen, wurde der Plan auf Dorothys Vorschlag hin "Politische und wirtschaftliche Planung" (PEP) genannt, obwohl Moses Sieff, eines der ursprünglichen Mitglieder, 1934 in einer Rede vor den Fabian Socialists in London so unvorsichtig war, die PEP als "unseren New Deal" zu bezeichnen.

Von Anfang an war die PEP eine subversive Organisation, die entschlossen war, die Verfassung der Republik der Vereinigten Staaten zu untergraben, und kein Mitglied arbeitete unermüdlicher auf dieses Ziel hin als Dorothy Whitney Straight. Der Abgeordnete Louis T. McFadden sagte über ihre Bemühungen Folgendes:

> "Darf ich Sie darauf hinweisen, dass es sich um eine Geheimorganisation mit enormer Macht handelt? Ihre Organisation wird wie folgt definiert: Eine Gruppe von Personen, die sich aktiv mit der Produktion und Verteilung von sozialen Dienstleistungen, der Raumplanung, dem Finanzwesen, der Bildung, der Forschung, der Überzeugungsarbeit und verschiedenen anderen Schlüsselfunktionen im Vereinigten Königreich befasst".

Herr McFadden bezeichnete diese Gruppe als "brain trust", der, wie er sagte,

> "soll angeblich die aktuelle US-Politik in Bezug auf Handelszölle beeinflussen. Weder Sie noch ich sind besonders daran interessiert, was in England vor sich geht, aber was uns beide interessieren sollte, ist, dass es eine starke Möglichkeit gibt, dass einige Mitglieder des Brain Trust um unseren Präsidenten mit dieser britischen Organisation in Kontakt stehen und darauf hinarbeiten, einen ähnlichen Plan in den USA einzuführen. Ich werde von seriösen Leuten versichert, die

wissen können, dass diese Organisation praktisch die britische Regierung kontrolliert und dass diese hoch organisierte und gut finanzierte Bewegung praktisch die englischsprachige Rasse sowjetisieren soll."

Über die enormen Schäden an den Handelsbarrieren, die von den ehemaligen Präsidenten dieses Landes so klug errichtet wurden, um das Wohlergehen seiner Bürger zu schützen, wird an anderer Stelle in diesem Buch berichtet. McFadden beschuldigte das amerikanische Pendant zu Dorothy Whitney Straights englischem "Brain Trust", aus den Professoren Frankfurter, Tugwell und William C. Bullit (dem Mann, der die fast sichere Niederlage der Weißen Russischen Armee gegen die bolschewistische Rote Armee sabotierte) zu bestehen. Über sie äußerte sich McFadden wie folgt:

"Ich denke, es gibt keinen Zweifel daran, dass diese Männer zu dieser besonderen Organisation mit ausgeprägten bolschewistischen Tendenzen gehören und dass dieser Plan in den Vereinigten Staaten entwickelt werden soll."

In diesem Fall konnte Dorothy Whitney Straight auf den stets verfügbaren Rat von Felix Frankfurter zählen, der vor seiner Übersiedlung nach Devonshire ein häufiger Besucher ihres Anwesens auf Long Island gewesen war. Der sagenhafte Reichtum der Familie Whitney-Straight ermöglichte es, nicht nur den "New Statesman", sondern auch die PEP und zahlreiche andere Tarnorganisationen der Fabian Society und deren Aktivitäten zu finanzieren.

Dorothy unterhielt ihren Hofstaat auf ihrem prächtigen Anwesen in Devonshire, wie das Königshaus, von dem sie träumte, ein Teil davon zu sein. Zu den häufigen Besuchern gehörten neben Frankfurter auch J.B. Priestly, ein bekannter Schriftsteller, Israel Moses Sieff, Richard Bailey und Sir Julian Huxley, Lord Melchett und Malcolm McDonald, der Sohn von Ramsay McDonald. Auch wenn diese Namen den Amerikanern vielleicht nicht sehr geläufig sind, sind es die Namen von Männern, die sich an der Spitze der sozialistischen Fabian-Leiter befanden. Aber ein Amerikaner, der diese Namen erkannte, war der Kongressabgeordnete Louis T. McFadden, Vorsitzender des Bankausschusses des Repräsentantenhauses.

McFadden hat Dorothy Whitney-Straight schon lange im Verdacht, eine Verräterin an ihrem Land zu sein. Bei einer Rede im Repräsentantenhaus will McFadden wissen, was Dorothy und ihr Umfeld vorhaben und wie sich das auf die USA auswirken wird. Er fragt sich, warum ein gewisser Moses Sieff vom "New Deal" als "unserem New Deal" spricht. McFadden enthüllte die engen Verbindungen zwischen den britischen Fabian-Sozialisten und den amerikanischen Sozialisten und Kommunisten, von denen er wusste, dass sie aktiv auf den Untergang der Republik der Vereinigten Staaten hinarbeiteten: "Der Politische Wirtschaftsplan (PEP) operiert jetzt heimlich in England." Was war das Ziel von Dorothy Whitney Straights PEP? Laut McFadden war es etwas, das ihre geheimen Veröffentlichungen ihren "Eingeweihten" offenbart hatten:

> "Die Arbeitsmethode besteht darin, eine Reihe von Personen, die beruflich mit dem einen oder anderen Aspekt des zur Diskussion stehenden Problems (wie man die Verfassung der Vereinigten Staaten zerschlagen kann) befasst sind, in einer Gruppe zusammenzubringen, sowie einige Laien, die die grundlegenden Fragen stellen können, die den Experten manchmal entgehen.

> Diese Technik ermöglicht es PEP, die kombinierte Erfahrung von Männern und Frauen, die in verschiedenen Sphären arbeiten, darunter Unternehmen, Politik, Regierung und Abteilungen lokaler Behörden und Universitäten, zu einem Problem beizutragen...".

> "... Die Namen derjenigen, die die Gruppen bilden, werden nicht bekannt gegeben...Diese Regel wurde von Anfang an bewusst gewählt und hat sich als sehr nützlich erwiesen. Sie ermöglicht es Personen zu dienen, die sonst nicht dazu in der Lage wären; sie stellt sicher, dass die Mitglieder frei zur Diskussion beitragen können, ohne an die offiziellen Ansichten einer Organisation gebunden zu sein, mit der sie identifiziert werden können... Anonymität ist eine strikte Bedingung dafür, dass Ihnen dieses Blatt zugesandt wird. Sie ist entscheidend dafür, dass sich die Gruppe als überparteiliche Organisation bewähren kann, die ihre Beiträge außerhalb des Bereichs persönlicher und parteipolitischer Polemik leistet... "

Kontakte im Geheimdienstbereich haben mir gezeigt, dass 90% der Mitarbeiter des Kongresses (Haus und Senat) auf diese Weise arbeiten. Die Anhörungen des Senatsausschusses zu Richter

Clarence Thomas waren eine erstaunliche Enthüllung darüber, wie diese sozialistische Taktik des "Eindringens und Durchdringens" in allen Zweigen der US-Regierung, in der Kirche, im Bildungswesen und an Orten, an denen Entscheidungen getroffen werden, die für die Zukunft der Vereinigten Staaten von Amerika von entscheidender Bedeutung sind, immer noch weit verbreitet ist.

Die Regel der fabianischen sozialistischen Geheimhaltung hat es geschafft, die oftmals auf Verrat hinauslaufenden Aktivitäten der PEP vor den Augen der amerikanischen Öffentlichkeit zu schützen. Dem PEP und vielen anderen streng geheimen sozialistischen Fabian-Organisationen ist es zu verdanken, dass der Sozialismus in den 1920er und 1930er Jahren die USA beinahe eroberte. Nach dem Vorbild der PEP der britischen Fabian Society hieß die amerikanische Version National Planning Association (NPA) und Felix Frankfurter war der Mann, den Dorothy Whitney Straight Elmhurst auswählte, um die Organisation in den USA aufzubauen und zu betreiben. Dank eines wachen und noch jungfräulichen Obersten Gerichtshofs wurden viele Programme der NPA abgelehnt. Dorothy Whitney-Straight ließ sich dadurch nicht aus der Ruhe bringen und ermahnte ihre sozialistischen Mitstreiter, ihr Ziel - den Umsturz der Vereinigten Staaten - niemals aufzugeben. Sie war wirklich die gefährlichste Feministin der Fabian Society.

Obwohl sie keine persönliche Freundin einer der sozialistischen Fabian-Damen aus der High Society war, muss der Name Laura Spellman hier erwähnt werden, und sei es nur, um das außerordentliche Glück zu unterstreichen, das der Sozialismus immer noch zu haben scheint, wenn er unbegrenzten Zugang zu sehr großen Geldmitteln erhält. Der Laura-Spellman-Fonds startete mit einem Kapital von 10.000.000 $, aber in der Praxis gab es am Spellman-Brunnen keinen Fonds, wenn es um die Förderung sozialistischer Programme in den USA ging. Diese Programme wurden in der Regel in bester sozialistischer Fabian-Manier als "Reformen" bezeichnet.

Eine dieser "Reformen" bestand darin, die Verfassung der Vereinigten Staaten zu untergraben. Als Senator Joseph McCarthy so nahe daran war, den Deckel der sozialistischen und kommunistischen Durchdringung der US-Regierung zu sprengen, gewährte der Laura Spellman Fund unbegrenzte Zuschüsse für diejenigen, die die Hintergründe von Martin Dies und Senator McCarthy erforschten und in der Lage waren, alles zu finden, was sie diskreditieren konnte. So war der Spellman Fund indirekt für den gefährlichen Angriff auf die Verfassung der Vereinigten Staaten verantwortlich, der ein erschreckendes Ausmaß erreicht hatte und den Dies und McCarthy zu enthüllen drohten.

Der politische Prostituierte, Senator William B. Benton, der die Anklage gegen McCarthy anführte, erhielt alle Unterstützung, die man mit dem Geld der Spellmans kaufen konnte, als er forderte, Senator McCarthy aus dem Senat zu entfernen. Bentons Name wird für immer ein Synonym für Aaron Burr und für grundlosen Verrat und Aufwiegelung sein. Benton war eng mit dem sozialistischen Fabian New Deal verbunden und seine Firma, Benton and Bowles, erhielt lukrative Aufträge von der britischen Labour-Regierung. Benton war auch eng mit dem Rockefeller National Bureau of Economic Research (das sich der Förderung von Laskis wirtschaftlichem Wohlfahrtsstaat widmete) und mit Owen Lattimore verbunden, einem der schlimmsten Verräter, die je in diesem Land aufgedeckt wurden. Es war dieser Benton, der McCarthy ungläubig fragte, ob er sich nicht für seine Untersuchung des Militärs schäme, die in erster Linie darauf abzielte, sozialistische Verräter in der US-Regierung aufzuspüren.

Später, als er mit dem Rockefeller Brothers Fund fusionierte, spendete Spellman 3 Millionen Dollar an Harold Laskis London School of Economics, was dem Sozialismus die Tür zu den höchsten Regierungskreisen der USA öffnete. Das Geld von Laura Spellman wurde in eine intensive Kampagne zur Einführung marxistischer "Bildungs-" und "Wirtschaftsprogramme" an amerikanischen Schulen und Universitäten investiert. Millionen von Dollar wurden in diese sozialistischen Programme investiert, deren Folgen wir wahrscheinlich nie ermessen können, und die die Form und Richtung der Bildung in diesem Land für immer verändert haben.

Die Hauptbesessenheit dieser sozialistischen Frauen war die Zerstörung der amerikanischen Familientradition. Wie Sir Paul Dukes, einer der führenden Experten für Bolschewismus in den 1920er Jahren, es ausdrückte:

> "Die zentrale Tragödie des bolschewistischen Regimes in Russland ist eine organisierte Anstrengung, den Geist der

Kinder zu unterwandern und zu verderben... Es war immer ein bolschewistisches Prinzip, die Institution der Familie zu bekämpfen".

Die Schriften von Frau Kollontay lassen selbst in den Köpfen von Skeptikern keinen Zweifel daran aufkommen. Die Idee war, Kinder in einem sehr frühen Alter aus der elterlichen Obhut zu nehmen und sie in staatlichen Kindergärten aufzuziehen.

Der Schaden, den Eleanor Roosevelt angerichtet hat, wurde schon oft erzählt, und es ist nicht nötig, ihn hier noch einmal zu erwähnen. Es genügt zu sagen, dass die sogenannte Frauenbewegung, der sie in den 1920er und 1930er Jahren so viel Zeit widmete, blühte und nie so stark war wie 1994 in den USA. Eleanor war die erste, die den Lesbianismus durch ihre unerlaubte Beziehung zu Lorena Hicock, deren Liebesbriefe sich im Haus der Roosevelts im Hyde Park befinden, offen sanktionierte. Das Ereignis, das uns gezeigt hat, wie militant und mächtig diese Gruppe sozialistischer Aktivisten geworden ist, war vielleicht der Kampf zwischen Anita Hill und Clarence Thomas vor einem Millionenpublikum. Bemerkenswert ist auch die Zahl der sogenannten "Frauenrechts"- und "feministischen" Organisationen, die seit Eleanor Roosevelts Zeiten entstanden sind und sich vervielfacht haben.

Die Namen einzelner sozialistischer Führer und ihrer "feministischen" Organisationen sind ebenso Legion wie die in der Bibel erwähnten Dämonen. Ich habe nicht die Absicht, jede einzelne von ihnen besonders zu erwähnen - das würde den Rahmen dieses Buches sprengen. Ich bin daher gezwungen, die Aufmerksamkeit nur auf die ranghöchsten Personen in der sozialistischen Frauenhierarchie zu lenken, die der sozialistischen Regel folgten, durchdringen und durchdringen. Der erstaunliche Erfolg der sozialistischen Männer bei der Durchdringung aller Zweige der Regierung der Vereinigten Staaten, der lokalen Regierungen und der Bundesstaaten, in private Institutionen und Organisationen wäre von Perkins, Kelley und Dorothy Whitney-Straight mit Stolz begrüßt worden.

Sie hätten Barbara Streisand geliebt, eine "Künstlerin" mit rauer Stimme, deren Ratschläge bis ins Weiße Haus der Clintons reichen. Die Tatsache, dass Streisand "im Weißen Haus schläft", wenn sie auf der Durchreise ist, zeigt, wie sehr die USA auf ein Niveau trainiert wurden, das sich die großen Staatsmänner der Vergangenheit - Washington, Jefferson, Jackson - nie hätten vorstellen können. Streisand und Bella Abzug sind wie zwei Erbsen in einer Schote. Sie sind schrill, kämpferisch und tief mit sozialistischen/marxistischen Idealen verbunden. Beide leben im Luxus und geben vor, für die Armen zu sprechen.

Abzug ließ sich vor allem dank der Stimmen des jüdischen Blocks ins Repräsentantenhaus berufen, und als sie dort angekommen war, begann sie, ihre kratzige Stimme zu erheben, insbesondere in der Frage des sogenannten "Rechts auf Abtreibung", das, wie ich nebenbei bemerkt, keinerlei rechtliche Grundlage hat, da es außerhalb des Geltungsbereichs der Verfassung liegt und somit null und nichtig ist.

Abzug lief durch die Flure des Kongresses und brüllte buchstäblich gegen jeden, der sich dem radikalen Feminismus der "freien Liebe" widersetzte. Unterstützt wurde sie dabei von einer der schlimmsten Betrügerinnen des Feminismus, Norma McCorvey, der "Jane Roe" aus Roe vs. Wade. McCorvey war zu dem Zeitpunkt, als das Thema aufkam, nicht einmal schwanger. Sie wurde von der Abzug-Meute als "große Gelehrte" dargestellt, während ihr Abschluss in Wirklichkeit von der nicht akkreditierten New College Law School in San Francisco stammte, derselben feministischen Organisation, die Anita Hill ihren Juraabschluss verliehen hatte!

Einige der radikalen feministischen Organisationen, aber nicht alle, sind wie folgt:

> Die Anwaltsvereinigung von Margaret Bent

> Die American Civil Liberties Union

> National Women's Law Center

> Rechtsschule des neuen Kollegs

> Ad-hoc-Ausschuss für öffentliche Bildung zum Thema sexuelle Belästigung

> Alliance for Justice (Bündnis für Gerechtigkeit)

> Center for Law and Special Policy

> Nationale Frauenorganisation (NOW)

> Organisation für die Förderung von Frauen

> Planned Parenthood

> National Action League for the Right to Abortion (Nationale Aktionsliga für das Recht auf Abtreibung) (NARL)

> Women's Legal Defense Fund (Rechtsschutzfonds für Frauen)

Die Mehrheit dieser radikalen Frauenrechtsorganisationen will die Verfassung zu ihrem Schutz nutzen, während sie sich mit der Sozialisierung der Vereinigten Staaten beschäftigen - ein Erbe, das sie von Felix Frankfurter übernommen haben. Von Zeit zu Zeit verkünden sie fromme Plattitüden über den Schutz der individuellen Rechte, von denen sich neunundneunzig Prozent nicht in der Verfassung finden, während sie gleichzeitig dafür eintreten, genau die Verfassung zu stürzen, die sie schützt.

Das von Florence Kelley, der Vorfahrin von Bella Abzug, eingeführte sozialistische Mutterschafts- und Kindergesetz ist direkt aus dem bolschewistischen System abgeleitet, das Frau Sinowjew für die weltweite Verstaatlichung von Kindern beschrieben hat. Was Bella Abzug und Pat Schroeder als "Frauenrechte" bezeichnen, ist nichts anderes als weibliche Anarchie und findet sich nicht in der Verfassung der Vereinigten Staaten. Das meiste von dem, was diese sozialistischen Frauen anstreben, stammt aus den Werken von Alexandra Kollontay "Communism and the Family", Bebel "Women and Socialism" und Engel "Origin of the Family". Die sogenannten "Rechte auf Abtreibung" stammen aus dieser bolschewistischen Literatur.

Das Overman-Komitee zum Bolschewismus kam 1919 zu folgendem Schluss:

> Das offensichtliche Ziel der bolschewistischen Regierung ist es, den russischen Bürger, insbesondere Frauen und Kinder, von dieser Regierung abhängig zu machen... Sie erließen Dekrete zu Ehe und Scheidung, die praktisch einen Zustand der "freien Liebe" (Abtreibung) herstellten. Ihre Wirkung bestand darin, dass sie ein Vehikel für die Legalisierung der Prostitution bereitstellten, indem sie die Aufhebung des Ehebandes nach Belieben der Parteien ermöglichten. Senatsdokument Nr. 61, 1.

Sitzungsperiode, Seiten 36-37, Congressional Record.

Im Fall Roe vs. Wade haben die Richter des Obersten Gerichtshofs der USA mithilfe ihrer blühenden Fantasie gegen die Verfassung verstoßen. Sogenannte "Frauenrechtsaktivisten" haben in den letzten zwei Jahrzehnten nichts unversucht gelassen, um zu versuchen, "Rechte" in der Verfassung zu verankern, die dort schlichtweg nicht vorhanden sind.

Der Fall Anita Hill-Clarence Thomas war eine bemerkenswerte Demonstration der großen Macht, die diese Frauenrechtsgruppen seit der Zeit der Roosevelt-Regierung erlangt haben. Der Senat ist voll von Sozialisten der schlimmsten Sorte, Kennedy, Metzenbaum und Biden sind ihre Fahnenträger. Es gibt eine öffentliche Wahrnehmung, die korrigiert werden muss: Der Senat hat keine richterlichen Befugnisse: Er kann niemanden vor Gericht stellen. Seine Befugnisse beschränken sich auf eine investigative Rolle. Er hat keine Rolle als Staatsanwalt. Bei der Untersuchung des Falls Anita Hill-Clarence Thomas wurde schnell klar, dass der Senat diese Einschränkung seiner Befugnisse offensichtlich völlig vergessen hatte.

Die Hauptanstifterin der Konfrontation war nicht Hill selbst, sondern eine Gruppe scheuer und aggressiver Frauen, die eine Gelegenheit sahen, aus der übertriebenen Frage der "sexuellen Belästigung", die zu ihrer berühmten Causa geworden war, Profit zu schlagen.[9] Die Tatsache, dass diese Gruppe den Senatsausschuss und einen Großteil der Gesetzgeber davon überzeugen konnte, dass Hill ein Opfer "sexueller Belästigung" war, obwohl sie zehn Jahre lang gewartet hatte, bevor sie eine Klage einreichte, zeigt, wie mächtig die Verfechter der "Frauenrechte" geworden sind.

Wenn man mit dem Finger auf eine Frau zeigen könnte, die für diesen beklagenswerten Zustand der Dinge verantwortlich ist, dann wäre es Nan Aaron. Wenn man mit dem Finger auf einen Mann zeigen könnte, wäre es Richter Warren Burger, der sozialistische Traum eines Richters, auf den man sich immer verlassen kann, wenn es darum geht, die Verfassung zu verbiegen und auszupressen und

---

[9] Im Original auf Französisch, Anm. d. Ü.

seine eigenen Vorlieben unter völliger Missachtung des neunten Zusatzartikels der US-Verfassung hinzuzufügen.

Es sollte erwähnt werden, dass keiner der sozialistischen Richter, die der Verfassung den größten Schaden zugefügt haben, vor seiner Berufung an den Obersten Gerichtshof Erfahrung als Richter hatte. Louis Brandeis, John Marshall, Earl Warren, Byron White und William Rehnquist waren keine Richter, bevor ihre sozialistischen Referenzen sie in den Obersten Gerichtshof beförderten, von wo aus sie sich in den Dienst der wichtigsten Sozialisten stellten, die alle Regierungsebenen durchseuchen.

Es dauerte ein paar Tage, um die großartigen sozialistischen Frauen für einen Angriff zu sammeln, aber danach waren Kate Michelman, eine Vorkämpferin für das Recht auf Abtreibung und die Tötung von Babys, Nan Aaron, Judith Lichtman, Molly Yard, Eleanor Smeal, Patricia Schroeder, Barbara Boxer, Susan Hoerchner, Gail Lasiter, Dianne Feinstein, Susan Deller Ross und Nina Totenberg, eine Marihuana rauchende Muckrakerin in der besten Tradition der sozialistischen Fabian-Muckraker der 1920er Jahre, waren in voller Aktion. Unter ihnen war Totenberg vielleicht die bösartigste, denn sie war bereits wegen Plagiats entlassen worden. Totenberg, die an eine derbe Sprache gewöhnt ist, repräsentiert das Schlimmste, was es unter den sogenannten "Feministinnen" gibt. Dabei wird sie geschickt von Senator Howard Metzenbaum unterstützt, dem besten Beispiel für das, was im Senat schief läuft.

Der erste Angriff auf Thomas kam durch ein von Aaron, Hoerchner und Lichtman orchestriertes Leck zustande, das Hill davon überzeugte, ihre Klage wegen sexueller Belästigung schriftlich festzuhalten und an das FBI zu schicken. Hoerchner hatte Hill als Erster in Oklahoma angerufen, ungeachtet der Tatsache, dass die beiden über sieben Jahre lang keinen Kontakt gehabt hatten. Hoerchner ähnelte George Bernard Shaw insofern, als sie nicht zögerte, jeden anzusprechen, auch Fremde, von denen sie glaubte, dass sie ihr nützlich sein könnten.

Was diese aggressiven "Feministinnen" befürchteten, war, dass Hill nicht aus freien Stücken erscheinen würde, um sich Richter Thomas zu stellen. In diesem Fall müssten wir sie, wie das Sprichwort sagt, "rausholen", indem wir die von der Homosexuellen-Lobby erlernten Techniken anwenden, wann immer einer der ihren zögert, sich zu seiner Homosexualität zu bekennen.

Zu diesem Zeitpunkt war Thomas bereits fünf Tage lang verhört worden, wobei Metzenbaum seinen üblichen Trick anwandte, indem er die Bestätigung hinauszögerte, um zu sehen, ob seine Verleumdungskommandos Ergebnisse liefern würden. Schließlich brach Hill unter dem schrecklichen Druck von Catherine McKinnon, einer feministischen Aktivistin und "Rechtsgelehrten", und hauptsächlich durch Lichtman zusammen und wurde gezwungen, die Anschuldigungen zu erheben, die die radikalen Frauen wollten, und die sofort veröffentlicht wurden.

Der Rest ist Teil der Geschichte, eine faszinierende Erzählung über die Wildheit der sozialistischen Feministin, die zu allem bereit ist, um zu "töten", obwohl in diesem Fall ihre Beute, der Richter Clarence Thomas, ihnen davonlaufen konnte. Die gesamte Operation, von dem Moment an, als Hoerchner Hill kontaktierte, bis zu Thomas' Bestätigung, wurde nach den Grundsätzen der Psychopolitik durchgeführt, der Strategie, die dem Sozialismus in England so gut gedient hatte.

Leider ist der radikale sozialistische "Feminismus" dazu da, um zu bleiben. Die Aktivitäten von Amazonen wie Patricia Schroeder und den Schwergewichten Boxer und Feinstein werden keine Ruhe geben. Wir werden erleben, wie diese radikalfeministischen Gesetzgeber alle möglichen Gesetze einführen, die nicht mit der Verfassung vereinbar sind. Wir haben bereits gesehen, wie Feinstein ein angebliches Verbot von "Sturmgewehren" durch den Senat gebracht hat. Die Tatsache, dass Feinsteins Gesetzentwurf an nicht weniger als drei wichtigen Stellen gegen die Verfassung verstieß, störte diese Gladiatorin nicht. Was wir tun müssen, ist, die Gesetzgeber in der Verfassung auszubilden, sie wählen zu lassen und ihnen dann beizubringen, wie sie jeden weiteren Angriff auf unsere Freiheiten abwehren und rückgängig machen können, indem sie die Verfassung als Hauptwaffe einsetzen. Dafür brauchen wir eine Stiftung, die der Fabian Socialist Society ähnlich ist.

Kapitel 5

DIE VERFASSUNG DURCH GESETZE UNTERWANDERN

E s war Florence Kelley (Weschenewsky)[10], die erklärte, dass die Verfassung der Vereinigten Staaten durch das, was sie "den Weg der Gesetzgebung" nannte, unterwandert werden sollte, und seit ihrer Erklärung. Die Sozialdemokraten setzten sich mit Händen und Füßen dafür ein, ihre Direktive umzusetzen. Diese Unterwanderung der Verfassung ging so weit, dass 1994 kein Tag vergeht, an dem nicht irgendwo ein Richter seine Vorhersagen in die Verfassung hineinliest und Entscheidungen trifft, die außerhalb des Rahmens und der Reichweite der Verfassung liegen.

In den späten 1920er und frühen 1930er Jahren erklärten sozialistische Gruppen in den USA, dass die interpretative Rolle der Judikative genutzt werden sollte, um die Beschränkungen der Verfassung zu umgehen. Die Sozialisten stellten sich auch "exekutive Befehle" als Mittel zur direkten Gesetzgebung vor, wenn es nicht möglich war, eine für sozialistische Anliegen günstige Gesetzgebung zu verkünden.

Obwohl der neunte Zusatzartikel zur Verfassung der Vereinigten Staaten ausdrücklich mit dem Ziel verfasst wurde, Richter daran zu hindern, ihren Vorhersagen Gesetzeskraft zu verleihen, haben Richter aller Ebenen diese ihnen auferlegte Einschränkung im Großen und Ganzen ignoriert und verabschieden zunehmend

---

[10] Der Leser hat vielleicht bemerkt, dass die meisten der genannten Aktivisten, diesich für die Untergrabung der amerikanischen Verfassung einsetzen - Feinstein, Schroeder, Metzenbaum, Totenberg, Lichtman usw. -, jüdisch sind. - jüdischer Abstammung sind. Nde

Gesetze, die eindeutig verfassungswidrig sind. Beispiele hierfür sind die sogenannten "Waffenkontrollgesetze" und die Einschränkungen, die Protestgruppen gegen Abtreibungen auferlegt werden.

Kelley wurde bekannt, als sie das Werk des wütenden Sozialisten Engels mit dem Titel "Condition of the Working Class in England in 1844" ins Englische übersetzte.[11] Es handelte sich dabei um den üblichen sozialistischen Angriff auf den Kapitalismus. Engels schrieb mehrere Bücher, darunter einen scharfen Angriff auf die Religion und ein weiteres, "Origin of the Family", eine Tirade gegen die Heiligkeit der Ehe. Engels tourte 1884 durch die USA und versuchte nicht, Edward Bellamys Warnung zu beachten, Konfrontationen zu vermeiden, die ein Bild des Sozialismus als Heimat von sexuellen Abweichlern, Revolutionären und Anarchisten projizierten. Offenbar waren die Amerikaner der 1800er Jahre weitaus besser über den Sozialismus informiert als die Amerikaner der 1990er Jahre.

Es ist kein Zufall, dass Kelley seine sozialistische Erziehung in der Schweiz erhielt, der langjährigen Heimat von Revolutionären, Anarchisten und sexuellen Abweichlern. Danton und Marat kamen aus der Schweiz, um die Französische Revolution in Gang zu bringen. Lenin verbrachte eine beträchtliche Zeit in diesem Land, bevor er sich nach London wagte. Kelley begann ihren Kreuzzug zur Unterwanderung der Verfassung der Vereinigten Staaten, indem sie dem New York Nationalist Club beitrat, von wo aus sie die Bundesregierung dazu bringen wollte, Gesetze zu erlassen, die die Löhne und Bedingungen in den Fabriken kontrollieren würden.

Bei der Verfolgung dieses Ziels schuf Kelley entweder eigene Fassaden oder schloss sich bereits bestehenden an, wie etwa der National Consumers League, der sie versuchte, marxistische Akzente zu verleihen. Kelley bezeichnete sich selbst als "Marxist-Quaker" und war außerdem eine amerikanische Sozialistin vom Typ Fabian. In den folgenden Kapiteln werden wir mehr über Kelley erfahren. Sie wurde eine enge Freundin von Harvard-Professor Brandeis, von dem sie viel über die Methodik lernte, mit der die

---

[11] *Der Zustand der Arbeiterklasse in England im Jahr 1844*, Anm. d. Übers.

Verfassung auf dem "legislativen Weg" umgangen werden kann.

Kelley arbeitete mit großer Energie daran, den Weg für den "Brandeis Brief" zu ebnen, der zum Markenzeichen der sozialistischen Richter werden sollte. Der "Brandeis Brief" bestand im Wesentlichen aus ein oder zwei Blättern mit Rechtsgutachten, die riesigen Paketen sorgfältig ausgewählter sozialistischer Propaganda zu wirtschaftlichen und sozialen Fragen beigefügt waren. Unnötig zu sagen, dass weder Brandeis noch seine Richterkollegen auch nur im Geringsten qualifiziert waren, diese voreingenommenen sozialistischen Doktrinen zu interpretieren, so dass sie einfach als Tatsachen akzeptiert und in den Entscheidungen der Richter festgeschrieben wurden. Um 1915 herum reisten Kelley-Forscher um die ganze Welt, um sozialismusfreundliche Informationen zu sammeln, die den Großteil der Dokumente ausmachten, aus denen die "Brandeis-Akte" bestand. Es war eine gewaltige Aufgabe, die geschickt gelöst wurde und die die Art und Weise, wie die amerikanische Rechtsprechung funktionierte, verändern sollte.

"Brandeis Briefs" war ein großer Triumph für Kelley und seinen "legislativen Weg" zur Änderung und Umgehung der Verfassung. Auf Anweisung von Mandel House sollte der einvernehmlich ernannte Präsident Woodrow Wilson die Unterstützung des "progressiven Republikaners" Brandeis für die bevorstehende Verwicklung der Vereinigten Staaten in den Zweiten Weltkrieg sichern. Es ist sinnvoll, zu wiederholen, was bereits gesagt wurde: "Progressive" und "moderate" Republikaner bedeuten, dass die Person, die diese Etiketten verwendet, ein glühender Sozialist ist.

Die Lusk-Gesetze des Staates New York sind ein weiterer Meilenstein in der Geschichte der sozialistischen Triumphe über das Justizsystem der Vereinigten Staaten. Die sogenannten "Immigranten" aus Osteuropa strömten in den 1800er Jahren nach New York und brachten kämpferische Einstellungen und viel revolutionäre Erfahrung mit. Viele dieser Neuankömmlinge arbeiteten im Bekleidungshandel. Um das revolutionäre anarchistische Verhalten dieser großen Gruppe aus Osteuropa zu untersuchen, ernannte die Legislative des Bundesstaates New York 1919 Senator Clayton R. Lusk zum Vorsitzenden eines Untersuchungsausschusses ernannte.

Eines der mächtigsten Zentren zur Unterstützung von "Immigranten" war die Rand School. Als Hochburg der amerikanischen Fabian-Sozialisten bot die Rand rechtliche Unterstützung für die Gewerkschaft der Bekleidungsarbeiter und eine ganze Reihe anderer Gewerkschaften, die die Rand mit gegründet hatte. Die Redner und Ausbilder der Rand School lesen sich wie ein Who is Who der Fabianischen Sozialisten. Lusk besuchte die Rand mit Durchsuchungsbefehlen und in Begleitung von Staatspolizisten und beschlagnahmte Akten und Dateien.

Die Reaktion der sozialistischen Rechtsbruderschaft ließ nicht lange auf sich warten. Ein angesehener Anwalt, Samuel Untermeyer - der 1933 Hitler den Krieg erklärt hatte - und der großen Einfluss auf die inneren Kreise des Weißen Hauses hatte, beantragte und erwirkte eine einstweilige Verfügung gegen Lusk, der daraufhin gezwungen wurde, die beschlagnahmten Akten und Dokumente herauszugeben. Dies war eine erste Demonstration der beeindruckenden Macht des Sozialismus in den Vereinigten Staaten. Dennoch verabschiedete die Legislative von New York nach Sen Lusks Bericht die späteren Lusk-Gesetze, die vorschrieben, dass alle Schulen im Staat New York eine Lizenz erhalten mussten. Ziel der Übung war es, die Rand School zu schließen.

Doch die Gesetzgeber im Bundesstaat New York sollten keinen Erfolg haben. In den 1920er und 1930er Jahren kannten nur wenige den Sozialismus als eine virulente Krankheit, die zuschlagen kann, wann und wo sie will. Der prominente sozialistische Anwalt Morris Hillquit entfachte unter den mächtigen Bekleidungsarbeitern und anderen sozialistisch dominierten Gewerkschaften einen so heftigen Aufruhr gegen das Lusk-Gesetz, dass Gouverneur Al Smith sein Veto einlegte. Aus diesem Anfang entstand eine mächtige politische Allianz, die den Sozialisten Franklin Delano Roosevelt ins Weiße Haus bringen sollte.

Wieder einmal haben die Sozialisten bewiesen, dass ihre heimliche, finstere und verleumderische Politik, ihre auserwählten Anhänger als Berater in die Machthaber einzuschleusen, der richtige Weg ist. Jahre später stellte sich heraus, dass Gouverneur Smith, ein überzeugter Katholik, von Pater John Augustin Ryan, einem bekennenden Sozialisten, "in Fragen der sozialen Gerechtigkeit beraten" worden war, der von dem von den Sozialisten dominierten

National Catholic Welfare Council in Smith eingeschleust worden war. Auf Ryans Rat hin legte Smith sein Veto gegen den Lusk-Gesetzentwurf ein.

Als glühender Anhänger von Sydney Webb wurde Ryan später als "Vater des New Deal" bekannt. Im Jahr 1939 wurden die Richter William O. Douglas, Felix Frankfurter und Henry A. Morgenthau an einem Abendessen zu seinen Ehren teil (keiner der Basismitglieder der Bekleidungsarbeiter und anderer Gewerkschaften war eingeladen). Die Rand School setzte ihren Betrieb ohne Unterbrechung fort, obwohl sie keine Lizenz hatte.

Was die Sozialisten in den 1920er Jahren, als sie versuchten, die USA praktisch zu übernehmen, störte, war die Tatsache, dass die Bundesregierung keine absolute Macht hatte. Nur Könige haben absolute Macht und geben Proklamationen heraus. Präsident Lincoln ließ in seiner Emanzipationsproklamation die Sklaven nicht frei. Er wusste, dass dies verfassungswidrig war. Das Werk "Blackstone's Commentaries With Notes" des großen Verfassungsrechtlers St. George Tucker, Professor für Rechtswissenschaften an der William and Mary University, der in der Amerikanischen Revolution diente, formuliert die Position sehr deutlich:

"Das Recht, Proklamationen herauszugeben, ist eines der Vorrechte der englischen Krone. Da eine solche Befugnis in der Bundesverfassung nicht ausdrücklich gewährt wird, wurde bei einer besonderen Gelegenheit die Frage aufgeworfen, ob der Präsident kraft der Verfassung eine solche Befugnis besitze...".

Die Sozialisten beschlossen, dass die Proklamationen in Zukunft als "Exekutivbefehle" bezeichnet werden sollten, aber sie bleiben Fatalgesetze, die nach der Verfassung der Vereinigten Staaten verboten sind.

Die ersten zehn Zusatzartikel der Verfassung der Vereinigten Staaten stellen eine Beschränkung für die Bundesregierung dar, mit vielleicht einer kleinen Ausnahme, die im fünften Zusatzartikel enthalten ist. Artikel 1, Abschnitt 9 der Verfassung erlaubt es der Bundesregierung nicht, Gesetze außerhalb der ihr übertragenen Befugnisse zu erlassen, die in den primären Befugnissen des Kongresses enthalten sind.

Frustriert von den Beschränkungen, die die Bill of Rights der Macht der Bundesregierung auferlegt, gingen die Sozialisten "auf dem Gesetzesweg" in die Offensive. Was sie über das Repräsentantenhaus und den Senat nicht erreichen konnten, haben sie über die Gerichte durchgesetzt, weshalb wir so viele verfassungswidrige Gesetze in den Gesetzestexten haben. Es besteht kein Zweifel daran, dass die Sozialisten das Land zwischen 1920 und 1930 überschwemmt hätten, wenn sie nicht durch die Verfassung blockiert worden wären.

Leider haben sich der Kongress und der Präsident seit den 1970er Jahren dafür entschieden, jedes Jahr mehr Sozialprogramme zu implementieren. Ein Beispiel dafür ist der Gesetzentwurf "A Bill to Establish National Voter Registration", der von Senator Robert Dole, dem Führer der Minderheit im Senat, vorgelegt wurde. Doles Gesetzentwurf ist zu 100 % verfassungswidrig, und es ist ein trauriger Tag für die Vereinigten Staaten, dass der Minderheitenführer im US-Senat so unverantwortlich handelt. Einzelheiten zu Doles Gesetzentwurf finden Sie auf den Seiten S5012 - D5018, Congressional Record, 24. April 1991, Nr. 61, Vol. 137.

Doles Gesetzentwurf ist schlecht, weil er gegen Artikel 1, Abschnitt 4, Teil 1 der Verfassung der Vereinigten Staaten verstößt, in dem es heißt:

"Zeit, Ort und Art der Durchführung der Wahlen der Senatoren und Repräsentanten werden in jedem Staat von dessen Gesetzgebern vorgeschrieben; der Kongress kann jedoch jederzeit durch ein Gesetz diese Regelungen treffen oder ändern, außer in Bezug auf die Orte, an denen die Senatoren gewählt werden."

Die Debatten über diese Frage reichen bis in die frühen Tage unserer konföderierten Republik zurück.

Das Wort "kann" bedeutet nicht "muss". Das Wort "Weise" bezieht sich lediglich auf die Art des verwendeten Wahlzettels. Die Wörter "alter" und "regulate" bedeuten nicht, dass die Bundesregierung die Wahlen der Bundesstaaten kontrolliert, was Dole wissen müsste, wenn er die Congressional Globes und die Annals of Congress gelesen hat. Herr Dole versucht, die Bundesregierung in

Angelegenheiten zu involvieren, die den Bundesstaaten vorbehalten sind. Das ist ein gängiges Mittel aller Sozialisten.

Wilson begann mit dieser Art von Fäulnis, und seine Unterminierung wurde von Roosevelt, Kennedy, Johnson Eisenhower, Bush und jetzt Clinton fortgesetzt. Wie im Tandem ist der Oberste Gerichtshof so weit nach links gerückt, dass man sich fragt, warum er sich nicht sozialistischer Oberster Gerichtshof der Vereinigten Staaten nennt. Einer der Hauptlieferanten sozialistischer Doktrinen war Richter Harlan Stone, der den Verfassungsschlächter Roosevelt über Frances Perkins beriet, wie sozialistische Programme am besten zu finanzieren seien.

Zu jener Zeit waren die wichtigsten Verschwörer, die auf die Demontage der Verfassung der Vereinigten Staaten hinarbeiteten, zweifellos Colonel House, Richter Brandeis, Richter Felix Frankfurter, Bernard Baruch, Florence Kelley und Sidney Hillman.[12] Die Brandeis Briefs waren hauptverantwortlich dafür, dass der Oberste Gerichtshof in die falsche Richtung gelenkt wurde. Wie an anderer Stelle erläutert, waren die Brandeis Briefs eine Masse von soziologischen Stellungnahmen, die sozialistischen Anliegen sehr wohlwollend gegenüberstanden und von der dünnsten Rechtsberatung gedeckt waren. So entstand das "soziologische Recht", das dem amerikanischen Volk seit seiner Einführung im Jahr 1915 als Fluch und Verwünschung um den Hals hing.

Neben dem Angriff auf die Verfassung über die Gerichte bedienten sich die Sozialisten der Strategie, ihre "Berater" als Sprecher der US-Außenpolitik einzusetzen, auch wenn diese weder Regierungsvertreter noch vom Volk gewählt waren. Colonel House und George Maynard Keynes sind zwei klassische Beispiele dafür, wie die amerikanischen Sozialisten die Verfassung scheinbar ungestraft mit Füßen traten, indem sie "Einflusssphären" ausübten.

House war offen für die totale Zerstörung der Verfassung der Vereinigten Staaten und Brandeis brachte seine sozialistischen "Reformen" der Verfassung in seinem Buch "Wealth of the Commonwealth" zum Ausdruck. Damit sie sich verschwören,

---

[12] Auch hier alle jüdisch. Nde.

konspirieren und absprechen konnten, um die Verfassung zu Fall zu bringen, lebte House nur zwei Blocks von Roosevelt entfernt und beide waren in Hörweite von Sir William Wiseman, dem Leiter der MI6-Station des britischen Geheimdienstes für Nordamerika.

Die ACLU war die aktivste aller sozialistischen Organisationen, die die Verfassung angegriffen hat. Das Wachstum ihres unheilvollen Einflusses lässt sich an der Anzahl ihrer Chapter allein in Kalifornien ablesen und daran, dass sie das McCarran-Gesetz zur inneren Sicherheit anfechten konnte.

Kapitel 6

DIE HELLSTEN STERNE AM SOZIALISTISCHEN FIRMAMENT AMERIKAS

Wie die Überschrift dieses Kapitels nahelegt, werden wir einige der hellsten Sterne des amerikanischen sozialistischen Sternbilds unter den Abertausenden von sozialistischen Führern, aus denen sich der Sozialismus zusammensetzt, benennen. Unter ihnen befinden sich einige der gefährlichsten Subversiven, die jemals in der Geschichte dieses Landes aufgetreten sind. Man hat uns immer gesagt, wir sollten uns vor den "Kommunisten" in Washington in Acht nehmen, und das hat erfolgreich unseren Blick vom eigentlichen Grund zur Sorge abgelenkt: den Sozialisten.

Die Reihen der Sozialisten sind voll von erstklassigen Pädagogen, insbesondere auf der Ebene der Professoren und Universitätspräsidenten. Sie sind im diplomatischen Dienst, im US-Außenministerium, im Repräsentantenhaus und im Senat zu finden. Das Justizministerium quillt über von denen, die alles tun würden, um den Sozialismus zu fördern. Die Schlüsselpositionen im Bankensektor sind von ihnen besetzt, sie kontrollieren das Geld der Nation und Tausende andere haben Schlüsselpositionen im Militär inne. Einige der mächtigsten internationalen Konzerne fungieren als Change Agents des Fabianischen Sozialismus.

Die Fabianischen Sozialisten sind im Kommunikationssektor tätig und besetzen Schlüsselpositionen, ebenso in den Informationsmedien, gedruckt und elektronisch. Sie formen die öffentliche Meinung entsprechend den Tagesereignissen, verführen die Öffentlichkeit und schaffen Meinungen, die die Öffentlichkeit konditioniert hat, als ihre eigenen zu akzeptieren. Kurz gesagt: Der Sozialismus ist in den Vereinigten Staaten von Amerika so tief verwurzelt, dass es schwierig wäre, ihn zu verdrängen, wenn man nicht zuerst die Unterstützung des gesamten Volkes gewinnen würde. Die Fabianischen Sozialisten haben die christliche Kirche so sehr durchdrungen und durchtränkt, dass sie heute im Hinblick auf die Absichten Christi völlig unkenntlich ist. Fabianische Sozialisten sind Richter am Obersten Gerichtshof und nutzen ihre Vorlieben, um die verfassungsrechtlichen Garantien zu umgehen; sie sind Freimaurer. Das Polizeisystem ist mit Sozialisten durchsetzt, vor allem in der Klasse der hochrangigen Offiziere.

Die bekanntesten Richter des Obersten Gerichtshofs, die den Anliegen der Fabian-Sozialisten in der Vergangenheit sehr geholfen haben, sind vielleicht die Richter Harlan Stone, Felix Frankfurter, William O. Douglas, Hugo Black, Louis Brandeis, Abe Fortas, Warren Burger und Earl Warren, und wir werden zu gegebener Zeit auf diese Sterne am sozialistischen Firmament zurückkommen. In anderen, ebenso wichtigen Bereichen fungierte eine Vielzahl von Professoren als Berater der US-Präsidenten; andere verwandelten das amerikanische System der politischen Ökonomie, das nicht mehr das ist, was die Gründerväter wollten, in ein babylonisches System, das die Geldschnüre der Nation unrechtmäßig in die Hände sozialistischer Ausländer legte.

Eine erlesenere Gruppe von Fabian-Sozialisten wurde zum Kontrolleur von fünf US-Präsidenten; eine Situation, die von den Gründervätern nicht in Betracht gezogen worden war und die daher eine besonders gefährliche Kamarilla geschaffen hat, die allmählich zur Durchdringung und Durchdringung des höchsten politischen Amtes der Nation führte, mit der damit verbundenen großen Korruption, die wir jetzt in vollem Umfang in der Präsidentschaft Clintons sehen.

Der Name, der in diesem Zusammenhang am ehesten in den Sinn kommt und der in den Köpfen ernsthafter Forscher den Sozialismus in Amerika charakterisiert, ist der von Colonel Edward Mandel House. "Colonel" war ein Ehrentitel, der ihm von dem "reformorientierten" Gouverneur Hogg als Belohnung für seine Wahl zum Gouverneur von Texas verliehen worden war. House lernte 1911 Woodrow Wilson kennen, den ersten künftigen

Präsidenten der Vereinigten Staaten, der offen sozialistisch war. House war es auch, der dafür sorgte, dass Wilson nur ein Jahr später auf dem Parteitag der Demokraten in Baltimore die Nominierung erhielt.

Wie bereits an anderer Stelle erwähnt, besteht der starke Verdacht, dass House in Wirklichkeit ein Jude niederländischer Abstammung war. Sein Vater, Thomas William House, war der Agent der Rothschilds in London. House Sr. war der einzige in Texas, der aus dem Bürgerkrieg mit einem enormen Vermögen hervorging, was er einigen Historikern zufolge seinen Beziehungen zu den Rothschilds und Kuhn, Loeb zu verdanken hatte. Der Name "Mandel" - ein typisch holländischer Name - soll Edward gegeben worden sein, da einer der Kuhns den Namen "Mandel" trug.

Der junge Edward wird in England zur Schule geschickt, wo er unter dem Einfluss der reichen liberalen Denker der damaligen Zeit steht, die ihrerseits stark von den Lehrern der britischen Fabian Society beeinflusst werden. Einer derjenigen, die sich mit dem jungen House anfreundeten, war der Fabianist George Lansbury. Nach dem Tod seines Vaters kam House zu unabhängigem Reichtum, so dass er sich voll und ganz sozialistischen Studien widmen konnte, insbesondere dem "Gradualismus" oder "langsamen Eiltempo".

Aufgrund des großen Einflusses der Reichen und Mächtigen in den Kreisen der Fabian Society lernte House die Lektionen gut und übernahm anschließend die Demokratische Partei in den USA von oben nach unten. House' Aufstieg zu einer Schlüsselfigur in der amerikanischen Politik ist zweifellos auf die Empfehlungen der Elite der Fabian Society und von Sir William Wiseman, dem Leiter der nordamerikanischen Station des britischen Geheimdienstes MI6, zurückzuführen. Während Wilsons gesamter Präsidentschaft überwachten Wiseman und der britische Geheimdienst den Präsidenten sorgfältig, immer dank der guten Dienste von House.

Die verschlüsselte Kommunikation zwischen House und Wilson - die nur den beiden Männern bekannt war - wurde, wie Professor Charles Seymour, Präsident von Yale, bestätigt, mit freundlicher Genehmigung des MI6 zur Verfügung gestellt. Laut vertraulichen Dokumenten, die ich an mehreren Stellen in London gesehen habe, hört Wiseman ständig die Gespräche zwischen House und Wilson ab, wie es sich für seinen Status als Wilsons ultimativer Kontrolleur gehört.

Wir wissen, dass das gleiche, sehr erfolgreiche "Modell" später von Bruce Lockhart verwendet wurde, dem britischen MI6-Agenten, der von Lord Milner als Kontrolleur von Lenin und Trotzki bei der Überwachung der bolschewistischen Revolution im Interesse des Freihandels und der britischen Banken ausgewählt wurde. Die Strategie des MI6 für die Vereinigten Staaten nutzte Hegelsche Prinzipien, um die Führer der Fabian Society davon zu überzeugen, bei der Einführung des "Freihandels" mit den Vereinigten Staaten zu helfen, der zunächst von Präsident George Washington im Juli 1789 verboten und von den Präsidenten Lincoln, Garfield und McKinley aufrechterhalten worden war.

William Jennings Bryan wurde eine Zeit lang vom MI6 als möglicher Kandidat für den Freihandel betrachtet, aber er wurde abgelehnt, weil man davon ausging, dass die amerikanischen Wähler ihn aufgrund seiner radikalen Aussagen nicht als potenziellen Präsidenten akzeptieren würden, eine Einschätzung, die sich als sehr zutreffend erwies. Wiseman hatte House ein detailliertes Profil von Wilsons Karriere gegeben, zunächst als Professor in Princeton von 1902 bis 1910 und dann als Gouverneur von New Jersey. Wiseman war der Ansicht, dass Wilson genau der Mann war, den House brauchte, um die fabianisch-sozialistische Politik in den USA zum Erfolg zu führen. Nachdem alle Überprüfungen abgeschlossen waren, erhielt House den Auftrag, sich im November 1911 mit Wilson im Gotham Hotel in New York zu treffen.

Von da an war alles bereit für House, um in ein unscheinbar gemietetes Büro in einer etwas heruntergekommenen Gegend in der East Thirty-Fifth Street in New York zu ziehen. House' "Büro" begann einer Kommandozentrale zu ähneln, mit einer Telefonzentrale und einem direkten Draht zu Sir William Wiseman, der eine Wohnung direkt über ihm bewohnte. Nachdem Wilson durch ein Minderheitsvotum (6.286.000 gegenüber 7.700.000 für Taft und Roosevelt) ins Weiße Haus gewählt worden war, hatte die Telefonzentrale des Wiseman-Hauses über eine verschlüsselte Telefonverbindung direkten Zugang zum neuen Präsidenten.

Viele prominente sozialistische Besucher kamen in das Büro des Hauses, darunter Bernard Baruch, dem der MI6 die belastenden

Briefe von Peck übergab - die später dazu benutzt wurden, Wilson zu erpressen, seine Haltung gegen den Ersten Weltkrieg zu ändern.

Wiseman war ein Günstling des Präsidenten und wurde zu einem von Wilsons "vertraulichen" Kurieren zwischen London, Paris und Washington, was in gewisser Weise zeigte, dass Wilson nicht wirklich verstand, wie sehr er unter der Kontrolle von Agenten einer ausländischen Regierung stand.

Wilson wurde vom MI6 ausgewählt, um die Barrieren der USA gegen den "freien Handel" niederzureißen. Sein Mentor, Oberst House, hatte Wilson gelehrt, Zollschranken als Hindernis für gute globale Geschäfte und als Hauptursache für den starken Preisanstieg neben einer angeblichen "Inflation" zu betrachten, bei der es sich lediglich um sozialistische Propaganda handelte. House verbrachte endlose Stunden damit, Wilson über die "Übel, die Zollschranken innewohnen und die nur den Reichen und mächtigen Einzelinteressen auf Kosten der Arbeiter nützen" zu informieren. Dann war Wilson bereit, seine Falschaussagen zu machen:

"... Wir lebten unter einem Tarif, der absichtlich so gestaltet worden war, dass er denjenigen private Gefälligkeiten verschaffte, die kooperierten, um die Partei an der Macht zu halten, von der er ausging...".

Die Clinton-Regierung musste dieselben falschen Argumente anführen, um die letzte Zollmauer einzureißen, die die junge Nation so lange geschützt und ihren Handel und ihre Industrie, ihren Lebensstandard, zum Neid der Welt gemacht hatte. Im Zuge von Wilsons Amtseinführung im März 1913 war der Kampf um den Abbau der Handelsschranken der USA eröffnet worden. Doch selbst einer der renommiertesten Wirtschaftsprofessoren der Harvard-Universität wies die Vermutung, dass Handelsbarrieren schlecht für die einfachen Leute seien, als unbegründet zurück.

House hatte seine Sache gut gemacht: Nicht umsonst nannten ihn seine Freunde "einen ausgesprochenen Radikalen, dessen Sozialismus die Tür zum Kommunismus öffnete", was sich auf die Rolle bezog, die House dabei spielte, Trotzkis Freilassung zu erreichen, nachdem Wiseman sich für den pro-bolschewistischen Revolutionsverschwörer Lord Alfred Milner eingesetzt hatte. House war nach eigenen Angaben ein glühender Verehrer von Karl Marx und ein Kritiker der Verfassung der Vereinigten Staaten.

Eine der schwierigsten Aufgaben, die Wiseman House anvertraute, betraf die "neutrale" Haltung, die die Wilson-Regierung gegenüber dem in Europa tobenden Krieg einnahm. Die angeblich "pazifistischen" Fabian-Sozialisten wurden vom MI6 benutzt, um Wilson durch Erpressung (die Peck-Briefe) umzustimmen, und es wurde ein Kriegsklima geschaffen, indem dem amerikanischen Volk schlichte Lügen erzählt wurden. Bei diesem Unterfangen kooptierte der MI6 die Dienste von Walter Lippmann, auf den wir später noch zurückkommen werden.

Als sich der Erste Weltkrieg dem Ende zuneigte, wurde House von seinem britischen Kontrolleur beim MI6 und der Sozialistischen Partei Fabiens, Sydney Webb, als Wilsons Sprecher bei der Pariser Friedenskonferenz ausgewählt, angeblich aufgrund von House' meisterhaftem Bericht, der nach nur zwei Tagen "in Einzelhaft" in Magnolia, seiner Sommerresidenz in Massachusetts, schnell erstellt worden war. Die Tatsachen sprechen jedoch eine andere Sprache. Was als "Wilsons Vierzehn Punkte" bekannt werden sollte, mit denen eine einzige Weltregierung, der Völkerbund, gegründet werden sollte, "um alle Nationen zu übernehmen und sich über ihre Souveränität hinwegzusetzen" (einschließlich der Vereinigten Staaten), war in Wirklichkeit ein Dokument der Fabian Society, das 1915 von dem britischen Sozialistenführer Leonard Woolf verfasst worden war.

Unter dem Titel "International Government" wurde der Vertrag der Fabian Society der britischen Regierung zur Annahme vorgelegt. Die britische Regierung leitete ihn dann an Wilson weiter, der sich nicht die Mühe machte, ihn zu öffnen, bevor er ihn an House in Massachusetts weiterleitete. Es handelte sich also um die "Vierzehn Punkte", die House angeblich mit der Hilfe von Professor David Miller verfasst hatte. Dieser Vorfall verdeutlicht die enge und dominierende Beziehung, die zwischen der britischen Regierung, House und Wilson bestand.

Wilson legt seinen "Vierzehn-Punkte-Plan" auf der Pariser Friedenskonferenz vor, die ihn jedoch schnell ablehnt. Wilson kehrte bitter verletzt in die USA zurück, da die langjährige Freundschaft zwischen House und ihm an den Rändern zu bröckeln begann. Es war ein Triumph für die Verfassung: Weder House noch Wilson hatten in Paris gegen sie verstoßen. In der Folgezeit entfremdeten sich die beiden Männer voneinander, da ihre scheinbar unverbrüchliche Freundschaft an der Verfassung der Vereinigten Staaten von Amerika zerbrach.

Im Einklang mit den Lehren der Fabian Society war House immer ein Visionär. Im Jahr 1915 war er auf Franklin D. Roosevelt, Wilsons stellvertretenden Marineminister, aufmerksam geworden. House sorgte in diskreten Kreisen dafür, dass ein Exemplar von "Philip Dru" in die Hände des schneidigen Roosevelt gelangte. Es heißt, das Buch habe eine tiefgreifende Wirkung auf den bereits engagierten Sozialisten Roosevelt gehabt, der als Nachfolger von Wilson vorgesehen war. 1920 erklärte House gegenüber Freunden: "Ich bin mir sicher, dass er (Roosevelt) der nächste Präsident der Vereinigten Staaten sein wird". Roosevelts Erfolgsbilanz als Gouverneur von New York und die innovativen (sozialistischen) Programme, die er einführte, ließen niemanden daran zweifeln, welche Richtung er Amerika geben würde, wenn er ins Weiße Haus gewählt würde. In dieser Hinsicht ist der ehemalige Gouverneur von Arkansas, Clinton, eine exakte Kopie von Roosevelt, was die sozialistische Methodik angeht.

Als Roosevelt gewählt wurde, wurde dieses Ereignis von großen und kleinen Sozialisten auf beiden Seiten des Atlantiks als ein Akt der "Vorsehung" gefeiert. Wie üblich halten diese Taten der "Vorsehung" einer genauen Prüfung nicht stand, und diese ist keine Ausnahme. Wieder einmal standen die klugen politischen Beobachtungen von Colonel House kurz davor, Früchte zu tragen. Roosevelt würde den Sozialismus in Amerika einführen und zu neuen Höhen treiben, ein geeigneter Nachfolger für Präsident Wilson. Die Tatsache, dass Roosevelt seine Präsidentschaft House verdankte, wurde nie bestritten; sie wurde nur von der Öffentlichkeit ferngehalten, damit der rechtzeitige Akt der "Vorsehung" nicht ein sehr menschliches Gesicht bekommen würde.

Als Freund von Roosevelts Mutter zögerte House nicht, auf die guten sozialistischen Gesetze hinzuweisen, die der Gouverneur des Staates New York verabschiedete. Die Freundschaft, die sich entwickelt hat, ist zum Teil auch das Werk von Frances Perkins. House hatte Roosevelt Wilson für den Posten des stellvertretenden Marineministers in der Wilson-Administration empfohlen, vermittelte Roosevelt den Radioansatz der "Kamingespräche", um das amerikanische Volk zu gewinnen, und coachte Roosevelt darin, verfassungswidrige "executive orders" zu schaffen, also Proklamationen, die nur Könige und Königinnen herausgeben dürfen.

House wird als der Mann in die Geschichte eingehen, der die Art und Weise, wie Präsidenten Entscheidungen treffen und umsetzen, verändert hat, indem er sie mit informellen Beratern umgab, die, da sie keine Beamten sind, schwer zu kontrollieren sind. Das schlüpfrige sozialistische System der informellen Berater hat der Nation mehr Schaden zugefügt, als sich die Menschen je vorstellen konnten. Dieser Aspekt, mehr als jeder andere von House' Errungenschaften, hat ihn als Hauptkrieger des Sozialismus im ersten Viertel des 20.

Roosevelt wurde dem Amerikaner als leutseliger, sympathischer und sehr kompetenter Mann mit einem "wunderbaren Lächeln" etc. etc. präsentiert. Wie viel Wahrheit steckte in dieser Propaganda? Offenbar nicht viel. Im Jahr 1926, als House glaubte, dass Roosevelt der nächste Präsident sein würde, war der Mann mit dem "wunderbaren Lächeln" nicht einmal in der Lage, genug zu verdienen, um für seine Familie zu sorgen. Roosevelt kandidierte auf der Liste des Ku-Klux-Klans für den New Yorker Senat. Seine viel zitierte "Polio" ist in Wirklichkeit eine Enzephalomyelitis, was der Öffentlichkeit verschwiegen wird. Propagandaspezialisten machen aus seiner "Kinderlähmung" einen Trumpf, indem sie Roosevelt als Mann von großem Mut darstellen, der entschlossen ist, seine Karriere nicht von der "Polio" stoppen zu lassen. Das einzige Problem? Alles war völlig falsch.

Vielleicht wird nichts so sehr mit Roosevelt identifiziert wie der "New Deal" und Harry Hopkins. Das sozialistische Programm des "New Deal" wurde geschickt als "Programm zur Unterstützung von Arbeitern, die von Depressionen heimgesucht werden" angepriesen. Tatsächlich war der "New Deal" das Buch "A New Deal" von Stuart Chase, einem britischen Mitglied der Fabian Society, das nicht viel Aufmerksamkeit erregte, obwohl Florence Kelley, die Chase und seine sozialistischen Ideale schätzte, es für ein wichtiges Werk hielt.

Chase schlug vor, dass drei wichtige Maßnahmen von den Sozialisten in Amerika ergriffen werden sollten:

1. Um eine versehentliche Inflation und Deflation zu vermeiden, musste der Dollar "verwaltet" werden.

2. Das Nationaleinkommen muss durch eine Erhöhung der Einkommens- und Erbschaftssteuer zwangsweise umverteilt werden,

3. Es sollte ein umfassendes Programm für öffentliche Arbeiten aufgestellt werden, einschließlich Elektrifizierung (nach sowjetischem Vorbild) und groß angelegter Wohnungsbauprojekte.

Roosevelt nahm den Entwurf in-toto an und er wurde zum "New Deal", der 1932 als Wahlbrett der Demokraten angenommen wurde. Der "New Deal" wurde im Dunkeln entworfen, und eine panische Öffentlichkeit, die in ihm ihre Rettung sah, verhalf den Demokraten 1932 zu einem überwältigenden Wahlsieg.

Roosevelt wurde schnell verwundbar gegenüber nicht gewählten Beratern wie den Rockefellers, deren umstrittene Präsenz in der Regel durch Personen wie Drew Pearson, Walter Winchell und andere verdeckt wurde. Später, als die Rockefellers immer dreister wurden, ernannte Roosevelt Nelson Rockefeller zum Koordinator für interamerikanische Angelegenheiten. Während seiner Amtszeit verschleuderte Nelson mehr als 6 Millionen Dollar an Steuergeldern für das, was streng genommen Rockefeller-Unternehmen in Lateinamerika waren.

Als Roosevelt ins Weiße Haus zog, nahm er eine ganze Reihe nicht ernannter Berater mit, darunter mehr Professoren als die, mit denen Wilson sich umgeben hatte. Dahinter stand die Überlegung, dass die amerikanische Öffentlichkeit "Sozialisten", die sich hinter akademischen Fassaden versteckten, weniger wahrscheinlich verdächtigen würde als ernannte Beamte, was sich in den ersten Jahren von Roosevelts Amtszeit auch bewahrheitete. Zu diesem Zweck und unter Berücksichtigung der Tatsache, dass die langfristige Planung bei den Fabianischen Sozialisten ein Schlüsselelement war, wurde Harold Stassen an der Universität von Pennsylvania, Edward Stettinus an der Universität von Virginia und General Dwight Eisenhower an der Columbia University angesiedelt.

Die geheimen "Berater" waren auch dafür verantwortlich, Roosevelt dazu zu bringen, das von den Japanern beschlagnahmte Öleigentum von Standard Oil zurückzuerlangen, indem er zu diesem Zweck US-Truppen einsetzte, was als Stimson-Doktrin bezeichnet wird. Diese Doktrin wurde von Präsident George Bush im Golfkrieg wieder aufgegriffen, als es darum ging, das vom Irak beschlagnahmte Öleigentum von British Petroleum zurückzuerlangen. Die Art und Weise, wie Alger Hiss in die Roosevelt-Regierung eingeführt wurde, ist ein klassisches Beispiel für ein sozialistisches Fabian-Handbuch. Im Jahr 1936 wurde Hiss von Professor Francis Sayre, Wilsons Schwiegersohn, eingeladen, im Außenministerium zu dienen. Sayre war schon lange als wertvoller Sozialist bekannt.

Sayre half bei der Erstellung von Rechtsdokumenten für die Verteidigung von Sacco und Vanzetti, zwei berüchtigten Sozialisten, die des Mordes angeklagt waren. Mit Sayre arbeiteten Professor Arthur M. Schlesinger, Professor Felix J. Frankfurter, Roscoe Pound, Dekan der juristischen Fakultät von Harvard, und Louis Brandeis zusammen. Arthur Schlesinger Jr. studierte 1938 an der Universität von Cambridge, wo er von der Fabian Society sehr herzlich und mit offenen Armen empfangen wurde. Das war zu einer Zeit, als alle Bemühungen der Strafverfolgungsbehörden und des Kongresses, eine Welle von Anarchisten, die in den 1890er Jahren in die USA gekommen waren, zu stoppen und auszuweisen, spöttisch als "Überreaktion auf die rote Angst" bezeichnet wurden."

Sayre war einer derjenigen, die Hiss verteidigten, lange nachdem klar geworden war, dass Hiss tief in die Spionage gegen sein Land verstrickt war. Als Adolph Berle vom Außenministerium versuchte, Roosevelt vor Hiss' Aktivitäten zu warnen, wurde ihm brüsk entgegnet, er solle sich in seine Angelegenheiten einmischen. Ebenso weigerte sich Roosevelt, die Geheimdienstberichte über Owen Lattimores Aktivitäten anzuhören und bestand darauf, ihn zum persönlichen Berater von Chiang Kai Shek zu machen, was Lattimore in die beneidenswerte Lage versetzte, die Nationalisten leicht an die Kommunisten verraten zu können. Die chinesischen nationalistischen Kräfte wurden auch von dem von Roosevelt ernannten Lauchlin Currie verraten, der anordnete, dass das für die nationalistischen Kräfte von Chiang Kai Shek bestimmte Militärmaterial im Indischen Ozean abgeladen werden sollte.

Harry Hopkins wurde für Roosevelt zu dem, was Edward Mandel

House für Wilson gewesen war. Als Protegé von Frances Perkins begann Hopkins seine Karriere als Sozialarbeiter. Er kam Roosevelt über dessen Frau Eleanor näher, und ihm wird fälschlicherweise der New-Deal-Slogan "tax and spend, tax and spend" zugeschrieben. Hopkins tat sich während der Weltwirtschaftskrise hervor, als er von Roosevelt dazu ernannt wurde, die sogenannte "Bundeshilfe", also die Sozialhilfe, zu verteilen. Als Vogelscheuche, deren Kleider ihm um die Nase hingen, und völlig frei von sozialer Eleganz, hätte Hopkins in einem Raum mit John Maynard Keynes völlig deplatziert gewirkt. Was Hopkins kannte, war Mais. Seine größte Stärke war es, sich "einflussreiche" Leute auszusuchen und sich in ihre Kreise einzuschleichen.

Diesem Talent ist es zu verdanken, dass Roosevelt Hopkins die Verantwortung für den Parteitag der Demokraten im Jahr 1940 überträgt. Hopkins ist trotz seines unglücklichen Äußeren in der Lage, die Unterstützung der mächtigsten Politiker der damaligen Zeit zu gewinnen. Roosevelt ist dafür bekannt, dass er persönlich einen in der "Partisan Review" veröffentlichten Artikel von Arthur M. Schlesinger Jr. billigte, in dem Schlesinger diejenigen angriff, die die wahren Ursachen des Bürgerkriegs untersuchten. Dies sollte gut informierte Personen nicht überraschen. Wie bereits erwähnt, waren Kommunismus und Sozialismus in der Zeit vor diesem Krieg und noch mehr während und unmittelbar nach dem Bürgerkrieg viel weiter verbreitet, als es die orthodoxe Geschichtsschreibung zuließ. Diese Tatsache wurde von Schlesinger und seinen sozialistischen Kollegen als unerwünscht angesehen, da sie wollten, dass die Öffentlichkeit der Erzählung des etablierten Historikers über die Ursachen des Krieges Glauben schenkte - die ausnahmslos die Rolle von Kommunismus und Sozialismus nicht erwähnte.

Es war Arthur J. Schlesinger Jr., der die Anarchisten Sacco und Vanzetti als "zwei obskure Einwanderer, um die sich niemand kümmerte" bezeichnete. Arthur Schlesinger Jr. setzte sich im Auftrag der ACLU intensiv für diese beiden Anarchisten ein. Schlesinger schrieb später zahlreiche Artikel für die "Fabian News", in denen er sozialistische Ideen verteidigte. In einem dieser Artikel, der in der "Fabian International Review" veröffentlicht wurde, erklärte Schlesinger offen, dass die amerikanischen Sozialisten die vollständige Kontrolle über die Militär- und Außenpolitik der USA übernehmen wollten.

Die Richter, die die Verfassung so verbogen und zusammengepresst haben, dass ihre Vorlieben den von den Sozialisten gewünschten Zielen entsprachen, und deren Pläne von der unveränderlichen Verfassung blockiert wurden, sind die hellsten Sterne am sozialistischen Firmament, denn ohne ihre Bereitschaft, sich selbst zu korrumpieren und ihren Eid zu brechen, wäre keine der weitreichenden "volkssozialistischen" "Reformen" gelungen, die so wichtig waren, um den Kurs und die Richtung der mächtigen Vereinigten Staaten zu ändern.

Der Prozess der Wahl guter und robuster fabianisch-sozialistischer Richter am Obersten Gerichtshof der Vereinigten Staaten begann eigentlich mit der Wilson-Regierung und der Ernennung von Richter Louis D. Brandeis zu einem der prominentesten Mitglieder der fabianischen Sozialisten. Wie die Durchsicht von Brandeis' Akte offenbart, traf die fabianisch-sozialistische Hierarchie im In- und Ausland eine kluge Wahl. Brandeis tat mehr, um die Verfassung zu untergraben und schwierige sozialistische Gesetzgebungen in ihrer Umgebung durchzusetzen, als Florence Kelley selbst hätte erwarten können.

Professor Louis Dembitz Brandeis (1856-1941) entsprach genau der sozialistischen Vorstellung von einem Richter, der eine "neue Verfassung", wie sie von Edward Bellamy definiert wurde, begrüßen würde. Bellamy war es, der eine "neue Unabhängigkeitserklärung" vorschlug, die auf einer evolutionären Auslegung der US-Verfassung mit einer richterlichen Gewalt basierte, die "radikale Veränderungen" einführen und das Hindernis der Gewaltenteilung der drei Regierungszweige beseitigen würde. Bellamy bezeichnete die Verfassung, die von den wohlmeinenden Gründervätern entworfen wurde, als traurig überholt.

Präsident Wilson selbst war sehr dafür, die Verfassung der Vereinigten Staaten, die zu verteidigen er treu geschworen hatte, zu demontieren, und er hatte in Brandeis einen Seelenverwandten gefunden. Brandeis saß zu Füßen des Philosophen der Fabian Society, John Atkins Hobson, der als Verfasser des "Brandeis Brief" gilt, obwohl Kelley stets die Lorbeeren für sich beansprucht hatte. Hopkins war sicherlich der Urheber der späteren Strategie, künftige US-Präsidenten mit sozialistischen Beraterprofessoren zu umgeben, eine Strategie, die im sozialistischen Krieg gegen die Verfassung, der von Felix Frankfurter, Louis Brandeis, Harold Laski und John Maynard Keynes initiiert wurde, bemerkenswert gut funktionierte.

Diese vier Fabianischen Sozialisten veränderten den Kurs und die Führung der Vereinigten Staaten zum völligen Nachteil von Uns, dem Volk, in einer Weise, die weit über das hinausging, was Hitler, Stalin und Ho Chi Minh jemals hätten erreichen können.

Zu Beginn seiner juristischen Karriere tat sich Brandeis mit der großartigen Florence Kelley zusammen, ohne deren Hilfe er nicht in der Lage gewesen wäre, eine in den Denkfabriken der Londoner Fabian Society erdachte und von dem britischen Sozialisten Hobson perfektionierte Masche anzuwenden, die später den Namen "Brandeis Briefs" erhielt. Kelley war mit ihrer Hingabe an die sozialistische Sache, die Verfassung durch das, was sie "den Weg der Gesetzgebung" nannte, zu umgehen, die Hebamme des neugeborenen "Brandeis Brief Baby", das ihren Traum von der Einführung einer totalen sozialistischen Kontrolle über die Vereinigten Staaten beinahe Wirklichkeit werden lassen würde.

Brandeis hatte eine Nichte namens Josephine Goldmark, die Kelleys Biografin war, und sie erklärte, wie die Diplomarbeit 1907 vorbereitet wurde. Es war kein komplizierter Prozess, aber es brauchte viel Zeit und Energie, um ihn zu vollenden. Alle möglichen soziologischen Daten wurden gesammelt und an eineinhalb Seiten juristischer Argumentation angehängt. Wie die Ausbildungssergeanten der britischen Armee zu sagen pflegten: "Bullshit verwirrt das Gehirn", und genau das taten die Brandeis Briefs, als sie 1909 dem Obersten Gerichtshof vorgelegt wurden.

Ein anderer berüchtigter Sozialist, Felix Frankfurter, bezeichnete das neue System als "das majestätischste Konzept unseres gesamten Verfassungssystems", das es den Richtern ermöglichte, in den Fällen, mit denen sie befasst waren, ihre eigenen Vorlieben aus der Verfassung herauszulesen, d. h. Vorlieben, die nach dem 9. Zusatzartikel der US-Verfassung untersagt waren. Dennoch wurde diese Methode zur gängigen Praxis, was dazu beiträgt zu erklären, warum so viele Entscheidungen des Obersten Gerichtshofs in so vielen Fällen "namenlose Schnitzer" waren[13]

Frankfurter nahm an der Pariser Friedenskonferenz teil, kehrte aber nach Hause zurück, als ihm klar wurde, dass die neue Weltordnung nicht auf der Stelle eingeführt werden würde. Als Landsmann von Professor Harold Laski bei Verschwörungen sozialistischer Prägung wartete Frankfurter nach Art der Fabianischen Sozialisten auf seine Stunde und schlug im richtigen Moment hart zu. Von allen amerikanischen Sozialisten, die Graham Wallas, den britischen fabianisch-sozialistischen Professor an der London School of Economics, bewunderten, stand Frankfurter ganz oben auf der Liste.

Dass die Materialisierung der Neuen Weltordnung auf der Pariser Friedenskonferenz scheiterte, war größtenteils der amerikanischen Öffentlichkeit zu verdanken, die von der Welle der Radikalen, die mit dem Antritt der Wilson-Regierung aufgekommen war, angewidert war. Man muss dem amerikanischen Volk zugute halten, dass es in dieser Zeit eine gute Portion gesunden Menschenverstand besaß. Das bedeutet nicht, dass die Dinge heute so viel anders sind. Aber wir müssen die Zusammensetzung der damaligen Bevölkerung berücksichtigen, die größtenteils westeuropäischer Herkunft war und durch die englische Sprache, die christliche Religion und ihr Verständnis der Amerikanischen Revolution und ihrer weitreichenden Folgen für die nationale Einheit, die durch die sozialistische Politik völlig verzerrt wurde, zusammengehalten wurde.

Außerdem gab es 1919 noch keinen unbegrenzten Einsatz von Meinungsumfragen, um an ihrer Stelle über die Meinung der Menschen zu entscheiden. Das Amerika der 1990er Jahre zeigt ein völlig anderes Bild: Eine radikale Veränderung der Bevölkerungszusammensetzung von einer überwältigenden Mehrheit westeuropäischer Christen zu einer Mischung aus allen Rassen der Welt - Chinesen, asiatischen Indianern, Vietnamesen, Osteuropäern, Hispanics usw. - hat stattgefunden. Ein geeintes Volk verlangte 1919 ein Vorgehen gegen die subversiven Elemente, die sich in der amerikanischen Landschaft manifestierten, und bekam es 1919/20, als der Generalstaatsanwalt Mitchell Palmer eine Reihe

---

[13] "Bullshit" im Original, d. h. "Schwachsinn", Anm. d. Übers.

von Razzien anordnete, um die Zentren des Aufruhrs auszurotten.

Brandeis zeigt sofort, dass seine Sympathien den Sozialisten gelten, die versuchen, die Verfassung der Vereinigten Staaten zu stürzen, indem er sich einem von Frankfurter und Walter Lippmann eingereichten Schriftsatz anschließt, in dem eine einstweilige Verfügung gegen die Durchsuchungen der Hunderte von subversiven sozialistischen Zentren gefordert wird. Die mit den Durchsuchungen beauftragten Polizeibeamten wurden von Lippmann verbal angegriffen, der bei einigen Durchsuchungen mit einer ganzen Bande sozialistischer Schriftsteller am Ort des Geschehens auftauchte.

Brandeis hatte es während des Bestätigungsprozesses durch den Senat nicht leicht. Da die Senatoren von 1915 die Verfassung der Vereinigten Staaten viel besser kannten als heute, wurde Wilsons Wahl für den Obersten Gerichtshof heftig, aber vergeblich angefochten. Die Mehrheit der Demokratischen Partei sorgt dafür, dass dieser gefährliche und leidenschaftliche Revolutionär nominiert wird. Der Schaden, den dieser glühende und leidenschaftliche Sozialist der Verfassung der Vereinigten Staaten zugefügt hat, wird noch immer berechnet. Weder Hitler noch Stalin hätten jemals so viel Verwüstung anrichten können.

Brandeis war einer der ersten Richter, die sich in die Politik des New Deal einmischten. Seine Freundin Florence Kelley schenkte ihm ein Exemplar eines Buches von Stuart Chase mit dem schlichten Titel "A New Deal", von dem Chase glaubte, dass es gut für die Zukunft der Pläne des britischen und amerikanischen Sozialismus sein würde - eine Ansicht, mit der Sydney Webb und die Hierarchie der Fabian Society übereinstimmten. Auf Drängen von Brandeis und Kelley ersetzte "A New Deal" schnell das Flat Form der Demokraten von 1932 und wurde 1933 zu Franklin D. Roosevelts "New Deal".

Interessant sind die Ansichten von Chase, der gewalttätiger Anarchie und sozialistischen revolutionären Aktionen nicht abgeneigt war:

> "Sie (die Revolution) wird vielleicht eines Tages notwendig sein. Ich bin nicht ernsthaft alarmiert durch die Leiden der Gläubigerklasse, die Schwierigkeiten, die die Kirche unweigerlich haben wird, die Einschränkungen einiger

Freiheiten, die sich daraus ergeben könnten, oder auch nur durch das Blutvergießen in der Übergangszeit. Eine bessere Wirtschaftsordnung ist ein wenig Blutvergießen wert...".

Doch Stuart Chase gab schließlich nach, als er sah, dass das amerikanische Volk nicht dazu verführt werden konnte und wollte, sich an einer Revolution im bolschewistischen Stil zu beteiligen, angeblich zu seinem eigenen Besten. Stattdessen befürwortete er eine Regierung kollektiver Art durch nationale Kontrolle durch eine Zentralregierung, ganz im Sinne von Webbs "Labour and the New Social Order". Chase war ein Radikaler mit sanften Manieren, aber sehr gefährlich, dessen Ideen zum großen Teil in die Struktur einer einzigen Weltregierung - der Neuen Weltordnung - eingeflossen sind.

Die Organisationen und Persönlichkeiten, die Chase' Buch bezahlten und sponserten, standen in loser Verbindung mit dem Moskauer Amtsbotschafter Ludwig Martens. Martens stand der linksextremen sozialistischen Zeitschrift "The Nation" und Edward A. Filene sehr nahe, der angeblich über den Twentieth Century Fund, einen fabianisch-sozialistischen Finanzengel, die Druckkosten für das Buch in den USA übernahm. Chase war mit Kelley und Brandeis gut befreundet und beschrieb die bolschewistische Revolution einmal als "absolut notwendig". Als Franklin Delano Roosevelt ins Weiße Haus einzog, wurde aus "A New Deal" der "New Deal", eine der ehrgeizigsten fabianisch-sozialistischen Gesetzgebungen, die je die Seiten der amerikanischen Geschichte überschattet haben.

Roosevelts Weg ins Weiße Haus wurde durch Felix Frankfurter erheblich geebnet. Der fast zwergenhafte Junge mit dem kuppelförmigen Kopf wurde in Wien, Österreich, geboren und im Alter von zwölf Jahren in die Vereinigten Staaten gebracht. Frankfurter nutzte seine offensichtliche Intelligenz, um sich für alle sozialistischen Anliegen einzusetzen, die der Vorstellung der Gründerväter von den Vereinigten Staaten zuwiderliefen. Ein Ansatzpunkt für die Sozialisierung der USA war die American Civil Liberties Union (ACLU), zu deren Gründern Frankfurter, Rose Schneiderman und Roger Baldwin gehörten und die einzig und allein zu dem Zweck gegründet wurde, die Verfassung böswillig zu nutzen, um die sozialistischen Feinde der Verfassung zu verteidigen.

Die ACLU wurde mit der erklärten Absicht gegründet, die Verfassung zu "verdrehen und festzuziehen", um die Feinde der Vereinigten Staaten zu schützen, die entschlossen sind, sie zu zerstören. Es lässt sich nicht bestreiten, dass die pervertierte Praxis, die Verfassung zum Nutzen der Feinde der Republik zu missbrauchen, Frankfurters Kopf entsprungen ist. Aus dem Kopf dieses "Gerichtsgnoms" kam der von Leuten wie Lippmann, Schlesinger und einer Schar von Harvard-Rechtsprofessoren propagierte Glaube, dass es irgendwie unpatriotisch sei, die Vereinigten Staaten gegen ihre erklärten sozialistischen Feinde, deren Anführer Frankfurter war, zu verteidigen.

Als Anführer der sozialistischen Feinde der USA, der er selbst war, hielt Frankfurter es für öffentlich akzeptabel, den Gesalbten zu schützen, der bald im Weißen Haus sitzen würde. Auf Anregung der Fabian Society gründete Frankfurter einen Think Tank aus prominenten Sozialisten, der Roosevelt beraten und ihm helfen sollte, die Hindernisse und Stolpersteine auf dem sozialistischen Weg ins Weiße Haus zu überwinden. In dem Bestreben, dass der "Roosevelt New Deal" die richtigen Dinge zur richtigen Zeit tat, traf Frankfurter Roosevelt bei einem privaten Treffen unmittelbar nach dessen Amtseinführungszeremonie.

Bei diesem Vorhaben wird Frankfurter maßgeblich von Harold Ickes unterstützt, der eine große Gruppe von Spionen aufbaut, die Washington und andere große Metropolen abdecken soll. Diese Gruppe wurde als "Harolds Gestapo" bekannt, obwohl der Begriff "Tscheka" passender gewesen wäre, da sie in der Lage war, enormen Druck auf lokale und nationale Beamte auszuüben, damit diese für Roosevelt stimmten. Ickes blieb ein enger Vertrauter Roosevelts und war dafür verantwortlich, dass das von Präsident George Washington aufgestellte ungeschriebene Gesetz, dass Präsidenten nur zwei Amtszeiten dienen sollten, verletzt wurde.

Der fabianische Sozialist Fred C. Howe, dessen Name später in sozialistischen Kreisen auf beiden Seiten des Atlantiks zu einem geläufigen Wort werden sollte, ist ebenfalls anwesend. Gemeinsam wählten sie das Personal aus, das die Schlüsselpositionen der Roosevelt-Regierung, insbesondere im Außenministerium, besetzen sollte. Damit legten sie ein Muster fest, das unabhängig davon, ob ein Republikaner oder ein Demokrat im Oval Office saß, Teil der

Einrichtung werden sollte. So wurden beispielsweise in der Reagan-Regierung 3000 Schlüsselpositionen mit Kandidaten der Heritage Foundation besetzt. Die Heritage Foundation, die demonstrativ eine "konservative" Denkfabrik ist, wurde hinter den Kulissen von Sir Peter Vickers Hall geleitet, einem prominenten Mitglied der Fabian Society und überzeugten Sozialisten.

Obwohl Cordell Hull der nominelle Außenminister der Roosevelt-Regierung war, hatten "Felix und seine Jungs", darunter der Verräter Alger Hiss, das Sagen - eine Situation, die Hull zwölf Jahre lang tolerierte. Wie Frankfurter später zugeben sollte, stammte seine Idee aus dem britischen System des Privy Council, der aus Beratern des englischen Premierministers bestand. Wie dem auch sei, zwei Jahre nach Roosevelts Einzug ins Oval Office waren Ickes, Wallace, Hopkins und Frankfurter die Strippenzieher, die hinter der Rand School of Social Sciences agierten, eben jener Rand School, die die New Yorker Behörden als Zentrum sozialistischer und kommunistischer Subversion gegen die USA hatten bankrott gehen lassen wollen.

Frankfurter, ein führender Sozialisierungsexperte der USA, bewies seinen Wert, indem er die öffentlichen Dienste in die Hände der Kommunen überführte, was zum Projekt der Tennessee Valley Authority (TVA) führte. Als Antidepressionsmaßnahme angepriesen, war die TVA in Wirklichkeit einer der ersten Schritte hin zu Sozialisierungsprojekten dieser Größenordnung - ein enormer Sieg für die amerikanischen Sozialisten und ihre britischen Kontrolleure. Wie Mark Starr schrieb:

> "In dem Maße, in dem sozialistischer Kollektivismus, öffentliches Eigentum und öffentliche Kontrolle in den Vereinigten Staaten notwendig werden, werden sie in bestimmten Fällen und Instanzen angenommen werden. Man wird sie vielleicht anders nennen, aber wie im Fall der Tennessee Valley Authority wird das öffentliche Eigentum durchgesetzt...".

Frankfurter förderte weiterhin das Eindringen der Linken in die Regierung, und eine der vielen Tarnorganisationen, die er sponserte, war das World Youth Congress Movement. Eine Reihe von Personen, die mit diesem fabianischen sozialistischen Unternehmen in Verbindung gebracht wurden, wurden von einem

Senatsunterausschuss für innere Sicherheit als gefährliche kommunistische Subversive beschrieben. Sein vielleicht schädlichster Schachzug war jedoch die Unterstützung für seinen langjährigen Schützling und Freund Dean Acheson, den er in den engen Kreis von Johnsons Beratern einschleuste.

Das Dies Committee, das den Kommunismus in den USA untersuchte, erklärte Professor Harold Laski, John Maynard Keynes und Felix Frankfurter zur schrecklichen Absprache des amerikanischen Sozialismus - eine Vorstellung, die von Roosevelt verspottet wurde, als er darauf aufmerksam gemacht wurde. Es besteht jedoch kein Zweifel daran, dass die Rechtssprache der gesamten New-Deal-Gesetzgebung von Frankfurter verfasst wurde. Man darf nicht vergessen, dass es Frankfurter war, der Dean Acheson und Oliver Wendell Holmes an Roosevelt empfahl, und dass es unmöglich gewesen wäre, zwei verräterischere Subversive zu finden, den einen im Außenministerium, den anderen am Obersten Gerichtshof.

Mehr als jeder andere Sozialist, ob in der Vergangenheit oder Gegenwart, ob in England oder den Vereinigten Staaten, ist man sich einig, dass der größte von allen, die den Weg für die Sozialisierung Amerikas bereiteten, zweifellos der kuppelköpfige Quasi-Zwerg Felix Frankfurter war. Von ihm kann man sagen, dass er alles daran setzte, die von Washington errichteten Schutzzölle zu durchbrechen, die Federal Reserve in ihrer Haltung zu lenken und Wilson dazu zu bringen, sich am Ersten Weltkrieg Englands zu beteiligen.

Als enger Vertrauter von Walter Lippmann, Paul Warburg, Thomas W. Lamont und den wichtigsten sozialistischen Führern der damaligen Zeit war Frankfurter in einer guten Position, um seinen entsetzlichen Verrat an den Vereinigten Staaten zu vollziehen, die ihm und seiner Familie Asyl gewährt hatten, als sie praktisch aus Europa vertrieben worden waren. Wenn es jemals einen Wunschkandidaten für das Sprichwort "Er biss die Hand, die ihn fütterte" gegeben hat, dann war dieser Kandidat Richter Felix Frankfurter, der fast im Alleingang die Verfassung pervertierte und dieses großartige Dokument beinahe in ein leeres Blatt Papier verwandelt hätte.

Frankfurter schrieb die meisten von Roosevelts Radiosendungen, die "Kamingespräche", eines der effektivsten Instrumente zur Durchdringung und Durchdringung, die je entwickelt wurden. Er spielte eine Rolle bei Roosevelts Entscheidung, Harry L. Hopkins nach England zu schicken, um den Boden für den größten Raubüberfall der Welt zu bereiten: den LendLease Act. Aber der größte Schaden, den Frankfurter anrichten sollte, war wahrscheinlich sein schrittweises (im echten Fabian-Stil) Eindringen des Gerichts in den legislativen Arm der Regierung, womit er die schleichende Praxis begann, die Befugnisse des Kongresses schrittweise zu beschneiden und die des Obersten Gerichtshofs und des Präsidenten zu erhöhen. Frankfurter ist der Mann, der Professor Laskis Traum von der Zerschlagung und Zerstörung der Gewaltenteilung fast verwirklicht hat.

Die Tatsache, dass dies zu 100 Prozent verfassungswidrig war, schien den kleinen Hofgnom nicht zu stören. So begann die britische Fabian Society dank Frankfurters Verrat und Aufwiegelung, die er sein ganzes Leben lang verfolgte, endlich etwas Licht in dem dunklen Tunnel zu sehen, den sie unter den Mauern der Gewaltenteilung baute, die Laski als das ernsteste Hindernis für den Fortschritt des Sozialismus in den Vereinigten Staaten identifizierte. Frankfurter unterhielt enge Kontakte mit dem Zerstörer der westlichen Wirtschaft, John Maynard Keynes, und organisierte die Veröffentlichung von "The Economic Consequences of Peace"[14] , in dem Keynes vorhersagte, dass der Kapitalismus in Europa sterben würde.

Während Frankfurter energische Artikel verfasste, in denen er seinen Dissens zum Ausdruck brachte und die von Generalstaatsanwalt Mitchell Palmer durchgeführten Razzien gegen aufrührerische Bewegungen in den USA verunglimpfte, war es Lippmann, der für die Angriffe "vor Ort" zuständig war. Lippmann war ein führendes Mitglied von Roosevelts "Brain Trust"-Gruppe, die den Präsidenten mit sozialistischen Vorschlägen bombardierte. Der Abgeordnete McFadden beschuldigte Frankfurter, einer der ersten Formulierer des National Industrial Recovery Act gewesen zu sein. McFadden erklärte:

---

[14] *Die wirtschaftlichen Folgen des Friedens*, Ndt.

"Es bedurfte 15 Jahre erbitterter Bemühungen von Mr. Baruch und seinen Partnern (einer von ihnen war Frankfurter), um dieses Gesetz dem amerikanischen Volk aufzuzwingen, und nur dank der Leiden einer Zeit großen Stresses gelang es ihm...".

"... Allerdings scheinen Baruch, Johnson, Tugwell, Frankfurter und all die anderen in ihren Bemühungen (im Namen des Sozialismus) in diesem Land am unverfrorensten zu sein. Frankfurter stellte die meisten juristischen Köpfe dieser Gruppe... Sie haben versucht, die Geschäftsinteressen dieses Landes zu zwingen und einzuschüchtern, private Verträge einzugehen, damit sie die Macht haben, zu verlangen, dass die Geschäftsinteressen der Nation tun, was sie wollen, ohne die Verfassung zu beachten. Die Anwälte des "New Deal" schrecken nicht davor zurück, vor Gericht zu gehen und zu behaupten, dass die Bürger vertraglich auf ihre verfassungsmäßigen Rechte verzichten können. Mit dieser Methode haben sie die Grenzen der Staaten niedergerissen...".

Es ist eine bekannte Tatsache, dass Frankfurter praktisch die Position eines Arbeitsvermittlers für die Roosevelt-Regierung übernahm. Zu den gefährlichsten Sozialisten, die Roosevelt von Frankfurter empfohlen wurden, gehörten der berüchtigte Rexford Tugwell und der Gouverneur Al Smith von New York.

Die engen Verbindungen zwischen Frankfurter und Harold Laski stießen in den sozialistischen Kreisen in London und Washington auf großes Interesse. Laski war regelmäßig Gast bei Frankfurter in Boston und Washington. Als sozialistische Genossen hatten die beiden Männer eine tiefe Wirkung aufeinander und beide arbeiteten unermüdlich daran, die von der Verfassung vorgeschriebene Gewaltenteilung zu schwächen. Die Briefe, die sie aneinander richteten, trugen die Titel "Liebster Felix" und "Liebster Harold". Da Laski im Zentrum des Fabianischen Sozialismus in London stand, konnte er seinen "liebsten Felix" über die neuesten sozialistischen Gedanken vollständig auf dem Laufenden halten, die Frankfurter dann an Roosevelt weiterleitete, dessen Tür ihm immer offen stand. Die beiden "Privatberater" wurden zu den einflussreichsten Gestaltern von Roosevelts sozialistischer Politik während seiner drei Amtszeiten.

Der entscheidende Faktor des UN-Vertrags kam von Frankfurter,

Laski und Keynes, auch wenn er von anderen verfasst wurde, und stellte einen weiteren Ziegelstein dar, der von der Mauer entfernt wurde, die die verfassungsmäßigen Gewalten trennte. Historiker aus der Zeit von 1942 bis 1946 behaupten, dass der UN-Vertrag der erste in einer langen Reihe von großen Verschiebungen von der Exekutive zur Legislative war, ein schockierender Trend, der sich mit der Präsidentschaft Clintons weiterhin in Riesenschritten entwickelt. Keynes besuchte Roosevelt 1934 und erläuterte ihm seinen heute weitgehend entmystifizierten "Multiplikator", der davon ausging, dass jeder Dollar, den die Bundesregierung für Sozialhilfe ausgibt, ein Dollar ist, der den Einzelhändlern, dem Metzger, dem Bäcker, dem Bauern und dem Hersteller von Kerzenhaltern zurückgegeben wird - was in der Praxis nicht so funktionierte.

> "Lenin hatte zweifellos Recht. Es gibt keinen subtileren und sichereren Weg, die bestehende Basis der Gesellschaft zu stürzen, als die Währung zu korrumpieren. Der Prozess zieht alle anderen verborgenen Kräfte des Wirtschaftsgesetzes auf die Seite der Zerstörung und tut dies auf eine Weise, die nicht einer von einer Million Menschen diagnostizieren kann...". John Maynard Keynes.

Obwohl Keynes der Verdienst der "Multiplikator"-Theorie zugeschrieben wird, gehört sie einem seiner Studenten, R.F. Kahn, der sie während seines Studiums am Kings College erfunden hatte. Im Sommer 1934 beschlossen die Fabianischen Sozialisten, ihr "Wirtschaftsgenie" Keynes in die USA zu transferieren. Sein Buch "Die allgemeine Theorie des Geldes" hatte Roosevelt gelesen, aber nicht verstanden, wie Roosevelt Frances Perkins, die für die Einführung der beiden Männer zuständig war, gestand: "Ich habe sein ganzes Zahlen-Kauderwelsch nicht verstanden", vertraute Roosevelt Perkins an. Das Land zu verschulden, um es aus der Rezession zu holen, war die der keynesianischen Wirtschaftsphilosophie zugrunde liegende Theorie, was ihre Beliebtheit bei den aufeinanderfolgenden sozialistischen Regierungen in England und der Demokratischen Partei in den USA erklären könnte.

Keynes wurde mit Bewunderung betrachtet, etwa so, als würde man einem Mystiker, dessen Zukunftsprognosen immer richtig lagen, den gleichen Respekt entgegenbringen. Doch die Wahrheit ist, dass

Keynes, wenn die Geblendeten seine Behauptungen nur untersucht hätten, mindestens 85% der Zeit falsch lag. Keynes hatte in seinem Auftreten, seiner Kleidung und seiner Rede die Manieren eines englischen Gentlemans. Man sagt, er sei in der Lage gewesen, jede Frau zu bezirzen, damit sie mit ihm schlief, wenn er es wollte. Vielleicht war es seine Ausbildung in Eton und seine Zeit am Kings College in Cambridge, die ihn mit den Manieren ausstatteten, die beiden Geschlechtern so gut gefielen.

Keynes erhielt von R.F. Kahn sein alchemistisches Geheimnis, das es Papiergeld ermöglichen würde, sich ins Unendliche zu vermehren; wäre es nur bei Kahn geblieben, hätte ihm niemand auch nur die geringste Glaubwürdigkeit zugesprochen. Doch in den Händen eines großen, gut aussehenden Cambridge-Dekans mit makellosem Haarschnitt und erstaunlichen Kenntnissen von Kunst, Gastronomie und Wein wurde der Fund des "Multiplikators" zu einer großen Neuigkeit. Trotzdem fragt man sich, wie Keynes trotz des Privatunterrichts, den er von den Professoren Marshall und Pigou erhielt, nur den 12. Platz belegen konnte - ganz unten in seiner kleinen Klasse für Wirtschaftswissenschaften. Im Jahr 1911 wurde Keynes Chefredakteur des "Economic Journal" und ein Jahr später Sekretär der "Royal Economic Society" der Fabian Society. Wenn ich an Keynes denke, muss ich unweigerlich an die bodenständige, weise und rustikale Philosophie meines Ausbildungssergeanten der regulären britischen Armee denken, die es verdient, wiederholt zu werden:

"Bullshit verwirrt das Gehirn".

Das ist wirklich die Essenz der keynesianischen Wirtschaft: Das Geld würde sich einfach ins Unendliche vermehren, wie eine Art Kettenbrief, der für eine kleine Anstrengung eine riesige Belohnung verspricht. Denjenigen, die sich fragten, was am Ende der Kettenbriefe passieren würde, antwortete Keynes: "Wir müssen alle irgendwann sterben". So unglaublich es im Nachhinein auch klingen mag: Es war Keynes' "Wirtschaftssystem", das in Wirklichkeit nur ein Kauderwelsch ist, das von den internationalen Bankern und den wichtigsten Politikern der westlichen Welt akzeptiert wurde.

War Keynes eine Art Nostradamus, Gregory Rasputin, oder war er wirklich aufrichtig in seinen wirtschaftlichen Prinzipien? Könnte es sein, dass zusätzlich zu dem, womit er von der Natur ausgestattet war, auch sein Vater, Neville Keynes, ein Professor aus Cambridge, dessen Stärke darin bestand, ständig Angriffe auf das System der freien Marktwirtschaft zu starten, zum durchschlagenden Erfolg seines Sohnes beigetragen hat, der John Maynard Keynes zum Millionär mit einem Sitz im Oberhaus gemacht hat?

John Maynard Keynes begann seine Karriere als Beamter, ähnlich wie Sydney Webb, aber obwohl der große Lord Bertrand Russell Webb oft als "Angestellter des Kolonialministeriums" bezeichnete, hat er diese Bemerkung nie auf Keynes angewandt. Vielleicht lag es daran, dass Keynes an der Universität zu Russells charmantem Kreis gehörte, was beweist, dass Sozialisten genauso klassenbewusst und snobistisch sind wie jede andere Gruppe.

Schon in seinen Anfängen bei George Bernard Shaw und den Fabianischen Sozialisten war Keynes hoch angesehen, zumal er derjenige war, der laut Sydney und Beatrice Webb, den Gründern des Fabianischen Sozialismus, "den moralischen Bluff des Kapitalismus nannte". Obwohl Keynes Mitglied der Liberalen Partei war, genoss er bei der Konservativen Partei und der Labour Party enormen Respekt, da er finanziell gesehen in die Zukunft blicken konnte. "Ein wahrer Orakel-Leser", wie die "Fabian News" schrieb. Vielleicht war es seine "Fähigkeit, Orakel zu lesen", die Keynes dazu veranlasste, die Gründung des Internationalen Währungsfonds (IWF) voranzutreiben, in dem er eine wichtige Rolle spielte.

Wie so viele andere Institutionen der einen Weltregierung (Neue Weltordnung) war auch der IWF nur ein Mittel, um der US-Wirtschaft Geld zu entziehen und es an Länder abzutreten, die hervorragende natürliche Ressourcen als Sicherheit hatten. Was die unklugen Regierungen nicht wussten und tatsächlich auch nicht wissen konnten, war, dass der IWF nicht nur ihre natürlichen Ressourcen an sich reißen, sondern auch ihre nationale Souveränität kontrollieren und anschließend zerstören würde. Rhodesien, die Philippinen, Angola und Brasilien sind gute Beispiele dafür, was passiert, wenn man den IWF hereinlässt.

1919 gelang es Keynes, das Vertrauen von Colonel Mandel House, General Pershing und Walter Lippmann zu gewinnen. Keynes äußerte sich nachdrücklich und erklärte, dass "der Kapitalismus in Europa tot ist". Diese Kontakte sollten ihm eine Position von einiger

Bedeutung bei House und später bei Harry Hopkins einbringen, ein Bündnis, das zur Gründung des Council on Foreign Relations, (CFR) führte, das zunächst als Institute of International Affairs bekannt war und in Wirklichkeit ein Zweig der Fabian Society war. Laut Congressional Record, House, 12. Oktober 1932 Seite 22120, präsentierte Keynes sein Buch "The Economic Consequences of Peace" in den USA als Destabilisierungsversuch und um marxistische Wirtschaftstheorien populär zu machen.

Roosevelt nahm die keynesianischen Ideen begeistert auf, denn sie gaben ihm eine Grundlage, auf die er sich stützen konnte, als es darum ging, vom Kongress 4 Milliarden Dollar für sogenannte "öffentliche Bauprojekte" zu erhalten - in Wirklichkeit Gefälligkeitsjobs, die die Bundesdollar nicht "vermehrten", wie Keynes es versprochen hatte. Keynes freundete sich mit Henry Cantwell Wallace an, da beide Männer die Abschaffung des Goldgehalts des Dollars und eine "verwaltete Währung" befürworteten. Keynes hinterließ weiterhin einen starken Eindruck in Harvard, wo er häufig in Gesellschaft von Frankfurter und Laski war. Während Frankfurter den juristischen Jargon des sozialistischen New Deal lieferte, lieferte Keynes die wirtschaftliche Grundlage - wie üblich ein totales Hirngespinst, das, zu Ende gedacht, die Wirtschaft jeder Nation auslöschen würde.

Die "englischen Sozialisten" hatten nämlich wie die Wahrsager-Scharlatane der pharaonischen Priesterschaft das Netz ihrer Mysterien um Präsident Roosevelt gesponnen, der bis zu seinem Tod unter ihrem Einfluss blieb. Wenn man nach dem Hohepriester der New-Deal-Ära suchen müsste, wäre John Maynard Keynes sicherlich die natürliche Wahl. Sein Geschick im Umgang mit der englischen Sprache war insofern bemerkenswert, als er sogar den großen Wählern weismachen konnte, dass zwei und zwei fünf ergibt.

Keynes' Auftritt auf der Washingtoner Bühne ging eine ganzseitige Anzeige in der *New York Times* vom 31. Dezember 1933 voraus, die die Form eines offenen Briefes an Präsident Roosevelt annahm und voller Ideen steckte, die amerikanischen Ökonomen völlig fremd waren. Dennoch zeigte die Propaganda der Madison Avenue Wirkung und ebnete wahrscheinlich den Weg für seinen Besuch in den USA im Jahr 1934. Die lange Freundschaft mit Lippmann und anderen großen sozialistischen Stars am Firmament der USA öffnete Keynes alle Türen.

Obwohl Roosevelt die Auswirkungen seines Handelns nicht verstand, beschloss seine Regierung auf Anraten von Keynes, die USA aus dem Goldstandard zu entlassen, entsprechend einer ähnlichen Maßnahme der britischen Regierung. Keynes' "Multiplikator"-Theorie wurde von Roosevelt übernommen, nachdem Keynes ihm gesagt hatte, er solle sich nicht um "diesen groben wirtschaftlichen Fehler, der als quantitative Geldtheorie bekannt ist, kümmern." Das war Musik in den Ohren der New Dealers, die spürten, dass sie vom größten Ökonomen der Welt grünes Licht erhalten hatten, um sich in ein unüberlegtes Ausgabenprogramm zu stürzen, als ob sie dem nächsten Tag keine Rechenschaft schuldig wären.

So versuchte Keynes mit der Veröffentlichung der "Allgemeinen Beschäftigungstheorie" im Jahr 1936, die Fortsetzung der Staatsausgaben zu gewährleisten, indem er sich auf die Überzeugung stützte, dass die Regierung für Vollbeschäftigung verantwortlich ist und dass, wenn diese nicht erreicht wird, die Sozialhilfe einspringen muss. Keynes war der Hauptverfechter der defizitären Ausgaben und Roosevelt tat ihm gerne den Gefallen. Trotzdem gelang es Roosevelt nicht, mit Ausgaben aus der Depression herauszukommen.

Was die breite Öffentlichkeit in den USA betrifft, so ging das alles über ihren Kopf hinweg. "Überlasst das den Experten", sagten die Medien im Chor, "das ist zu kompliziert für uns". Und genau so kamen die Sozialisten mit dem großen Betrug der defizitären Ausgaben auf der Grundlage des falschen "Multiplikators", der nie funktioniert hat, davon. Der unschätzbare Schaden, den dieser fabiusianische sozialistische Wirtschaftsführer in den USA angerichtet hat, ist noch immer messbar. "Man kennt die Menschen durch die Gesellschaft, in der sie verkehren" ist eine alte, wahre und bewährte Weisheit. Zu Keynes' Freunden zählten einige der schlimmsten Verräter in der Geschichte der Nation; Lauchlin Currie, Felix Frankfurter, Walter Lippmann, Bernard Baruch, Colonel House, Dean Acheson, Walt Whitman Rostow, Fancis Perkins, Abe Fortiss, Eleanor Roosevelt, deren böse Taten so zahlreich sind wie die Sterne am Nachthimmel - zu zahlreich, um in diesem Buch vollständig abgedeckt werden zu können. Der hochrangige Kongressabgeordnete Louis T. McFadden hielt wenig von der keynesianischen Ökonomie, als er den Vorsitzenden der Federal Reserve, Marriner Eccles, vor dem Bankenausschuss des Repräsentantenhauses, dessen Vorsitzender er war, als Zeuge aussagen ließ.

McFadden, ein langjähriger Gegner des Fabianischen Sozialismus, griff Frankfurter und Keynes wegen ihrer Verbindungen an, insbesondere über die Foreign Policy Association in New York, und merkte an, dass Paul M. Warburg zu ihren Gründern gehörte. Er tadelte auch zu Recht Henry A. Wallas, der von Roosevelt auf Empfehlung von Frances Perkins zum Landwirtschaftsminister ernannt wurde, wegen seiner Mitgliedschaft in der aufrührerischen Freedom Planning Group, dem fabianistischen Sponsor der New York Foreign Policy Association. McFadden identifizierte Moses Israel Sieff korrekt mit der Gruppe und zitierte Sieffs Rat: "Lassen Sie uns eine Zeit lang langsam vorgehen und warten wir ab, wie sich unser Plan in Amerika entwickelt." Sieff leitete die britische Kaufhauskette Marks and Spencer und war ein millionenschwerer Sozialist.

Der "unser" Plan, auf den Sieff sich bezog, war ein von den Fabianischen Sozialisten in London ausgearbeiteter Plan, der das gesamte Land und die Landwirtschaft unter die Kontrolle der Regierung stellen würde, was bereits Professor Rexford Tugwell befürwortet hatte. Tugwell war das dritte Mitglied des "schrecklichen Trios", das aus Stuart Chase und Raymond Moley bestand, die an der berühmten und aufrührerischen Rand School of Social Science lehrten. Alle drei waren Vertraute von Henry Wallace, der mit Tugwells Hilfe die blühende Agrarindustrie, die sich 1936 gerade erst zu entwickeln begann, durch eine Politik des Umpflügens der Feldfrüchte und des Schlachtens von Vieh zerstörte.

Tugwell war ein glühender Verehrer der bolschewistischen Revolution, die seiner Meinung nach "Spaß daran hatte, die Welt neu zu gestalten." An der Columbia University ausgebildet, war Tugwell der erste Sozialist, der die sozialistischen Fabian-Theorien auf die Regierungspraxis anwandte. Tugwell steckte seine Finger in jeden New-Deal-Kuchen, der von der Roosevelt-Regierung gebacken wurde. Eine seiner wichtigsten Unternehmungen bestand darin, den Zollschutz gegen importierte Waren zu null und nichtig zu machen.

Der New-Deal-Plan war von Roosevelt begeistert aufgenommen worden, der erklärte:

> "Wenn wir diese Sache vom nationalen Standpunkt aus im weitesten Sinne betrachten, werden wir daraus eine nationale Politik machen, auch wenn es 50 Jahre dauert... Die Zeit ist jetzt reif für die Planung, damit wir in Zukunft die Fehler der Vergangenheit vermeiden und unsere sozialen (sozialistischen) und wirtschaftlichen Ansichten zur Nation tragen können."

Einer, der dieser Aufforderung gerne nachkam, war Arthur Schlesinger Jr. Sein breites Spektrum an sozialistischen Aktivitäten, zu denen auch die Betreuung von Adlai Simpson gehörte, dem ersten nationalen Vorsitzenden der Americans for Democratic Action (ADA), einer der bedeutendsten anarchistischen, aufrührerischen und subversiven sozialistischen Organisationen in den USA, für die er den Großteil ihres Propagandamaterials verfasste. Schlesinger ist es zu verdanken, dass John F. Kennedy als sozialistischer Kandidat präsentiert wurde, was keine leichte Aufgabe war, denn die rein sozialistischen Mitglieder der ADA mussten davon überzeugt werden, für jemanden zu stimmen, der all das repräsentierte, wogegen sie waren.

Ein Star der "Penetration und Imprägnierung", Schlesingers Rolle bei Lyndon Johnsons geheimer Subversion und seiner Förderung der ADA-Anliegen in den 1950er Jahren war eine große Feder in seinem Hut. Die vollständige Geschichte, wie Schlesinger die wichtigsten ADA-Mitglieder daran hinderte, zu fliehen, nachdem Kennedy bekannt gegeben hatte, dass Johnson auf dem Parteitag der Demokraten 1960 sein Running Mate sein würde, könnte ein Buch füllen. Man kann sich vorstellen, wie bestürzt der führende Sozialist der ADA, David Dubinsky, war, als er erfuhr, dass Johnson, den er sein ganzes politisches Leben lang gehasst hatte, Kennedys Running Mate werden sollte.

Wenn Schlesinger keinen Erfolg gehabt hätte, wäre es sehr wahrscheinlich, dass Johnson Kennedys Angebot abgelehnt hätte. Tatsächlich war es eine Frage des Gefühls, denn Johnson zog den

Posten des Mehrheitsführers im Senat vor. Offenbar erst nachdem Schlesinger Dubinsky offenbart hatte, wie er Johnson in den 1950er Jahren zu einem verkappten Sozialisten gemacht hatte, gewann Dubinsky die Unterstützung der ADA für die Nominierung. Schlesingers Erfolge setzten sich während Johnsons Präsidentschaft fort, obwohl er nicht zu Johnsons "hochrangigem Kabinett" gehörte (nicht ernannte Berater - private Berater). Arthur Schlesinger war einer der gefährlichsten unsichtbaren Feinde, die das Land je hatte.

Dean Acheson verkörperte die hinterhältige, durchdringende und von der aufrührerischen Norm durchdrungene Praxis eines gut ausgebildeten Sozialisten. Acheson stammte aus der Anwaltskanzlei des Komitees der 300, Covington, Burling und Rublee, die als Anwälte für die großen Buchhalter des Komitees der 300, Price, Waterhouse, fungierten. Er gehörte auch zum inneren Kreis der J.P. Morgan, Andrew Mellon, Tommy Lamont (der Mann, der sich dafür einsetzte, dass die USA das bolschewistische Regime der Blutschlächter anerkannten), der Familie Kuhn Loeb und Felix Frankfurter. Acheson war der typische Wall-Street-Anwalt, sozialistisch, aufrührerisch und gut vernetzt, der es unter Präsident Roosevelt zum Unterstaatssekretär im Finanzministerium und zum Außenminister brachte.

Es war Frankfurter, der Dean Acheson für einen Posten im Außenministerium der Vereinigten Staaten empfahl. Zu Achesons öffentlichsten Akten des Verrats und der Aufwiegelung gegen sein Land im Dienste des Sozialismus gehörte sein erbitterter Kampf um jede erdenkliche Hilfe für das bolschewistische Regime, als die weißrussischen Armeen die bolschewistische Rote Armee besiegten und in die Flucht schlugen, was in meinem Buch "Diplomacy By Deception" (Diplomatie durch Täuschung) ausführlich beschrieben wird. Während des Zweiten Weltkriegs bestand Acheson darauf, dass keine Maßnahmen gegen Stalin wegen der Besetzung der baltischen Staaten ergriffen wurden. Sein Verrat am nationalistischen China ist bereits bekannt und bedarf hier keiner weiteren Erwähnung. Als Krönung seiner Karriere als Verräter und Aufrührer war Achesons Unterstützung der nordkoreanischen und chinesischen Streitkräfte im Koreakrieg ein offener Akt des Verrats. Doch anstatt verhaftet, des Verrats angeklagt und gehängt zu werden, wurden ihm die höchsten Ehren zuteil.

Dean Achesons Landsleute in sozialistischen Verbrechen waren Dean Rusk und Walt Whitman Rostow, die ihren Sozialismus als Rhodes-Stipendiaten in Oxford lernten, der "Finishing School" für zukünftige sozialistische Weltführer. Rusk war äußerlich das genaue Gegenteil von Keynes: Mit seinem runden, rundlichen Gesicht und seiner Glatze ähnelte er eher einem niederen Beamten des bolschewistischen Regimes als einem Außenminister der Kennedy/Johnson-Administrationen. Doch sein Äußeres widerlegte seinen bösartigen sozialistischen Charakter und seine unermüdlichen Bemühungen, Rotchina und Stalin über das Institute for Pacific Relations (IPR) und direkt über eine Vielzahl von Behörden des Außenministeriums zu unterstützen.

Rusk war es, der in Absprache mit der britischen Regierung den "privaten Schrein", ein Sammelgebiet für die roten chinesischen Truppen in der Mandschurei, einrichtete. General Douglas McArthur war es verboten, den Schrein anzugreifen, wo sich die chinesischen Truppen sammelten, bevor sie den Fluss Yalu überquerten, um die US-Streitkräfte anzugreifen. Als MacArthur einen von seinem Generalstab und General George E. Stratemeyer von der US-Luftwaffe ausgearbeiteten Plan vorlegte, der Chinas Kampfkraft zerstört und es um Jahrzehnte zurückgeworfen hätte, war dies für Rusk das Signal, Präsident Truman eiligst zu einer Konferenz im Blair House in Washington einzuberufen.

Am 6. November 1950 rückten die chinesischen Streitkräfte rasch auf den Yalu vor. Stratemeyers Flugzeuge wurden bombardiert und startbereit gemacht. Doch zurück in Washington sagte Rusk zu Truman, er könne MacArthur nicht den Befehl geben, die chinesischen Rotarmisten zu schlagen. Aus den Dokumenten, die ich gesehen habe, geht hervor, dass Rusks erklärte:

> "Wir haben uns gegenüber den Briten verpflichtet, keine Maßnahmen zu ergreifen, die Angriffe auf dem mandschurischen Ufer des Flusses gegen die Chinesen beinhalten könnten, OHNE SIE zu konsultieren."

Rusk hatte auch eine Dringlichkeitssitzung des UN-Sicherheitsrats gefordert, demonstrativ, um eine UN-Resolution zu erwirken, die China den Rückzug seiner Truppen befiehlt. In Wirklichkeit handelte es sich um eine perfide und verräterische List Rusks, um den roten chinesischen Truppen Zeit zu verschaffen, den Yalu-Fluss zu überqueren und gleichzeitig die von MacArthur geplanten entscheidenden Angriffe zu verzögern. Wenn es jemals einen Aufrührer, einen Verräter, einen Mann, der keine Skrupel hatte, sein Land zu verraten, gegeben hat, dann war dieser Mann der Sozialist Dean Rusk.

Der dritte Partner in diesem aufrührerischen Trio war Walt Whitman Rostow, der einmal sagte:

"Es ist ein legitimes amerikanisches Nationalziel, das Ende der Nation, wie sie historisch definiert wurde, zu sehen." (Rostow, "The United States in the World Arena").

Obwohl er vom Geheimdienst des Außenministeriums und dem Geheimdienst der Luftwaffe zu einem ernsthaften Sicherheitsrisiko erklärt worden war, blieb Rostow als nicht gewählter Vertreter der amerikanischen Sozialisten in einer äußerst mächtigen Position, mit einer offenen Tür zu Eisenhower, Kennedy und Johnson. Rostow war vom Komitee der 300 dem Massachusetts Institute of Technology zugewiesen worden, von wo aus er die Strategie entwickelte und plante, die seiner Meinung nach für die USA "das Ende der Nation" bedeuten würde.

Dass dieser monströse Verräter in Washington freie Hand hatte, sollte diejenigen für immer zum Schweigen bringen, die glauben, dass der Sozialismus nur eine wohlwollende Institution ist, die Bedürftigen, Arbeitslosen und Armen helfen soll. Im Dezember 1960 reiste Rostow nach Moskau, um sich dort mit Wassili Kuznetsow, dem stellvertretenden Außenminister der UdSSR, zu treffen. Kuznetsov hatte sich bei Acheson und Rusk darüber beschwert, dass die USA eine Schlagkapazität aufbauten, die auf sein Land gerichtet sei.

Rostow sagte ihr, sie solle sich keine Sorgen machen, die Situation würde behoben werden. Und das war auch der Fall. Dank der Intervention des damaligen Verteidigungsministers Robert Strange McNamara wurde fast die gesamte Produktion der Raketen Skybolt, Pluto, X-20 Dynasoar, Bomarc-A, des Abwehrsystems Nike Zeus und des Atombombers B-70 erheblich reduziert oder ganz eingestellt. Auf russischer Seite gab es keine entsprechende Verringerung. Abgesehen von allem anderen kostete McNamaras Verrat die USA 5,4 Milliarden Dollar. Es wäre schwierig, einen höheren Grad an Verrat zu finden, und in einer Liste von Verrat und sozialistischer Aufwiegelung wäre McNamara unter den Top 10.

Als Belohnung für seine Perfidie wurde Rostow 1964 von Präsident Johnson in den Nationalen Sicherheitsrat berufen. Zum Zeitpunkt von Rostows Ernennung lobte Johnson den bösartigen Aufrührer und erklärte, dass "er den wichtigsten Posten im Weißen Haus neben dem Präsidenten innehat". Es handelte sich um denselben Rostow, der nie in seinem Ziel nachgelassen hatte, der Nation der Vereinigten Staaten eines Tages ein Ende zu setzen.

Rostow war es zu verdanken, dass US-Bodentruppen nach Vietnam geschickt wurden, nachdem er intensiv Lobbyarbeit betrieben hatte, um unsere Truppen in das Mekong-Delta zu bringen. Doch die Joint Chiefs of Staff sagten dem Präsidenten, dass er keine Bodentruppen in Südvietnam einsetzen solle, da diese mit Sicherheit stecken bleiben und schließlich nicht mehr aus der Region herauskommen würden. Wie alle Mitglieder der sozialistischen Kamarilla in Washington gab Rostow seinen Plan nicht auf und drängte weiter auf einen Truppeneinsatz.

Rostow benutzte General Maxwell Taylor, um einen direkten Zugang zu John Kennedy zu erhalten. Leider stimmte ein grüner und unerfahrener Kennedy Rostows Drehbuch zu und im Januar 1960 wurden zehntausend amerikanische Soldaten nach Vietnam geschickt. Dank Walt Whitman Rostows Verrat und Heimtücke hatte die sozialistische Fabian-Methode der Durchdringung und Imprägnierung das höchste Amt des Landes infiziert.

Es gab noch nie einen Krieg wie den in Vietnam, in dem unsere Soldaten versuchten, mit beiden Händen auf dem Rücken gefesselt zu kämpfen - Schlüssel, die im Besitz von Robert Strange McNamara, Walt Whitman Rostow und Dean Rusk waren. Die Soldaten keiner Nation mussten nach den Regeln kämpfen, die von einem patenten Verräter - Robert Strange McNamara - aufgestellt wurden. Dieser Mann sollte schon längst wegen Hochverrats vor Gericht gestellt und gehängt werden. Nach McNamaras "Einsatzregeln" mussten unsere Soldaten warten, bis sie umzingelt waren und beschossen wurden, bevor sie reagieren konnten.

Hat es jemals einen solchen Verrat gegeben? Senator Barry Goldwater bezeichnete McNamaras Einsatzregeln als "Schichten von Einschränkungen, unlogisch und irrational", die unsere Bomberpiloten auch daran hinderten, klar erkennbare strategische Ziele anzugreifen. Stattdessen mussten unsere Bomber Tonnen um Tonnen von Bomben auf "Versorgungspisten" abladen, die sie nicht einmal sehen konnten und die in den meisten Fällen die strategischen Ziele in Hunderten von Kilometern Entfernung absolut nicht beschädigten. Es war eine völlig sinnlose Übung und eine schockierende Geldverschwendung.

Zu Hause lieferten sich die Sozialisten, die die Medien kontrollierten, einen erbitterten Kampf um die öffentliche Meinung - auf der Seite des kommunistischen Regimes in Nordvietnam. Die US-Soldaten waren die "Bösen", während der Vietcong nichts Böses tun konnte. Ich hoffe und bete inständig, dass diese drei Feinde der Vereinigten Staaten - Rostow, Rusk und McNamara - auf die eine oder andere Weise wegen Hochverrats vor Gericht gestellt werden. Der Strang ist zu gut für sie.

Wenn man mich bitten würde, meine Meinung zu den sozialistischen Sternen zu äußern, die der Verfassung und den Konzepten einer großen amerikanischen Republik am meisten geschadet haben, müsste ich lange überlegen, denn es gibt eine wahre Flut von Menschen, die zur Auswahl stehen. Aber am Ende müsste ich Walter Lippmann ganz oben auf die Skala setzen, der 1909 der Fabian Society in London beitrat und damit der älteste amerikanische Sozialist ist.

1917 wurde Lippmann vom britischen Geheimdienst MI6 ausgewählt, Colonel House alle zwei Wochen zu besuchen, um ihn zu beraten, wie man Wilson zur Wiederwahl bewegen und ihn von der Neutralität abbringen könne, wobei diese "Meinungen" häufig in der sozialistischen Zeitschrift "New Republic" erschienen, in deren Vorstand Lippmann saß. Es war allgemein nicht bekannt, dass Lippmann der Leiter einer informellen Gruppe war, die Wilsons Kriegspolitik definierte und seine Nachkriegsstrategie ausarbeitete. Diese Gruppe wurde von Dr. Sydney Mezes geleitet.

Lippmann verfolgte aktiv eine Politik, die auf private Spenden abzielte, um Wilsons 14 Punkte zu fördern, von denen man sich erhoffte, dass sie über den Völkerbund zur Gründung der Neuen Weltordnung führen würden. Lippmann konnte 150 sozialistische Professoren als Propagandisten gewinnen, die Geld und Daten für die bevorstehende Pariser Friedenskonferenz sammelten, darunter auch den berüchtigten Sozialisten Reverend Norman Thomas. Dank dieser Professoren und Lippmanns Scharfsinn wurden ihre Ideen von Woodrow Wilson mit Inbrunst vorgetragen, der sich anscheinend nicht darum kümmerte, dass er als Sprachrohr des internationalen Sozialismus diente.

Lippmann verband sich eng mit dem "radikalen Roten" John Reed, dessen bolschewistische Ideen für Amerika abgeschwächt werden mussten, bis Reed schließlich davonlief, um sich den Bolschewiki in Moskau anzuschließen, aber nicht bevor er mit Lippmann den Harvard Socialist Club gegründet hatte. Reed war Gegenstand eines sehr einfallsreichen Films von Holly Wood, in dem der Bolschewismus verherrlicht und betont wurde, wie ehrenvoll es für Reed war, nach seinem langen Dienst für den Kommunismus in der Nähe der Kremlmauer begraben zu werden.

Wie Felix Frankfurter und Louis Brandeis wuchs auch Walter Lippmann in wohlhabenden Verhältnissen auf. Seine Karriere in Harvard wurde zu Recht als "brillant" beschrieben, aber nach Lippmanns eigenem Eingeständnis bedeutete seine Mitgliedschaft in der Fabian Society im Jahr 1909 mehr als alles, was er in Harvard erreicht hatte. Wie in so vielen anderen Fällen ist es also offensichtlich, dass gute Sozialisten nicht gemacht werden, sie werden einfach so geboren. Die Fabianer in London hatten Lippmanns Karriere in Harvard beobachtet und, in den Worten von Harold Laski,

> "war er der ideale Kandidat für unsere Politik, die USA auf allen Ebenen zu durchdringen und zu durchdringen."

Von 1932 bis 1939 widmete er seine Zeit und Energie der Durchdringung und Durchdringung der wichtigsten amerikanischen Unternehmen, der Rechtspraxis und der Bankkreise. Es war Lippmann, der eine neue Klasse schuf, die der "gemäßigten" Republikaner, die Clinton entscheidend dienen sollte, indem sie die Vereinigten Staaten auf den sozialistischen Weg der Sklaverei im Rahmen einer einzigen Weltregierung führte - die Neue Weltordnung - das Neue Dunkle Zeitalter.

Der Begriff "gemäßigter Republikaner" half denen, die bereit waren, Verrat und Aufwiegelung im Repräsentantenhaus und im Senat zu begehen, zu vermeiden, als Sozialisten, Marxisten oder Kommunisten abgestempelt zu werden. Zu den effektivsten dieser machiavellistischen Chamäleons gehörten die Senatoren Roth, Cohen, Kassenbaum, Chaffee und Danforth, die es möglich machten, dass das Kommunistische Manifest von 1848 in Form der "Crime bill" in die US-Gesetzgebung aufgenommen wurde.

Lippmann war der erste Amerikaner, der sich die auf politische Situationen angewandte Psychologie zu eigen machte, eine Taktik, die er am Tavistock Institute for Human Relations in Sussex, England, erlernt hatte. Seine unerschütterliche Unterstützung des Sozialismus war gekennzeichnet durch seine enge Freundschaft mit Thomas "Tommy" Lamont, dem Bankier von J. P. Morgan, der eine wichtige Rolle dabei spielte, die Regierung der Vereinigten Staaten davon zu überzeugen, die blutrünstigen. bolschewistischen Schlächter in Moskau anzuerkennen und Beziehungen zu ihnen aufzubauen. Lippman erlangte durch seine syndizierten Pressekolumnen, die von allen großen Zeitungen und Magazinen übernommen wurden, enorme Macht.

Lippmann wurde später ein enger Freund und Vertrauter der Präsidenten Kennedy und Johnson, und die Tatsache, dass er sie sozialisierte, führte dazu, dass die sozialistischen Programme Die Neue Grenze und Die Große Gesellschaft, die direkt aus Büchern stammten, die von Sozialisten geschrieben worden waren, praktisch in toto von der Demokratischen Partei übernommen wurden. Lippmann wird zugeschrieben, dass er die "Eile mit Weile"-Politik der Fabianischen Sozialisten in den USA umsetzte:

> "Generell war es unser Ziel, aus Reaktionären Konservative, aus Konservativen Liberale, aus Liberalen Radikale und aus Radikalen Sozialisten zu machen. Mit anderen Worten: Wir haben versucht, alle ein Stückchen weiter nach oben zu bringen. Uns war es lieber, dass sich die gesamte Masse ein wenig bewegt, als dass einige wenige völlig aus dem Blickfeld geraten". (Quelle, Congressional Record 12. Oktober 1962).

Dieser sehr erhellende Einblick in die Funktionsweise des sozialistischen "Gradualismus" sollte von allen studiert werden, die sich um die Zukunft der Vereinigten Staaten sorgen, und wir müssen Schulen einrichten, die lehren, wie man diese schleichende Bedrohung bekämpft, die, wenn sie nicht gestoppt wird, unsere

Nation schließlich lähmen wird. Der Erfolg dieser Taktiken lässt sich während der Präsidentschaft Clintons beobachten, wo eine wichtige sozialistische Gesetzgebung nach der anderen auf der Grundlage der schrittweisen Bekehrung von Clintons Gegnern zu Gläubigen an sein Programm durchgesetzt wurde.

Clintons sozialistische NAFTA, der Crime Bill und sein Gesetzentwurf, der dem amerikanischen Volk die größte Steuererhöhung der Welt aufzwingt, sind perfekte Beispiele dafür, wie diese schleichende Lähmung funktioniert, und auch dafür, wie wichtig es ist, Verräter in den Reihen der Republikaner zu haben, die von ganzem Herzen für den Sozialismus sind, aber als "gemäßigte Republikaner" etikettiert werden. Durch die Lippmann-Methode, den psychologischen Ansatz zur Politik, den er am Tavistock Institute of Human Relations erlernt hat, wird das amerikanische Volk langsam aber sicher, einen Schritt nach dem anderen, wie eine Traumwanderung, dazu gebracht, ohne ein Murren die radikalsten und abscheulichsten Veränderungen in der Bildung, der Wirtschaft, der Religion und der Politik in den Vereinigten Staaten zu akzeptieren, ohne sich scheinbar der schrecklichen Veränderungen bewusst zu sein, die vorgenommen wurden und noch vorgenommen werden.

Lippmanns Anwendung der Sozialpsychologie beschleunigte die Akzeptanz der Sozialisierung der USA durch Roosevelts "New Deal" erheblich, die durch die sozialistische "New Frontier" und die "Great Society" von Kennedy und Johnson fortgesetzt wurde. Lippmann war der geschickteste in einer langen Reihe von Anhängern des Sozialismus, die das Wort "Demokratie" benutzten, wann immer es möglich war, es einzuführen, ohne anzudeuten, dass "Demokratie" in der sozialistischen Sprache in Wirklichkeit die zunehmenden Vorstöße des Sozialismus in das Bildungs-, Wirtschafts- und politische Leben der Nation durch die staatliche Regulierung der Geschäfte bedeutete. Die "wahre Demokratie", d. h. der ungezügelte Sozialismus, wurde eingeführt, ohne dass sich die Bevölkerung dessen bewusst war. Wir stellen fest, dass diese Politik in der Clinton-Regierung in vollem Gange ist, wobei die Mehrheit der Menschen noch nicht weiß, dass die "Demokratie", die Clinton vorschwebt, der blanke Sozialismus ist.

Lippmanns Amtszeit als Präsident der 1909 in Harvard gegründeten

Intercollegiate Socialist Society war das beste Fundament für seine Zukunft im Sozialismus, das man mit Geld kaufen konnte, und war ihm eine große Hilfe, als er die sozialistische Zeitschrift "New Republic" gründete, in der später seine Ansichten über den Vietnamkrieg geäußert werden sollten. Lippmann und andere sozialistische Schriftsteller erzählten dem amerikanischen Volk in Zeitungsartikeln, dass wir, wenn die USA versuchen würden, Korea zu gewinnen, auf China stoßen und besiegt werden würden.

Es war eine kalkulierte Lüge, denn China war unter keinen Umständen in der Lage, gegen die USA Krieg zu führen, und wäre es zu einem Krieg zwischen den beiden Nationen gekommen, wäre China solide besiegt worden - eine Tatsache, die General Douglas McArthur und General Stratemeyer an Truman und das Pentagon weitergaben. Die Lügen über Chinas Unbesiegbarkeit setzten sich im Vietnamkonflikt fort, den Henry Kissinger und Dean Rusk mindestens zwei weitere Jahre in die Länge zogen, nachdem die Vietnamesen erklärt hatten, den Konflikt beenden zu wollen. So wurde das sozialistische Ziel, die US-Kasse mit 5 Millionen Dollar pro Tag zu strapazieren, vollends verwirklicht, ganz zu schweigen von den 50.000 Verlusten, die die US-Streitkräfte erlitten.

Der Sozialismus wurde von den politischen Beratern um Kennedy, Johnson und Nixon umgesetzt, Beratern vom Typ Dean Rusk - Robert McNamara, die die USA in Korea und Vietnam auf den Weg der Niederlage geführt haben und deren heutige Nachfolger vom Typ derer um Präsident Clinton nicht zögern werden, genau das Gleiche zu tun, wenn es um einen Krieg gegen einen zukünftigen Feind geht.

Einer der zukünftigen Sterne am sozialistischen Firmament der USA, den Lippmann an der Harvard-Universität kennenlernte, war Robert Strange McNamara. Als Produkt von John Maynard Keynes' sozialistischer Methode der Durchdringung und Durchdringung, die die fabianischen Doktrinen in der Wirtschaftsabteilung von Harvard installierte, lehrte McNamara von 1940 bis 1943 als Assistenzprofessor für Betriebswirtschaftslehre an der Business School. Anschließend wurde er zur Luftwaffe und später zur Ford Motor Company abkommandiert. Nach einer fast katastrophalen Amtszeit bei Ford wurde er auf einen neu geschaffenen Posten an der Spitze des Verteidigungsministeriums befördert.

McNamara war beeindruckt von dem neuen sozialistischen Evangelium, das über die Campus der Universitäten in den Vereinigten Staaten fegte. Die politische Ökonomie der USA, die bewährte Wirtschaftspolitik, die im amerikanischen Wirtschaftssystem mit Schutzzöllen und einer gesunden Währung auf der Grundlage des Bimetallismus definiert war, wurde schnell eliminiert und durch den ökonomischen Quark von John Maynard Keynes und Harold Laski ersetzt. Kein sozialistischer Führer war eifriger als McNamara daran interessiert, diese antiamerikanischen sozialistischen Theorien in Wirtschaft und politischer Ökonomie umzusetzen. Das Einzige, was bei diesem hemmungslosen Wettlauf um die Abschaffung des amerikanischen Wirtschaftsmodells herauskam, war, dass das keynesianische Modell den Wirtschaftstheorien von Karl Marx gefährlich nahe kam - eine Beobachtung, die in der Presse, im Radio oder im Fernsehen nie erwähnt werden durfte.

Mehr als das. McNamara war bestrebt, die Armee zu verscherbeln, und er tat dies, indem er den schädlichen Einfluss, den er auf Präsident Johnson hatte, ausnutzte. Es gab nie einen gefährlicheren Moment für die Sicherheit der Vereinigten Staaten als den, als der sozialistische Star Robert S. McNamara durch die Flure des Pentagons schlich und ein Programm nach dem anderen absagte, bis die USA der Sowjetunion weit unterlegen waren. McNamara brachte Johnson sogar dazu, die Produktion von Plutonium für das Atomprogramm mittels eines illegalen Erlasses zu streichen.

Illegal in dem Sinne, dass nur Könige und Königinnen Proklamationen herausgeben können, was ein Exekutivbefehl ist. Zu einem früheren Zeitpunkt in der Geschichte der Nation wären sowohl McNamara als auch Johnson vor Gericht gestellt und des Verrats für schuldig befunden worden, was sie auch hätten tun sollen.

1964, in einem entscheidenden Moment des Kampfes, um Stalin auf Linie zu bringen, machte McNamara die Atomschlachtpläne der NATO rückgängig, sogar ohne Ihre Genehmigung und ohne jemals die NATO-Verbündeten konsultiert zu haben. Über diese erstaunliche Leistung der sowjetischen Streitkräfte heißt es, dass die sowjetischen Generäle die ganze Nacht im Kreml Wodka getrunken und gefeiert hätten, ungläubig ob ihres Glücks. Die rechtsgerichteten französischen Führer bekräftigen die Weisheit De Gaulles, der sich aus der NATO zurückzog und eine unabhängige nukleare Abschreckung für die französische Nation aufbaute. Die Franzosen erneuerten ihr Versprechen, dass sie niemals von den Vereinigten Staaten getäuscht und entwaffnet werden würden, wie es der Fall gewesen wäre, wenn Frankreich nicht aus der NATO ausgetreten wäre.

Man wundert sich, dass die zahlenmäßig kleine Kommunistische Partei Amerikas und eine nominell nicht existierende Sozialistische Partei einen so massiven Sieg für den Fabianischen Sozialismus erringen konnten. Die Historiker der Zukunft werden sich sicherlich verwundert die Augen reiben und sich fragen, was aus den Vorfahren derer geworden ist, die den Tee in den Hafen von Boston warfen, und was aus den Nachkommen von Andrew Jackson geworden ist, einem Mann, der die sozialistische Bedrohung nicht nur klar erkannte, sondern sie sein ganzes Leben lang aktiv mit Zähnen und Klauen bekämpfte.

Was ist mit dem amerikanischen Volk zwischen der Gründung dieser Nation und der Machtübernahme durch die Sozialisten geschehen? Die wahre Antwort liegt in der Vermischung der Bevölkerung, die nun so verfälscht war, dass sie nur noch wenig Ähnlichkeit mit den ursprünglichen Siedlern hatte. In einer stillen Revolution zerrissen die Sozialisten das Land von einem Ende zum anderen und demoralisierten die Nation nach und nach so sehr, dass sie zu einer leichten Beute für die Kräfte wurde, die seit dem Krieg von 1812 auf ihren Untergang gewartet hatten.

Da sie sich ständig der britischen Fabian Society zuwandte, um sich von deren Slogans und Programmen inspirieren zu lassen, wurde die Demokratische Partei tatsächlich zur sozialistischen/marxistischen/kommunistischen Partei der Vereinigten Staaten. Johnsons "Krieg gegen die Armut" zum Beispiel wurde ursprünglich vom Premierminister der Labour Party, Harold Wilson, geschrieben. In seiner Rede vor den internationalen Sozialisten machte Harold Wilson deutlich, dass es die Absicht der Sozialisten in Großbritannien und den USA war, Gelder, die für die Verteidigung bestimmt waren, in Gelder umzuleiten, die für die Ausrottung des Elends bestimmt waren. Abrüstung", so Wilson, "ist das, worum es geht, damit die "Not" von der Erde verbannt werden kann.

Der angesehene Sozialist Michael Harrington, Mitglied der Sozialistischen Partei der USA, griff zehn Jahre später Wilsons Pamphlet auf und produzierte ein Buch mit dem Titel "The Other America: Poverty in the United States" (Das andere Amerika: Armut in den Vereinigten Staaten). Über Presse, Radio und Fernsehen verbreitet, wurde Harringtons Buch sofort ein Erfolg. Die Sozialisten lieben es. Niemand hält es für nötig zu erwähnen, dass Harrington die Bemerkungen von Harold Wilson nur weiterführte und auf die amerikanische Szene anwandte. John F. Kennedy erhielt ein Exemplar des Buches und schrieb Harrington, dass er tief beeindruckt sei.

Es sind diese Sterne am sozialistischen Firmament über den Vereinigten Staaten, die mehr Verwüstung angerichtet haben, als jede Invasionsarmee zu erreichen gehofft hätte. Es sind die Sozialisten, die unser Wahlsystem prostituiert und verzerrt haben, bis es heute unmöglich ist, zu sagen, wie viel Betrug und Täuschung in die endgültige Stimmenauszählung einfließen. In diesem Bereich übertrifft die Demokratische Partei die Republikanische Partei um Kopf und Schultern.

So weit ist es schon gekommen: Was die Kandidaten sagen, ist heutzutage fast unwichtig; was zählt, ist, wer die meisten Wähler anzieht. Wenn ein republikanischer Kandidat gegen einen demokratischen antritt, ist die internationale Presse dem Kandidaten so dicht auf den Fersen, als würde er in England, Italien, Frankreich, Deutschland, Polen und den skandinavischen Ländern antreten. Es ist ziemlich erstaunlich, dass die sozialistische Presse in diesen Ländern fast ausnahmslos die Reihen hinter dem demokratischen Kandidaten schließt.

Schlimmer noch: Der Druck und die Drohungen, die mit einer Wahl einhergehen, machen ein faires Ergebnis praktisch unmöglich. Die Demokraten sind in dieser Hinsicht sehr gut. Unternehmen werden eingeschüchtert, Verträge bedroht, Gelder für Nachbarschaftsprogramme zurückgehalten; der heutige Wahlprozess hat nicht mehr viel damit zu tun, wie viele Wähler sich registrieren lassen und ihre Stimme abgeben: Es geht darum, wer am meisten Einfluss nehmen kann, wer am erfolgreichsten einschüchtern und erpressen kann, wer das amerikanische Volk am meisten belügen kann, ohne entlarvt zu werden. Zu diesem Zweck werden für viel Geld Typen aus der Madison Avenue engagiert. Wenn ein Präsident einen Ausrutscher macht und etwas Falsches sagt, greifen die "Fixer" ein und versichern den Wählern, dass SIE es waren, die nicht richtig zugehört haben. Am Ende des 20. Jahrhunderts gibt es in der Politik keine Ehrlichkeit mehr. Wie Walter Lippmann in einem seltenen Moment der Ehrlichkeit nach den Wahlen von 1964 erklärte:

> "Denn das eigentliche Anliegen der Kampagne bestand nicht darin, einen Weg für die Zukunft zu entwerfen. Es ging darum, die Rebellion gegen die etablierte Linie der Innen- und Außenpolitik, die (von den Sozialisten) in der Generation nach der Großen Depression und dem Zweiten Weltkrieg festgelegt wurde, zu schlagen und zu zerschlagen."

Es gibt noch viele andere leuchtende Sterne am sozialistischen Firmament, in der Vergangenheit und in der Gegenwart, und im Abschnitt Anmerkungen erwähnen wir ihre Namen, wenn auch nicht so vollständig, wie wir es uns gewünscht hätten. Um einen Zeitsprung in die Gegenwart zu machen: Der vielleicht hellste Stern von allen am sozialistischen Firmament, während wir uns dem Ende des 20. Jahrhunderts nähern, ist Präsident William Jefferson Clinton.

Wie so viele seiner Vorgänger wurde auch Clinton auf die politische Bühne Amerikas katapultiert, um einzudringen, zu infiltrieren und den Grundstein für seine Präsidentschaft zu legen. Nur wenige konnten sich vorstellen, dass ein relativ bescheidener Politiker aus einem relativ unbedeutenden Staat der beste Agent für Veränderungen sein würde, den der Fabianische Sozialismus bislang finden konnte. Wir überspringen die formalen und bekannten Details über Clinton und versuchen stattdessen, über die herkömmlichen Informationen über ihn hinauszugehen, die kaum wiederholt werden müssen.

Stattdessen werden wir versuchen, unseren Lesern einige der Informationen zu geben, die geheim gehalten wurden und noch nicht das Licht der Öffentlichkeit erblickt haben, obwohl es eine Vielzahl mächtiger Clinton-Kritiker gibt, die nichts lieber täten, als ihn aus Washington zu vertreiben.

Mit Ausnahme einer gewissen Zeit in London, wo er als Führer der sozialistischen Agitation gegen den Vietnamkrieg agierte, und einer Zeit an der Socialist School of Finishing (Oxford University) hatte Clinton außerhalb von Arkansas kaum politische Erfahrung. Dennoch gelang es ihm, einen bemerkenswerten Einfluss auf den Bundesstaat Arkansas aufrechtzuerhalten.

Bei dieser Aufgabe wurde er geschickt von seinen Freunden Tyson und Stephens, zwei der reichsten Männer des Staates, unterstützt. Clinton wurde für eine Beförderung empfohlen und von "King" Stevens an Jay Rockefeller und Pamela Harriman weiterempfohlen. Harriman und Rockefeller sind die Führer der Sozialistischen Partei der Vereinigten Staaten, besser bekannt als die Demokratische Partei. Frau Harriman sah in Clinton einen Mann mit Potenzial, und Clinton wurde geschickt, um von den Bilderbergern als zukünftiger sozialistischer Weltführer ausgebildet zu werden. Harriman und Rockefeller wurden nicht enttäuscht, denn Clinton legte eine beeindruckende Vorstellung hin und wurde nach seiner Rückkehr in die USA von der Demokratischen Partei als ihr Wunschkandidat für die Präsidentschaftswahlen 1992 nominiert.

Man sorgte sich um die Leichen in Clintons Schrank, war aber der Meinung, dass sein jungenhaftes Aussehen und sein scharfer Verstand ausreichten, um die plumpen Versuche, sich auf ihn zu beziehen, zu überwinden. Und so wurde Clinton am 20. Januar 1993 zum 42. Präsidenten der Vereinigten Staaten gewählt. Die Tatsache, dass eine unwahrscheinlichere Persönlichkeit als er die Kontrolle über die größte und mächtigste Nation der Welt übernahm, verblüffte seine Kritiker - und es gab Hunderte von Kritikern in den höchsten Machtzirkeln des Landes -, die dazu neigten, Clintons außergewöhnlich scharfen Verstand zu übersehen und sich mit seiner bescheidenen Herkunft aufzuhalten, ganz zu schweigen von den Vorwürfen sexuellen Fehlverhaltens, die allmählich auftauchten.

Die Sozialisten jubelten. Ihre Wahl war im Weißen Haus angekommen; nun konnten die sozialistischen Programme beschleunigt werden und das Land würde keine Zeit haben, sich von einer Krise zu erholen, bevor die nächste über es hereinbrach. Eine neue Ära des Missbrauchs staatlicher Macht sollte beginnen, der große sozialistische Raubzug sollte in die nächste Runde gehen. Die sozialistische Hierarchie hatte einen Zeitplan von vier Jahren aufgestellt, damit Clinton seine Amtszeit erfüllen konnte. Clinton sollte ein Präsident mit einer einzigen Amtszeit sein, aber die Programme, die er durch den Kongress bringen sollte, würden die erschreckendsten Folgen für die USA in den nächsten 1000 Jahren haben.

Wie William Clintons gut durchdachte Pläne beinahe gescheitert wären, wurde nie enthüllt, außer in den Berichten der World In Review (WIR). Es war so: Frau Clinton war von ihrem Mann mehr als desillusioniert worden, was auf seine Angewohnheiten als Frauenheld und seine zahlreichen außerehelichen Beziehungen zurückzuführen war. Da sie aus dem besten sozialistischen "feministischen" Stoff ist, war Frau Clinton, die ihre Abstammung gut verbarg, an einem Punkt angelangt, an dem sie sich für einen Alleingang entschied. Hillary Clinton (damals sprach man nicht von "Rodham") trennte sich und überließ es ihrem irrlichternden Ehemann, über seine ehelichen Missetaten nachzudenken.

Es war kurz bevor Clinton von Pamela Harriman und Jay Rockefeller angesprochen wurde, dass er ohne seine Frau dastand. Das war ein schlechter Schachzug; offensichtlich war ein Mann mit Eheproblemen nicht geeignet, das Oval Office zu besetzen. Harriman eilte zu Hillary und erklärte ihr die Situation: Wenn sie zu ihrem Mann zurückkehrte, konnte sie damit rechnen, die nächste "First Lady" zu sein. Da Hillary keine Aufstiegsmöglichkeit auslässt, stimmt sie einer Versöhnung mit ihrem Mann unter der Bedingung zu, dass es keine außerehelichen Affären mehr gibt. Diese Bedingung wird akzeptiert und das Rennen ist eröffnet. Der Rest ist Geschichte.

Was keine Geschichte ist, ist die Vergangenheit von William Jefferson Clinton, die dem amerikanischen Volk bis heute verborgen geblieben ist. Clinton wurde in Hope, einer Kleinstadt in Arkansas, geboren und die Familie zog nach Hot Springs, das eine "offene" Stadt mit Prostitutionshäusern und anderen "Vergnügungen" der Großstadt war. Es war diese freundliche "Alles ist erlaubt"-Atmosphäre, in der Clinton aufwuchs, die nach Ansicht mancher der Grund für seine Probleme mit der Wahrheit war.

Laut Aussage eines ehemaligen Senators von Arkansas, Richter Jim Johnson, hat eine gewisse Nora Waye, eine ehemalige Partnerin von

Clintons Schwiegervater, behauptet, Clinton sei überhaupt nicht das, was die Medien des Establishments für ihn aufgebaut hätten.

Waye nennt einige Beispiele:

"Wenn man über Bill Clintons Abneigung gegen die Wahrheit nachdenkt, fragt man sich, ob dies nicht auf seine wenig glanzvolle Vergangenheit in diesem Bereich zurückzuführen ist. Er log darüber, dass er ein Stipendiat der Rhodes-Stiftung sei. Er hat diesen (Kurs) nie abgeschlossen und dennoch hat er behauptet, er sei ein Rhodes-Stipendiat".

In dieser Hinsicht scheint Waye voreingenommen zu sein. Jeder, der als sozialistischer Rhodes-Stipendiat ausgewählt wird und nach Oxford geht, darf sich Rhodes-Stipendiat nennen, auch wenn er den Kurs nicht abschließt.

Gegen Clinton wurden sehr schwere Anschuldigungen erhoben, die Machtmissbrauch, Drogengeschäfte und Insiderhandel durch seine Frau betrafen. Diese Behauptungen wurden von Larry Nichols aufgestellt, der in den 1970er Jahren ein enger Freund Clintons war. Nach den Worten von Nichols hatte er "aus Marketingsicht viele Projekte für Clinton durchgeführt". Nichols stellte dann eine Reihe von Behauptungen auf, die seiner Meinung nach nie Gegenstand einer Untersuchung waren. Die meisten von ihnen betreffen massive Kokaingeschäfte von Mena in Arkansas aus, von denen einige auch in "The Nation" berichtet wurden. Nichols behauptet, dass die Arkansas Development Finance Authority (ADFA) eine vollständig kontrollierte Finanzeinheit für das Waschen großer Geldsummen aus Kokain aus Mena war, die seiner Meinung nach über eine (nicht namentlich genannte) Bank in Florida abgewickelt wurden.

Nichols erhob auch schwere Vorwürfe der Unterschlagung gegen die Anwaltskanzlei Rose und Hillary Clinton und beschuldigte sie, Provisionen für die Beantragung von Anleihenkrediten erhalten zu haben, was gegen das Gesetz des Bundesstaates verstößt. Nichols behauptet, er habe Dokumente gestohlen und Kopien davon angefertigt, die den Wahrheitsgehalt seiner Behauptungen bestätigen. Er behauptet außerdem, dass ein Teil des Drogengeldes aus Mena über eine Bank in Chicago gewaschen wurde, deren Miteigentümer der mächtige demokratische Politiker Dan Rostenkowski ist.

Nichols behauptet, Roger Clinton, der Bruder des Präsidenten, sei nicht wegen des Verkaufs von Kokain ins Gefängnis gegangen, "sie gaben es" angeblich im Austausch für nicht näher bezeichnete Gefälligkeiten. Nichols erklärte, dass

"Nachdem er verurteilt worden war (Dan Lasater - der zusammen mit Roger Clinton schuldig gesprochen wurde), kamen er und Roger in ein Gefängnis mit minimaler Sicherheit. Ein Holiday Inn, wie sie genannt werden. Dort verbrachte er, glaube ich, bis zu sechs oder acht Monate und wurde dann entlassen. Ohne dass es jemand wusste, begnadigte Bill Clinton ihn (wahrscheinlich in Lasater) am Tag nach seiner Entlassung in vollem Umfang...".

Nichols beschuldigt Clinton und seine Regierung in Arkansas, nie gegen den Kokainschmuggel aus Mena vorzugehen:

"Nicht eine einzige größere Beschlagnahme wurde in Arkansas durchgeführt, ausgehend von Mena (Arkansas). Jetzt stellen Sie sich das mal vor, fast zehn Jahre in Betrieb und nicht eine einzige Ladung Kokain wurde gefasst".

Nichols fährt fort mit einer Reihe von Unterschlagungsvorwürfen gegen Wes Hubbell, der mit Clinton nach Washington reiste, und Hillary Clinton, die Stevens und die Familie Tyson, die politisch und finanziell mit Clinton verbündet war, als er Gouverneur von Arkansas war. Zu Tyson behauptet Nichols Folgendes:

"Don Tyson hat insgesamt 600.000 oder 700.000 Dollar in alle Wahlkämpfe von Bill Clinton investiert. Raten Sie mal, was er dafür bekommen hat? 10 Millionen Dollar - und raten Sie mal, von wem? Von der Arkansas Development Financing Authority. Und er hat nie einen Cent dafür bezahlt".

Nichols beschuldigte auch einen Hersteller von Parkuhren, Parking on Meter (POM), der mit Hubbel verbunden ist, der Unregelmäßigkeiten und sagte, er habe versucht, alle großen Medien für seine Geschichte zu interessieren, aber im Allgemeinen hätten sie sich alle geweigert, die Sache anzufassen. Stattdessen sagte Nichols, er sei einem Sperrfeuer verbaler und körperlicher Misshandlungen ausgesetzt gewesen, die ihn praktisch in Verruf gebracht hätten.

Nichols sagte, dass einer seiner Geschäftspartner, der Anwalt Gary

Johnson, in der Eigentumswohnung des Quapaw Towers wohnte. Johnson hatte offenbar eine Überwachungskamera vor seiner Wohnung installiert - dies lange bevor Geniffer Flowers neben seiner Wohnung einzog. Johnson behauptet, er habe Clinton mehrmals mit einem Schlüssel in Geniffer Flowers' Wohnung gehen sehen.

Johnson sagte:

> "Ich habe ihn in seine Wohnung gehen sehen. Es ist nicht so, dass ich dort gestanden und durch den Spion in Geniffer Flowers' Wohnung geschaut habe. Es war nur so, dass ich die Kamera mitgenommen hatte. Ich hatte die Kamera schon, bevor Geniffer Flowers eingezogen ist".

Nichols sagte:

> "Raten Sie mal, was er gefilmt hat? Bill Clinton, wie er wiederholt mit einem Schlüssel in die Wohnung von Geniffer Flowers eintritt."

Bisher gibt es keine Belege für die Geschichten von Nichols und Johnson, aber wie bereits erwähnt, begann "The Nation", über Mena und Wes Hubell zu schreiben, und ging dann nach einigen Artikeln nicht weiter darauf ein - was sich sehr von ihrem journalistischen Stil unterscheidet.

Im Oktober 1992 erklärte "The Nation":

> "In Hot Springs, wo Clinton am Labor-Day-Wochenende sprach, sah ich den Prozess in vollem Gange. Hier, in dieser zwielichtigen Stadt mit ihren Badehäusern und alten Kasinos, ist unser Bill aufgewachsen. Den ganzen angstbesetzten Mist über 'eine Stadt namens Hope' können Sie vergessen. Die aufgewühlte Atmosphäre hat ihn offensichtlich beeindruckt. Wenn man Hillary glauben darf, die den Gouverneur bei der Homecoming-Versammlung vorstellte, war das erste, was sie zueinander sagten, als er sie an einem romantischen Wochenende hierher brachte: "Schau dir all diese kleinen Unternehmen an ...".

Dasselbe linke Magazin veröffentlichte im März 1992 einen Artikel, aus dem die folgenden Auszüge stammen:

> "Zur umfassenderen Frage der Gefälligkeiten Clintons für seine

Freunde behauptet Larry Nichols - der von Clinton entlassene Mann der Arkansas Development Finance Authority und die Originalquelle von Flowers' Geschichte -, dass Verbindungen zu den Clintons praktisch eine Voraussetzung für Unternehmen sind, die sich um Kredite von der ADEA bemühen, die 1985 von Clinton maßgeblich entwickelt wurde, um Kapital für die wirtschaftliche Entwicklung in den Staat zu holen, indem Unternehmen langfristige Kredite angeboten werden, die durch den Verkauf von steuerfreien Anleihen finanziert werden, Und tatsächlich tragen die Namen, die in den von meinen Kollegen untersuchten ADFA-Dokumenten auftauchen, das Aroma des Clinton-Kreises."

"Unter den Zeichnern der Anleiheemissionen, von denen wir Kopien haben, steht Stephens Inc. an prominenter Stelle. Der Vorsitzende des Unternehmens, Jackson Stephens, und sein Sohn Warren halfen Clinton dabei, über 100.000 Dollar für ihre Kampagne zu sammeln. Im Januar gewährte die Bank, an der Stephens eine Mehrheitsbeteiligung hält, Worthen National, Clinton eine Kreditlinie von 2 Millionen Dollar. Ein weiterer vertrauter Name bei der Ausgabe von Anleihen ist der der inzwischen verstorbenen Lasater and Co. Dan Lasater, der das Unternehmen leitete, ist ein langjähriger Freund Clintons und seines Bruders Roger. Sowohl Roger als auch Lasater wurden wegen Kokain verhaftet, der erste wegen einer härteren Anklage".

"Dann gibt es noch die Anwaltskanzlei Rose, die Kanzlei von Hillary Clinton, deren Name sowohl die Ausgabe von Anleihen als auch die Dokumente zu den Kreditvereinbarungen ziert. Hillary Clinton vertrat ein Unternehmen, das der Stephens Inc. gehörte, in einem Rechtsstreit. Roses Partner Wes Hubbel vertrat den Empfänger des ersten AFDA-Darlehens, ein Unternehmen namens Park on Meter oder POM, dessen Name in Mena-Diskussionen häufig fällt. Hubbel war in den frühen 1980er Jahren Sekretär von POM gewesen. Hubbels Klient in der AFDA-Affäre war Seth Ward, der derzeitige Vorsitzende von POM, der als Freund Clintons bekannt ist. Die Worthen Bank gehört zu den Institutionen, die von Zeit zu Zeit Privilegien bei POM hatten".

"Clinton und die Drogenpolitik ist ein weiterer Bereich des konträren Zusammenflusses. Laut ihrem Stellvertreter John

Kroger glaubt Clinton, dass 'die wahre Lösung des Drogenproblems darin besteht, die Nachfrage zu reduzieren'. Aber Clinton unterstützt auch 'die anhaltenden Bemühungen, Drogen, die in die USA einreisen, zu verbieten', und fördert 'die Ausweitung des Einsatzes des Militärs, insbesondere um kleine Flugzeuge, die ins Land kommen, zu verfolgen und zu stoppen'. Warum verfolgte er dann nicht die Spur des Drogenhandels, die nach Mena, der Stadt und dem Flughafen in West-Arkansas, führt? Clinton kann nicht behaupten, dass er die Tatsache nicht kennt, dass Arkansas als Drehscheibe für internationale Drogengeschäfte diente. Einer seiner Staatsanwälte, Charles Black, machte ihn 1988 auf diese Tatsache aufmerksam. Fünf Jahre lang hatte davor eine bundesweite Untersuchung stattgefunden, die von Clintons Staatspolizei durchgeführt wurde. Im Rahmen dieser Ermittlungen wurde eine bundesweite Grand Jury eingesetzt. Diese Grand Jury wurde schließlich aufgelöst und die Lokalpresse berichtete, dass die Mitglieder der Jury daran gehindert wurden, entscheidende Beweise zu sehen, wichtige Zeugen zu hören und sogar den Entwurf einer Anklageschrift mit 29 Anklagepunkten wegen Geldwäsche zu sehen, die von einem Anwalt des Justizministeriums verfasst worden war, die Operation Greenback".

"1989 erhielt Clinton Petitionen von Bürgern aus Arkansas, in denen er aufgefordert wurde, eine staatliche Grand Jury einzuberufen und die Ermittlungen fortzusetzen. Winston Bryant, heute Generalstaatsanwalt des Bundesstaates, machte das Thema Drogen und Mena 1990 zu einem Thema seiner Kampagne. Ein Jahr später übergab Bryant seine Staatsakten zu Mena zusammen mit den Petitionen von 1000 Bürgern dem für den Fall Iran/Contra zuständigen Staatsanwalt Lawrence Walsh, der seitdem eine Massenaufklärung verfolgt. (Walsh hat nur die Vertuschung fortgesetzt.) Später im Jahr, am 12. August 1991, schrieb Clintons Strafrechtsberater an einen besorgten Bürger und teilte ihm mit, dass der Gouverneur verstanden habe, dass die Frage der kriminellen Aktivitäten in Mena von Bryant, Walsh und dem Vertreter von Arkansas Bill Alexander untersucht oder auf andere Weise in Angriff genommen werde."

"Dennoch hat Clinton mit all diesem Wissen nichts unternommen. Der Generalstaatsanwalt des Bundesstaates ist nicht befugt, eine Untersuchung durchzuführen, wohl aber der Staatsanwalt des Bundesstaates. Als Charles Black Clinton aufforderte, Mittel für eine solche Untersuchung bereitzustellen, ignorierte Clinton seine Bitte. Die Staatspolizei wurde von dem Fall abgezogen, nachdem die Bundesregierung die Ermittlungen eingestellt hatte. Nun liegt der Ball wieder bei Clinton und er unternimmt weiterhin nichts...".

In einer späteren Ausgabe von "The Nation" wurde Folgendes über Wes Hubbel und Park on Meter berichtet. Bei der Beschreibung der Geschichte von Clintons persönlicher Gründung der AFDA fährt der Autor fort:

"... Die ADFA gewährte 1985 ihren ersten Industriekredit an POM Inc, einen Hersteller von Parkuhren mit Sitz in Russellville, Arkansas. Es wurde behauptet, dass POM unter einem Geheimvertrag stand, um Komponenten für chemische und biologische Waffen für die Verwendung durch die Contras sowie Spezialausrüstung für 130 Transportflugzeuge herzustellen... Diese Flugzeuge transportierten zu dieser Zeit Drogen und Waffen aus Mena... Der Anwalt von POM während dieser Transaktionen war ein Partner der Anwaltskanzlei Rose, der auch Hillary Clinton angehörte und noch immer angehört. Clintons Staat scheint also ein wichtiges Glied in der Lieferkette der Contras gewesen zu sein, und zwar zu einer Zeit, als die militärische Unterstützung der Contras vom Kongress verboten worden war."

"Wir kommen nun zu Michael Risconosciuto, einem ehemaligen Vertragsangestellten der CIA, der behauptet, zwischen 1988 und 1989 zeitweise bei Mena gearbeitet zu haben. Risconosciuto wurde kurz nachdem er als Zeuge im Inslaw-Fall genannt worden war, verhaftet...Er wurde wegen zehn drogenbezogenen Anklagepunkten verhaftet und in sieben davon verurteilt.... Laut Risconosciuto war Mena Teil eines Netzwerks von Basen, das sich im Laufe der Zeit weiterentwickelt hat... Mena war aufgrund seiner zentralen Lage im Vergleich zu den anderen Basen von entscheidender Bedeutung... Mena war der Hauptumschlagplatz für Betäubungsmittel, während die anderen Basen als Verteilungspunkte dienten... Soweit Risconosciuto bekannt ist, wurden auf dem Flughafen Mena nie Drogen entladen. Wie bei der Seal-Anlage in Louisiana benutzten tief fliegende Flugzeuge Fallschirme, um Drogenbehälter in der umliegenden Landschaft abzuwerfen, manchmal im Ouachita National Forest, meistens aber auf Privatgrundstücken...".

"POM stellte laut Risconosciuto nicht nur Parkuhren her. Er behauptet, dass das Unternehmen von Anfang an, 1981, auch Fährenabwurftanks ... für die C-130 hergestellt hat".

Das Management von POM verwies den linken Journalisten offenbar an den Anwalt des Unternehmens, und es wurde nichts weiter über POM und seine Korrektur mit Wes Hubbell und Hillary Clintons Anwaltskanzlei gesagt.

Das linke Magazin "The Nation" hat einen weiteren Artikel über Clinton und die Anschuldigungen gegen Gennifer Flowers veröffentlicht, den wir hier auszugsweise dokumentieren:

"Die Behauptungen über Bill Clintons Sexualleben wurden zum ersten Mal in einer Klage von Larry Nichols vorgebracht, der von Clinton als Marketingdirektor der Arkansas Development Finance Authority (ADFA) entlassen worden war. Clinton behauptet, Nichols sei entlassen worden, weil er 700 unerlaubte Telefonanrufe bei Contras in Mittelamerika getätigt habe, und die Klage sei Teil eines von den Republikanern inszenierten Coups. Die Abfolge ist komplizierter, sie ergibt sich aus der Rolle des Staates, insbesondere der Rolle eines Flughafens in Mena, im Westen von Arkansas, bei der Ausbildung und Versorgung der Contras; auch aus dem Fluss von Waffen gegen Drogen zwischen den USA und Mittelamerika... Eine Studentenorganisation der Universität von Arkansas, Fayetville, die seit langem in der Mena-Affäre ermittelt, konnte im Rahmen der F.O.I.A.-Gesetze die Protokolle von Nichols Telefongesprächen mit der ADFA anfordern. Mark Swaney, ein Mitglied dieser Organisation, behauptet, dass es in dem betreffenden Zeitraum keine Anrufe nach Mittelamerika über Mautgebühren gegeben habe...".

"Die Clintons - Bill und Hillary - werden als dynamisch, wohlwollend und irgendwie wunderbar vereint angepriesen. Diese Version hat sich trotz der von ihren Bewunderern in Klammern zugestandenen Tatsache durchgesetzt, dass sie eine Zeit lang getrennt waren und sich offenbar erst im Vorfeld der Präsidentschaftskampagne wieder zusammengerauft haben. War es die Gier nach Macht, die sie einander näher gebracht hat? Im Gegensatz zu den wohlwollenden Clintons werden wir aufgefordert, Flowers als Mädchen der guten Zeiten lächerlich zu machen...".

Von Sid Blumenthal in der "New Republic" (dem Sprachrohr der Sozialisten), einer der überschwänglichsten Schmeicheleien in der Geschichte der Öffentlichkeitsarbeit, über die unzähligen wohlwollenden Artikel in der "Washington Post" und der "New York Times" bis hin zu den großen Truhen der ewigen Spezialisten hat es sich herumgesprochen:

Clinton ist gesund, überlegt, pragmatisch, modern, weiß, männlich und sicher. Und für alle demokratischen Zeitkellner, die zwölf lange Jahre geschmachtet haben, trug er - zumindest bis er von der Flowers-Krankheit geplagt wurde[15] - den Duft eines möglichen Sieges...".

Es scheint, dass es für den neu ernannten Sonderstaatsanwalt ein großes Gebiet an unerforschtem Terrain zu durchkämmen gibt, ein Terrain, dem sich die früheren Sonderstaatsanwälte Fiske nicht nähern wollten. Dies erklärt vielleicht die extreme Nervosität der Demokraten im Kongress gegenüber dem Rückzug Fiskes aus der Untersuchung. Hoffen wir, dass die Wahrheit ans Licht kommt. Im Moment sieht es so aus, als hätten wir es hier mit der erfolgreichsten Vertuschung in der Geschichte der amerikanischen Politik zu tun.

---

[15] Anspielung auf Clintons Beziehung zu einer jungen Frau namens Flowers, Anm. d. Übers.

Kapitel 7

DURCHDRINGUNG UND IMPRÄGNIERUNG DER RELIGION DURCH DEN SOZIALISMUS

"Die großen Zivilisationen der Welt bringen die großen Religionen nicht als eine Art Nebenprodukt hervor; in einem sehr realen Sinn sind die großen Religionen die Fundamente, auf denen die großen Zivilisationen ruhen." Christopher Dawson, Historiker.

"Die christliche Religion ist keine Religion, die in unsere Zeit passt." Edward Lindeman. Christlich-sozialistischer Schriftsteller.

Es stimmt zwar, dass der Fabianische Sozialismus sich zum Ziel gesetzt hat, alle Religionen zu durchdringen, aber das eigentliche Ziel war immer die christliche Religion. In ihren Anfängen nannte die Fabian Society ihre einseitigen Pamphlete "Traktate" - ein Begriff, der von christlichen Missionaren verwendet wurde -, um die Öffentlichkeit bewusst über die Abneigung des Fabianischen Sozialismus gegenüber der organisierten Religion zu täuschen. Der wohl schädlichste Einfluss auf die religiösen Überzeugungen war die "deutsche Rationalisierung", die von Bismarck und Marx ausging und die Religion als bloße Sozialwissenschaft betrachtete.

In den USA war der böse sozialistische Führer John D. Rockefeller damit beschäftigt, die Kirchen nach links zu verschieben, indem er eingeschleuste Laienprediger einsetzte. Einer seiner Diener, Paul Blanshard, wurde für die Bildung einer Organisation namens "Protestanten und andere Amerikaner vereint für die Trennung von

Kirche und Staat" eingesetzt. Diese Doktrin ist eine der erfolgreichsten Lügen und Streiche, die je über das amerikanische Volk verübt wurden. Eine solche Macht gibt es in der Verfassung nicht.

Eine der ersten christlichen Kirchen in Amerika, die "sozialisiert" wurde, war die Grace Church in South Boston, deren Pastor Reverend W.D. Bliss war. Als guter Freund von Sydney Webb war Bliss' missionarischer Eifer im Namen der Fabian Society lobenswert, doch sein bekennendes Christentum erstreckte sich nicht auf die Lehre des Evangeliums Christi. Ein weiterer Verderber der christlichen Religion war Pater (später Monsignore) John Augustin Ryan, dessen Evangelium das von dem englischen Sozialisten John Hobson gelehrte Evangelium war. Ryan gründete eine Gruppe namens National Catholic Welfare Council, die von den Fabianischen Sozialisten benutzt wurde, um die katholischen Kirchen in ganz Amerika zu durchdringen und zu durchdringen. Ryan wurde später zum "Padre des New Deal" und wurde von Roosevelt benutzt, um den "Segen der Religion für seine umstrittensten Gesetzesentwürfe des New Deal" zu erhalten.

Das eigentliche Zentrum der sozialistischen religiösen Aktivitäten in den USA war jedoch die Riverside Church, eine "christliche Kirche der Sozialwissenschaften", die von der Rockefeller-Stiftung in New York finanziert wurde. Von diesem Standpunkt aus wurden Durchbrüche im politischen Leben der Nation erzielt, insbesondere durch die Dulles-Familie, die den Föderalen Rat der Kirchen Christi in Amerika (FCCA) beherrschte. Der FCCA war eine der allerersten "religiösen Gruppen", die Roosevelts "New Deal" enthusiastisch unterstützten.

1935 ernannte der Nachrichtendienst der US-Marine den FCCA zum Anführer des Pazifismus:

"... Es handelt sich um eine große radikale pazifistische Organisation ... ihre Führung besteht aus einer kleinen radikalen Gruppe, die in jeder Angelegenheit gegen die nationale Verteidigung immer sehr aktiv ist".

Der Dies-Ausschuss nahm die eidesstattliche Aussage eines sachverständigen Zeugen auf, der Folgendes aussagte:

"Offenbar stellt sie (die FCCA), anstatt das Christentum unter ihren zahlreichen Mitgliedern zu fördern, eher eine riesige politische Maschinerie dar und scheint sich in radikale Politik einzumischen. Ihre Führung deutet darauf hin, dass sie Beziehungen zu vielen der radikalsten Organisationen unterhält".

1933 richteten Reverend Albert W. Beaven und 44 Mitsponsoren einen Brief an Roosevelt, in dem sie ihn aufforderten, Amerika zu sozialisieren. Ein weiterer "Kirchenmann", Reverend Dr. Kirby Page, riet Roosevelt, die Bolschewiken zu unterstützen.

"Das Ziel des Proletariats in Russland war es, ein besseres Leben zu schaffen ... Es ist schwer, in der Welt eine Jugend zu finden, die sich mehr der Sache Christi verschrieben hat, als die Jugend, die man in Russland finden wird, die sich Stalin verschrieben hat...", sagte Kirby.

Dr. Harry F. Ward, eine weitere Führungsfigur der FCCA, trat 1925 tatsächlich aus der American Civil Liberties Union (ACLU) aus, weil diese "Totalitaristen" als Mitglieder ausschloss. Im Jahr zuvor hatte sich Ward - der damalige Präsident der ACLU - für die Verteidigung sozialistischer und kommunistischer Anliegen ausgesprochen. Das war zu der Zeit, als Ward Professor für christliche Ethik am Union Theological Seminary in New York war. Dank seiner herausragenden Fähigkeiten in den Taktiken der Penetration und Imprägnierung. war Ward in der Lage, drei Generationen zukünftiger amerikanischer Kirchenführer zu unterwandern und sie ins sozialistische Lager zu überführen.

Reverend Niebuhr ist ein weiterer prominenter Sozialist, der von einem von den Anhörungen der Dies-Kommission berufenen Experten ernannt wurde. Niebuhr hatte die Position des Professors für angewandtes Christentum und des Dekans des Union Theological Seminary inne und war einer der allerersten amerikanischen Fabian-Sozialisten, der das Buch "A New Deal" von Graham Wallas, einem führenden Schriftsteller der Fabian Society, förderte. 1938 trat Niebuhr der Fabian Socialist Association of University Professors (Amerikanische Vereinigung der Universitätsprofessoren) bei, die sich selbst als "fortschrittliche Bildungsorganisation" bezeichnete. Wie wir heute wissen, ist "progressiv" nur ein anderes Wort für "sozialistisch". Niebuhr wird auch als Sekretär der Students League for Industrial Democracy

(SLID) (später League of Industrial Democracy) identifiziert, der ultra-sozialistischen Studentenorganisation, die sich stark in der radikalen Politik engagierte.

Viele studentische Mitglieder der EDLR traten später der Demokratischen Partei bei, anstatt zu versuchen, eine eigene sozialistische Partei zu gründen. Von diesem Zeitpunkt an wurde die Demokratische Partei von Sozialisten durchsetzt, bis heute laut meinen Geheimdienstkontakten 86% der Mitglieder der Demokratischen Partei Hardcore-Sozialisten sind. Niebuhr sollte später einen tiefen Einfluss auf die Kennedy-Brüder haben, denn Robert zitierte Niebuhrs Buch "Children of Light, Children of Darkness" (ein heidnisches Kultbuch) als eines der Bücher, die er mit auf den Mond nehmen würde, falls er jemals dorthin fliegen sollte.

Niebuhrs Einfluss reichte weit und verbreitete seine "fortschrittliche" Politik unter den sozialistischen Mitgliedern der Americans for Democratic Action (ADA) und der LID. Während seines gesamten politischen Lebens predigte Niehbur das "soziale Evangelium", das später als marxistische Befreiungstheologie bekannt wurde. Er wurde ein enger Freund von Arthur Schlesinger Jr. und predigte, dass "der Kapitalismus eine Krankheit" sei und dass die Gewalt im Auge des Betrachters liege. Schlesinger spielte später eine sehr wichtige Rolle bei der Sozialisierung Amerikas und bewies, dass der religiöse Sozialismus in den richtigen (oder falschen) Händen eine verheerende Waffe war. Niehbur umarmte offen den Marxismus (obwohl es ein völlig gottloses Glaubensbekenntnis und ein seltsamer Glaube für einen Minister war, der angeblich das Evangelium lehren sollte) und behauptete, es sei

> "im Wesentlichen aus einer korrekten Theorie und Analyse der wirtschaftlichen Realitäten der modernen Gesellschaft".

Dieser sogenannte "Theologe" war auch in der Pressekontrolle aktiv, da er von Rockefeller in die "Kommission für Pressefreiheit" berufen wurde. Zwangsläufig wurde Niehbur auf Anweisung von David Rockefeller in den Rat für Auswärtige Beziehungen (CFR) berufen. Auf dem religiösen Schauplatz sozialistischer Operationen sehen wir also, dass der Fabianische Sozialismus in den USA sehr beschäftigt war und die Lektion gut gelernt hat, dass die Nutzung der Religion als Mittel zur Durchdringung und Durchdringung der Gesellschaft als Ganzes sehr wichtig ist. Man hat uns glauben gemacht, dass die Bolschewiki und ihre sozialistischen Cousins gegen jede Form von Religion seien. In Wirklichkeit stimmte das überhaupt nicht. Der sozialistische/bolschewistische Hass auf die Religion richtete sich eher gegen das Christentum als gegen jede andere Religion.

Eines der Mittel, mit denen die Sozialisten ihren Einfluss auf die organisierte Religion aufrechterhalten konnten, ist die Fellowship of Faiths, die 1921 als sozialistische Organisation gegründet wurde und vor kurzem im Hinblick auf die Errichtung der einzigen Weltregierung - der Neuen Weltordnung - vollständig reaktiviert wurde. Es handelt sich um eine Organisation zur Kontrolle der Religion - ein langjähriges Ziel des Sozialismus -, die erkannt hat, dass die Religion niemals ausgerottet werden kann. Der führende Staatsmann des Komitees der 300, Bertrand Russell, beschrieb die Haltung der Sozialisten gegenüber der Religion folgendermaßen:

> "Wenn wir sie nicht kontrollieren können, dann müssen wir sie loswerden".

Da es aber leichter gesagt als getan ist, die Religion loszuwerden, wurde als Methode die "Kontrolle" gewählt.

Alle auf diese Weise geführten Kriege haben nicht dazu geführt, dass die Welt von der Religion befreit wurde. Es mussten andere Taktiken entwickelt werden, wie z. B. eine intensive Gehirnwäsche, bei der die bekannte relativistische Idee verwendet wird, dass alle Religionen gleichwertig sind. Der Beweis dafür, dass der Krieg gegen das Christentum an Heftigkeit und Intensität gewinnt, findet sich im Angriff auf die Verfassung der Vereinigten Staaten durch Sozialisten wie Lloyd Cutler - Berater von Präsident Carter, Präsident Clinton und seiner Generalstaatsanwältin Janet Reno. Der Sozialist Cutler versucht, die Verfassung zu schwächen, um den Schutz und die Religions- und Kultfreiheit jedes Einzelnen einzuschränken.

Das schockierende Massaker an US-Bürgern in Waco, Texas, ist ein aktuelles Beispiel dafür, wie weit Sozialisten bereit sind zu gehen, um die Religionsfreiheit zu unterdrücken. Die Ereignisse, die zur Ermordung von mehr christlichen US-Bürgern als chinesischen

Studenten auf dem Tiananmen-Platz führten, sind zu bekannt, um sie hier zu schildern, doch einige Aspekte müssen klargestellt und verstärkt werden.

Der erste Punkt, den es zu berücksichtigen gilt, ist der folgende: Wo steht in der Verfassung, dass die Bundesregierung das Recht hat, sich in die religiösen Angelegenheiten JEDER Kirche einzumischen, so wie sie sich in die Angelegenheiten der christlichen Kirche Branch Davidian eingemischt und eingegriffen hat? Wo steht in der Verfassung, dass die Bundesregierung das Recht hat, zu entscheiden, was eine "Sekte" ist und was nicht? Generalstaatsanwalt Reno soll uns zeigen, wo diese Befugnis den Bundesbehörden, die für die Durchsetzung des Gesetzes zuständig sind, gegeben wird. Die Wahrheit ist, dass wir sie nicht finden; sie steht nicht in der Verfassung!

Nirgendwo in den Befugnissen, die dem Kongress in Artikel 1, Abschnitt 8, Klausel 1-18 übertragen werden, wird die Befugnis erteilt, eine "Sekte" anzugreifen. Um einer Bundesbehörde zu erlauben, sich in die Branch Davidian Church einzumischen und sie mit Waffengewalt anzugreifen, wie sie es in Waco getan haben, wäre ein Zusatzartikel zur Verfassung der Vereinigten Staaten erforderlich. Was in Waco geschah, war Verrat und Aufruhr gegen die Verfassung und das amerikanische Volk. Als sie Militärfahrzeuge einsetzten, um Zivilisten in einer christlichen Kirche anzugreifen, müssen wir davon ausgehen, dass die Absicht darin bestand, die Bürger zu terrorisieren und sie ihrer Rechte zu berauben.

In Artikel 1 der Bill of Rights der US-Verfassung heißt es:

> "Der Kongress wird kein Gesetz erlassen, das die Niederlassung einer Religion betrifft, noch wird er die freie Ausübung einer Religion verbieten, noch wird er die Rede- oder Pressefreiheit einschränken, noch das Recht der Menschen, sich friedlich zu versammeln und Petitionen an die Regierung zu richten, um ihre Beschwerden abzustellen."

Beachten Sie die Verwendung des Wortes "shall", das viel stärker ist als "will". Beachten Sie auch die Wörter "bezüglich der Etablierung einer Religion". In dem Wort "Etablierung" ist implizit enthalten, dass es sich auch um den Akt der Etablierung handelt, oder im Klartext: um eine NEUETABLIERTE ENTITÄT. In diesem Fall war die neu gegründete Entität die Branch Davidian Church. Somit war die Bundesregierung gesetzlich verpflichtet, die Davidianer zu SCHÜTZEN, NICHT sie zu ERMORDEN.

Die Bundesregierung betrat Waco mit der ausdrücklichen Absicht, den Mitgliedern der christlichen Kirche Branch Davidian die freie Religionsausübung zu untersagen. Sie verbot den Mitgliedern der Branch Davidian, sich friedlich zu versammeln. Was die Bundesregierung sagte, war: "Wir sagen, dass ihr eine Sekte seid und dass wir eure Religion nicht mögen, und deshalb werden wir eure Kirche schließen".

Zu diesem Zweck ließ die Bundesregierung Militärfahrzeuge einfliegen, die sie dann einsetzte, um die Kirchengebäude anzugreifen und die Mitglieder der Branch Davidian Church zu töten. Auf Seite E7151 des Congressional Record vom 31. Juli 1968 erklärte Richter William O. Douglas fest:

> "... Es ist für die Regierung unmöglich, eine Linie zwischen Gut und Böse zu ziehen und der Verfassung treu zu bleiben, besser ist es, alle Ideen beiseite zu lassen."

Die US-Regierung entschied sich dafür, diese Entscheidung zu ignorieren, und versuchte, die Religion zu vereinfachen, sie auf das zu reduzieren, was gut oder schlecht ist, wobei die Bundesregierung als Schiedsrichter fungierte. Die Bundesregierung hat versucht, aus der Religion eine einfache Angelegenheit zu machen, obwohl es sich um eine sehr komplexe Angelegenheit handelt, in die sie sich unter keinen Umständen hätte einmischen dürfen.

Die ersten zehn Zusatzartikel der Verfassung der Vereinigten Staaten stellen eine Einschränkung für die Bundesregierung dar. Darüber hinaus wird die Erlaubnis, Gesetze zur Religion zu erlassen, auch durch Artikel 1, Abschnitt 9 der Verfassung verweigert. Die Bundesregierung hat keine absoluten Befugnisse. Die Branch Davidians hatten aufgrund der Befugnisse, die dem Staat im zehnten Verfassungszusatz eingeräumt wurden, Anspruch auf Polizeischutz. Der Sheriff von Waco verstieß gegen seine Pflicht, als er nicht auf den Hilferuf eines Mitglieds der Branch Davidian Church reagierte, der ihn aufforderte, seine Pflicht zu tun, nämlich die Bürger des Bundesstaates Texas vor marodierenden

Bundesbeamten zu verteidigen. Hätte der Sheriff seine Pflicht getan, hätte er seine Männer zum Grundstück geführt und den Bundesagenten befohlen, das Grundstück und den Bundesstaat Texas, in dem sie keine Zuständigkeit haben, zu verlassen. Leider fing der Sheriff, entweder aus Unkenntnis der Verfassung oder aus Angst um seine eigene Sicherheit, die bewaffneten und gefährlichen Bundesagenten nicht ab, wozu er nach der Verfassung verpflichtet gewesen wäre.

Gemäß der Verfassung der Vereinigten Staaten liegt die Verantwortung für den Schutz von "Leben, Freiheit und Eigentum" bei den Bundesstaaten und nicht bei der Bundesregierung. Der Fall Emma Goldman hat dies für immer geklärt. (Der Täter wurde wegen Mordes an Präsident McKinley von einem staatlichen Gericht verurteilt und vom Staat hingerichtet, obwohl der Mord an einem Präsidenten ein Bundesverbrechen war und immer noch ist). Der 14. Verfassungszusatz, auch wenn er nicht ratifiziert wurde, hat nicht versucht, die Verantwortung für den Polizeischutz von den Bundesstaaten auf die Bundesregierung zu übertragen. Was wir also in Waco hatten, war ein nicht genehmigter Angriff auf eine Religionsgemeinschaft, der durch das abscheuliche Versagen des Sheriffs, die Bürger des Bundesstaates Texas vor einem illegalen und unrechtmäßigen Angriff durch Bundesbeamte zu schützen, noch verschlimmert wurde.

Infolgedessen wurden Bürger des Davidian Branch des Staates Texas rechtswidrig und in böswilliger Absicht ohne ordentliches Verfahren ihres Lebens, ihrer Freiheit und ihres Eigentums beraubt und ihnen ein Verfahren vor Geschworenen vorenthalten, während der Sheriff von Waco, der für die Rechtsprechung des Staates zuständig ist, untätig blieb und nichts unternahm, um diese Angriffe zu stoppen. Gegen den Sheriff von Waco sollte eine Anklage wegen Pflichtverletzung erhoben werden. Die Immunitätsklausel in Artikel IV, Teil I wurde grob verletzt:

> "Die Bürger jedes Staates haben Anspruch auf alle Vorrechte und Immunitäten der Bürger mehrerer Staaten".

Die Bundesregierung hat gemäß der Verfassung der Vereinigten Staaten nicht die Macht zu entscheiden, was eine Kirche und was ein Kult ist. Die Macht der Bundesregierung, darüber zu entscheiden, was ein Kult und was eine Religion ist, ist die Macht,

ALLE RELIGIONEN ZU VERNICHTEN, wie es die Sozialisten bevorzugen würden, was ihr ultimatives Ziel ist. Der erste Zusatzartikel der Verfassung gibt diese Macht NICHT und delegiert sie auch nicht an den Kongress. Stattdessen hatten wir die von den Medien gemachte öffentliche Meinung, mit der tagelangen Wiederholung, dass die Branch Davidian Church eine "Sekte" sei, als ob dies eine ausreichende rechtliche Sanktion für Bundesbeamte wäre, um die Kirchengebäude zu stürmen.

Waco ist nicht das erste Mal, dass sich die Bundesregierung in religiöse Angelegenheiten einmischt, und es wird sicherlich auch nicht das letzte Mal sein. Auf den Seiten 11995-2209 des Congressional Record, Senat, 16. Februar 1882, lesen wir mit Entsetzen, wie die Regierung versuchte, einige Mormonen an der Stimmabgabe zu hindern. Auf Seite 1197 lesen wir einen Teil der Debatte.

"... Dieses Recht (zu wählen) gehörte schon lange vor der Verabschiedung der Verfassung zur amerikanischen Zivilisation und zum amerikanischen Recht. Es ist wie das Recht, Waffen zu tragen, wie viele andere Rechte, die man hier erwähnen könnte, die im Namen der Bürger in der Kolonialzeit in allen Staaten bestanden; und die Bestimmungen, die durch Änderungen in die Verfassung aufgenommen wurden, sowie das ursprüngliche Instrument, die diese Rechte schützen sollen, waren nur Garantien für ein bestehendes Recht und nicht die Schöpfer des Rechts selbst."

Die Mormonen wurden damals von der Bundesregierung als die Branch Davidian Church betrachtet. 1882 versuchte der Senat ein Gesetz zu verabschieden, das eine fünfköpfige Kommission ernannt hätte, die als Richter und Geschworene über die Mormonen fungieren und sie am Wählen hindern sollte. Abgesehen von anderen Dingen war dies ein Verstoß gegen die bill of attainder. Auf Seite 1200 der Seiten 1195-1209 gab Senator Vest folgende Erklärung ab:

"... Zum Beispiel kann niemand annehmen, dass der Kongress in einem Territorium ein Gesetz erlassen kann, das die Niederlassung einer Religion oder die freie Ausübung einer Religion betrifft, oder die Pressefreiheit einschränken, oder das Recht der Bevölkerung des Territoriums, sich friedlich zu versammeln und Petitionen an die Regierung zu richten, um Beschwerden zu beheben. Der Kongress darf dem Volk auch nicht das Recht verweigern, Waffen zu tragen, oder das Recht auf ein Geschworenenverfahren oder jemanden zwingen, in einem Strafverfahren gegen sich selbst auszusagen. Diese und andere Befugnisse im Zusammenhang mit den Rechten der Menschen, die hier nicht aufgezählt werden müssen, werden in ausdrücklicher und positiver Weise der Generalregierung verweigert; und die Rechte des Privateigentums wurden mit der gleichen Sorgfalt gehütet."

Nachdem wir die obige Darstellung der Fakten zum Schutz durch die Verfassung und ihre Bill of Rights geprüft haben, sind wir vom Schrecken der Situation in Waco erschüttert; die Branch Davidians haben keinen von der Verfassung garantierten Schutz erhalten. Die Schutzbefugnisse der Polizei wurden vom Sheriff von Waco aufgegeben, die Bundesregierung griff die Mitglieder der Branch Davidian Church an, nahm ihnen auf grundlose, wilde und barbarische Weise das Leben und zerstörte ihr Eigentum vollständig unter Missachtung ihres "Rechts auf Privateigentum, das mit der gleichen Sorgfalt bewacht wird". Wir können sehen, wie weit wir uns seit 1882 zurückentwickelt haben, als der Gesetzentwurf, mit dem Mormonen am Wählen gehindert werden sollten, abgelehnt wurde.

Warum wurde den Branch Davidians jedes ihrer Rechte verweigert? Warum wurden sie wie ein Feind behandelt, der versucht hätte, unsere Küste zu erobern; mit militärischer Ausrüstung, Hubschraubern, Panzern, Bulldozern und schließlich mit Schüssen, die sie alle vernichteten? Wurde ihr Recht auf ein Verfahren vor einer Jury respektiert, wenn die Bundesregierung tatsächlich legitime Anklagepunkte gegen sie hatte, bevor ihre Beamten mit gezogenen Waffen auf das Kirchengrundstück eindrangen?

Alles, was passiert ist, ist, dass die Täter fast fröhlich sagen, dass sie die Verantwortung für die barbarischen Taten ihrer Diener übernehmen! Was wir bei dem brutalen Massaker in Waco gesehen haben, ist Sozialismus/Kommunismus in Aktion. Die von David Koresh gepredigte Religion hätte eines Tages als etablierte Religion akzeptiert werden können, so wie die Christian Science von Mary Baker Eddy und die Mormonen heute akzeptierte Religionen sind. Diese Religionen hätten in ihren Anfängen als "eine Sekte" eingestuft werden können, obwohl das Wort damals nicht die gleiche Konnotation hatte wie heute. Aber die sozialistische Bundesregierung hatte Angst, dass dies mit Koresh genauso geschehen würde wie mit Mary Baker Eddy, also griff sie ein und erstickte die Sache im Keim.

Der Sozialismus ist entschlossen, die Religion zu kontrollieren, und das wird nirgends deutlicher als in seiner sogenannten "Glaubensgemeinschaft". Kriege haben es nicht geschafft, die Welt von der Religion zu befreien; die Bolschewiki nahmen 60 Millionen Russen das Leben, von denen die große Mehrheit Christen waren. Sie verwandelten christliche Kirchen in Prostitutionshäuser, beraubten sie ihrer wertvollen Kunstgegenstände und verkauften ihre Beute über die Büros von Verrätern wie Armand Hammer. Christen wurden verfolgt und in schrecklichen Massakern getötet, von den Römern bis heute, wie wir in Waco gesehen haben.

Als die Sozialisten erkannten, dass sie die Religion nicht zerstören konnten, indem sie ihre Gläubigen und Anhänger töteten, begannen sie zu versuchen, sie zu kontrollieren. Sie bildeten die falsche, einheitliche Weltregierung "Fellowship of Faiths", um die Kontrolle über alle Religionen zu übernehmen. Im Tandem mit der religiösen Kontrolle sollen wir glauben, dass der Kommunismus tot ist und bald archaisch sein wird. Das ist nicht der Fall, der Kommunismus wird sich nie ändern. Er mag das an der Oberfläche tun, aber im Kern wird sich wenig ändern. Was sich ändern wird, ist der Sozialismus, wenn er an Macht gewinnt, und dann, wenn er die vollständige Kontrolle über die Welt erlangt hat, wird er den Kommunismus wieder als Herrscher über die Völker der Erde einführen.

Welche Rolle spielt der Bund der Konfessionen in diesem Szenario? Wie kann sie die politischen Ereignisse tiefgreifend beeinflussen, wie es von ihr erwartet wird und wie es ihre Gründer geplant hatten? Die Aufgabe, die Religion zu vereinheitlichen, d. h. zu "normalisieren", wurde dem Sozialisten Keddrantah Das Gupta übertragen, einem Exekutivmitglied der Liga der Kriegswiderständler und Befürworter einer bewaffneten Revolution gegen unsere Republik. Obwohl bereits 1910 erdacht, fand die erste offizielle Sitzung der Fellowship 1933 in Chicago statt. Ihre wahre Natur wurde von Sir Rabindrath Tagore, dem Gründer einer pro-kommunistischen politischen Bewegung in Indien, dargelegt.

Bischof Montgomery Brown, der Hauptredner des ersten FF-Seminars, erklärte:

"wird es eine vollständige weltweite Glaubensgemeinschaft erst dann geben, wenn die Götter aus dem Himmel und die Kapitalisten von der Erde verbannt sind".

Es ist klar, dass das Fellowship seit seiner Gründung ein sozialistisches Unternehmen war. Sir Rabinddrath betonte in seinen Schriften und Worten die Notwendigkeit einer Sexualerziehung für sehr junge Kinder. Wir neigen dazu, die sexuelle Aufklärung von Jugendlichen als einen Fluch zu betrachten, der erst vor kurzem über uns gekommen ist, doch in Wirklichkeit reicht sie so weit zurück wie die Priester des Baal und die ägyptische Priesterschaft des Osiris.

Es wäre überraschend gewesen, christliche Minister und Leiter zu finden, die die Idee einer normalisierten Religion akzeptieren und mit denen zusammenarbeiten, die das Christentum hassen, wenn das Gleiche nicht auch in den 1980er und 1990er Jahren geschehen wäre. Im Jahr 1910 wurde die Weltfreundschaft der Religionen von Sir Francis Younghusband gefördert, der betonte, dass die Idee einer Ost-West-Union der Religionen verwirklicht werden müsse. Sir Francis verschwieg, dass der Initiator dieser Idee, Das Gupta, ein wütender Kommunist war, der diese abscheuliche Doktrin zu fördern suchte. Sir Francis gab die Geschichte der "normalisierten" Religion wie folgt wieder:

"Die Idee kam von Herrn Das Gupta, der 25 Jahre lang daran gearbeitet hat und in einem Amerikaner, Herrn Charles F. Weller, einen herzlichen Kooperator gefunden hat... In Amerika trat 1893 ein Parlament der Religionen zusammen. In Amerika trat 1893 ein Parlament der Religionen zusammen. In Paris begann 1904 eine Reihe von Sitzungen des Internationalen Kongresses für Religionsgeschichte. Weitere Tagungen fanden in Basel, Oxford und Leiden statt".

(Allesamt Zentren für die "Normalisierung" der Religion und heute Förderer der marxistischen Doktrin der Befreiungstheologie).

"In London fand 1924 eine Konferenz der lebenden Religionen des Empire (des Britischen Empire) statt. 1913 in Chicago, fortgesetzt 1934 in New York, ein Weltkongress der Foisfreundschaft, einberufen unter dem Vorsitz des ehrenwerten Herbert Hoover und Miss Jane Addams."

Die Anwesenheit von Miss Addams bei diesen Treffen war ein Zeichen dafür, dass der wütende Sozialismus unter dem Deckmantel der Religion am Werk war. Die Geschichte von Miss Addams wird in den Kapiteln über sozialistische Frauen dargestellt. Die Idee war, das Christentum in einer Flut von anderen Religionen untergehen zu lassen. Doch das Christentum kann nicht "standardisiert" werden, es ist einzigartig und steht für sich selbst. Seine Lehren sind die Grundlage des Kapitalismus, der inzwischen durch den Babylonialismus ersetzt wurde, und heute ist der Kapitalismus so stark prostituiert und entwürdigt worden, dass er nicht mehr als das ursprüngliche System erkennbar ist.

Ohne das Christentum wird die Welt in ein neues Zeitalter der Finsternis stürzen, das weitaus schlimmer ist als alles, was ihm vorausgegangen ist. Das sollte helfen zu erklären, warum die Kritiker des Christentums so erpicht darauf sind, es zu zerstören oder zumindest zu kontrollieren, damit es verwässert, verschluckt und schließlich überflüssig gemacht wird. Die Fellowship of Faiths hat versucht, das Christentum mit anderen Religionen zu verschmelzen und so den Verlust seiner einzigartigen Identität herbeizuführen. Die Idee einer "Doktrin der Trennung von Kirche und Staat" ist das Werk von Sozialisten in der Regierung der Vereinigten Staaten. Was definiert werden sollte, ist DIE AUFHEBUNG DES CHRISTIANISMUS IM STAAT.

Dem Unternehmen der "Normalisierung" der Religion schlossen sich Keith Hardie, ein sozialistisches Mitglied der britischen Labour Party, Felix Adler, der Gründer der Leftwing Ethical, Culture Society in New York, und H.G. Wells, der berühmte sozialistische Autor, an, der Lord Bertrand Russell vertrat. Wells war Mitglied der geheimen Freimaurergesellschaft Kibbo Kift Kindred, "Clarte", die ihren Sitz in der Loge der neun Schwestern des Grand Orient in Paris hatte, einer Loge, die in der blutigen Französischen Revolution eine führende Rolle spielte.

Moses Hess, einer der revolutionärsten Kommunisten der damaligen Zeit, schloss sich Wells an, um die Gesellschaft für kulturelle Beziehungen mit Sowjetrussland zu unterstützen. In der Loge der

Neun Schwestern machte Wells eine Aussage, die ihn als Kritiker des Christentums ausweisen sollte:

> "Von nun an wird die neue Weltregierung die Konkurrenz rivalisierender religiöser Systeme nicht mehr dulden. Es wird keinen Platz für das Christentum geben. Von nun an soll es nur noch einen einzigen Glauben in der Welt geben, den moralischen Ausdruck der Weltgemeinschaft".

Annie Besant, ein namhaftes Mitglied der Fabian Society, trat vor, um ihren Namen der Liste der Gegner des Christentums hinzuzufügen. Besant war die geistige Nachfolgerin von Madame Blavatsky, der Gründerin der Theosophischen Gesellschaft und Freundin von H.G. Wells. Mr. Charles Wells von der kapitalistisch-kommunistischen Allianz war ein Vollmillionär in einer Zeit der Geschichte, als der Begriff "Millionär" wirklich etwas bedeutete.

Die Aufgabe, eine amerikanische Sektion der Fellowship of Faiths zu organisieren, wurde Herrn Weller übertragen, der schnell den Segen von Samuel Untermeyer, einem führenden Weltzionisten und Vertrauten von Präsident Wilson, erhielt, der sofort zustimmte, nachdem er ihm im Oval Office vorgestellt worden war. Wie Herr Samuel Landman von den Zionisten in New York sagte

> "Mr. Woodrow Wilson hat aus guten und hinreichenden Gründen der Meinung eines sehr prominenten Zionisten stets die größte Bedeutung beigemessen."

Die "guten und ausreichenden Gründe", auf die sich Herr Landmann bezieht, sind ein Paket mit Liebesbriefen, die Wilson an eine Frau Peck geschrieben hat, die im Gegenzug für die von Untermeyer versprochene Hilfe, ihren Sohn aus einer kriminellen Situation zu befreien, das mit einem rosa Band zusammengebundene Briefpaket entweder an Untermeyer oder an Baruch übergab. Wilson hatte eine große Leidenschaft für Affären mit verheirateten Frauen, wobei die Romanze mit Peck besonders lang und heiß war. Törichterweise teilte Wilson Frau Peck seine Liebesgefühle schriftlich mit. Diese Indiskretion wird als Methode genannt, mit der Wilson erpresst wurde, um die USA in den Ersten Weltkrieg zu ziehen, der die Blüte der christlichen amerikanischen Männlichkeit auf den Feldern Flanderns begrub und diese Nation praktisch ruinierte. Später hätte die Unterstützung Wilsons durch die Nachbarschaftsliga, eine Front der sozialistischen "Kirche", beinahe zur Gründung des

Völkerbundes geführt.

Der Vorsitzende des Provinzexekutivkomitees für allgemeine zionistische Angelegenheiten, Richter Brandeis, wurde durch Rabbiner Stephen Wise ersetzt, der zufällig Mitglied der prosozialistischen Front der Emergency Peace Federation sowie von neunzehn weiteren Fronten war. Brandeis war auch Mitglied der Fabian Society in London. Viele der alten "religiös-sozialistischen" Organisationen existieren noch heute, auch wenn sie ihre Namen geändert haben, um sich den veränderten Zeiten und Umständen anzupassen.

Upton Sinclair, ein wütender Sozialist, der zum Autor wurde, für die "New Encyclopedia of Social Reform" schrieb und Gründungsmitglied der American Fabian League war, unterstützte die Allianz der Religionen stark. Sinclair hat dem Christentum während seiner gesamten Karriere ständig ein Minus gegeben. Was weder Sinclair, noch Wise, Addams oder viele Anhänger der Fellowship der Öffentlichkeit sagten, war, dass es sich um eine durch und durch freimaurerisch inspirierte Bewegung handelte. Im Jahr 1926 war die Fellowship of Faiths ein etablierter Freund der Weltrevolution, der im Vorstand und in den Komitees von Rosenkreuzern dominiert wurde.

Das Threefold Movement, das 1924 von Charles Weller und Das Guptas ins Leben gerufen wurde, organisierte Versammlungen in den gesamten USA und Großbritannien. Bis 1925 hatten sie 325 solcher Treffen organisiert. Zu den Führern des Threefold Movement gehörten M.S. Malik, Mitglied der Beni-Israel-Sekte, Dr. A.D. Jilla, Vertreter der Parsen, M.A. Dard, Vertreter des Mahometismus, Sir Arthur Conon Doyle (der Autor des berühmten Sherlock Holmes), Vertreter des Spiritismus (Anmerkung: Dies ist das erste Mal, dass er als Religion dargestellt wird), Buddhismus, vertreten durch Angarika Dharmapala: Theosophie, vertreten durch Annie Besant. Der wichtige Punkt, den man bei all dem im Hinterkopf behalten sollte, ist, dass all diese Religionen im Wesentlichen antichristlich waren und sind. Ein weiterer Punkt ist, dass die Literatur der Fellowship of Faiths in kommunistischen Buchläden überall in Großbritannien, Westeuropa und den USA verkauft wurde.

Der erste Weltkongress der Fellowship of Faiths wurde 1933 in

Chicago unter der Schirmherrschaft von Miss Jane Addams eröffnet. Einer der Hauptredner war Bischof Montgomery Brown, nationaler Vorsitzender der Communist Workers Relief und Mitglied von fünfzig anderen kommunistischen Frontorganisationen. In seiner Eröffnungsrede erklärte Brown:

"Es gibt einen Ort auf der Erde, an dem man es gewagt hat, der Ausbeutung des Menschen ein Ende zu setzen: Russland! Die UdSSR ist der Vorläufer des internationalen Kommunismus, der nach und nach alle kapitalistischen Staaten, die nach und nach zerfallen, aufsaugen wird. Wenn sich eine Regierung, eine Kirche oder eine Institution diesem kommunistischen Staat widersetzt oder ihn behindert, müssen sie erbarmungslos gestürzt und vernichtet werden. Wenn die Welteinheit erreicht werden soll, muss sie durch den internationalen Kommunismus erreicht werden, der nur durch die Losung "Verbannt die Götter vom Himmel und die Kapitalisten von der Erde" erreicht werden kann. Dann, und nur dann, wird es eine vollständige weltweite Glaubensgemeinschaft geben".

Weller und Brown äußerten sich sehr lobend über Bischof Brown, wobei Das Gupta erklärte:

"Ich bin mir sicher, dass andere Menschen genauso denken wie ich, dass sie die gleichen Überzeugungen wie Bischof Brown haben, aber nicht den Mut hatten, dies zu sagen und zuzugeben. Ich möchte sagen, dass ich mit den Gefühlen des Bischofs völlig übereinstimme".

Brown schrieb eine Reihe von Büchern, darunter eines mit dem Titel "Marx' Lehren für Jungen und Mädchen", sowie siebzehn kleine Bücher über Sex für Kinder, die weit verbreitet waren. Eine von den Behörden durchgeführte Untersuchung ergab, dass alle, die zur Struktur und zu den Mitgliedern der Fellowship of Faiths gehörten, auch Freimaurer waren.

Die Freimaurer gründeten eine Tarnorganisation, um ihre Aktivitäten auf der Völkerbundskonferenz in Paris zu decken, die Organisation wurde Völkerbundsunion genannt. Sie spielte eine wichtige Rolle bei den Beratungen auf der Pariser Friedenskonferenz, die praktisch garantierte, dass es einen weiteren Weltkrieg geben würde. Wie Sir Francis Younghusband sagte,

"Wir sind hier, um dem Völkerbund eine solide geistige

Grundlage zu verschaffen".

Wir können besser beurteilen, welche TYPISCHE geistige Grundlage bereitgestellt wurde, wenn wir einfach die Struktur der Vereinten Nationen, des Nachfolgers der Gesellschaft, studieren. Innerhalb der Vereinten Nationen und ihres religiösen Exekutivorgans, dem Ökumenischen Rat der Kirchen (ÖRK), findet die Erneuerung der Allianz der Religionen statt.

Wir in den Vereinigten Staaten und im Westen im Allgemeinen können es uns nicht leisten, die Augen vor dieser Erneuerung zu verschließen. Entweder wir glauben, dass die christliche Religion die Grundlage der Verfassung der Vereinigten Staaten ist, und halten daran fest, oder wir gehen zugrunde. Toleranz" und "Verständnis" dürfen uns nicht davon abhalten, die Wahrheit zu erkennen, und wenn wir jetzt nicht Stellung beziehen, kann es morgen schon zu spät sein. Das zeigt, wie ernst die Lage für die Zukunft der Nation geworden ist. Entweder ist das Christentum die wahre Religion, wie Jesus Christus erklärt hat, oder es ist völlig substanzlos. Toleranz" und "Verständnis" dürfen diesen wichtigen Grundsatz nicht verschleiern.

Das Christentum hat der Welt ein perfektes Wirtschaftssystem gebracht, das absichtlich prostituiert wurde, sodass es heute praktisch nicht mehr wiederzuerkennen ist. Die Sozialisten, Marxisten und Kommunisten möchten uns glauben machen, dass ihr System überlegen ist, aber wenn wir uns die Länder ansehen, die sie kontrolliert haben - Russland, Großbritannien, Schweden - sehen wir Ruin und Elend im großen Stil. Die Sozialisten bemühen sich mächtig, ihr System durchzusetzen, das zur Sklaverei führen wird. Die Religion ist einer der wichtigsten Bereiche, in den sie eingedrungen sind, und damit auch der gefährlichste. Es ist nicht nur eine religiöse Frage, sondern auch eine Frage des Überlebens der Republik, die auf den Gesetzen Gottes beruht, die unveränderliche politische und wirtschaftliche Gesetze einschließen, und nicht eine Frage der "Demokratie", die auf den Gesetzen der Menschen beruht. Wir müssen uns dies vor Augen halten: Alle reinen Demokratien in der Weltgeschichte sind gescheitert.

Es ist wichtig, diese Elemente miteinander zu verbinden, zumal ich herausgefunden habe, dass die Mitglieder der Glaubensallianz bei den Wahlen von 1932, bei denen Roosevelt, ihr sozialistisches Idol, erfolgreich war, geschlossen für das sozialistische Ticket gestimmt haben. Dies galt insbesondere in New York und Chicago. Der antichristliche Kreuzzug wird in dem Maße zunehmen, in dem sich die große Lüge weltweit verbreitet, dass der Kommunismus tot sei. Zwar stimmt es, dass der Kommunismus sich bedeckt hält, doch der SOZIALISMUS grassiert, insbesondere in den Vereinigten Staaten, wo unsere Kirchen tief von sozialistischen Veränderungsagenten durchdrungen und geprägt worden sind. Um die Eine-Welt-Regierung - Neue Weltordnung zu akzeptieren, müssten wir das Christentum opfern.

In den Vereinigten Staaten findet derzeit eine äußerst schwerwiegende Revolution statt. Weishaupts Revolution gegen die christliche Kirche hat mit der Förderung von Homosexualität und Lesbianismus, "freier Liebe" (Abtreibung) und einer allgemeinen Absenkung der moralischen Standards der Nation neue Ebenen der Bestialität erreicht. Einer der wichtigsten Anführer dieser Revolution ist der Ökumenische Rat der Kirchen (ÖRK), der religiöse Arm der Vereinten Nationen. Die Aktivitäten des ÖRK haben zu tiefgreifenden Veränderungen im politischen, religiösen und wirtschaftlichen Leben der Nation geführt. Der ÖRK hat immer gewusst, dass Religion nicht an den Kirchentüren endet.

Der Federal Council of Churches (FCC), ein Vorläufer des ÖRK, hatte sich zum Ziel gesetzt, die zivile Regierung zu durchdringen und zu durchdringen, insbesondere in den Bereichen Bildung und Arbeitsbeziehungen. Mark Starr, der von Roosevelt in eine Reihe von Regierungsämtern berufene britische Sozialist, wurde von der FCC eingesetzt, um Fabriken zu besuchen und die Publikation der Fabian Society "What the Church Thinks of Labor" zu verteilen, eine zutiefst marxistische Tirade gegen den Kapitalismus. Die FCC wurde gemäß den von ihren Gründern Sydney und Beatrice Webb festgelegten Methoden nach radikal-sozialistischen Linien geführt, und ihre Mitgliedschaft in der Dritten Internationale zeigt zweifelsfrei, dass die FCC/WCC antichristlich war und ist.

Der FCC/WCC wurde von Heiden für Heiden geleitet, wie seine frühere Geschichte offenbart und wie wir heute sehen. Einer dieser Heiden war Walter Rauschenbach, der Sydney und Beatrice Webb besuchte und dann ihre Ideen, plus das, was er beim Lesen von Marx, Mazzini und Edward Bellamy gelernt hatte, in die Second

Baptist Church in New York einbrachte. Statt des Evangeliums Christi predigte Rauschenbach das Evangelium des Sozialismus nach Marx, Engels, Ruskin und Mazzinis freimaurerischem Sozialismus.

Die FCC/WCC behauptete, zwanzig Millionen Mitglieder zu haben, doch die Forschung belegt, dass ihre Mitgliederzahl erheblich geringer war und ist. Was die finanzielle Unterstützung angeht, die die FCC erhielt und die der ÖRK heute erhält, so zeigt die Forschung, dass sie von vielen pro-kommunistischen Organisationen wie dem Laura Spellman Fund, dem Carnegie Endowment Fund und der Rockefeller Brothers Foundation stammte.

Die FCC hat den Boden für die Geißel der Homosexualität und des Lesbianismus bereitet, ganz zu schweigen von der verantwortungslosen "freien Liebe" (Abtreibung), die über die Nation hereingebrochen ist. Die FCC war und ist der ÖRK der stärkste Befürworter von Homosexualität und Lesbianismus und hat den sogenannten "verfassungsmäßigen" Schutz dieser Gruppen stark unterstützt. Homosexualität wird nirgendwo in der Verfassung der Vereinigten Staaten als "Recht" erwähnt und stellt somit ein Verbot dar. Die "Rechte von Homosexuellen" sind ein Produkt der Fantasie sozialistischer Gesetzgeber und einiger Richter des Obersten Gerichtshofs.

Dabei wurde der ÖRK von der American Civil Liberties Union (ACLU) unterstützt, die versuchte, die Verfassung zu verbiegen und auszupressen, um nicht existierende "Rechte" für diejenigen zu schaffen, die sich für den homosexuellen Lebensstil entschieden. Wie wir in den Kapiteln über das Gesetz, die Gerichte und den Kongress sehen werden, geriet jede aufrechte Person, die gegen die Akzeptanz dieser nicht existierenden "Rechte" protestierte, schnell in Schwierigkeiten.

Die Fellowship of Faiths wurde gebildet, um die Meinungen zu bunten religiösen Fragen mit dem weltweit gesammelten Sozialismus zu konsolidieren. Eine ihrer Hochburgen ist die Bahai-Bewegung. Der Bahaismus wurde 1844 in Persien (heute bekannt als Iran) von Mirza Ali Muhammad, auch bekannt als "Rab" oder "Gate", ins Leben gerufen. Zum Unglück von "Rab" wurde er von Sicherheitskräften in Tabriz getötet. Der Bahaismus lehrt, dass

Zoroaster, Buddha, Konfuzius und Jesus Christus Führer waren, die den Weg für das Kommen des mächtigen Welterziehers Baha u'lla (die Herrlichkeit Gottes) bereiteten, dessen Vorläufer Abdul Baha 1921 starb.

Die Bahai-Bewegung ist im Iran und in Australien sehr stark, in geringerem Maße auch in England. Da Freimaurerei und Theosophie praktisch untrennbar miteinander verbunden sind und Elemente enthalten, die sich auch im Bahai-Glauben wiederfinden, ist es nicht verwunderlich, dass sich die Bahai-Religion so schnell verbreitet hat. Madame Petrova Blavatsky, Freimaurerin, Vizepräsidentin des Obersten Rates und Großmeisterin des Obersten Rates für Großbritannien, Schöpferin der Theosophie, hat die Bahai-Bewegung, die eine Konvergenz dieser drei Strömungen darstellt, sehr gefördert.

Was geschah mit der Bewegung der Gläubigen? Kurz vor dem Ersten Weltkrieg wäre sie beinahe mit dem Weltzionismus verschmolzen und tauchte dann im Völkerbund auf. Dann tauchte sie kurz vor dem Zweiten Weltkrieg in Form der Bahai-Bewegung in England auf und formierte sich in England als Oxford Group, der die Moralische Aufrüstung folgte. Nach dem Ende des Zweiten Weltkriegs spielte sie eine Schlüsselrolle bei der Bildung der Vereinten Nationen (UN) und drang in das Herz des politischen Lebens in den USA vor, und zwar über freizügige sozialistische Organisationen wie die folgenden:

➤ American Association of University Professors

➤ American Civil Liberties Union (ACLU)

➤ Americans for Democratic Action (Amerikas für Demokratische Aktion) (ADA)

➤ Komitee für wirtschaftliche Entwicklung Hull House (Zentrum für radikalen Feminismus)

➤ National Council of Women

➤ Die Liga für industrielle Demokratie

➤ Die Sozialdemokraten USA

➤ Institut für politische Studien NATO, politischer Flügel Club of Rome

> Die Cini-Stiftung

> Cambridge Institute of Political Studies

> Komitee für eine demokratische Mehrheit

> Lucius Trust

> Neue demokratische Koalition

> Liga der Kriegsdienstverweigerer Aspen-Institut

> Forschung in Stanford

> Nationale Frauenorganisation

Die Bewegung der Gläubigen ist ein "olympisches" Projekt (Komitee der 300). Das garantiert, dass die reichsten und mächtigsten Menschen der Welt ihre Ziele fördern werden, wie wir auf dem "Klassentreffen" der Fellowship of Faiths 1993 in Chicago gesehen haben. Das amerikanische Volk wird sich entscheiden müssen, ob es die christlichen Prinzipien gegen die Wand fahren lässt oder eine Weltrevolution riskiert. Dies schlug Michail Gorbatschow vor, als er sich mit Papst Johannes Paul II. traf. Gorbatschow schlug eine "Konvergenz der religiösen Ideale" vor, die der erste Schritt zu einer Wiederbelebung der Fellowship of Faiths in ihrem ursprünglichen Namen wäre.

Doch Papst Johannes Paul II. erinnerte ihn daran, dass "das Christentum, das von den Aposteln auf diesen Kontinent gebracht wurde und durch das Wirken von Benedikt, Kyrill, Methusalem, Adalbert und zahllosen Heiligen in verschiedene Teile eingedrungen ist, die eigentliche Wurzel der europäischen Kultur ist." Der Papst sprach nicht von einer anderen Religion, die Europa die Segnungen der Zivilisation verliehen hat: Er sprach vom Christentum. Er sagte nicht, dass das Wachstum einer großen europäischen Kultur den Katharern oder Albigensern zu verdanken sei; es sei allein das Christentum, sagte er, das Europa die Zivilisation gebracht habe.

Dies ist der Grund für den Hass, den Kommunisten, Marxisten und Sozialisten gegenüber dem Christentum empfinden. Sie befürchten, dass die einigende Kraft des Christentums der Stolperstein sein könnte, auf den sich ihre einheitliche Weltregierung stützen könnte - Die Neue Weltordnung wird stolpern und fallen. Daher ist der

Wunsch der Sozialisten, das Christentum zu verleugnen und schließlich zu vernichten, eine Frage der dringenden Notwendigkeit. Lord Bertrand Russells Befehl an den Sozialismus, sich der Religion zu bemächtigen oder sie zu zerstören, ist die Grundlage für die weltweite Kampagne des Sozialismus, die darauf abzielt, die christliche Religion im Besonderen zu durchdringen und zu durchdringen und sie in Weishauptscher Manier von innen heraus zu zerfressen, bis nur noch eine fragile, ausgehöhlte Struktur übrig bleibt, die durch einige strategische Schläge im richtigen Moment zum Einsturz gebracht werden kann.

Das erfolgreichste Modell dieser Taktik findet sich in Südafrika, wo ein sogenanntes Kirchenoberhaupt, Reverend Heyns, sich über das Innere der Niederländisch-Reformierten Kirche ärgerte, während ein sogenannter anglikanischer "Bischof", Desmond Tutu, einen Frontalangriff auf die Anglikanische Kirche startete. Mit Hilfe von Freimaurern, die hohe Positionen in der südafrikanischen Regierung innehatten und bereit waren, ihr Volk zu verraten, wurde Südafrika gestürzt und gezwungen, sich dem kommunistischen Regime in der Person von Joe Slovo, einem ehemaligen KGB-Oberst, der Nelson Mandela als Fassadenmarionette benutzt, zu unterwerfen. Das alte Sprichwort "Hütet euch vor den Griechen, die Geschenke bringen" lässt sich abwandeln: "Hütet euch vor Priestern und Geistlichen, die falsche, betrügerische sozialistische Versprechungen machen." Der erfolgreiche Einsatz von Religion, um den Sozialismus an die Macht zu bringen, wurde in Nicaragua, Peru, den Philippinen, Rhodesien und Südafrika hinreichend demonstriert. Die Vereinigten Staaten sind die nächsten.

Kapitel 8

DIE GEPLANTE ZERSTÖRUNG DER VEREINIGTEN STAATEN DURCH DEN FREIHANDEL

Es gibt kein größeres trojanisches Pferd innerhalb unserer Republik als den "freien Handel". An anderer Stelle haben wir ihn oft nur beiläufig erwähnt. In diesem Abschnitt möchten wir auf die Einzelheiten dieses ungeheuerlichen Plans eingehen, der die Zerstörung der Vereinigten Staaten herbeiführen soll - ein lang gehegter Traum der fabianischen Sozialisten in England und ihrer Konvertiten im Land. Die sozialistische Zerstörung unserer Republik findet an vielen Fronten statt, aber keine ist so giftig, aufrührerisch, heimtückisch und verräterisch wie der sogenannte "Freihandel".

Jeder, der an den "freien Handel" glaubt, muss deprogrammiert und von sozialistischer Propaganda und Gehirnwäsche befreit werden. Zurück zum Anfang dieser Nation: Klausel 1 in Abschnitt 8 des Artikels 1:

> "Steuern, Zölle, Importe und Verbrauchsteuern erheben. Um die Schulden zu bezahlen und für die gemeinsame Verteidigung und das allgemeine Wohlergehen der Vereinigten Staaten zu sorgen, aber alle Abgaben, Importe und Verbrauchssteuern müssen in den gesamten Vereinigten Staaten einheitlich sein."

Gouverneur Morris verfasste Abschnitt 8 und interessanterweise deutete er an, dass die Zölle mit der Bezahlung der Rechnungen des Landes zusammenhängen. Es gibt keinen Hinweis auf progressive Einkommenssteuern zu diesem Zweck.

Die Sozialisten kamen mit ihren verräterischen Plänen und versuchten, diesen Abschnitt der Verfassung durch den nicht ratifizierten 16. Zusatzartikel zur Verfassung der Vereinigten Staaten auszuhebeln und aufzuheben. Sie wussten, dass Artikel I Abschnitt 8 Klausel 1 der Verfassung darauf abzielte, die Briten daran zu hindern, den Siedlern den "freien Handel" zuzumuten. Wenn wir die Annalen des Kongresses und die Globen des Kongresses aus den späten 1700er und frühen 1800er Jahren lesen, wird uns schnell klar, dass einer der Hauptgründe für die Amerikanische Revolution ein Versuch der British East India Company (BEIC) war, den Kolonien den "freien Handel" von Adam Smith aufzuzwingen.

Was ist der "freie Handel"? Das ist nur ein Euphemismus, um das amerikanische Volk unter Verletzung der Verfassung der Vereinigten Staaten zu berauben und seines Reichtums zu berauben. Es ist das alte Spiel der Täuschungen, neu aufgelegt! Der "freie Handel" war das Taschenspielertrick, mit dem die Britische Ostindien-Kompanie (BEIC) die amerikanischen Siedler um ihren Reichtum brachte, indem sie ihre Enteignungstaktik hinter schönen, an sich bedeutungslosen Wirtschaftsphrasen verbarg.

Die Gründerväter hatten nicht den Vorteil einer direkten Erfahrung, die sie vor den "Freihandels"-Kriegen warnte, die über die Kolonien hereinbrechen würden, aber sie hatten den Scharfsinn und die Weitsicht zu wissen, dass der "Freihandel", wenn er zugelassen würde, die junge Nation auslöschen würde. Aus diesem Grund erklärte Präsident George Washington, nachdem er Zeuge der schrecklichen Verwüstung geworden war, die in Frankreich durch die Ursache des "Freihandels" verursacht und als "Französische Revolution" bezeichnet wurde, im Jahr 1789, dass es für die junge Republik notwendig und angemessen sei, sich vor den Machenschaften der britischen Regierung zu schützen:

> "Ein freies Volk muss Manufakturen fördern, die dazu tendieren, es in Bezug auf wesentliche Lieferungen, insbesondere militärische, von anderen unabhängig zu machen." - George Washington, Erster Kongress der Vereinigten Staaten, 1789.

Die Gründerväter sahen von Anfang an, dass der Schutz unseres Handels von größter Bedeutung ist, und machten ihn praktisch zur ersten Tagesordnung. Keine Nation, die ihre Souveränität und den Schutz des Wohlergehens ihres Volkes ernst nimmt, würde "freien Handel" zulassen. Wie Joseph Chamberlain 1911 in seinem Vorwort zu "The Case Against Free Trade" feststellte:

> "Der Freihandel ist die Verneinung von Organisation, von etablierter und kohärenter Politik. Er ist der Triumph des Zufalls, der ungeordnete und egoistische Wettbewerb unmittelbarer Einzelinteressen ohne Rücksicht auf das dauerhafte Wohlergehen als Ganzes."

Alexander Hamilton und die Gründerväter hatten erkannt, dass die Nation ihren Binnenmarkt schützen musste, wenn sie souverän und unabhängig bleiben wollte. Das war es, was Amerika anfangs groß gemacht hatte: die Explosion des industriellen Fortschritts innerhalb der Nation, unabhängig von jeglichem äußeren "Welthandel". Washington und Hamilton wussten, dass eine Abtretung unserer Binnenmärkte an die ganze Welt eine Aufgabe unserer nationalen Souveränität bedeuten würde.

Die Sozialisten wussten, wie wichtig es war, die schützenden Handelsbarrieren für unabhängige Nationen zu beseitigen, anstatt sie nur schrittweise zu durchbrechen, und sie warteten auf ihre Chance, Woodrow Wilson zu diesem Zweck zu wählen. Als neuer Präsident bestand Wilsons erste Agenda darin, aktive Schritte zu unternehmen, um die von Washington errichteten und dann von Lincoln, Garfield und McKinley erweiterten und aufrechterhaltenen Zollschranken zu durchbrechen.

Wie wir bereits gesehen haben, bestand die erste Aufgabe des fabiusianischen Sozialisten, der Präsident Woodrow Wilson an die Macht brachte, darin, die Handelsbarrieren und Schutzzölle zu beseitigen, die die USA in relativ kurzer Zeit, d. h. im Vergleich zum Alter der europäischen Großmächte, zu einer großen Nation gemacht hatten. Das NAFT-Abkommen und das GATT setzen dort an, wo Wilson und Roosevelt aufgehört haben. Beide Abkommen verstoßen gegen die Verfassung der Vereinigten Staaten und sind das Werk der Fabian Society und ihrer amerikanischen Cousins.

Das Nordamerikanische Freihandelsabkommen ist ein Projekt des Komitees der 300 und eine natürliche Fortsetzung des Krieges gegen die amerikanische Industrie und Landwirtschaft, wie er in den Strategiepapieren des Club of Rome von 1969 über das postindustrielle Nullwachstum unter der Leitung von Cyrus Vance und einem Team von Wissenschaftlern der Einen Weltregierung und der Neuen Weltordnung festgelegt wurde. Der Abbau der von Washington, Lincoln, Garfield und McKinley errichteten Handelsbarrieren war lange Zeit ein beliebtes Ziel der Fabian Society. NAFTA ist ihr Gebräu, ihre große Chance, die Märkte der USA für den einseitigen "Freihandel" zu öffnen und damit der amerikanischen Mittelschicht einen tödlichen Schlag zu versetzen.

NAFTA ist ein weiterer Triumph für Florence Kelley, da es die Verfassung durch gesetzgeberisches Handeln umgeht. Wie Richter Cooley in seinem Buch über Verfassungsrecht, Seite 35, feststellte:

> "Die Verfassung selbst beugt sich niemals einem Vertrag oder einem Gesetzestext. Sie ändert sich nicht im Laufe der Zeit und beugt sich nicht der Macht der Umstände".

Folglich kann weder NAFTA noch irgendein anderer Vertrag die Verfassung ändern. NAFTA ist nichts anderes als eine verdrehte, verlogene und hinterhältige Masche, um die Verfassung zu umgehen, was auch eine genaue Beschreibung des GATT ist.

Der erste bekannte Angriff des "freien Handels" auf die USA geht auf das Jahr 1769 zurück, als das Townsend-Gesetz von Adam Smith erfunden wurde, um den amerikanischen Kolonien Einnahmen zu entziehen. Das NAFTA-Abkommen ist darauf ausgelegt, den amerikanischen Arbeitnehmern noch mehr Einkommen zu entziehen oder, wenn diese nicht wollen, sie ins Ausland zu verlagern, wo die Löhne und das Leben in der Regel billiger sind. In der Tat hat NAFTA viel mit dem Kampf der Siedler zwischen 1769 und 1776 gemeinsam. Tragischerweise haben sich in den letzten Jahren mehrere Präsidenten von der Handelspolitik entfernt, die die amerikanische Industrie schützte und die USA zur größten Industrienation der Welt machte.

Der Globalismus hat nicht dazu beigetragen, Amerika zu einem großen Land zu machen. Globalismus ist ein Schlagwort der Gehirnwäscher in den Medien der Madison Avenue, um die Tatsache zu verschleiern, dass die von Wilson, Roosevelt, Bush und Clinton gepriesene sogenannte Weltwirtschaft letztendlich den Lebensstandard der Amerikaner auf den der Länder der Dritten Welt senken wird. Wir haben hier einen klassischen Fall, in dem die Amerikaner mithilfe des Sozialismus erneut gegen die Amerikanische Revolution von 1776 kämpfen, um die Nation von den Schrecken eines Betrugs namens NAFTA zu befreien, wobei ein noch größerer Betrug namens GATT nur darauf wartet, sich auf dem Schlachtfeld zu ergeben. 1992 griff Bush schnell nach dem NAFTA-Ball und begann, mit ihm zu rennen. Kanada wurde als Messinstrument benutzt, um zu sehen, wie gut NAFTA bei der kanadischen Bevölkerung ankommen würde. Dabei wurde Bush geschickt vom ehemaligen Premierminister Brian Mulroney unterstützt. Das Ziel von NAFTA ist es, die industriellen und landwirtschaftlichen Grundlagen beider Länder zu zerstören und damit die Mittelschicht zu untergraben. Die postindustriellen Pläne des Komitees der 300 sind nicht schnell genug vorangekommen. Die Situation ist derjenigen recht ähnlich, die Bertrand Russell in seinem Wunsch beschrieb, Millionen von "nutzlosen Essern" zu töten. Russells Plan forderte eine Rückkehr der Schwarzen Pest, um die Welt von dem zu befreien, was er als "Überbevölkerung" bezeichnete.

NAFTA stellt einen Höhepunkt in der Neuausrichtung der transnationalen Politik und der Umerziehung der zukünftigen Führungskräfte der amerikanischen Industrie und des Handels dar, die gerade erst unsere Bildungseinrichtungen verlassen haben. NAFTA kann mit dem Wiener Kongress (1814-1815) verglichen werden, der von Fürst Klemmens von Metternich dominiert wurde. Man wird sich daran erinnern, dass Metternich eine führende Rolle in europäischen Angelegenheiten spielte. Er war für die Heirat der Erzherzogin Marie Louise mit Napoleon verantwortlich, die die politischen und wirtschaftlichen Ereignisse in Europa für mindestens 100 Jahre prägte. Im Wesentlichen hat Clinton die USA mit dem "freien Handel" "verheiratet", was sich ebenfalls über 1000 Jahre lang stark auf diese Nation auswirken wird.

Der Wiener Kongress war geprägt von prächtigen Festen und schillernden Veranstaltungen mit einer Reihe von schillernden Geschenken für diejenigen, die bereit waren, mit Metternich zu kooperieren, anstatt für die besten Interessen ihres Landes zu kämpfen. Ähnliche Taktiken wurden angewandt, um NAFTA im Repräsentantenhaus und im Senat durchzusetzen, und ähnlich wie bei den hinter verschlossenen Türen abgehaltenen Entscheidungsdebatten in Wien (die vier Großmächte ließen kleinere Nationen nie daran teilnehmen) wurde jede Vereinbarung, jede wichtige Entscheidung über NAFTA im Geheimen, hinter verschlossenen Türen, getroffen. NAFTA wird einen tiefgreifenden schädlichen Effekt auf die USA haben, dessen Ausmaß und Tiefe wir noch nicht erkannt haben.

NAFTA ist ein Wendepunkt in der Geschichte Nordamerikas, ein Wendepunkt für die amerikanische und kanadische Mittelschicht. Wenn es mit den EG-Ländern kombiniert wird, wird Phase zwei der sozialistischen Strategie, die vollständige Kontrolle über den Handel zu erlangen, abgeschlossen sein. NAFTA wird zu einem Einkommen von 100 Milliarden Dollar für Mexiko führen; es wird die US-Wirtschaft durch einen großen Rückgang ihrer industriellen Basis verwüsten. Es wird erwartet, dass in den ersten beiden Jahren der vollständigen Umsetzung des NAFTA-Abkommens 100.000 US-Arbeitsplätze verloren gehen, was den Lebensstandard der Mittelschicht in einem bisher nicht gekannten Ausmaß senken wird. Die Umweltverschmutzung wird durch Produkte und Lebensmittel aus Mexiko wieder in die USA exportiert.

Lebensmittel aus Mexiko werden toxische Gifte aller Art enthalten, die nach den USDA-Bestimmungen für US-Produkte verboten sind. Alles in allem belaufen sich die Ausgaben für die NAFTA-Lobbyarbeit auf rund 150 Millionen US-Dollar. Die NAFTA-Lobbyarbeit war die konzentrierteste in der Geschichte der Vereinigten Staaten und umfasste eine wahre Armee von Spezialisten und Anwälten, die das Repräsentantenhaus überfluteten, damit es für das angebliche Abkommen stimmte.

Das Allgemeine Zoll- und Handelsabkommen (GATT) ist ein in den USA entworfenes Instrument, das auf den sozialistischen Fabian-Prinzipien beruht. Ich kann mich nicht an das letzte Mal erinnern, dass etwas von den Gesetzgebern so wenig verstanden wurde wie dieses heimtückische Abkommen. Ich habe Dutzende von Gesetzgebern kontaktiert, und ausnahmslos keiner von ihnen konnte mir eine Erklärung liefern oder mir die Fakten nennen, nach denen ich suchte. Das GATT wurde auf der Konferenz der Vereinten Nationen über Handel und Beschäftigung am 24. März 1948 in Kuba ausgearbeitet. Die eleganten Herren der Konferenz traten für Adam Smiths "Freihandel" ein, von dem sie glaubten, dass er die Welt für die einfachen Menschen besser machen würde. Obwohl der Titel, GATT, erst später kam, wurde der Grundstein für diesen sozialistischen Betrug 1948 in Kuba gelegt.

Als das in Kuba geschlossene Abkommen dem Repräsentantenhaus und dem Senat vorgelegt wurde, wurde es aus dem einfachen Grund angenommen, dass es nicht verstanden wurde. Wenn das Repräsentantenhaus und der Senat eine ihnen vorgelegte Maßnahme nicht verstehen, wird sie in der Regel so schnell wie möglich verabschiedet. Dies geschah im Fall des Federal Reserve Act, des UN-Vertrags, des Panamakanal-Vertrags und des NAFTA-Abkommens.

Mit ihrer Zustimmung zum NAFTA-Abkommen übertrug die Kammer die Souveränität der Vereinigten Staaten auf die einheitliche Weltregierung in Genf in der Schweiz. Dieser aufrührerische Akt hatte einen Präzedenzfall. Im Jahr 1948 verabschiedeten ein von den Republikanern dominiertes Repräsentantenhaus und ein von den Republikanern dominierter Senat das Gesetz über Handelsabkommen, das aus dem Treffen der Vereinten Nationen auf Kuba hervorging. Bis dahin hatte sich die republikanische Partei als Beschützer der amerikanischen Industrie und der Arbeitsplätze dargestellt, was sich jedoch als ebenso falsch wie die Position der Demokraten und als Befürworter des sozialistischen "Freihandels" von Adam Smith herausstellte. Ein großer Schlag gegen die amerikanische Industrie und den Handel wurde von den Fabianischen Sozialisten in Großbritannien und ihren amerikanischen Vettern in den USA geführt. Die Tatsache, dass das Gesetz über das Handelsabkommen zu 100 Prozent verfassungswidrig war und dennoch verabschiedet wurde, war für die Fabian Society ein Grund zur süßen Genugtuung.

1962 bezeichnete Präsident John F. Kennedy den Ausverkauf des amerikanischen Volkes als "einen völlig neuen Ansatz, ein kühnes neues Instrument der amerikanischen Handelspolitik". In seiner fatalen Fehleinschätzung der Ausrichtung, die die Fabianischen Sozialisten dem amerikanischen Volk gaben, hatte Kennedy auf dem AFL - CIO - Kongress in Florida Anfang des Jahres die volle Unterstützung des Gewerkschaftsführers George Meaney erhalten. Der Kongress verabschiedete die Gesetze gewissenhaft, scheinbar unbewusst von ihrer Verfassungswidrigkeit.

Sie war verfassungswidrig, da sie dem Präsidenten Befugnisse übertrug, die dem Kongress zustanden, Befugnisse, die nicht zwischen den drei Teilen der Regierung übertragen werden konnten. Die Kennedy-Regierung führte sofort radikale Zollsenkungen ein, die teilweise bis zu 50 % auf eine breite Palette von Importgütern betrugen. Wir haben dieselben verfassungswidrigen Handlungen von Bush und Clinton beim NAFTA-Abkommen gesehen. Beide Präsidenten haben sich auf verfassungswidrige Weise in die Legislative eingemischt. Auch Bestechungsgelder könnten eine Rolle gespielt haben. Es handelt sich um Hochverrat.

Als die Vereinigten Staaten ins zwanzigste Jahrhundert eintraten, befand sich das Land auf einem Erfolgsweg, wie ihn seit der Antike kein anderes Land vor ihm beschritten hatte. Doch die Plünderer, die Sozialisten und ihre engen Verwandten, die Kommunisten, lauerten auf Amerika. Die Vereinigten Staaten waren auf einem soliden Fundament aus Protektionismus und gesundem Geld aufgebaut; es gab eine schnell wachsende industrielle Basis, und dank der Mechanisierung war die Landwirtschaft bereit, unser Volk für die nächsten Jahrhunderte zu ernähren, egal wie stark die Bevölkerung wächst.

Die Handelsschutzmaßnahme, der Tariff Act von 1864, den Lincoln unterzeichnet, erhöht die Zölle um mehr als 47%. Im Jahr 1861 machten die Zolleinnahmen 95% der Gesamteinnahmen der Vereinigten Staaten aus. Lincoln, den Krieg im Nacken, war entschlossen, den traditionellen Zollschutz zu stärken und ihn um jeden Preis zu schützen. Seine Maßnahmen zum Zollschutz brachten die USA mehr als alles andere auf den Weg zu zwei Jahrzehnten des Fortschritts in Industrie, Landwirtschaft und Handel, eines Fortschritts, der England verblüffte und die USA zu einem Objekt des Neids - und des Hasses - machte. Es besteht kein Zweifel daran, dass in das Komplott zur Ermordung Lincolns der englische Premierminister Benjamin Disraeli verwickelt war und dass die Entscheidung zur Ermordung Lincolns in England aufgrund der entschiedenen Haltung des Präsidenten gegen die Senkung der Zölle auf Waren aus diesem Land getroffen wurde.

Die Vereinigten Staaten befinden sich in einem Krieg auf Leben und Tod. Man merkt es nicht, denn es gibt keine großen Trommeln des Patriotismus, keine wehenden Fahnen, keine Militärparaden und, was vielleicht der Schlüssel zu allem ist, die Schakale der Presse stellen den "freien Handel" als Vorteil und nicht als Todfeind der

USA dar. Dies ist ein Krieg an mehreren Fronten; die ganze Welt oder fast die ganze Welt ist gegen die USA ausgerichtet. Es ist ein Krieg, den wir dank der geschickten Pläne, die vom Komitee der 300 ausgearbeitet und den Sozialisten zur Ausführung anvertraut wurden, schnell verlieren. Lincoln war eines der ersten Opfer des Handelskriegs.

1873 schlossen sich die Investmentbanker und Finanziers der Londoner City mit ihren Verbündeten an der Wall Street zusammen, um eine Panik auszulösen, die gänzlich auf künstlichen Ursachen beruhte. Die darauffolgende lang anhaltende Depression schadete der Landwirtschaft sehr, wie es unsere Feinde beabsichtigten. Die meisten Historiker sind sich einig, dass die antiamerikanische Aktion von 1872 ergriffen wurde, um den Protektionismus zu schwächen. Der Weg des Yellow Journalism, dem Protektionismus die Schuld an der Depression zu geben, war offen und wurde nie wieder geschlossen. Durch die vernichtenden Lügen in der Presse wurden die Landwirte dazu gebracht zu glauben, dass ihre Probleme auf die Handelsbarrieren zurückzuführen seien, die den Fluss des "freien Handels" behinderten.

Die Agenten der Londoner City und der Wall Street begannen mit Hilfe der bereits gut bestückten Presse, die öffentliche Meinung zu schlagen, und als Reaktion auf den Druck einer schlecht informierten Öffentlichkeit wurde 1872 eine Bresche in die Zollschranke der Vereinigten Staaten geschlagen. Die Zölle wurden um 10% auf eine breite Palette von Importartikeln und um 50% auf Salz und Kohle gesenkt. Wie jeder Ökonom weiß und jeder richtig ausgebildete Sekundarschulabsolvent wissen würde, folgt, sobald dies geschieht, schnell, dass die verarbeitende Industrie zu schrumpfen beginnt, da die Investoren nicht mehr in realen Reichtum - Industrieanlagen, landwirtschaftliche Werkzeuge, Werkzeugmaschinen - investieren.

Jahrhunderts wurden die Invasoren jedoch teilweise zurückgeschlagen, und der Schaden beschränkte sich auf eine Bresche in unserer Schanze, ohne dass sich die feindlichen Streitkräfte ins Hinterland ausbreiten konnten. Dann kam Wilson und der erste massive Großangriff unter Führung der Anti-Tariff-Schutztruppen, die nicht nur unsere Schanzen zertrümmerten, sondern die Philister auch mitten in unser Lager brachten.

Als Präsident Roosevelt ins Weiße Haus einzog, wurde der zweite große Angriff auf unsere Schutzzölle gestartet. Wilson hatte Roosevelt den Weg geebnet und es geschafft, eine Bresche zu schlagen, die direkt zum Endziel führte. Obwohl Wilson viel Schaden angerichtet hatte, der von Roosevelt ausgeweitet wurde, blieb für den Geschmack der Fabianischen Sozialisten, Ramsey McDonald, Gunnar Myrdal, Miss Jane Addams, Dean Acheson, Chester Bowles, William C. Bullitt, Stuart Chase, J. Kenneth Galbraith, John Maynard Keynes, Professor Harold Laski, Walter Lippmann, W. Averill Harriman, Senator Jacob Javitts, Florence Kelley und Trances Perkins immer noch ein zu großer Teil der Zollschranken bestehen.

Als George Bush vom CFR ins Oval Office berufen wurde, ging er mit Energie und Enthusiasmus an seine Mission "One World - New World Order" heran und machte das NAFTA-Abkommen zu einer seiner obersten Prioritäten. Aber hatten Wilson, Roosevelt und Bush das Recht, im Alleingang Verträge über Handelsfragen auszuhandeln, ohne das in der Verfassung vorgesehene Verfahren der Stellungnahme und Zustimmung einzuhalten? Offensichtlich nicht.

Werfen wir also einen Blick auf die Verfassung und sehen wir, was sie zu dieser lebenswichtigen Frage zu sagen hat: Artikel VI, Abschnitt 2

"... Diese Verfassung und die Gesetze der Vereinigten Staaten, die in Anwendung dieser Verfassung erlassen werden, sowie alle Verträge, die unter der Autorität der Vereinigten Staaten geschlossen wurden oder geschlossen werden, sind das oberste Gesetz des Landes...".

Die Worte "Diese Verfassung und die Gesetze der Vereinigten Staaten" besagen, dass ein Vertrag nur ein Gesetz ist. Das "Gesetz des Landes" bezieht sich auf die Magna Carta, "und die Richter jedes Staates sind daran gebunden, unbeschadet anders lautender Bestimmungen in der Verfassung oder den Gesetzen eines Staates".

Das Wort "höchst" im zweiten Teil ist NICHT "höchst", sondern gehört zum allgemeinen Recht. Um dies richtig zu verstehen, muss man die Verfassung der Vereinigten Staaten und den dazugehörigen historischen Kontext kennen, den man nur in den Annals of

Congress, Congressional Globes und Congressional Records findet. Ein vollständiges und korrektes Studium dieser Dokumente ist eine Grundvoraussetzung für das Verständnis dessen, was ein Vertrag ist. Leider machen sich unsere Gesetzgeber nie die Mühe, sich durch das Studium dieser wunderbaren Dokumente zu bilden. Die Rechtsprofessoren wissen noch weniger über diese Informationsminen und lehren daher oft ein Verfassungsrecht, das weit von der Realität entfernt ist. Es ist der Blinde, der den Blinden führt.

Der Begriff "supreme" wurde eingefügt, um sicherzustellen, dass die Regierungen Frankreichs, Großbritanniens und Spaniens die Abkommen, die sie über die an die USA abgetretene Gebiete geschlossen hatten, nicht rückgängig machen konnten. Dies war ein ausreichender Weg, um zukünftige Regierungen dieser Länder daran zu hindern, die Abkommen rückgängig zu machen, aber leider hat es auch dazu geführt, dass viele Amerikaner verstehen, dass ein Vertrag ein "oberstes" Gesetz ist. Es ist unmöglich, dass ein Vertrag "höchstes" Recht ist, wenn er nur umgesetzt wird. Kann der Nachkomme größer sein als der Elternteil? Die Verfassung der Vereinigten Staaten ist immer "SUPRIME", zu jeder Zeit und unter allen Umständen. Gesetze können niemals "höchst" sein, da sie änderbar sind und möglicherweise zu Unrecht verabschiedet wurden. Das Kind kann nie größer sein als der Elternteil.

Ungeachtet dessen, was Richterin Ruth Ginsberg über die Flexibilität der Verfassung gesagt hat, ist die Verfassung der Vereinigten Staaten nicht flexibel, sie ist UNMITTELBAR. Wir wissen, dass die erste Regel eines jeden Vertrags die Selbsterhaltung ist. Wir wissen jetzt auch, dass in den Vereinigten Staaten ALLE VERTRAGE OHNE AUSNAHME ORDENTLICHE GESETZE SIND UND JEDERZEIT VERABSCHIEDET WERDEN KÖNNEN. Jeder Vertrag, der den USA ernsthaft schadet, verstößt gegen die Selbsterhaltungsregel und kann widerrufen werden, und sei es nur, indem man das Geld streicht, mit dem er finanziert wird. Deshalb sind Verträge wie die UNO, NAFTA, GATT, ABM und der Panamakanalvertrag NULL UND NICHT VERFÜGBAR und sollten vom Kongress widerrufen werden; eigentlich wären sie das, wenn der Kongress nicht von Sozialisten dominiert würde.

Die Leser werden gebeten, sich ein Exemplar von Vattels "Recht der

Völker", der von unseren Gründervätern verwendeten "Bibel", zu besorgen, und sie werden schnell davon überzeugt sein, dass ein Vertrag nichts anderes als ein Gesetz ist, das vom Kongress geändert werden kann. Tatsächlich könnte ein Vertrag als "prekäres Gesetz" beschrieben werden, da er seinem Wesen nach substanzlos ist. Thomas Jefferson sagte, dass

"die Befugnis zum Abschluss von Verträgen unbegrenzt zu halten, bedeutet, die Verfassung konstruktionsbedingt zu einem weißen Papier zu machen". Congressional Record, House, 26. Februar 1900.

Darüber hinaus verbietet die Verfassung der Vereinigten Staaten ausdrücklich die Übertragung von Macht von einem Regierungszweig auf einen anderen. Dies war während der gesamten Freihandelskriege der Fall und ist es auch heute noch. Die langsame und oft unbemerkte Abgabe der Legislative an die Exekutive ist das, was die Stärke der Befürworter von Handelskriegen untergraben hat. Solche Aktionen sind verfassungswidrig und kommen einer Aufwiegelung und einem Verrat am amerikanischen Volk gleich.

Die Abgabe von Befugnissen, die ausschließlich dem legislativen Arm der Regierung zustehen, begann mit dem Payne Aldrich Tariff Act, und die missgestaltete Kreatur begann zu wachsen wie der grüne Lorbeer. Obwohl der Payne Aldrich Act sein erstes Ziel nicht erreichte, war er bei der Erreichung des zweiten Ziels mehr als erfolgreich: der Übertragung der legislativen Befugnisse auf die Exekutive. Sie übertrug dem Präsidenten Befugnisse, die ihm laut Verfassung verboten waren, indem er nun die Zollsätze für Importe kontrollieren konnte. Das House versetzte den Menschen, die es eigentlich schützen sollte, einen tödlichen Schlag und ermöglichte es dem "freien Handel", unsere Arbeiter um ihre Arbeitsplätze zu bringen, da Produktionsstätten, die der Dumping- und Preissenkungspolitik ausländischer Produkte nicht gewachsen waren, gezwungen waren, ihre Tore zu schließen.

Der Verrat und die Aufwiegelung, die von denjenigen begangen wurden, die das Payne Aldrich Tariff Act von 1909 als "Gesetz" akzeptierten, sind heute in den NAFTA- und GATT-Abkommen offensichtlich. Artikel 1, Abschnitt 10 der Verfassung der Vereinigten Staaten überträgt Handelsfragen eindeutig dem

Repräsentantenhaus. Abschnitt 10 stärkt die Kontrolle der Kammer über Handelsfragen. Die Befugnisse der Kammer waren und sind nicht übertragbar! So einfach ist das. Alle "Gesetze", alle "Exekutivbefehle", alle Entscheidungen des Präsidenten in Handelsfragen, alle internationalen Abkommen sind null und nichtig und müssen aus den Büchern gelöscht werden, sobald die Regierung an Uns, das Volk, zurückgegeben wird. Wir werden den enormen Schaden, der durch die präsidiale Usurpation der Handelsbefugnisse angerichtet wurde, nach und nach sehen.

Der Payne Aldrich Tariff Act ist typisch für die Handlungsweise des Fabianischen Sozialismus, der seine wahren Absichten stets hinter einer Fassade aus Lügen verbirgt. Wie ich bereits sagte, ist das amerikanische Volk das am meisten betrogene Volk der Welt, und der Payne Aldrich Tariff Act war der Höhepunkt der damaligen Lügen. Dem Repräsentantenhaus als Zollschutzmaßnahme präsentiert, war die tatsächliche Bedeutung dieses Gesetzes genau das Gegenteil: Es war ein Riesenschritt nach vorne für die Feinde des amerikanischen Volkes, die "Freihändler" und ihre Verbündeten in der City of London - oder sind die Meister eine bessere Beschreibung ihrer Verbindung?

Der Payne Aldrich Tariff Act übertrug demonstrativ Macht auf die Exekutive, eine Übertragung, die nicht stattfinden konnte und sollte, ohne dass eine Verfassungsänderung verabschiedet wurde. Da dies nicht geschehen ist, sind alle Handelsabkommen, die seit 1909 geschlossen wurden, ultravirulent. Wenn wir einen Obersten Gerichtshof hätten, der sich nicht in den Händen der Philister befindet, hätten wir ihn um Hilfe bitten können, aber das können wir nicht.

Seit den Tagen von Brandeis und "Fixer" Fortas ist der Oberste Gerichtshof zu einem Gericht voller Sozialisten geworden, die keine Ohren für die Plädoyers von Wir, das Volk, haben. Mit der Verabschiedung des Payne Aldrich Tariff Act erlitten die USA einen schweren Rückschlag in den Handelskriegen, von dem sie sich nie mehr erholten. Die Payne-Aldrich-Maßnahme war ein sozialistischer "Gradualismus" in den besten Traditionen dieses unehrlichen politischen Gebildes.

Diese hinterhältigen Angriffe auf die Menschen in den Vereinigten Staaten fanden zu einer Zeit statt, als wir noch relativ unschuldig waren. Wir wussten nicht viel über den Fabianischen Sozialismus und seinen Modus Operandi. Das Buch "The Case Against Socialism: A Handbook for Conservative Speakers" ist ein Leitfaden für die schmutzigen Tricks, die der Sozialismus anwendet, um seine Gesetze durchzusetzen, und es gibt keinen größeren Spieler sozialistischer schmutziger Tricks als Präsident Clinton.

Die Bürger dieses großen Landes, der Vereinigten Staaten, wurden von ihren Führern - angefangen bei Woodrow Wilson - getäuscht, indem sie ihnen weismachen wollten, dass der "Dreieckshandel" für alle Nationen von Vorteil sei. Sie werden uns sagen, dass dies die Idee von Adam Smith war und dass David Ricardo, der Lieblingsökonom der Sozialisten, die Grenzen und die Bedeutung des Freihandels verfeinert hat. Doch das ist alles nur Augenwischerei. Die Mythologie des "freien Handels" ist so tief in den Köpfen der amerikanischen Bevölkerung verankert, dass sie glaubt, er sei wirklich vorteilhaft! Die Führer der Nation, allen voran der Präsident, haben das Volk auf grobe Weise in die Irre geführt, indem sie es in diese schreckliche Falle tappen ließen.

DIE VERLUSTE DIESES KRIEGES SIND BEREITS WEITAUS HÖHER ALS DIE KOMBINIERTEN GESAMTVERLUSTE DER BEIDEN WELTKRIEGE. Millionen von amerikanischen Leben wurden bereits ruiniert. Millionen von Menschen leben in Verzweiflung, während dieser unerbittliche Krieg weiterhin über unser Volk hereinbricht. Der "freie Handel" ist die größte Bedrohung für die Infrastruktur der Nation - eine Bedrohung, die größer ist als jeder Atomangriff.

Einige Statistiken

Siebenhundertfünfzigtausend amerikanische Stahlarbeiter haben ihren Arbeitsplatz verloren, seit das Komitee der 300 Graf Étienne Davignon 1950 auf diese besondere Front losgelassen hat.

Der Tod der Stahlindustrie bedeutete den Verlust von eineinviertel Millionen der bestbezahlten stabilen Industriearbeitsplätze, die mit Stahlprodukten verbunden waren und auf ihnen beruhten. Das lag nicht daran, dass die amerikanischen Stahlarbeiter keine guten Arbeiter waren; angesichts der alten Fabriken, mit denen einige von ihnen arbeiten mussten, konnten sie unfairen Handelspraktiken sogar sehr gut standhalten. Aber sie konnten nicht mit "freien" Importen konkurrieren, die billiger verkauften als die in den USA hergestellten Produkte, weil die ausländischen Regierungen sie stark subventionierten. Viele ausländische Stahlwerke wurden sogar mit dem Geld aus dem "Marshallplan" gebaut! Bis 1994 hatten insgesamt vierzig Millionen Amerikaner ihren Arbeitsplatz verloren, weil der "freie Handel" ihre Fabriken, Textilfabriken und Produktionsstätten angriff.

Amerika entwickelte sich zu einem industriellen Riesen und überholte in den 1880er Jahren England als größte Industrienation der Welt. Dies war ausschließlich auf den Schutz zurückzuführen, der der einheimischen Industrie durch Handelsbarrieren gewährt wurde. Bei Ausbruch des Bürgerkriegs und bis zum Ende des 19. Jahrhunderts gab es 140.000 Fabriken, die schwere Industriegüter herstellten, mit einer Belegschaft von 1,5 Millionen Amerikanern, die wahrscheinlich zu jedem Zeitpunkt der westlichen Geschichte die mit Abstand bestbezahlte Arbeitskraft der Welt war.

In den 1950er Jahren hatten Industrie und Landwirtschaft den höchsten Lebensstandard für die breite, stabile und gut verdienende amerikanische Mittelschicht geschaffen, die größte ihrer Art in der Welt. Sie hatte auch einen großen Markt für ihre Produkte geschaffen, einen Binnenmarkt, den ihre gut verdienende Mittelschicht, die Arbeitsplätze mit lebenslang garantierter Arbeitsplatzsicherheit besetzte, unterstützte und dazu beitrug, ihn zu erweitern und zu entwickeln. WOHLSTAND UND SICHERE ARBEITSPLÄTZE IN AMERIKA SIND NICHT DAS ERGEBNIS DES WELTHANDELS. Die USA brauchten die Weltmärkte nicht, um zu gedeihen und zu wachsen. Dies war ein falsches Versprechen, das dem amerikanischen Volk zuerst von Wilson und dann mit Begeisterung von Roosevelt, Eisenhower, Kennedy, Johnson, Bush und Clinton verkauft wurde.

Dank des Verrats und der Aufwiegelung durch diese Präsidenten und den Kongress stiegen die Importe immer weiter an, bis wir uns heute, im Jahr 1994, kaum noch über die Flut der von billigen Arbeitskräften importierten Waren halten können. Im kommenden Jahr (1995) werden wir erleben, wie die Verluste in die Höhe schnellen, während der Ansturm der "Freihändler" die Lebensgrundlage von weiteren Millionen Amerikanern dezimiert.

Ein Ende ist nicht in Sicht, und doch weichen unsere Gesetzgeber weiterhin zurück und lassen Millionen und Abermillionen von zerstörten Leben zurück. Diese Frage beweist mehr als jede andere, dass die Regierung den Schutz unserer nationalen Souveränität nicht ernst nimmt, WAS DIE ERSTE VERPFLICHTUNG JEDER REGIERUNG IST.

In diesem Kapitel können wir nur einige der wichtigsten Verträge, Chartas und Handels-"Abkommen" untersuchen, die den Vereinigten Staaten durch die Praktiken der Absprache, des Betrugs, der Hinterhältigkeit, der Lüge und der Aufwiegelung durch die britischen und amerikanischen Sozialisten aufgezwungen wurden. Wir beginnen mit den sogenannten "Handelsabkommen". Die Verfassung verbietet die Übertragung von Macht von einem Teil der Regierung auf einen anderen Teil. Das nennt man die Doktrin der Gewaltenteilung und sie ist sakrosankt und unveränderlich, oder so wurde sie von den Gründervätern geschrieben. Es ist illegal, ja sogar Hochverrat, Macht zu übertragen, dennoch sollen wir glauben, dass es für Bush legal war, Mexiko und Kanada zu konsultieren und das NAFTA-Abkommen in die Wege zu leiten. Wir sollen glauben, dass es für Clinton in gleicher Weise völlig legitim war, sich in das NAFTA- und nun auch das GATT-Abkommen einzumischen. In beiden Punkten falsch! Weder Bush noch Clinton hatten das Recht, sich in Handelsfragen einzumischen, die in den Zuständigkeitsbereich des Repräsentantenhauses fallen.

Allein aus diesem Grund sind NAFTA und GATT illegal, und wenn wir einen Obersten Gerichtshof hätten, der nicht seine eigenen Vorlieben verfolgt, anstatt die Verfassung durchzusetzen, würde er zu einem solchen erklärt werden. Eine der häufigsten Taktiken, mit der die Generäle des "Freihandels" die USA angreifen, besteht darin, die "Handelsbarrieren" für die wirtschaftlichen Schwierigkeiten verantwortlich zu machen. Dies ist offensichtlich falsch. Als ich die Artikel in der "New York Times", der "Washington Post" und anderen Zeitungen untersuchte, stellte ich fest, dass sie nie und nimmer ein wahrheitsgetreues Bild von dem schweren Schaden vermittelten, den der "Freihandel" unserem Land zufügte. Die hetzerischen Liberalen haben nie angedeutet, dass die USA systematisch ausgeblutet sind, seit Wilson den ersten Angriff auf unsere Handelsverteidigung unternommen hat.

Der viel angekündigte "Marshall-Plan", der Europa angeblich vor dem Ruin bewahrt hat, war in Wirklichkeit ein "Freihandels"-Schwindel. Das britische Volk, das des Kriegsverbrechers Winston Churchill überdrüssig war, stimmte dafür, dass der Labour-Parteivorsitzende Clement Attlee, Churchills Vize-Premierminister und elitärer Fabian-Sozialist, dessen Nachfolger werden sollte. Attlee war es, der Ramsey McDonald nachfolgte, der in den späten 1890er Jahren "zum Ausspionieren des Terrains" des Sozialismus in den USA entsandt worden war. Attlee stand auf der Liste der fabianischen Stars neben Professor Harold Laski und Hugh Gaitskell. Letzterer war der Favorit der Rockefellers, die Gaitskell auswählten, um 1934 nach Österreich zu reisen, um zu sehen, was Hitler tat.

Als Chamberlain aus dem Amt gedrängt wurde, weil er sich weigerte, die Kriegspläne des Komitees zu befolgen, wartete Attlee hinter den Kulissen und war an der Reihe, als er Churchill ersetzen sollte. Zu diesem Zeitpunkt hatte Großbritannien seine Kredite aus dem Ersten Weltkrieg an die USA noch nicht zurückgezahlt, wozu es sich auf der Konferenz von Lausanne bereit erklärt hatte. Doch trotz dieser enormen ausstehenden Schulden hatte Großbritannien Milliarden und Abermilliarden Dollar an Schulden aufgenommen, die Roosevelt vergessen wollte: "Lasst uns diese dummen kleinen Dollarzeichen vergessen", sagte Roosevelt und forderte die Nation gleichzeitig auf, auf Leasing zurückzugreifen.

Als in England Labour an die Macht kam, setzte die Elite der Fabian Society die von ihr hochgehaltenen sozialistischen Pläne sofort in die Tat um, indem sie die wichtigsten Industriezweige verstaatlichte und soziale Dienstleistungen "von der Wiege bis zur Bahre" bereitstellte. Natürlich konnte der britische Fiskus die enormen neuen finanziellen Verpflichtungen, die ihm die Fabianisten auferlegten, nicht ohne drastische Steuererhöhungen erfüllen. Attlee und sein sozialistischer Kollege John Maynard Keynes wandten sich daher hilfesuchend an die Vereinigten Staaten. Das erste Artilleriefeuer auf die amerikanischen Steuerzahler kam in Form eines Kredits von 3,75 Milliarden Dollar, den Roosevelt schnell und freudig bewilligte.

Die 3,75 Milliarden US-Dollar an US-Krediten wurden verwendet, um die Schulden zu begleichen, die die sozialistische Regierung in ihrem wahnwitzigen Streben nach unbegrenzten sozialistischen Ausgaben und sozialistischen Transferprogrammen gemacht hatte. Sie hatten die Realität noch nicht erkannt, und als die Labour Party immer noch nicht genug Geld hatte, um ihren Verpflichtungen nachzukommen, trafen sich die Fabian Brain Trusters und dachten sich den Marshall-Plan aus.

Wie es sich gehört, wurde der Marshallplan an der Harvard-Universität - dieser Brutstätte des Sozialismus in den USA - von dem sozialistischen General George Marshall enthüllt. Kosten für die amerikanischen Steuerzahler? Verblüffende 17 Milliarden Dollar in den folgenden fünf Jahren, die größtenteils an europäische Länder gingen, um deren staatlich subventionierte Industrien zu finanzieren, damit diese ihre billigeren ausländischen Produkte auf dem amerikanischen Markt absetzen konnten, was zum Verlust von Millionen langfristiger und gut bezahlter Industriearbeitsplätze führte.

Diese Situation war von den sozialistischen Fabian-Planern vorausgesehen worden, die Woodrow Wilson brauchten, um die Türen der amerikanischen Handelsbarrieren zu öffnen, damit im Ausland hergestellte Produkte den amerikanischen Markt in den Jahren unmittelbar nach dem Zweiten Weltkrieg überschwemmen konnten, was Frankreich, Polen, Ungarn und dem Vereinigten Königreich half, ihr Nationaleinkommen auf Kosten des amerikanischen Arbeiters zu stabilisieren!

Ist es möglich, dass eine Regierung wie unsere ihrem eigenen Volk etwas so Schreckliches antut? Es ist nicht nur möglich, sondern in Wirklichkeit hat sich unsere Regierung gegen ihr eigenes Volk gewandt und Millionen von ihnen in die Warteschlange für Essen geschickt, ohne Arbeit und ohne Hoffnung. Unsere Arbeitskräfte wurden in eine Reihe von Bettlern verwandelt, die verzweifelt versuchen zu verstehen, was mit ihren Arbeitsplätzen passiert ist und wie es dazu kam, dass sie, anstatt an ihren früheren Arbeitsplätzen zu arbeiten, nun in Brotlinien standen oder in dem einen oder anderen Arbeitsamt um nicht vorhandene Jobs bettelten.

Die Gründerväter haben sich bestimmt im Grab umgedreht! Wären sie dabei gewesen, hätten sie sich wahrscheinlich gefragt, wie die Nachkommen der Siedler, die so hart dafür gekämpft hatten, die von König Georg III. auferlegten Steuern (darunter eine Teesteuer von einem Penny pro Pfund) loszuwerden, jetzt tatenlos zusehen konnten, wie sie sich willfährig besteuern ließen und ihr Volkseinkommen aus Zolleinnahmen versiegte. Sie würden wahrscheinlich auch vor Entsetzen zurückschrecken angesichts des Verlusts von rund 17 Milliarden Dollar an Leasing-Schulden, die der von den Sozialisten kontrollierte Kongress aus den Büchern gelöscht hatte, um ihre britischen sozialistischen Kollegen zu retten und die einheitliche Weltregierung, die neue Weltordnung, den fabianischen und sozialistischen Traum aufrechtzuerhalten.

Zuvor haben wir auf den großen Schaden hingewiesen, der unserem industriellen Herzen durch die Übertragung der Handelsbefugnisse von der Kammer auf den Exekutivarm der Regierung zugefügt wurde. Einige konkrete Beispiele werden uns helfen, unsere Schlussfolgerungen zu untermauern. Doch bevor wir ins Detail gehen, sei darauf hingewiesen, dass drei US-Präsidenten, Lincoln, Garfield und McKinley, allesamt starke Befürworter von Zoll- und Handelsbarrieren, ermordet wurden, weil sie sich gegen die Feinde des "freien Handels" dieser Nation stellten. Dies ist allgemein bekannt, weniger bekannt ist jedoch, dass Senator Russell B. Long, einer der brillantesten Männer, die je im Senat saßen, vehement gegen die "Freihändler" war.

Präsident Gerald R. Ford versuchte, die schweren Wunden zu heilen, die die Industrie erlitten hatte, als importierte Waren aller Art die Märkte der Nation zu überschwemmen begannen. Dafür wurde er von den Schakalen der Presse als Penner dargestellt, ein Stolperer, der seinen eigenen Haushalt nicht kontrollieren, geschweige denn die Nation führen konnte. Die Feinde des "freien Handels" sorgten dafür, dass Fords Aufenthalt im Weißen Haus kurz war, vor allem nachdem Ford das Handelsgesetz von 1974 unterzeichnet hatte, das den Höhepunkt der Bemühungen von Senator Huey Long darstellte, die steigende Flut importierter Waren einzudämmen.

Long, Vorsitzender des Finanzausschusses des Senats, schlug Maßnahmen vor, um den bestehenden Zollschutz durch Abschnitt 201 zu verstärken. In Bezug auf Longs "Freistellungsklausel" (Abschnitt 201) mussten Unternehmen, die durch Importe geschädigt wurden, ihre Behauptungen nicht mehr beweisen. Sie mussten aber immer noch nachweisen, dass "die wesentliche Schädigung oder die drohende Schädigung ihres Unternehmens auf die Einfuhren zurückzuführen war". Vor dem Inkrafttreten von Abschnitt 201 des Handelsgesetzes von 1974 führten die Schwerfälligkeit, der Zeitaufwand und die Kosten der Beweisführung dazu, dass viele Fabriken eher ihre Tore schlossen, als sich einem Verfahren zu unterwerfen, das ausländische Regierungen stark begünstigte. Eine Schande und ein Skandal? Ja, aber es sind unsere Gesetzgeber, die für diesen unglaublichen Zustand verantwortlich sind, und nicht eine ausländische Regierung oder eine Reihe von Regierungen.

Die abscheuliche Tatsache ist, dass seit Wilsons Präsidentschaft ausländische Regierungen vor dem amerikanischen Gesetz mehr Gewicht haben als unsere eigenen Fabrikbesitzer und ihre Arbeitskraft, wenn es um Handelsgesetze geht. In Erwartung der Entwicklung hin zum "Welthandel" änderte die US-Regierung sogar den Namen der Aufsichtsbehörde für Handelsfragen von Tariff Commission in United States International Trade Commission (ITC). Niemand protestierte gegen diesen kleinen Schritt, um die Reste unserer Industrien in den Fluss des Welthandels zu verkaufen. Weil Präsident Ford das Handelsgesetz von 1974 unterzeichnete, wurde er als "Freihandelsgegner" verunglimpft und seine Amtszeit wurde verkürzt.

In der Praxis hat Klausel 201 nicht die versprochene Erleichterung gebracht. Bis der mit Sozialisten, die sich als "liberale Demokraten" ausgeben, vollgestopfte Senat die Prüfung des Gesetzentwurfs abgeschlossen hatte, hatte sich das ohnehin schon ungleiche Spielfeld in einen steilen Abhang zu Ungunsten der lokalen Hersteller verwandelt. Trotz des gegenteiligen Wortlauts des Long-Gesetzes stellte sich in der Praxis heraus, dass ein Wirtschaftszweig erst dann eine Beschwerde einreichen konnte, NACHDEM er eine gewisse Zeit lang geschädigt worden war, und selbst dann gab es keine Erfolgsgarantie, da die ITC möglicherweise nicht gegen die beanstandeten Einfuhren entschied. Schlimmer noch, selbst wenn die ITC zugunsten der einheimischen Industrie entschied, konnte der Präsident immer noch sein Veto gegen die Maßnahme einlegen.

In der Zwischenzeit mussten Hunderte von US-Unternehmen wegen des unfairen Wettbewerbs durch ausländische Produkte schließen.

Es ist kaum zu glauben, dass ein Präsident dieses Landes ausländische Interessen über die des eigenen Volkes stellen kann, aber genau das ist jedes Mal passiert und ist auch heute noch der Fall, wenn Clintons Sozialisten an der Macht sind. In der Verfassung der Vereinigten Staaten heißt es in Artikel 11, Abschnitt 3: "Er (der Präsident) wird dafür sorgen, dass die Gesetze getreulich ausgeführt werden...". Keiner der Präsidenten, von Wilson bis Clinton, hat sich darum gekümmert, die Gesetze, die unseren Handel schützen, umzusetzen, und dafür hätten sie angeklagt werden müssen.

Nachdem Ford vorgeworfen worden war, "gegen den Freihandel" zu sein, machte er einen Rückzieher von seinem Vorschlag zur Verteidigung der Schuhindustrie, der gezeigt hatte, dass importierte Schuhe ein klares Problem darstellten. Während der Regierungen von Johnson, Ford, Carter, Reagan und Bush wurden Hunderte von Klagen nach dem Handelsgesetz von 1974 abgewiesen, darunter auch die Vertretungen von Automobil-, Schuh-, Bekleidungs-, Computer- und Fernsehherstellern sowie der Stahlindustrie. Clinton erweist sich als ein noch schlimmerer Feind seines eigenen Volkes als Wilson und Roosevelt. Der Kongress und die Präsidenten haben ihren eigenen Truppen in den Rücken geschossen.

Ein besonderer Fall, über den berichtet werden sollte, betraf die Schuhindustrie, und es gibt buchstäblich Dutzende ähnlicher Fälle in anderen Branchen. Zu der Zeit, als Lincoln ins Weiße Haus einzog, wurden Schuhe und Stiefel in kleinen, über das ganze Land verstreuten Familienbetrieben im Landhausstil hergestellt. Die Situation änderte sich mit dem Ausbruch des Bürgerkriegs, aber Tausende von kleinen Herstellern, die die Aufträge der Armee nicht erfüllen konnten, blieben im Geschäft und waren sehr erfolgreich. Es bestand offensichtlich kein Bedarf, Schuhe zu importieren.

Die "Freihändler" hatten ein Auge auf die Schuhindustrie geworfen, die in Kleinstädten oft der einzige Arbeitgeber war. Über den Kongress begann man, die Handelsbarrieren gegen importierte Schuhe anzugreifen. Den einheimischen Herstellern wurde vorgeworfen, durch Preiserhöhungen eine "Inflation" zu verursachen. Das war völlig falsch. Die Schuhindustrie stellte ein gutes Produkt zu einem sehr wettbewerbsfähigen Preis her. Doch als Lyndon Johnson ins Weiße Haus einzog, sicherten sich die "Freihändler" 20% des lokalen Marktes. Daraufhin reichten die alarmierten Footwear Industries of America eine Beschwerde bei der ITC ein, um sofortige Hilfe zu fordern, doch wie bereits erwähnt.

Ford ließ ihnen keine Ruhe.

Als Carter die Bühne betrat, nahm er auch eine Petition der Footwear Industries of America entgegen. Was hier natürlich nicht stimmt, ist, dass der Präsident NIEMALS ein Mitspracherecht in Handelsfragen hätte haben dürfen, die von Rechts wegen dem Kongress zustehen. Aber da er die Verfassung bereits auf hundertfache Weise verletzt hatte, konnte Carter nichts mehr aufhalten. Anstatt seinem eigenen Volk zu helfen, schloss Carter ein Abkommen mit Taiwan und Korea, das deren Schuhexporte in die USA einschränken sollte, die Situation in der Praxis aber nicht verbesserte. Der Markt für Schuhimporte schnellte auf 50 % des US-Marktes hoch. Carter war taub, blind und stumm, wenn es darum ging, den Lebensunterhalt von Hunderttausenden von Amerikanern zu schützen. Dennoch war es derselbe Carter, der am 15. Juli 1979 im Fernsehen eine Ansprache an die Nation hielt:

"Die Bedrohung ist auf gewöhnliche Weise fast unsichtbar. Es handelt sich um eine Vertrauenskrise. Es ist eine Krise, die das Herz, die Seele und den Geist unseres nationalen Willens selbst trifft. Wir können diese Krise in den wachsenden Zweifeln am Sinn unseres eigenen Lebens und im Verlust der Einheitlichkeit des Ziels unserer Nation sehen."

In der Tat und durch die Förderung des "freien Handels" war Carter für die Krise verantwortlich.

Es gab noch nie eine heuchlerischere Botschaft, die aus dem Oval Office kam. Im Koreakrieg wurde General Douglas MacArthur von Dean Acheson und Harry Truman verraten. Im Freihandelskrieg wurde die Schlacht um den Schuh verloren, weil wir von Jimmy Carter und Robert Strauss verraten wurden.

Dann kam der "konservative" Präsident Ronald Reagan, der nichts dagegen unternahm, dass der Markt von riesigen Mengen importierter Schuhe aus Korea und Taiwan überschwemmt wurde - zwei Länder, die nie auch nur ein einziges Paar in den USA hergestellter Schuhe importiert hatten! So viel zum "freien Handel". Aufgrund der studierten Nachlässigkeit Reagans erreichten die Schuhimporte 1982 einen neuen Rekord und machten insgesamt 60% unseres Marktes aus. Von großer nationaler Bedeutung, vergrößerte dies auch das Handelsdefizit um enorme 2,5 Milliarden

Dollar und machte über 120.000 Beschäftigte in der Schuhindustrie arbeitslos. In den unterstützenden Industrien gingen 80.000 Arbeitsplätze verloren, was eine große Gesamtzahl von 200.000 Arbeitnehmern ergibt, die auf den Schrotthaufen geworfen wurden.

Wie bei sozialistischer Propaganda üblich, wurden diejenigen, die auf die verzweifelte Lage der Schuhindustrie aufmerksam machten, ständig verunglimpft. "Sie wollen die Inflation erhöhen - warum wird die lokale Schuhindustrie nicht wettbewerbsfähig?", hieß es im Chor im *Wall Street Journal*, der *New York Times* und der *Washington Post*. Das ist natürlich die Funktion der Presseschakale: Den sozialistischen Entscheidungsträger in der Regierung zu schützen und jeden, der auf den Verrat der Politiker aufmerksam macht, als "Faschisten" oder Schlimmeres zu beschmutzen.

Die Wahrheit ist, dass die amerikanische Schuhindustrie sehr wettbewerbsfähig war und Produkte von guter Qualität herstellte. Womit die Industrie nicht konkurrieren konnte, waren die qualitativ minderwertigen und stark subventionierten Produkte aus Taiwan und Korea, deren Regierungen Milliarden von Dollar an Subventionen in ihre Schuhindustrie pumpten. Das wird als "freier Handel" bezeichnet. Das einzige, was daran "frei" ist, ist, dass ausländische Hersteller ihre subventionierten Produkte kostenlos auf dem US-Markt absetzen dürfen, unsere Hersteller aber durch Gesetze und Beschränkungen von ausländischen Märkten ausgeschlossen sind - in diesem Fall gab es nicht die geringste Hoffnung, dass amerikanische Schuhhersteller in Taiwan und Korea verkaufen könnten. Bis heute werden keine Schuhe aus amerikanischer Produktion in Taiwan oder Korea verkauft. Das nennt man "freien Handel".

Trotz fünf abgebrochener Berufungen bei der ITC, die zu dem Schluss kamen, dass die US-Schuhindustrie durch eine Flut von Importen aus Korea und Taiwan einen irreparablen Schaden erlitten hatte, weigerte sich Reagan, etwas zu unternehmen, um die Flut einzudämmen, die nun Arbeitnehmer und Arbeitgeber ertrinken ließ. Die Schuhindustrie stand hilflos da. Sie konnte sich nicht an den Kongress wenden, da dieser seine Souveränität an die Exekutive übertragen hatte, und Reagan kehrte unter dem Einfluss seiner sozialistischen Berater seinen Truppen den Rücken und ließ zu, dass die feindlichen Truppen des "freien Handels" sie überfluteten.

Die Schlacht um die Schuhindustrie ist nur eine weitere Schlacht, die unser Volk im laufenden Handelskrieg verloren hat, und es wird nicht mehr lange dauern, bis wir von GATT und NAFTA überrollt werden. Das trojanische Pferd des "freien Handels" im Kongress wird den feindlichen Kräften gut getan haben. Unseren geschundenen Truppen wird nichts anderes übrig bleiben, als sich zurückzuziehen und Millionen gebrochener Leben zurückzulassen. Und all diese Verwüstungen werden im Namen des "Welthandels" angerichtet.

Es sollte darauf hingewiesen werden, dass die Methoden, mit denen der Trade Expansion Act von 1962 und das NAFTA-Abkommen von 1993 verabschiedet wurden, einander ähneln. Neben der Einmischung des Präsidenten in das Legislativdepartement wurde mit Hilfe der Cr de la Cr der Madison Avenue eine riesige PR-Kampagne auf die Beine gestellt. Ein Sperrfeuer der Presse wurde von Howard Peterson aus dem Weißen Haus, dem Senat und dem Handelsministerium unterstützt. Das Muster wiederholte sich mit NAFTA im Jahr 1993. NAFTA steht auf derselben Stufe wie der Verrat des von Carter unterzeichneten Gesetzes zur Währungskontrolle aus dem Jahr 1980.

NAFTA ist ein illegales "Abkommen", das einen Verfassungstest nicht bestehen kann. Die Seiten 2273-2297, Congressional Record, House, Feb 26,1900 geben die verfassungsrechtliche Position zu "Abkommen" wie NAFTA, Panamakanal, GATT usw. wieder:

> "Der Kongress der Vereinigten Staaten leitet seine Gesetzgebungsbefugnis von der Verfassung ab, die der Maßstab seiner Autorität ist. Jedes Gesetz des Kongresses, das seinen Bestimmungen entgegensteht oder nicht in den Rahmen der von ihr verliehenen Befugnisse fällt, ist verfassungswidrig und daher kein Gesetz und für niemanden bindend...".

Richter Cooley, ein großer Experte für Verfassungsfragen, erklärte:

> "Die Verfassung selbst beugt sich niemals einem Vertrag oder einem Gesetzestext. Sie ändert sich nicht im Laufe der Zeit und beugt sich nicht der Macht der Umstände".

Der Kongress hat keine verfassungsmäßige Befugnis, seine Befugnisse zur Ausarbeitung von Verträgen auf den Präsidenten zu übertragen, wie es beim NAFTA-Abkommen geschehen ist. Das ist reine Volksverhetzung. Die Handelsverhandlungen gehören der Kammer: Artikel 1, Abschnitt 8, Klausel 3, "den Handel mit fremden Nationen und zwischen den einzelnen Staaten sowie mit den Indianerstämmen regeln". Es ist klar, dass weder Bush noch Clinton das verfassungsmäßige Recht hatten, sich in das NAFTA-Abkommen einzumischen. Dies ist sicherlich Verrat und Aufwiegelung.

Auf den Seiten 1148-1151, Congressional Record, House, 10. März 1993, "Foreign Policy or Trade, the Choice is Ours",[16], in dem die Übeltaten des "Freihandels" bloßgestellt werden. Die Sozialisten brauchten 47 Jahre, um die weisen Handelsbarrieren, die von Washington, Lincoln, Garfield und McKinley errichtet worden waren, zu Fall zu bringen. Die Ursache der "französischen" Revolution war der "freie Handel". Die britischen Sozialisten lösten in Frankreich Depression und Panik aus, was den Aufrührern und Verrätern Danton, Marat, dem Grafen von Shelburne und Jeremy Bentham Tür und Tor öffnete.

Auf Seite 1151 der oben erwähnten Kongressakte lesen wir:

"1991 verdienten amerikanische Arbeiter einen durchschnittlichen Wochenlohn, der 20% unter dem von 1972 lag. In dieser Zeit gingen in der Textil- und Bekleidungsindustrie über 600.000 Arbeitsplätze verloren, während in der Stahl- und Automobilindustrie weitere 580.000 Arbeitsplätze geopfert wurden. Gemessen an den Einkommens- und Arbeitsplatzverlusten lastete die Last der globalen Führungsrolle also schwer auf den gering qualifizierten amerikanischen Arbeitnehmern. Arbeitsintensive Arbeitsplätze in der verarbeitenden Industrie wanderten ins Ausland, in Billiglohnländer der Dritten Welt, und hinterließen eine Kaste gering qualifizierter amerikanischer Arbeiter...".

Das sozialistische Ziel, den Lebensstandard der amerikanischen Mittelschicht auf den eines Dritte-Welt-Landes zu senken, ist zu etwa 87 Prozent erreicht, und wenn alles nach Plan verläuft, wird die Clinton-Regierung dem Handelskrieg bald den letzten Schliff geben - um den Preis eines Dolchstoßes in den Rücken des

---

[16] "Außenpolitik oder Handel, die Wahl liegt bei uns", Ndt.

amerikanischen Volkes. Wie ich schon oft gesagt habe, wurde Präsident Clinton gewählt, um ein fabianisch-sozialistisches Mandat auszuführen, und der "Freihandel" ist nur eine der verräterischen Politiken, die ihm befohlen wurden, zu implementieren.

"Wir alle haben gespürt, wie sehr wir die Vereinten Nationen brauchen, wenn wir uns wirklich auf eine Neue Welt und Arten von Beziehungen in der Welt im Interesse aller Länder zubewegen wollen. Die Sowjetunion und die Vereinigten Staaten haben mehr als einen Grund, sich an ihrem Aufbau zu beteiligen, an der Entwicklung neuer Sicherheitsstrukturen in Europa und im asiatisch-pazifischen Raum. Und auch bei der Errichtung einer wahrhaft globalen Wirtschaft, ja sogar bei der Schaffung einer neuen Zivilisation." - Michail Gorbatschow, Rede an der Stanford University, 1990.

Ersetzen Sie die Sowjetunion durch die "Sozialisten", und es ist leicht zu erkennen, dass sich nichts geändert hat.

Der langfristige Plan des Sozialismus, die Verfassung der Vereinigten Staaten durch den Beitritt ausländischer Entitäten zu brechen, ist ziemlich gut aufgezeichnet, nirgends besser als in den Schriften der Fabianischen Sozialisten und der internationalen Sozialisten. Wir wissen, dass die Sozialisten erwarten, durch die Aktionen des Kommunismus und des Sozialismus eine Weltdiktatur zu errichten, der eine durch offene und direkte Methoden, der andere durch subtilere und verborgenere Mittel. Sie hoffen auf einen Triumph durch die Finanzdiktatur des Internationalen Währungsfonds (IWF), der Regierungen kontrollieren kann, indem er freie Länder durch Sabotage ihrer Währungsstrukturen dazu zwingt, internationalen Organisationen wie dem kurzlebigen Völkerbund, seinem Nachfolger, den Vereinten Nationen, und einer Fülle peripherer internationaler Organisationen beizutreten.

Alle haben ein gemeinsames Ziel: die Souveränität der anvisierten Nation zu zerstören - Opfer durch Kreditstopp, Beschäftigungsmangel, Stagnation von Industrie und Landwirtschaft und dadurch, dass die Gesetze einer internationalen Organisation die Gesetze der einzelnen Nationen überlagern. In diesem Buch werden wir nur die Vereinten Nationen als Beispiel für die sozialistische Überproduktion des Lebensbluts unabhängiger Nationalstaaten behandeln können.

Es ist nicht der Rahmen dieses Buches, zu untersuchen, wie die Charta der Vereinten Nationen zustande kam, außer dass es sich von der ersten bis zur letzten Stunde um ein sozialistisches Unternehmen handelte. Manche halten sie für ein kommunistisches Unternehmen. Wenn es stimmt, dass die Verfasser des UN-Projekts zwei sowjetische Bürger, Leo Roswolski, Molotow und ein sozialistischer US-Bürger, Alger Hiss, waren, ist die Charta sozialistisch, ein großer Sieg für die Fabian Society und ihre amerikanischen Cousins. Die Charta der Vereinten Nationen steht in direkter Linie mit dem Kommunistischen Manifest von 1848.

Wäre der UN-Vertrag/die UN-Vereinbarung/die UN-Charta als kommunistisches Dokument dargestellt worden, wäre sie vom US-Senat nicht akzeptiert worden. Aber die Sozialisten kennen ihr Spiel, und so wurde es als eine Organisation zur "Wahrung des Friedens" dargestellt. Ich habe an anderer Stelle gesagt, dass wir, wenn wir das Wort "Frieden" in einem Dokument der Weltregierung sehen, erkennen müssen, dass es sozialistischen oder kommunistischen Ursprungs ist. Genau das ist die Natur der Charta der Vereinten Nationen. Sie ist eine kommunistische/sozialistische Organisation. Außerdem führen die Vereinten Nationen Kriege und sorgen nicht für Frieden.

Obwohl die Charta von einer Mehrheit der US-Senatoren unterzeichnet und verkündet wurde, sind die USA kein Mitglied dieser Organisation der Neuen Weltordnung - One World Government - und waren es auch nicht für eine einzige Minute. Dafür gibt es eine Reihe primärer Gründe: Vattels "Recht der Völker", die "Bibel", die die Summe und die Substanz lieferte, auf der das Völkerrecht unserer Gründerväter basierte, gilt in diesem Fall und ist immer noch gültig. Dies geht auf das römische und griechische Recht zurück und ist für sich genommen das Studium eines ganzen Lebens. Wie viele unserer sogenannten Senatoren und Abgeordneten wissen etwas über diese Fragen? Vattels unschätzbares Buch steht nicht auf dem Lehrplan der juristischen Fakultäten und ist nicht in den Lehrbüchern der Oberschulen und Universitäten zu finden. Das Außenministerium ist in einzigartiger Weise ignorant gegenüber diesem unschätzbaren Buch, und deshalb richtet es ein Chaos nach dem anderen an, indem es versucht, die Angelegenheiten dieser Nation zu organisieren, ohne auch nur die geringste Kenntnis von Vattels Gesetz der Nationen zu haben. Die

Verfassung der Vereinigten Staaten steht über allen Verträgen, Chartas und Vereinbarungen jeglicher Art und kann nicht durch eine Handlung des Kongresses oder der Exekutive verdrängt werden. Damit die USA Mitglied der Vereinten Nationen werden können, hätte eine Änderung der Verfassung der Vereinigten Staaten von allen 50 Staaten angenommen werden müssen. Da dies nicht geschehen ist, sind wir kein Mitglied der Vereinten Nationen und waren es auch nie. Ein solcher Zusatz hätte dem Repräsentantenhaus und dem Senat die Befugnis zur Kriegserklärung entzogen und sie einem internationalen Gremium übertragen. Weil der ehemalige Präsident Bush dies zur Zeit des Golfkriegs versucht hat, hätte er wegen Verrats an den Vereinigten Staaten und wegen Nichteinhaltung seines Eides angeklagt werden müssen.

Der zweite erwähnenswerte Punkt ist, dass nicht mehr als fünf Senatoren die Dokumente der Charta der Vereinten Nationen gelesen haben, ganz zu schweigen von einer angemessenen und verfassungsmäßigen Debatte über diese Frage. Eine solche Verfassungsdebatte hätte mindestens zwei Jahre gedauert, während diese Monstrosität 1945 innerhalb von drei Tagen verabschiedet wurde! Wenn ein solches Abkommen oder ein Gesetzentwurf oder ähnliches dem Senat vorgelegt wird und die Senatoren nicht angemessen darüber diskutieren, stellt dies eine willkürliche Machtausübung dar. Seiten 287-297, Senat, Congressional Record, 10. Dezember 1898:

"Die Vereinigten Staaten sind souverän, Souveränität und Nationalität sind korrelative Begriffe. Es kann keine Nationalität ohne Souveränität geben und es kann keine Souveränität ohne Nationalität geben. In Bezug auf alle Angelegenheiten besitzen die Vereinigten Staaten als Nation die souveräne Macht, außer in den Fällen, in denen die Souveränität den Staaten und/oder dem Volk vorbehalten wurde."

Auch von Pomeroy, (über die Verfassung) Seite 27:

"Es kann keine Nation ohne politische Souveränität und keine politische Souveränität ohne Nation geben. Ich werde daher nicht in der Lage sein, diese Ideen zu trennen und sie als voneinander verschieden darzustellen...".

Fortsetzung auf Seite 29:

"Diese Nation besitzt die politische Souveränität. Sie kann jede beliebige Organisation haben, von der reinsten Demokratie bis zur absolutsten Monarchie, aber in ihren Beziehungen zum Rest der Menschheit und zu ihren eigenen individuellen Mitgliedern betrachtet, muss sie so weit existieren, dass sie für sich selbst Gesetze als eine integrale und unabhängige souveräne Gesellschaft unter anderen ähnlichen Nationen der Erde erlässt."

Dr. Mulford, einer der besten Historiker und Verfassungsrechtler, erklärte in seinem Buch über die Souveränität einer Nation auf Seite 112:

"Die Existenz der Souveränität einer Nation oder politischen Souveränität wird durch bestimmte Zeichen oder Noten angezeigt, die allgemeingültig sind. Diese sind Unabhängigkeit, Autorität, Suprematie, Einheit und Majestät. Die Souveränität einer Nation oder politische Souveränität impliziert Unabhängigkeit. Sie unterliegt keiner Kontrolle von außen, sondern ihre Handlungen entsprechen ihrer eigenen Bestimmung. Sie impliziert Autorität. Sie verfügt über die ihrer eigenen Entschlossenheit innewohnende Kraft, um diese zu bekräftigen und aufrechtzuerhalten. Sie impliziert Vorherrschaft. Dies setzt nicht das Vorhandensein anderer, niedrigerer Mächte voraus...".

Wie der verstorbene Senator Sam Ervin, einer der führenden Verfassungsexperten dieses Jahrhunderts, mehrfach sagte,

"es ist unmöglich, dass wir bei vollem Bewusstsein den Vereinten Nationen beigetreten sind".

Betrachtet man die oben dargelegten Bedingungen für Souveränität, wird deutlich, dass die Vereinten Nationen keine Nation sind und völlig ohne Souveränität sind. Sie macht keine individuellen Gesetze für die Nation, weil sie keine Nation ist. Sie hat kein eigenes Territorium, sie hat keine Einheit und keine Majestät. Sie unterliegt der Kontrolle von außen.

Außerdem kann der Vertrag der Vereinten Nationen nicht aufrechterhalten werden, da die Vereinten Nationen nicht souverän sind. Laut Vattels "Recht der Völker", der "Bibel", die unsere Gründerväter beim Verfassen der Verfassung verwendeten, ist es den Vereinigten Staaten untersagt, einen Vertrag mit ALLEN PERSONEN, ALLEN ENITIATIVEN abzuschließen, die nicht souverän sind. Niemand wird bestreiten, dass die Vereinten Nationen nicht souverän sind, sodass der 1945 vom Senat verabschiedete "Vertrag" der Vereinten Nationen null und nichtig, ultra vires ist. Als Rechtsinstrument ist er weder ein Vertrag noch eine Charta und als solches absolut wertlos, nicht mehr als ein leeres Stück Papier.

Die Vereinten Nationen sind eine ausländische Organisation, die von einer Sammlung von Ersatzgesetzen aufrechterhalten wird, die keinen Vorrang vor den Gesetzen der Vereinigten Staaten haben können. Eine Position zu vertreten, nach der die Gesetze der Vereinten Nationen Vorrang vor den Gesetzen der Vereinigten Staaten haben, ist ein Akt der Aufwiegelung und des Verrats. Ein Studium von Vattels Völkerrecht und Wheatons Völkerrecht in Verbindung mit der Verfassung wird keinen Zweifel daran lassen, dass dies richtig ist. Jedes Mitglied des Kongresses, jeder Senator oder Regierungsbeamte, der die Vereinten Nationen unterstützt, macht sich der Verhetzung schuldig.

Auf den Seiten 2063-2065, Congressional Record, House, Feb. 22nd, 1900, finden wir diese Autorität: "Ein Vertrag steht nicht über der Verfassung." Im diplomatischen Austausch zwischen dem US-Botschafter in Frankreich und dem damaligen Staatssekretär Marcy wird erneut klargestellt:

> "Die Verfassung muss Vorrang vor einem Vertrag haben, wenn die Bestimmungen des einen mit denen des anderen kollidieren...".

Als John Foster Dulles, ein zutiefst sozialistischer Agent der britischen Krone, vor einem Untersuchungsausschuss des US-Senats zu den Vereinten Nationen erscheinen musste, versuchte er, wie der schlüpfrige Sozialist, der er war, zu bluffen, indem er andeutete, dass das "Völkerrecht" wie das nationale Recht in den Vereinigten Staaten angewendet werden könne. Die Anwendung des "Völkerrechts" ist die Grundlage der Vereinten Nationen, aber es kann nicht in den USA angewendet werden.

Unsere Behauptung, dass die Vereinigten Staaten nicht Mitglied der Vereinten Nationen sind, wird durch die Lektüre des Congressional Record, Senate, 14. Februar 1879 und der Seiten 1151-1159, Congressional Record, Senate, 26. Januar 1897 untermauert. Wir werden dieses wesentliche Material in KEINEM Rechtsbuch finden. Die Rechtsprofessoren der extremen marxistischen Linken in Harvard wollen nicht, dass ihre Studenten über diese lebenswichtigen Fragen informiert werden.

Es macht keinen Unterschied, ob der Senat der Vereinigten Staaten den UN-"Vertrag", die Chartavereinbarung, "ratifiziert" hat. Der Kongress kann keine Gesetze verabschieden, die verfassungswidrig sind, und das Gesetz der Vereinigten Staaten an die Unterwerfung unter den UN-Vertrag zu binden, ist eindeutig verfassungswidrig. Jeder Akt des Kongresses (Haus und Senat), der die Verfassung irgendeinem anderen Organ oder einer anderen Körperschaft unterordnet, hat keine Gesetzeskraft und keine Wirkung. Es ist klar, dass die USA, wenn sie sich nur auf Artikel 25 des UN-Vertrags gestützt hätten, kein solches Abkommen hätten schließen können.

Die Annalen des Kongresses, die Globen des Kongresses und die Archive des Kongresses sind voll von Informationen über Souveränität, und eine genaue Untersuchung dieses Materials, von dem ein Großteil aus Vattels "Recht der Nationen" stammt, zeigt sehr deutlich, dass die Vereinigten Staaten niemals Mitglied der Vereinten Nationen waren und es auch niemals sein können, es sei denn, die Abstimmung des Senats im Jahr 1945 wird einer Verfassungsänderung unterzogen und anschließend von allen 50 Staaten ratifiziert. Für eine weitere Bestätigung der Tatsache, dass die Vereinigten Staaten nicht Mitglied der Vereinten Nationen sind, verweisen wir die Leser auf die Seiten 12267-12287 des Congressional Record, House December 18, 1945.

Was 1945 als Verfassungsdebatte über den Vertrag der Vereinten Nationen galt, lässt sich im Congressional Record, Senat, Seiten 8151-8174, 28. Juli 1945 und auf den Seiten 10964-10974 Congressional Record, Senat, 24. November 1945 nachlesen. Das Studium dieser Protokolle der UN-"Debatten" wird selbst den hartnäckigsten Skeptiker davon überzeugen, dass die US-Senatoren, die den UN-Vertrag "ratifiziert" haben, eine unglaubliche Unkenntnis der Verfassung an den Tag gelegt haben.

Richter Cooley, einer der größten Verfassungsrechtler aller Zeiten, sagte:

"Der Kongress der Vereinigten Staaten bezieht seine

Gesetzgebungsbefugnis aus der Verfassung, die der Maßstab seiner Autorität ist. Und jedes Gesetz des Kongresses, das seinen Bestimmungen entgegensteht oder nicht in den Rahmen der durch sie verliehenen Befugnisse fällt, ist verfassungswidrig, hat daher keine Gesetzeskraft und ist für niemanden bindend." Die Abstimmung des Senats von 1945 für den Beitritt zu den Vereinten Nationen sei "daher ohne Rechtskraft und ohne Verpflichtung für irgendjemanden".

Die Abstimmung von 1945 über das UN-Abkommen war eine willkürliche Machtausübung und ist daher null und nichtig, da sie nicht verfassungsgemäß diskutiert wurde, bevor sie innerhalb von drei Tagen vom Senat verabschiedet wurde:

> "Kein Vertrag/Abkommen darf die Verfassung der Vereinigten Staaten schwächen oder einschüchtern, welche Abkommen/Verträge nicht mehr als Gesetze sind und wie jedes andere Gesetz aufgehoben werden können."

Die Charta/Vereinbarung der Vereinten Nationen (unsere Gesetzgeber hatten nicht den Mut, sie als Vertrag zu bezeichnen) ist also alles andere als ein unveränderliches Dokument, sondern null und nichtig, hat keine Konsequenzen und ist für niemanden verbindlich. Insbesondere ist es dem Militär verboten, den Gesetzen einer ausländischen Körperschaft, Organisation oder Einrichtung zu gehorchen, und unsere Militärführer sind verpflichtet, ihren Eid einzuhalten, die Bürger der Vereinigten Staaten zu schützen. Sie können dies nicht tun und den Gesetzen der Vereinten Nationen gehorchen.

Von allen internationalen Organisationen der einzigen Weltregierung im Ausland ist heute keine heimtückischer und bösartiger als der IWF. Wir neigen dazu, zu vergessen, dass der IWF ein Bastardkind der Vereinten Nationen ist, beide sind Erweiterungen des Komitees der 300, und der IWF wird wie der Council on Foreign Relations (CFR) immer dreister, was seine wahren Ziele und Absichten angeht. Die gleichen finsteren Kräfte, die dem christlichen Russland den Bolschewismus aufgezwungen haben, stehen hinter dem IWF und seinen Plänen, die Kontrolle über die sogenannte "Weltwirtschaft" zu übernehmen.

Kapitel 9

EINE BESIEGTE NATION

Die große Mehrheit der amerikanischen Bevölkerung weiß nicht, dass sich die Nation seit 1946 im Krieg befindet und dass wir diesen Krieg verlieren. Nach dem Ende des Zweiten Weltkriegs richtete das *Tavistock Institute for Human Relations* der University of Sussex und des Tavistock Center in London seine Aufmerksamkeit auf die Vereinigten Staaten. Seine Vorsitzende ist Königin Elisabeth II. und ihr Cousin, der Herzog von Kent, ist ebenfalls Mitglied des Kuratoriums. Die alten Methoden, die während des Zweiten Weltkriegs gegen Deutschland eingesetzt wurden, werden nun gegen die Vereinigten Staaten gerichtet. Tavistock ist das weltweit anerkannte Zentrum für "Gehirnwäsche" und hat im Wesentlichen seit 1946 eine massive Gehirnwäscheoperation gegen das Volk der Vereinigten Staaten durchgeführt und führt sie noch immer durch.[17]

Das Hauptziel dieses Unternehmens ist es, sozialistische Programme auf allen Ebenen unserer Gesellschaft zu unterstützen und damit den Weg für das dunkle neue Zeitalter der einzigen Weltregierung und der neuen Weltordnung zu ebnen. Tavistock ist in den Bereichen Bankwesen, Handel, Bildung und Religion aktiv und versucht insbesondere, die Verfassung der Vereinigten Staaten zu brechen. In diesen Kapiteln werden wir einige der Programme untersuchen, mit denen Amerika zu einem Sklavenstaat gemacht

---

[17] Vgl. *Das Tavistock-Institut für menschliche Beziehungen: Die Gestaltung des moralischen, geistigen, kulturellen, politischen und wirtschaftlichen Niedergangs der Vereinigten Staaten von Amerika*, John Coleman, Omnia Veritas Ltd, www.omnia-veritas.com.

werden soll. Hier sind einige der wichtigsten sozialistischen Organisationen und Institutionen, die gegen das amerikanische Volk kämpfen:

BANK- UND WIRTSCHAFTSPOLITIK:

DER FEDERAL RESERVE BOARD

"Herr Präsident, wir haben in diesem Land eine der korruptesten Institutionen, die die Welt je gesehen hat. Ich meine den Federal Reserve Board und die Banken der Federal Reserve. Der Federal Reserve Board, ein staatlicher Rat, hat die Regierung der Vereinigten Staaten und das Volk der Vereinigten Staaten um genügend Geld betrogen, um die Staatsschulden zu bezahlen... Diese böse Institution hat das Volk der Vereinigten Staaten verarmt und ruiniert... Diese 12 privaten Kreditmonopole wurden diesem Land auf irreführende und unfaire Weise von Bankern aufgezwungen, die aus Europa kamen und sich für unsere Gastfreundschaft bedankten, indem sie unsere amerikanischen Institutionen untergruben... " Rede des Abgeordneten Louis T. McFadden, Vorsitzender des Bankenausschusses des Repräsentantenhauses, vor dem House, Freitag, 10. Juni 1932.

Wie schon oft gesagt wurde, kam der größte Triumph der Sozialisten mit dem Bankenmonopol der Federal Reserve. Die sozialistischen Banker kamen aus Europa und England, um die Menschen in diesem Land mit List zu ruinieren, indem sie alle Facetten unseres Währungssystems durchdringen und durchdringen. Diese sozialistischen Veränderungsagenten hätten nichts erreichen können ohne die volle Kooperation von Verrätern innerhalb unserer Grenzen, und sie fanden sie zu Hunderten - Männer und Frauen, die bereit waren, das amerikanische Volk zu verraten. Ein bemerkenswerter Verräter war der Präsident. Woodrow Wilson, der Löcher in die von Präsident Washington errichteten und von Lincoln, McKinley und Garfield intakt gehaltenen Handelsbarrieren bohrte. Wilson führte 1913 das marxistische System der progressiven Einkommensteuer ein, um die entgangenen Einnahmen aus den Zöllen zu ersetzen, und öffnete mit der Verabschiedung des Federal Reserve Act von 1913 die Türen, damit die philiströsen Bankiers aus Europa in unsere

Zitadelle eindringen konnten.

Nur wenigen Menschen ist bewusst, dass das amerikanische Bankensystem mit der Verabschiedung des Federal Reserve Act von 1913 SOZIALISIERT wurde. Die Geschäftsbanken (wir haben keine Handelsbanken im britischen Sinne) wurden zur Kasse gebeten, seit die sozialistischen Räuberbanker in jenem Jahr die Kontrolle über sie übernehmen konnten. Was wir in diesem Land haben, ist ein Hilfsbankensystem, das fast identisch mit dem Bankensystem ist, das die Bolschewiki in Russland eingeführt haben. Die Banken der Federal Reserve schaffen Schuldverschreibungen, das sogenannte "Geld". Dieses Geld fließt nicht über den Handel an die Federal Reserve zurück, sondern vielmehr durch den Diebstahl der Menschen. Das fiktive Geld wird direkt vom Volk gestohlen. Das Geld, das die Banken der Federal Reserve kontrollieren, ist kein ehrliches Geld, sondern imaginäres Geld, das immer inflationär ist.

Wen können wir zur Verantwortung ziehen? Wem können wir den Diebstahl unseres Geldes anlasten? Niemand weiß, wer die Aktionäre des größten Bankensystems der Welt sind. Kann man das wirklich glauben? Leider ist es nur allzu wahr, und dennoch lassen wir zu, dass diese teuflische Situation Jahr für Jahr fortbesteht, größtenteils aus Unwissenheit darüber, wie das System funktioniert. Uns, dem Volk, wird gesagt, dass wir das Geld in Ruhe lassen sollen, weil es für uns zu kompliziert zu verstehen ist. "Lasst die Experten machen", sagen die Diebe.

Was macht die sozialistische Federal Reserve mit unserem gestohlenen Geld? Sie lässt uns unter anderem für Wucher bezahlen, was das System als Staatsschulden bezeichnet und in 30-jährige Anleihen umwandelt. Diese sozialistischen Banker tun NICHTS, um Wohlstand zu schaffen, sie sind Parasiten, die davon leben, die Substanz des amerikanischen Volkes zu fressen. Diese Parasiten haben das "Recht", Geld aus dem Nichts zu erschaffen und es dann mit Wucher an Geschäftsbanken zu verleihen, und sie tun dies auf Kosten des Kredits des Volkes.

Das ist unfreiwillige Knechtschaft, denn der persönliche Kredit eines Bürgers gehört dem Bürger und nicht der Federal Reserve. Indem die US-Regierung der Federal Reserve angeblich das Recht einräumt, sich den persönlichen Kredit des Bürgers anzueignen, erlaubt sie dieser parasitären Organisation, die Rechte des 5 Volkszusatzartikels zu verletzen, die von der Verfassung garantierten Rechte auf "Leben, Freiheit und Eigentum".

Darüber hinaus hat der Federal Reserve Board die Verfassung zerstört. Denken Sie daran, dass ein Angriff auf einen Teil der Verfassung ein Angriff auf die gesamte Verfassung ist. Wenn ein Teil der Verfassung zerstört wird, werden alle Teile der Verfassung entweiht. Dem Kongress von Uns, dem Volk, übertragene Befugnisse: Abschnitt 8, Artikel 5: "Münzen prägen, ihren Wert und den Wert ausländischer Münzen regeln und den Maßstab für Maße und Gewichte festlegen." Dieser Artikel findet sich in den 17 aufgezählten Befugnissen, die dem Kongress vom Volk übertragen wurden. Nirgendwo haben wir dem Kongress das Recht gegeben, diese Macht an ein privates Bankinstitut zu übertragen.

Dennoch tat der Kongress 1913 genau das. Der Gesetzentwurf wurde nur wenige Tage vor den Weihnachtsferien zur Diskussion gestellt. Er bestand aus 58 dreispaltigen Seiten und 30 Seiten feinem Material, das eng bedruckt war. Niemand hätte ihn in den wenigen Tagen, in denen er zur Diskussion stand, lesen, geschweige denn verstehen können. So wurde der Federal Reserve Act vom Kongress verabschiedet und zu einem Akt willkürlicher Macht - so nennt man einen Gesetzesentwurf, der nicht angemessen diskutiert wurde und zu einem Gesetz wird, ohne dass er vollständig diskutiert wurde.

Hunderte von ausgezeichneten Büchern wurden geschrieben, um die Verfassungswidrigkeit des Federal Reserve Act von 1913 zu belegen, so dass es nicht sinnvoll ist, in diesem Buch darauf einzugehen. Es genügt zu sagen, dass trotz dieses Gesetzes, des größten Betrugs in der Geschichte, die Banken der Federal Reserve fest im Sattel sitzen, als wäre ihre Geschichte noch ein Geheimnis. Warum ist das so? Wahrscheinlich aus Angst. Diejenigen, die versuchten, diese monströse sozialistische Schöpfung auf sinnvolle Weise in Frage zu stellen, wurden brutal ermordet. Die Mitglieder des Repräsentantenhauses und des Senats wissen, dass die Federal Reserve DER Raubzug des 20 Jahrhunderts ist, aber sie tun nichts, um etwas zu bewegen, weil sie Angst haben, aus dem Kongress geworfen zu werden oder Schlimmeres zu erleiden.

Die Banken der Federal Reserve wurden nach dem Vorbild der Bank von England konzipiert, einer sozialistischen Institution der

Rothschilds, die sich nach dem Bürgerkrieg an die USA binden konnte, in dessen Verlauf sie beide Kriegsparteien finanzierte. Das von Jefferson und Hamilton für die junge amerikanische Nation entwickelte Währungssystem war ein Bimetallsystem, 16 Unzen Silber für 1 Unze Gold. Es war unser KONSTITUTIONELLES Währungssystem, das in Artikel I, Abschnitt 8, Klausel 5 beschrieben wird, und es bescherte dem Land ungeahnten Wohlstand, bis die Prostituierten der europäischen Zentralbanken in der Lage waren, es zu unterwandern. Sie taten dies, indem sie 1872 das Geld entmonetarisierten, was zur Panik von 1872 führte, die von den Sozialisten geplant wurde.

Die Sozialisten haben es geschafft, unser Geldsystem zu entwerten, bis sein Wert bei null lag, dann haben sie sozialistisches (keynesianisches) Geld gedruckt, mit dem sie alle erstklassigen Unternehmen und Immobilien aufgekauft haben. In den Wirtschaftskursen der Universitäten lehren Marx' linksradikale Professoren, dass der Kongress unser Geldsystem verwaltet, aber das ist nicht der Fall, der Kongress hat diese Verantwortung abgetreten und sie in die Hände internationaler Bankiers vom Typ Shylock gelegt, um ein kommerzielles Wohlfahrtsbanksystem in Amerika zu schaffen. Die Rothschilds und ihre sozialistischen Kollegen in der internationalen Shylock-Bank, haben das amerikanische Volk für immer verschuldet - es sei denn, wir finden den richtigen Führer, der dieses Korsett durchbricht.

Die internationalen Bankiers Shylock betrachteten lange vor der Entstehung des Federal Reserve Board den Reichtum dieser Nation mit großer Begierde und waren entschlossen, Druck auszuüben, bis sie ihn unter ihre Kontrolle brachten. Die internationalen Bankiers Shylock hinderten die Nationalbank während der Amtszeit von Präsident Andrew Jackson daran, die Schulden aus dem Bürgerkrieg zu begleichen, um das amerikanische Volk an Händen und Füßen gefesselt zu halten, was wir immer noch sind. Es ist gut belegt, dass der britische Geheimdienst den amerikanischen Bürgerkrieg, der eigentlich der internationale Krieg der korrupten Bankiers hätte heißen sollen, angezettelt und fortgesetzt hat. Der britische Geheimdienst hatte seine Agenten in den Südstaaten stationiert und durchdrang und durchtränkte jeden Aspekt des Lebens.

Als Präsident Jackson die Zentralbank schloss, stand der britische

Geheimdienst bereit. Das Bankengesetz von 1862 war ein "Coup" der Rothschilds und Teil des langfristigen Plans, das amerikanische Volk in ewiger Knappheit zu halten. Obwohl der Kongress und ein patriotischer Oberster Gerichtshof die Rothschild-Betrüger zurückdrängten, war der Aufschub nur von kurzer Dauer.

Dank des Trojanischen Pferdes Wilson gewannen sie 1913 die Oberhand und stürzten diese Nation in die Finanzsklaverei, die der Zustand ist, in dem wir uns heute befinden. Wie wir in unseren Kapiteln über Bildung bereits erwähnt haben, benutzten die Sozialisten die Bildung, um die amerikanische Öffentlichkeit über die Banken der Federal Reserve zu belügen, was einer der Gründe ist, warum sie immer noch geduldet wird. Ihre eklatanten Exzesse und Verbrechen gegen das amerikanische Volk sind nicht bekannt, obwohl sie in Hunderten von ausgezeichneten Büchern zu diesem Thema ausführlich dargelegt werden.

Aber diese Bücher sind für Menschen ohne ein gewisses Bildungsniveau, das durch die sozialistische Kontrolle der Schulbuchindustrie geregelt wird, nicht erschwinglich, weshalb Millionen von Amerikanern aller Altersgruppen Trost im Fernsehen finden. Wenn nun Larry King ehrliche und offene Reden über die Missetaten der sozialistischen Federal Reserve halten würde und beliebtesten Talkshow-Moderatoren im Radio und Fernsehen das Gleiche täten, könnten wir unser Volk nur so weit begeistern, dass es etwas unternimmt, um das Federal-Reserve-System zu schließen.

Die amerikanische Öffentlichkeit würde erfahren, dass es die erste Pflicht des Kongresses ist, ein gesundes Währungssystem für die Vereinigten Staaten bereitzustellen und aufrechtzuerhalten. Die Öffentlichkeit würde erfahren, dass wir nicht einen einzigen ehrlichen Dollar im Umlauf haben. Sie würde erfahren, dass die Britische Ostindien-Kompanie und die Bank von England sich mit Adam Smith verschworen haben, um alles Gold und Silber aus den Kolonien abzuziehen, um die Siedler in einem Wirtschaftskrieg zu besiegen, der dem bewaffneten Krieg vorausging.

Die amerikanische Öffentlichkeit würde erfahren, dass für die Verfassungsmäßigkeit des Federal Reserve Board und der Federal Reserve Banks ein Verfassungszusatz verfasst und von allen 50 Bundesstaaten ratifiziert werden müsste.

Sie werden anfangen, Fragen zu stellen: "Warum wurde das nicht getan? Warum erlauben wir den Privatpersonen, die die Federal Reserve besitzen, immer noch, uns um riesige Geldsummen zu betrügen?" Sie könnten sogar genügend Druck auf den Kongress ausüben, um ihn zu zwingen, die Federal Reserve abzuschaffen. Das amerikanische Volk könnte in der Larry King Show oder der Phil Donahue Show lernen, dass die Banken der Federal Reserve keine Einkommenssteuer zahlen, dass sie nie kontrolliert wurden und dass sie nur 1,95 Dollar für jeden tausendsten Dollar zahlen, den sie von Wir, das Volk, aus dem Schatzamt erhalten. "Was für ein Schnäppchen", könnten wir vor Wut brüllen.

Eine aufgeweckte und wütende Bevölkerung könnte sogar den Kongress dazu bringen, zu handeln und die Schließung dieser Bestie des Mammons zu erzwingen. Das amerikanische Volk würde lernen, dass die größte Zeit des Wohlstands zwischen der Schließung der Shylock-Zentralbank[18] durch Andrew Jackson und dem Ausbruch des Bürgerkriegs lag. Es würde erfahren, dass die Banken der Federal Reserve das Geschäftsbankwesen in diesem Land sozialisiert haben und dass unsere Banken auf der Grundlage des Systems arbeiten, das in Shakespeares "Kaufmann von Venedig" beschrieben wird.

Präsident Roosevelt erzählte dem amerikanischen Volk, er sei ein Freund der Armen und der Mittelschicht Amerikas, doch er war vom ersten Tag an ein Agent der internationalen Shylock-Banken und des Fabianischen Sozialismus. Er arrangierte riesige Kredite, um die sozialistische Regierung Englands zu unterstützen, die durch die gescheiterte sozialistische Politik des Landes in den Bankrott getrieben worden war, während das eigene Volk nach Essen anstand. 1929 manipulierten dieselben ausländischen Interessen den Börsencrash, der die Aktienkurse um mehrere Milliarden Dollar fallen ließ, die die Raubtiere dann zu 10 Cent pro Dollar zurückkaufen konnten. Die Banken der Federal Reserve inszenierten den Crash über die Federal Reserve Bank of New York.

---

[18] Wiederholter Verweis auf den Wucherer aus Shakespeares *Der Kaufmann von Venedig*, wobei der Begriff 'Kaufmann' in Wirklichkeit den Juden aus dem berühmten Stück bezeichnet. Nde.

Auf den Seiten 10949-1050 des Congressional Record, House, 16. Juni 1930, finden wir Folgendes:

"In jüngerer Zeit machte der Federal Reserve Council die amerikanische Industrie zum Opfer einer einzigen Serie von Manipulationen im Interesse des europäischen Kredits, die den Zusammenbruch der Börse und die gegenwärtige industrielle Depression verursachten. Diese Manipulationen begannen im Februar 1929 mit dem Besuch des Gouverneurs der Bank von England in England und seinen Beratungen mit dem Chef des Federal Reserve Board. Thema dieser Konferenzen war die Sorge um die finanzielle Lage Großbritanniens (erschüttert durch die sozialistischen Programme, die das Land in den Bankrott getrieben hatten) und der Verfall des Pfund Sterling.

Die Briten und Franzosen hatten 3 Milliarden Dollar in den amerikanischen Aktienmarkt investiert, und ihr Ziel war es, die Flucht des Goldes in die USA zu stoppen, indem sie die amerikanischen Wertpapiere zerschlugen. Ihre erste Anstrengung im März 1929, ausgelöst durch öffentliche Proklamationen der Federal Reserve (von ihrer Niederlassung in New York aus), die darauf berechnet waren, die Anleger zu erschrecken, löste im März eine kleine Panik aus. Die zweite Anstrengung ab August 1929 wurde durch die Verkäufe und Leerverkäufe britischer und französischer Investoren durch amerikanische Bankiers und die Panik im Oktober 1929...".

Die Banken der Federal Reserve sind für den Börsenkrach von 1929 und die darauf folgende Depression verantwortlich.

Heute, 1994, erstickt der Federal Reserve Board unter dem Vorsitz des Sozialisten Alan Greenspan das schwache Leben der amerikanischen Wirtschaft, weil Greenspans Meister in London ihm gesagt haben, er solle die Inflation bei 1,5 % halten, auch wenn das den Verlust von 50 Millionen Arbeitsplätzen bedeutet. Heute sind unsere Mitgliedschaft in der Weltbank, der Bank für Internationalen Zahlungsausgleich und unsere Bereitschaft, unsere Souveränität zu gefährden, indem wir uns dem Diktat des Internationalen Währungsfonds (IWF) unterwerfen, ein schlechtes Omen für die Zukunft und deuten darauf hin, dass sich das Komitee der 300 auf einen neuen Weltkrieg vorbereitet.

Nirgendwo in der Verfassung findet sich eine Befugnis, die die

Regierung der Vereinigten Staaten dazu ermächtigt, sogenannte internationale Banken wie die Weltbank und den IWF zu finanzieren. Um eine solche Befugnis zu finden, müsste man in Artikel 1, Abschnitt 8, Klauseln 1-18 suchen, aber die Suche wäre vergeblich, da sie dort nicht vorkommt. Wir haben keine verfassungsmäßige Befugnis, die die Finanzierung ausländischer Banken erlaubt, daher ist ein solches Vorgehen illegal.

Auf Betreiben der englischen Sozialisten drängte Präsident George Bush auf die Verabschiedung der Handelsgesetze NAFTA und GATT, die die USA ihrer Souveränität berauben, Arbeitsplätze in Industrie und Landwirtschaft vernichten und damit Millionen von Amerikanern arbeitslos machen. Der "Welthandel" ist ein altes Ziel des Fabianischen Sozialismus, das er seit 1910 anstrebt, in seinem Bemühen, die günstige Handelsposition der USA zu brechen und den Lebensstandard der blauen und weißen Kragen der amerikanischen Mittelschicht auf den der Länder der Dritten Welt zu senken.

Bush lief jedoch die Zeit davon und so wurde der Staffelstab an Präsident Clinton weitergereicht, der den NAFTA-"Vertrag" mit Hilfe von 132 "progressiven (sozialistischen) Mitgliedern der republikanischen Partei" durchsetzen konnte. 1993 machte der Traum der Fabianischen Sozialisten vom "Welthandel" mit der Verabschiedung des NAFTA-Abkommens und der Unterzeichnung des Allgemeinen Zoll- und Handelsabkommens (GATT) einen gewaltigen Schritt nach vorn, was Amerikas einzigartiger Position, seiner einzigartigen Mittelschicht einen guten Lebensstandard und Arbeitsplätze bieten zu können, ein Ende setzte.

Es bedürfte eines Zusatzes zur US-Verfassung, um die NAFTA- und GATT-Verträge legal zu machen. Zunächst einmal gibt es in der Verfassung keine Bestimmung oder Befugnis, die es den Präsidenten Bush und Clinton erlauben würde, 100% verfassungswidrig zu handeln, indem sie sich in die Einzelheiten dieser Verträge einmischen, die allein der Legislative obliegen. Es gibt ein verfassungsrechtliches Verbot gegen die drei Zweige der Regierung, ihre Befugnisse aneinander zu delegieren, Seiten 108-116, Congressional Globe, Dec. 10, 1867:

> "Wir stimmen dem Vorschlag zu, dass keine Abteilung der US-Regierung, weder der Präsident, noch der Kongress oder die

Gerichte, eine Macht besitzen, die nicht von der Verfassung gegeben ist."

Keine Bestimmung der Verfassung sieht die Aufgabe der Souveränität der Vereinigten Staaten vor, aber unsere Feinde des Trojanischen Pferdes haben dies getan, als sie im Rahmen ihrer internationalen sozialistischen Agenda direkt mit diesen NAFTA- und GATT-Versorgern der Einen Weltregierung und der Neuen Weltordnung verhandelten.

AUSLÄNDISCHE HILFE

Die "heilige Kuh" der Fabianischen Sozialisten war es, das Geld anderer Leute (OPM) zu bekommen, um ihre sozialistischen Exzesse zu finanzieren. Wir kennen den 7-Milliarden-Dollar-Kredit, den John Maynard Keynes entwarf, um die gescheiterte Sozialisierung des britischen Volkes über die Labour Party zu retten. Wir kennen auch den sozialistischen Plan, andere ausländische Länder über den Foreign Assistance Credits Act zu finanzieren, eine Veranstaltung, die das amerikanische Volk jährlich fast 20 Milliarden Dollar kostet, bei der wir für einige der am wenigsten verdienstvollen Nationen der Welt, deren gescheiterte sozialistische Politik wir weiterhin unterstützen, den Weihnachtsmann spielen. Das Repräsentantenhaus und der Senat tun kläglich nicht einmal so, als würden sie die Verfassungsmäßigkeit von Gesetzesentwürfen prüfen, bevor sie sie in die Sitzungen lassen. Wenn sie ihre Arbeit richtig machen würden, würden die Gesetzentwürfe zur Auslandshilfe niemals den Boden des Repräsentantenhauses und des Senats erreichen. Es handelt sich hierbei um ein Verbrechen gegen das amerikanische Volk, das man als Volksverhetzung bezeichnen könnte.

Die Auslandshilfe dient zwei Zwecken; sie destabilisiert Amerika und hilft dem Komitee der 300, die Kontrolle über die natürlichen Ressourcen der Länder zu erlangen, die durch den Zwang der amerikanischen Steuerzahler finanziert werden. Natürlich gibt es auch Länder, die keine natürlichen Ressourcen haben, wie Israel und Ägypten, aber in diesen Fällen wird die Auslandshilfe zu einer geopolitischen Überlegung, bleibt aber immer noch, unfreiwillige Knechtschaft oder Sklaverei. Die Auslandshilfe begann ernsthaft mit Präsident Roosevelt, als er rund 11 Milliarden Dollar an das bolschewistische Russland und 7 Milliarden Dollar an die britische Labour-Regierung spendete.

Sieht die Verfassung der Vereinigten Staaten irgendeine Art von Machtzuweisung für dieses erstaunliche jährliche Geschenk vor? Die Antwort lautet "NEIN" und es wäre eine Verfassungsänderung nötig, um ausländische Hilfe legal zu machen, aber es ist fraglich, ob eine solche Änderung richtig formuliert werden kann, da ausländische Hilfe gegen die Klausel verstößt, die Sklaverei (unfreiwillige Leibeigenschaft) verbietet. Um es drastisch auszudrücken: Auslandshilfe ist Verrat und Aufruhr. Die Mitglieder des Repräsentantenhauses und des Senats wissen das, der Präsident weiß das, aber das verhindert nicht den jährlichen Diebstahl von Milliarden von Dollar an den amerikanischen Arbeitern. Ausländische Hilfe ist Diebstahl. Auslandshilfe ist unfreiwillige Knechtschaft. Auslandshilfe ist Sozialismus in Aktion.

DIE MITTELSCHICHT

Von allen Personen, die von marxistischen/fabianischen Sozialisten/Kommunisten und ihren amerikanischen Cousins am meisten gehasst werden, übertrifft keine die einzigartige amerikanische Mittelschicht, die lange Zeit die Geißel der Existenz des Sozialismus war. Es war die Mittelschicht, die Amerika zu der mächtigen Nation gemacht hat, die es heute ist. Die Handelskriege waren und sind gegen die Mittelklasse gerichtet, personifiziert durch die sogenannte "Weltwirtschaft". Die kriminell entarteten Bemühungen der Präsidenten Wilson und Roosevelt und später Carter, Bush und Clinton, die Handelsbarrieren, die die Mittelschicht entwickelten und schützten, niederzureißen, werden an anderer Stelle in diesem Buch erzählt. Was wir in diesem Kapitel tun wollen, ist, die Situation der Mittelschicht Mitte 1994 zu untersuchen.

Die Mittelschicht ist der größte soziale Triumph des 20. Jahrhunderts für unsere konföderierte Republik, die bis 1913 korrekt und gut verwaltet wurde. Entstanden aus einer soliden Geldpolitik, Handelsbarrieren und Protektionismus, war die Mittelschicht das Bollwerk gegen alle Hoffnungen von Karl Marx, die Revolution nach Amerika zu bringen, die sich zerschlagen hatten. Die Expansion der Mittelschicht, die zwischen dem Verbot der Zentralbank durch Andrew Jackson und dem Bürgerkrieg richtig begann, setzte sich während der beiden Weltkriege fort. Doch seit 1946 ist etwas schief gelaufen. An anderer Stelle haben wir den Krieg erläutert, den das Tavistock Institute seit 1946 gegen die amerikanische Mittelschicht führt - einen Krieg, den wir gerade haushoch verlieren.

Die Gleichstellung der blauen Kragen in gut bezahlten, zukunftssicheren Industriejobs war das erste Ziel des postindustriellen Nullwachstumsplans des Club of Rome für die Zerstörung unserer industriellen Basis. Blue-Collar-Angestellte hatten ein Einkommen, das dem der White-Collar-Angestellten entsprach, und zusammen bildeten sie eine gewaltige Mittelschicht, nicht die "Arbeiterklasse" der sozialistischen Länder Europas. Dies war DIE politische Tatsache, die von den Sozialisten als Haupthindernis für ihre Pläne, Amerika zu ruinieren, anerkannt wurde. So musste die Industrie, die die Mittelklasse stützte, ausgeweidet werden, und sie wurde und wird immer noch Abschnitt für Abschnitt zerlegt, wobei NAFTA und GATT die schmutzige Arbeit der Zerstückelung erledigen.

Eine Sache, die ich immer wieder betont habe, ist, dass Sozialisten niemals aufgeben. Wenn sie sich einmal ihre Ziele gesetzt haben, verfolgen sie diese mit einer fast schon beängstigenden Hartnäckigkeit. Ich habe den Rückgang der wirtschaftlichen und politischen Macht der Mittelschicht in den frühen 1970er Jahren nach der Umsetzung des postindustriellen Nullwachstumsplans des Club of Rome nachgezeichnet. Im Jahr 1973 begann das Fundament, auf dem die Mittelschicht ruhte, ernsthafte Anzeichen einer Erschütterung zu zeigen, da die Beschäftigungs- und Einkommensaussichten zusammenbrachen. Dies ging so weit, dass 1993 zum ersten Mal die Arbeitsplatzverluste bei den White Collar-Arbeitskräften gleich hoch waren wie die Arbeitsplatzverluste bei den Blue Collar-Arbeitskräften. Seit den 1970er Jahren und insbesondere 1900 berichtete das Statistische Amt, dass die Einkommen der Mittelschicht einbrachen.

Was der Sozialismus durch die Zerstörung von Handelsbarrieren, Steuererhöhungen und einen ständigen Angriff auf den Arbeitsplatz erreicht hat, ist die Entstehung einer neuen Klasse in Amerika, der Working Poor. Millionen und Abermillionen ehemaliger Blue Collar- und White Collar-Arbeiter sind buchstäblich in die klaffenden Risse ihres früheren soliden Fundaments der Mittelklasse gefallen, der Arbeitsplätze, die auf industrieller Beschäftigung und dem Schutz des Handels basierten. Die Mittelschicht fand sich darin wieder, die mehr als 60 Millionen Amerikaner oder rund 23 Prozent der Bevölkerung zu bilden, die man genau als Working Poor beschreiben kann, diejenigen, deren Einkommen nicht ausreicht, um die Kosten für die Grundbedürfnisse des Lebens zu decken (dennoch können wir es uns leisten, 20 Milliarden Dollar an "Auslandshilfe" an Ausländer zu geben).

Einer der zerstörerischsten Schläge gegen die Mittelschicht im Handelskrieg war die sogenannte Ölknappheit, die durch den bewusst geplanten arabisch-israelischen Konflikt von 1973 in Kombination mit dem Krieg gegen Atomkraftwerke erzeugt wurde. Die Sozialisten schalteten die Kernenergie ab - die billigste, sicherste und am wenigsten umweltschädliche Energieform - und ließen unser industrielles Herz nach Öl schlagen - besser noch, nach importiertem Öl. Wäre das Kernenergieprogramm des Landes nicht von den sozialistisch kontrollierten "grünen" Schocktruppen vollständig zerstört worden, müsste das Land kein Öl mehr importieren, was unserer Wirtschaft im Allgemeinen und unserer Zahlungsbilanz im Besonderen so sehr schadet. Außerdem haben die Sozialisten durch die Schließung der Atomkraftwerke jährlich etwa eine Million Arbeitsplätze vernichtet.

Der Anstieg der Ölkosten, der durch den arabisch-israelischen Krieg und den Verlust der Kernenergie angeheizt wurde, führte zu einem Rückgang der Produktivität, was wiederum einen erheblichen Rückgang der Löhne zur Folge hatte, was sich wiederum auf die Wirtschaft auswirkte, da niedrigere Löhne von Ausgaben abschreckten. Ab 1960 stellen wir fest, dass das mittlere Familieneinkommen bis zum arabisch-israelischen Krieg 1973 um fast 3% pro Jahr stieg. Es besteht kein Zweifel daran, dass Kissinger dies meinte, als er sagte, dass der Krieg einen viel größeren Einfluss auf die US-Wirtschaft hatte, als zunächst angenommen wurde.

Seit 1974 sind die Reallöhne der blauen und weißen Arbeiter um 20

% gesunken. Im Jahr 1993 hat sich die Zahl der Arbeitnehmer, die gezwungen waren, Teilzeitjobs anzunehmen, obwohl sie zuvor Vollzeit-Blue-Collar-Jobs hatten, im Vergleich zum Vorjahr fast verdoppelt. Ebenso wurden aus White Collar-Arbeitern mit festen, industriebezogenen Arbeitsplätzen immer mehr "temporäre Dauerbeschäftigte". Die Zahl der ehemaligen temporären Blue-Collar-Angestellten liegt nun bei etwa 9%, und White-Collar-Angestellte der gleichen Kategorie machen etwa 10% der gesamten Arbeitskräfte aus. Die Fundamente, auf denen die Mittelschicht ruhte, haben nicht nur Risse bekommen und sind eingesunken, sondern sie haben begonnen, sich völlig aufzulösen.

Obwohl die Regierungsstatistiken nur eine durchschnittliche Arbeitslosenquote zwischen 6,4 und 7 % annehmen, liegt die tatsächliche Quote eher bei 20 %. Zusammen mit der Reduzierung der Rüstungsverträge ist ein geschätzter Verlust von 35 Millionen Arbeitsplätzen die Realität, wenn man die Auswirkungen von NAFTA und GATT auf den Arbeitsmarkt berücksichtigt. Die Textilindustrie in North Carolina wird im zweiten Jahr eines voll funktionsfähigen GATT voraussichtlich zwei Millionen Arbeitsplätze verlieren.

Irving Bluestone vom Institut für politische Studien behauptet, dass seine Untersuchung der stabilen Arbeitsplätze in der Industrie - der einzigen Lohnquelle, von der eine Mittelklassefamilie leben kann - ergeben hat, dass von 1978 bis 1982 jedes Jahr 900 000 gut bezahlte Industriearbeitsplätze verloren gingen, d. h. fast 5 Millionen hochwertige Blue-Collar-Jobs in fünf Jahren. Es gibt keine weiteren Statistiken ähnlicher Art, die den Zeitraum von 1982 bis 1994 abdecken, aber wenn wir die gleiche Zahl, 900.000, nehmen - und wir wissen, dass die Zahl höher ist -, dann ist es vernünftig anzunehmen, dass sich die Zahl dieser verlorenen Arbeitsplätze, die nie wieder zurückkommen werden, in 12 Jahren auf 10 Millionen gut bezahlte langfristige Industriearbeitsplätze belief. Wir beginnen nun, die wahren Arbeitslosenzahlen zu haben, und nicht nur das: Wir haben das wahre Bild der QUALITÄTEN Arbeitsplätze, die dank des Angriffs des Club of Rome und des Tavistock-Instituts auf den amerikanischen Arbeitsplatz für immer verloren gegangen sind.

Präsident Clinton wird einen Preis für seinen Handelskrieg gegen das amerikanische Volk zahlen, dieser Preis wird eine einzige

Amtszeit umfassen. Clinton hat sich für eine globale Wirtschaft entschieden, was unweigerlich unsichere Arbeitsplätze in Amerika bedeutet. Die Beseitigung der letzten Handelsschranke durch das GATT hat unsere Wirtschaft in den Mahlstrom sinkender Ausgaben als Ursache für steigende Arbeitslosigkeit geschickt. Clinton lernt auf die harte Tour, dass man nicht die Butter auf dem Brot haben kann. Weltwirtschaft + Defizitabbau = RIESIGE VERLUSTE AN ARBEITSPLÄTZEN. Es gibt keine Chance, dass das Land weitere vier Jahre von Clintons sozialistischer Regierung verkraften kann, mit einer steigenden Flut von befristeten und schlecht bezahlten Jobs, die die alten, langfristigen und gut bezahlten Industriearbeitsplätze überschwemmen.

Die Mittelschicht verschwindet, aber ihre Stimme kann noch gehört werden, und ihre Botschaft muss lauten: "Zum Teufel mit der Weltwirtschaft und dem Abbau des Defizits. WIR WOLLEN GUT BEZAHLTE, STABILE UND LANGFRISTIGE ARBEITSPLÄTZE! "

Auch wenn die USA erst seit kurzem gezwungen sind, sich in eine globale Wirtschaft zu integrieren, sind die Verwüstungen deutlich sichtbar: Hunderte von soliden und stabilen Unternehmen mussten ihre qualifizierten Mitarbeiter massenhaft entlassen.

Was wir heute im Jahr 1994 haben - und das hat sich seit dem israelisch-arabischen Krieg entwickelt - ist eine Wirtschaft unter der Ägide von Wall Street/Las Vegas. Die McDonald-Aktie ist hoch, aber das Wenden von Hamburgern ist kein Ersatz für einen langfristigen, gut bezahlten Industriearbeitsplatz. Während also die McDonald-Aktien an der Wall Street gut laufen, können sich die Vereinigten Staaten mit einer Wirtschaft zufrieden geben, in der gut bezahlte Arbeitsplätze zu einer aussterbenden Spezies werden? Laut einem Artikel in der *Los Angeles Times* war 1989 jeder vierte amerikanische Arbeitsplatz ein Teilzeitarbeitsplatz, ein erschreckender Anstieg gegenüber den Zahlen von 1972. 1993 lag das Verhältnis jedoch bei jedem dritten Arbeitsplatz, was einem Drittel aller Arbeitsplätze in den USA entsprach. Der springende Punkt ist, dass keine Industrienation die Abwanderungsrate von gut bezahlten Industriearbeitsplätzen überleben kann, ohne in einen Abgrund der Zerstörung zu stürzen.

Die USA sind dabei, den Kampf gegen die vom Tavistock-Institut geführten Kräfte des Sozialismus zu verlieren. In den nächsten zwei Jahren werden wir mit einer enormen Zunahme des Wettbewerbs konfrontiert sein, der uns von der "Weltwirtschaft" aufgezwungen wird, wo Nationen mit Millionen von Halbanalphabeten lernen werden, Waren zu Sklavenlohnsätzen zu produzieren. Was werden dann die Arbeitskräfte der Vereinigten Staaten tun? Wir möchten Sie daran erinnern, dass dies das logische Ergebnis der Politik von Woodrow Wilson ist, die darauf abzielte, den Binnenmarkt der Vereinigten Staaten zu zerstören. Wir werden sehen, wie diese Arbeiter sich an jede Art von Arbeit klammern, um den Verfall ihres Lebensstandards aufzuhalten, oder eigentlich nur, um das Brot auf dem Tisch zu behalten.

Clinton hat ihren Wahlkampf mit Versprechungen an die Mittelschicht geführt. Wie viele Arbeitslose erinnern sich noch an seine Rede "Die Reichen haben die Goldmine und die Arbeiter den Baum"? Das war, bevor er den Auftrag erhielt, sich mit Jay Rockefeller und Pamela Harriman zu treffen, die ihm sehr barsch sagten: "Sie überbringen die falsche Botschaft. DEFIZIT ist die Botschaft, die Sie überbringen müssen". Später begann Clinton plötzlich, das sozialistische Evangelium vom Abbau des Defizits zu predigen, ohne zu erwähnen, dass dies nur auf Kosten von Millionen von Arbeitsplätzen geschehen konnte.

Dann tat Clinton das andere, was Sozialisten gut können: Er versprach, dass die Regierung alles umgestalten würde. Aber die Sorge wuchs; Clinton gelang es nicht, die Arbeiter davon zu überzeugen, dass ein geringeres Defizit besser ist als Vollbeschäftigung. Eine kürzlich durchgeführte Umfrage ergab, dass 45% zu 26% der Amerikaner glaubten, dass die Arbeitslosigkeit ein größeres Problem sei als das Defizit. Clinton hat uns auch gesagt, dass wir einen Aufschwung genießen, aber das entspricht nicht der Realität, denn im Gegensatz zum normalen Trend, wenn ein Aufschwung bedeutet, dass weniger Menschen in unfreiwilligen, schlechter bezahlten Teilzeitjobs arbeiten, ist der Prozentsatz diesmal ZUGESCHWUNDEN. Im Jahr 1993 arbeiteten mehr als 6,5 Millionen Menschen in schlechter bezahlten Zeitarbeitsverhältnissen.

Zu der viel gepriesenen Behauptung, die Clinton-Regierung habe im vergangenen Jahr 2 Millionen neue Arbeitsplätze geschaffen, ist anzumerken, dass 60% dieser Arbeitsplätze in Restaurants, im Gesundheitswesen, in Bars und in Hotels (Pagen, Türsteher, Portiers) entstanden sind. Das von Woodrow Wilson begonnene Bestreben, den amerikanischen Binnenmarkt zu "globalisieren" (lies: zu zerstören), wurde mit Clinton auf die nächste Stufe gehoben. Die dramatischen Ergebnisse dieses zerstörerischen Programms lassen sich wie folgt messen:

- Im Automobilsektor stiegen die Importe zwischen 1960 und 1986 von 4,1 % auf 68 %.

- Der Import von Bekleidung stieg von 1,8% im Jahr 1960 auf 50% im Jahr 1986.

- Die Importe von Werkzeugmaschinen stiegen von 3,2% im Jahr 1960 auf 50% im Jahr 1986.

- Werkzeugmaschinen sind DER wichtigste Indikator für die Realwirtschaft einer Industrienation.

- Die Importe von Elektronikprodukten stiegen von 5,6% des Marktes im Jahr 1960 auf 68% des Marktes im Jahr 1986.

Die Fabian-Sozialisten haben mit ihren falschen Versprechungen von der "Weltwirtschaft" die Vereinigten Staaten, die größte Industrienation, die die Welt je gesehen hat, völlig untergraben. Die in diesen Zahlen enthaltene Tragödie zeigt sich in MILLIONEN von stabilen, langfristigen und gut bezahlten Arbeitsplätzen, die nun für immer verloren sind, geopfert auf dem Altar des Traums des Fabianischen Sozialismus von einer einzigen Weltregierung - der Diktatur der Neuen Weltordnung. Der amerikanische Arbeiter wurde von den Präsidenten Wilson, Roosevelt, Kennedy, Johnson, Bush und Clinton belogen, die gemeinsam und solidarisch Hochverrat an den Vereinigten Staaten begangen haben. Als Folge dieser verräterischen Politik, die von einer Reihe von Präsidenten betrieben wurde, fielen die nationalen öffentlichen und privaten Investitionen zwischen 1973 und 1986 um die Hälfte, wodurch Millionen von gut bezahlten Langzeitarbeitsplätzen vernichtet wurden.

Gegenwärtig, Mitte 1994, wurde und wird die Krise der Mittelschicht abgesehen von den pathetischen Slogans, die von den Kandidaten beider Parteien angeboten wurden, nicht thematisiert.

Das bedeutet nicht, dass die Politiker sich dessen nicht bewusst sind. Im Gegenteil, sie hören jeden Tag von ihren Wählern, die zunehmend wütend über Probleme sind, die sie nicht verstehen - eine Wut, die ihnen wenig Geduld lässt angesichts der Unfähigkeit der Regierung in Washington, diese Probleme, die sie so radikal betreffen, in den Griff zu bekommen. Die Politiker werden nichts unternehmen, um Lösungen für die Krisen zu finden, da die verfügbaren Lösungen dem diktatorischen Plan des Club of Rome für ein postindustrielles Nullwachstum widersprechen. Jegliche Bemühungen, die nationale Aufmerksamkeit auf das Desaster der Mittelschicht zu lenken, werden erstickt, bevor sie überhaupt beginnen können.

Es gibt keine andere Krise, die mit der Krise der Mittelschicht vergleichbar ist. Amerika liegt im Sterben. Diejenigen, die etwas ändern könnten, wollen es nicht oder haben Angst davor, und die Situation wird sich weiter verschlechtern, bis der Patient im Endstadium ist - ein Punkt, der bald erreicht sein wird, wahrscheinlich in weniger als drei Jahren. Dennoch wird dieser Veränderung keine Aufmerksamkeit geschenkt, obwohl sie die wichtigste ist und sich wirklich mit den massiven Veränderungen vergleichen lässt, die durch den Bürgerkrieg ausgelöst wurden. Die letzten Wahlen spiegelten die Situation in Bezug auf die Wahlbeteiligung wider; die Menschen hatten es satt, ihre Stimme abzugeben und kein Ergebnis zu sehen. Der Krisenzustand der Vereinigten Staaten bleibt bestehen, warum sollte man sich also die Zeit und die Mühe nehmen, um zu wählen? Es gibt kein Vertrauen in die Zukunft Amerikas - das ist es, was die Tatsache, bedeutungslos oder überhaupt arbeitslos zu sein, mit dem menschlichen Geist anstellt.

Seit den 1930er Jahren reißen die Machthungrigen immer mehr Macht an sich. Die Kommunistische Partei der USA, auch bekannt als "Demokratische Partei", erreichte, dass ihr sozialistischer Präsident Roosevelt den Obersten Gerichtshof mit Richtern besetzte, die die Verfassung lediglich als ein Instrument betrachteten, das man verbiegen und auspressen konnte, um sozialistischen Programmen zu genügen. Der zehnte Verfassungszusatz wurde zu ihrem Fußball, den sie überall hinkicken konnten. Ich habe die wichtigsten Entscheidungen des Obersten Gerichtshofs seit der Gründung dieses "Packhauses" analysiert und festgestellt, dass dieses Gericht in keinem einzigen Fall die Machthungrigen daran gehindert hat, sich zu nehmen, was sie wollten.

Die Rechte der Bundesstaaten wurden durch Roosevelts Ansturm mit Füßen getreten, und das dauert bis heute an. Beginnend mit der Roosevelt-Administration hat die Regierung die Verfassung erweitert und zusammengezogen wie ein Akkordeonspieler, der die richtige Melodie spielt. Was der Oberste Gerichtshof getan hat und immer noch tut, ist, die Rechte und Befugnisse, die wir, das Volk, haben, zugunsten der Bundesregierung neu zu verteilen. Deshalb stehen wir vor dem drohenden Tod der Mittelschicht und der Zerstörung der Verfassung der Vereinigten Staaten.

Was wir brauchen, ist ein dringendes Programm, das das Land sanieren und die Mittelklasse retten würde. Ein solches Programm würde die vollständige Niederlage der Demokratischen Partei erfordern, die das amerikanische Volk seit der Wilson-Administration belogen und in die Irre geführt hat: ein Bildungsprogramm, das den Sozialismus in seiner Gesamtheit abschafft, die falsche, verfassungswidrige "Trennung von Kirche und Staat" aufhebt, den Obersten Gerichtshof aufräumt (der während des Verfahrens geschlossen werden könnte), die Federal Reserve schließt und die Staatsverschuldung abschafft.

Als Warren G. Harding ins Weiße Haus gewählt wurde, herrschte in den USA das gleiche Chaos wie heute. Das Kreditwesen war überschuldet, die Federal Reserve manipulierte wahnwitzig die Währung und verursachte eine Inflation mit der Folge von Firmenpleiten. Die Preise für Rohstoffe waren durch ausländischen Druck künstlich gesenkt worden, und es herrschte weit verbreitete Arbeitslosigkeit. Die von der Federal Reserve geschaffenen Staatsschulden sind in die Höhe geschnellt. Wir befinden uns immer noch im Krieg gegen Deutschland - ein Trick, um noch mehr "Reparationen" aus dem Land herauszupressen. Wilsons Steuern waren noch nie so hoch.

Gleich nach seinem Amtsantritt erstellte Harding eine Liste der Probleme der Vereinigten Staaten und zwang den Kongress, zwei Jahre lang zu tagen, um diese Probleme zu lösen. Harding ging gegen die internationalen Bankiers Shylock und ihre Verbündeten an der Wall Street vor. Er sagte das, was Jesus Christus vor ihm gesagt hatte: "Ich werde euch aus dem Tempel vertreiben". Harding sagte den Shylock-Bankern, dass es keine Verwicklungen im Ausland, keine Kriege im Ausland und keine Staatsschulden mehr geben werde, "von denen der letzte fast die Republik zerstört hat".

Harding lindert die Kreditklemme und verkündet neue Zollgebühren, die die lokale Industrie schützen. Die Zahl der Regierungsangestellten wird auf ein absolutes Minimum reduziert und ein Haushalt aufgestellt. Die Einwanderung wird begrenzt, um unsere Grenzen vor den Horden von Anarchisten zu schützen, die aus Osteuropa einströmen, und um unseren Arbeitsmarkt zu schützen. Harding führte neue Steuervorschriften ein, die die Einkommensteuer jedes Jahr um Hunderte Millionen Dollar senkten, er unterzeichnete einen Friedensvertrag mit Deutschland und sagte dem Völkerbund, er solle seine Zelte abbrechen und unsere Küsten verlassen.

Doch Harding lebte nicht lange genug, um von seinen glänzenden Siegen über die Philister zu profitieren, die er in einem heillosen Durcheinander aus unserem Lager vertrieben hatte.

Am 20. Juni 1923 erkrankte er während einer politischen Reise nach Alaska und starb. Sein Tod wurde durch Nierenversagen verursacht, der deutlichste Hinweis darauf, dass ihm auf die eine oder andere Weise ein starkes Gift verabreicht worden war. Wir brauchen einen Mann wie Warren Harding, dessen Mut keine Grenzen kannte. Wir müssen den "neuen Warren Harding" suchen und finden, der die Programme wiederherstellt, die Amerika vor dem monströsen Griff der bösen Sozialisten gerettet hätten.

Der absurde Begriff "Defizitabbau ist König" muss in die richtige Perspektive gerückt werden. Wenn das Defizit morgen bei null läge, würde die Krise der Mittelschicht nicht gemildert werden. Selbst Clintons 50-Milliarden-Dollar-Programm für öffentliche Investitionen ist in Vergessenheit geraten. Die Ausweidung unserer Industrien durch die Wall Street muss gestoppt werden, was bedeutet, dass die Gnome auf dem Anleihemarkt entlarvt werden müssen. Die Handelsbarrieren, die von Washington errichtet und von Lincoln, Garfield und McKinley aufrechterhalten wurden, müssen wiederhergestellt werden. Es müssen Anstrengungen unternommen werden, um die Öffentlichkeit über die Auswirkungen eines unbegrenzten und unversteuerten

Warenimports, der auch als "Freihandel" bekannt ist, auf unsere Wirtschaft aufzuklären. Dies würde eine dramatische Rückkehr zur Vollbeschäftigung ermöglichen: Es würde die Nation auch in eine direkte Konfrontation mit den ausländischen Mächten bringen, die dieses Land regieren.

Clintons "schöne neue Welt" ist substanzlos. Es gibt keine ausländischen Märkte für amerikanische Waren, und das war schon immer so. Das Einzige, was sich mit der "Weltwirtschaft" geändert hat, ist, dass unsere Verteidigungsanlagen durchbrochen wurden und Importwaren durch klaffende Löcher in den Deichen strömen. Das ist die tiefere Ursache für die Krise der Mittelschicht. Während die amerikanischen Hersteller dank stabiler Arbeitsplätze für Blau- und Weißkragen immer in der Lage waren, die wachsende lokale Nachfrage zu befriedigen, wurde unsere Position unhaltbar, als Wilson erklärte, wir sollten keine Angst vor "Konkurrenz haben! "1913 hatten die USA einen geschlossenen Markt mit Vollbeschäftigung, einer wachsenden Wirtschaft und langfristigem Wohlstand, die Zolleinnahmen bezahlten die Rechnungen der Regierung bis 1913, als die Sozialisten Wilson dazu brachten, die Deiche einzureißen, die unseren Lebensstandard schützten.

In einem geschlossenen Markt konnten es sich unsere Hersteller leisten, gute Löhne zu zahlen: Dadurch schufen sie Kaufkraft und eine effektive Nachfrage nach ihren Produkten, was Vollbeschäftigung bedeutete, eine langfristige, dauerhafte Arbeitsplatzsicherheit. Alles, was die sozialistischen (demokratischen) Präsidenten von Wilson bis Clinton dem amerikanischen Arbeiter anboten, war eine geringe Chance, ein paar Produkte nach China, Japan oder England zu verkaufen, im Austausch für eine Art schlecht bezahlten Job, sodass sie nach und nach, vor allem mit der Umsetzung von NAFTA und GATT, eine ständige Senkung ihres Lebensstandards hinnehmen und dankbar für die Möglichkeit sind, jeden Job zu haben, egal welchen. Dies wird als "freier Handel" bezeichnet. Das ist die Zukunft der amerikanischen Mittelschicht.

Der Nettoeffekt des "freien Handels in einer globalen Wirtschaft" wird das Verschwinden der amerikanischen Mittelschicht (Büroangestellte, Blue Collar und White Collar) sein, der Klasse, die Amerika groß gemacht hat. Die 500 größten Unternehmen haben in den letzten 13 Jahren mehr als 5 Millionen Arbeitnehmer aus der Mittelschicht entlassen. Es könnte sein, dass ein zukünftiger Führer alarmierend reagiert, wenn das Ausmaß der Verwüstung der Mittelschicht immer deutlicher wird. Zu diesem Zeitpunkt wird die einzige Alternative für den Führer dieser Nation darin bestehen, die Flut des "Freihandels" einzudämmen, was eine Rückkehr zu harten Handelsbarrieren bedeutet. Das wird eine demütigende Niederlage für die Sozialisten sein, die die Demokratische Partei führen, aber eine Niederlage, die sie akzeptieren müssen, wenn Amerika nicht wie Russland werden will: die Besessenen und die Enteigneten.

Um die Tragödie, die über Amerika hereingebrochen ist, zusammenzufassen: Eine globale Gesellschaft bedeutet eine Gesellschaft ohne Mittelschicht in Amerika. Der "freie Handel" hat den Lebensstandard der Mittelschicht bereits so weit ausgehöhlt, dass er nicht mehr mit dem von 1969 vergleichbar ist. Die amerikanische Mittelschicht wurde nicht durch den "freien Handel" oder eine "Weltwirtschaft" geschaffen. Die Mittelschicht wurde durch Handelsschranken und einen geschützten und sicheren Markt für lokal hergestellte Produkte geschaffen. Handelsbarrieren haben nicht zu Inflation geführt. Seit Woodrow Wilson hat eine Reihe von Präsidenten das amerikanische Volk belogen und es in der Regel geschafft, dass diese eklatante Lüge als Wahrheit akzeptiert wurde.

Der Sozialismus ist ein entsetzlicher Fehlschlag. Wenn man die frommen Plattitüden von der Bereicherung des Lebens der einfachen Menschen beiseite lässt, bestand das einzige Ziel des Sozialismus immer darin, die Menschen zu versklaven und schrittweise das neue dunkle Zeitalter einer einzigen Weltregierung herbeizuführen - Die Neue Weltordnung. Selbst als er unter der vollständigen Kontrolle der britischen Regierung stand, und trotz der Milliarden Dollar "Auslandshilfe", die Amerika zur Unterstützung sozialistischer Programme an den britischen Fiskus zahlte, erwies sich der Sozialismus als kolossaler Fehlschlag.

Schweden ist eines der Länder, die sich für den fabianischen Weg entschieden haben. Wir haben bereits die sozialistischen Idealisten Gunnar Myrdal und seine Frau kennengelernt, die beide eine wichtige Rolle bei der Demontage des Bildungswesens in Amerika spielten. Über 50 Jahre lang war Stockholm der Stolz von Sozialisten auf der ganzen Welt. Myrdal war viele Jahre lang

Minister im schwedischen Kabinett und spielte eine führende Rolle bei der Einführung des Sozialismus in Schweden, wobei seine Führer zufrieden waren, weil sie bewiesen hatten, dass der Sozialismus funktioniert.

Ab den 1930er Jahren ist Schweden ein Synonym für den Sozialismus. Alle Politiker, unabhängig von ihrer Partei, sind überzeugte Sozialisten, wobei ihre Unterschiede nur im Grad und nicht in den Grundsätzen liegen. Sozialisten aus Frankreich, Großbritannien, Indien und Italien strömten nach Stockholm, um das "Wunder" am Werk zu studieren. Die Grundlage des sozialistischen schwedischen Staates war sein Sozialhilfeprogramm. Aber wo steht der stolze schwedische Sozialismus heute, im Jahr 1994? Nun, er steht nicht gerade, er ähnelt eher dem schiefen Turm von Pisa, der sich im Laufe der Monate immer mehr in Richtung Kapitalismus neigt.

Schwedische Politiker lernen gerade, dass Wähler nicht uneigennützig wählen und dass die Ära des idealen Sozialismus tot ist und nur noch beerdigt werden muss. Die schwedischen Sozialisten, die sich eklatant in die südafrikanische Politik eingemischt und gegen das Engagement der USA in Vietnam protestiert haben, stellen fest, dass ihr sozialistisches Vokabular in einem Land, in dem alles aus den Fugen geraten ist, überholt ist. Die schwedischen Sozialisten setzten sich an einen Tisch, um über den internationalen Sozialismus zu diskutieren, mussten aber feststellen, dass ihr Gast mit dem Silberbesteck gegangen war. Schweden wurde Opfer der Lügen und falschen Versprechungen des Sozialismus. Heute befindet sich das Land in einem wirtschaftlichen Chaos und es wird fünfzig Jahre dauern, bis sich Schweden davon erholt hat - vorausgesetzt, man lässt es überhaupt zu. Großbritannien wurde schon vor langer Zeit durch den Sozialismus zerstört. Nun ist Amerika an der Reihe. Können die Vereinigten Staaten eine fast tödliche Überdosis sozialistischen Gifts überleben, die von der kommunistisch-demokratischen Sozialistischen Partei der Vereinigten Staaten verabreicht wird? Das wird nur die Zeit zeigen, und Zeit ist das, was die amerikanische Mittelschicht der Blue Collar-, White Collar- und Büroangestellten nicht mehr hat.

Es ist in allen Programmen der Präsidentschaften Wilson, Roosevelt, Kennedy, Johnson, Carter, Bush und Clinton implizit, wenn auch nicht explizit, enthalten, dass die Sozialisierung der USA das große Ziel ist, auf das der Sozialismus hinarbeitet. Dies soll durch neue Eigentumsformen erreicht werden, die Kontrolle über die Produktion - was bedeutet, dass die Entscheidung, Industrieanlagen zu zerstören, bei ihnen liegt - ist entscheidend, wenn die Sozialisten ihren Plan vorantreiben wollen, die USA und dann den Rest der Welt immer schneller und sicherer in Richtung einer einzigen Weltregierung zu bewegen, einer neuen Weltordnung des neuen dunklen Zeitalters der totalen Sklaverei.

Das absolut falsche Bild, das die Sozialisten von sich selbst als einer gutartigen und freundlichen Organisation gemalt haben, deren einziges Interesse darin besteht, das Los der einfachen Leute zu verbessern, ist nicht korrekt... Der Sozialismus hat ein anderes, brutales und bösartiges Gesicht, von dem die Geschichte zeigt, dass er nicht zögern wird zu töten, wenn es nötig ist, um die Vereinigten Staaten zu sozialisieren.

Nichts beschreibt die bösartige Seite des Sozialismus besser als Arthur Schlesingers Aussage: "Ich weiß nicht, warum Präsident Eisenhower Joe McCarthy nicht liquidiert, wie Roosevelt es mit Huey Long getan hat". Huey Longs "Verbrechen" bestand darin, dass er Amerika und alle seine Bewohner wirklich liebte, und er war der allererste amerikanische Politiker, der voll und ganz verstand, was Roosevelt mit den Vereinigten Staaten tat. Huey Long machte sich zum Sprecher der Mittelschicht, die er zu Recht als Zielscheibe des Sozialismus sah, und sprach sich bei jeder nur erdenklichen Gelegenheit gegen den Sozialismus aus.

Die sozialistische/marxistische/kommunistische Maschinerie der Vereinigten Staaten bringt großen Hass gegen Long zum Ausdruck, den sie als "Personifizierung der faschistischen Bedrohung - den Mann, der am ehesten zum Hitler oder Mussolini Amerikas werden könnte" bezeichnet. Die kleinen Leute in Amerika sind so begierig auf einen Sprecher für ihre verzweifelte Lage, dass Long vermutlich bis zu 100.000 Briefe pro Tag erhält. Roosevelt gerät bei der Erwähnung von Huey Longs Namen in Rage und befürchtet, dass dieser ihm als nächster Präsident der Vereinigten Staaten nachfolgen könnte.

Ein Blizzard sozialistischer Propaganda fegte über Huey Long hinweg. Nie zuvor hatte sich eine solch beispiellose Kampagne des totalen Hasses gegen eine einzige Person gerichtet; es war beängstigend, es war beeindruckend. Roosevelt wurde jedes Mal von fast epileptischen Anfällen geplagt, wenn Huey Long neue Wahrheiten über die sozialistischen Programme enthüllte, die Roosevelt durchzusetzen im Begriff war. Huey Long greift Roosevelts britisch-sozialistische Fabian-"Abkommen" an und fordert das Volk auf: "Fordert diese Art von Autokratie heraus, fordert die Tyrannei heraus". Roosevelt versucht, Long wegen Steuerhinterziehung anzuklagen, doch dieser kommt ohne den geringsten Makel davon.

Das Roosevelt-Lager hatte nur noch eine Option: "Huey Long zu ermorden". Der Grund für die tiefe Besorgnis war Longs Vorstoß, die Rechte des Staates zu bekräftigen. Er lehnte das sogenannte "Bundesgeld" ab und erklärte einem begeisterten Publikum in Louisiana, er werde die Bundesregierung verklagen und eine einstweilige Verfügung erwirken, um alle Bundesbehörden und ihre Büros von den Grenzen des Bundesstaates Louisiana abzuziehen. Roosevelt bekam Angst; es war eine Aktion, vor der die Bundesregierung in täglicher Furcht lebte, eine Aktion, die die Bundesstaaten hinwegfegen und die Funktionen der Bundesregierung so weit einschränken konnte, dass sie innerhalb der Grenzen der ersten zehn Zusatzartikel der US-Verfassung operierte, die Flügel gestutzt, ihre Agenturen auf den District of Columbia beschränkt.

"Trotzen Sie dieser Art von Autokratie, trotzen Sie dieser Art von Tyrannei", rief Long aus, als er herausfand, dass die Bundesregierung versuchte, den Verkauf von Staatsanleihen des Staates Louisiana zu blockieren - Anleihen, die die Einnahmen liefern würden, die der Staat brauchte, um die "Bundesgelder" zu ersetzen, die er dem Staat befohlen hatte, nicht anzunehmen. 1935, als Roosevelt so nervös wie eine Katze auf dem Baum war, reiste Long nach Baton Rouge, um seinen Freund, Gouverneur Allen, zu besuchen. Als er das Büro des Gouverneurs verlässt, schießt ein Mann auf ihn. Der Angreifer, ein enger Freund Roosevelts, war Dr. Carl Weiss, der von Longs Wachen erschossen wurde, als es zu spät war, ihn zu retten, und Weiss tot am Boden lag.

Huey Long wird in ein Krankenhaus gebracht, wo er zwischen Leben und Tod schwankt. In seinem Nahtodzustand hatte Long eine

Vision von Amerikanern aus allen Gesellschaftsschichten, die seine Führung brauchten. Er schrie zu Gott: "Oh Herr, sie brauchen mich. Bitte lass mich nicht sterben. Ich habe noch so viel zu tun, Gott, ich habe noch so viel zu tun". Doch Long stirbt, niedergestreckt von einem sozialistischen Attentäter. Lincoln, Garfield, McKinley - sie alle versuchten, Amerika vor dem Wüten der Sozialisten zu schützen, sie alle bezahlten dafür mit ihrem Leben. Genau wie der Kongressabgeordnete L.T. McFadden, Senator William Borah, Senator Thomas D. Schall und Präsident Kennedy, nachdem sie dem Sozialismus abgeschworen hatten.

Der Sozialismus ist aufgrund seiner inhärenten und bösartigen Langsamkeit, mit der er dem Volk der Vereinigten Staaten drastische und ungewollte Veränderungen aufzwingt, weitaus gefährlicher als der Kommunismus. Es gibt nur einen Weg, diese gewaltsam gefährliche Bedrohung zu überwinden, und der besteht darin, dass das gesamte Volk so weit erzogen wird, dass es erkennt, womit es konfrontiert ist, und den Sozialismus Ellenbogen an Ellenbogen ablehnt. Dies kann und MUSS getan werden. "Einigkeit macht stark." Es gibt mehr von unseren Patrioten als von unseren Sozialisten. Alles, was wir brauchen, ist eine Führung und ein gebildetes Volk, um gegen die bösartige Tyrannei standzuhalten, die jeder Präsident seit Woodrow Wilson um unseren Hals zu binden half. Die Sozialisten können uns nicht alle töten! Lasst uns aufstehen und die Philister in einer Demonstration großer Einigkeit schlagen. Wir haben die verfassungsmäßige Macht, dies zu tun.

EPILOGEN

Die Amerikaner und die ganze Welt warteten darauf, dass der Hammer des Kommunismus zuschlagen würde, ohne sich bewusst zu sein, dass der Sozialismus eine größere Gefahr für einen republikanischen Nationalstaat wie den unseren darstellte. Wer hatte in der Zeit des Kalten Krieges Angst vor dem Sozialismus? Die Zahl der Schriftsteller, Kommentatoren und Prognostiker, die das behaupteten, konnte man an den Fingern einer Hand abzählen. Niemand war der Meinung, dass man sich um den Sozialismus Sorgen machen müsse.

Die Kommunisten haben uns einen großen Streich gespielt, indem sie unsere kollektiven Augen auf Moskau gerichtet hielten, während bei uns der schrecklichste Schaden angerichtet wurde. In den 25 Jahren, in denen ich schreibe, habe ich immer daran festgehalten, dass die größte Gefahr für das künftige Wohlergehen unserer Nation in Washington und nicht in Moskau zu finden ist. Das vom ehemaligen Präsidenten Reagan erwähnte "Reich des Bösen" ist nicht Moskau, sondern Washington und die sozialistische Kamarilla, die es kontrolliert.

Die Ereignisse am Ende des 20. Jahrhunderts bestätigen die Richtigkeit dieser Behauptung. 1994 haben wir einen Sozialisten an der Spitze der nationalen Angelegenheiten, der geschickt von einer demokratischen Partei unterstützt wird, die 1980 den Kommunismus/Sozialismus angenommen hat, und da über 87% der Demokraten im Repräsentantenhaus und im Senat ihre sozialistischen Farben zur Schau stellen, gehen die Versuche des Volkes, den Kurs der Nation an der Wahlurne zu ändern, ins Leere.

Die "überschüssige" Weltbevölkerung - einschließlich der USA - wird bereits durch mutierte, im Labor hergestellte Viren dezimiert, die Hunderttausende von Menschen töten. Dieser Prozess wird gemäß dem Völkermordplan Global 2000 des Club of Rome beschleunigt, sobald die Massen ihre Aufgabe erfüllt haben. Die in Sierre Leone begonnenen Experimente mit mutierten Viren des Lassa-Fiebers und der Visna-Medien werden im August 1994 in den Labors der Harvard-Universität zu Ende geführt. Ein neues Virus, das noch tödlicher als AIDS ist, steht kurz vor der Freisetzung. Die neuen Grippeviren wurden bereits freigesetzt und sind tödlich wirksam. Diese mutierten Grippeviren sollen 100% effektiver sein als die Viren der "Spanischen Grippe", die in den letzten Tagen des Ersten Weltkriegs an den marokkanischen französischen Truppen getestet wurden. Wie die Lassa-Fieber-Viren geriet auch das Virus der "Spanischen Grippe" außer Kontrolle und fegte 1919 über die Welt und tötete mehr Menschen als die gesamten militärischen Verluste auf beiden Seiten des Ersten Weltkriegs. Nichts konnte ihn aufhalten. In den Vereinigten Staaten waren die Verluste erschreckend hoch. In den amerikanischen Großstädten wurde einer von sieben Menschen von der "Spanischen Grippe" dahingerafft. Die Menschen wurden morgens krank, litten an Fieber und schwächender Müdigkeit. Innerhalb von ein oder zwei Tagen starben sie - zu Millionen.

Wer weiß, wann die neuen mutierten Grippeviren zuschlagen werden? Im Jahr 1995 oder vielleicht im Sommer 1996? Niemand weiß es. Auch das Ebolafieber, dessen genauer Name "Ebola Zaire" lautet, benannt nach dem afrikanischen Land Zaire, in dem es zum ersten Mal auftrat, wartet hinter den Kulissen. Das Ebolafieber kann nicht aufgehalten werden; es ist ein gnadenloser Killer, der schnell handelt und seine Opfer entsetzlich entstellt und aus allen Körperöffnungen blutend zurücklässt. Vor kurzem ist das Ebola-Zaire-Virus in den USA aufgetreten, doch die Medien und die Zentren für Krankheitskontrolle berichten kaum darüber. Am medizinischen ForschungsInstitut der US-Armee wurden Forschungsexperimente mit dem Ebola-Virus und anderen sehr gefährlichen Keimen durchgeführt.

Was ist der Zweck der Auslösung dieser schrecklichen Killerviren? Als Grund wird die Bevölkerungskontrolle genannt, und wenn wir die Aussagen von Lord Bertrand Russell, Robert S. McNamara und H.G. Wells lesen, sind die neuen Killerviren nur das, was diese Männer angekündigt hatten. In den Augen des Komitees der 300 und der sozialistischen Kamarilla gibt es einfach zu viele unerwünschte Menschen auf der Erde.

Aber das ist nicht die ganze Geschichte. Der wahre Grund für den weltweit geplanten Massengenozid ist es, ein Klima der Instabilität zu schaffen. Nationen sollen destabilisiert werden, die Herzen der Menschen sollen durch Angst zum Pochen gebracht werden. Krieg ist Teil dieses Plans, und 1994 ist der Krieg überall. Es gibt keinen Frieden auf der Erde. In der ehemaligen Sowjetunion toben kleine Kriege; im ehemaligen Jugoslawien geht der Krieg zwischen den Fraktionen weiter, die ursprünglich von den britischen Sozialisten künstlich geschaffen wurden. Südafrika wird nie wieder das Land des Friedens sein, das es einst war; Indien und Pakistan sind nicht weit davon entfernt. Dies ist das Ergebnis von Jahren und Aberjahren sorgfältiger sozialistischer Planung.

Heute gibt es 100 Nationen mehr als 1945. Die meisten von ihnen sind auf einer wackeligen Allianz aus Stammes- und ethnischen Spaltungen mit religiösen und kulturellen Unterschieden aufgebaut. Sie werden nicht überleben, da sie geschaffen und ins Regal gestellt wurden, um den Prozess der Destabilisierung abzuwarten. Die USA werden durch eine intelligente sozialistische Langzeitplanung in ähnliche Spaltungen gedrängt. Im Jahr 1994 ist Amerika bereit, von rassischen, ethnischen und religiösen Unterschieden zerrissen zu werden. Amerika hat schon lange aufgehört, "eine Nation unter der Hand Gottes" zu sein. Keine Nation kann kulturelle Unterschiede überleben, vor allem wenn Sprache und Religion eine entscheidende Rolle spielen.

Die Sozialisten gehen über Präsident Clinton voran, um diese Realität, die wir an jedem 4. Juli zu verbergen versuchen, auszunutzen. Das nächste Jahrzehnt wird das Jahr der Explosion dieser Spaltungen sein. Amerika wird durch Einkommen, Lebensstil, politische Ansichten, Rasse und Geografie geteilt sein. Eine riesige Mauer, an der die Sozialisten bauen, seit sie Präsident Woodrow Wilson an die Macht gebracht haben, ist fast fertig. Diese Mauer wird Amerika in Besitzende und Enteignete teilen - mit der Mittelschicht in der letzteren Kategorie. Amerika wird wie jedes andere Land der Dritten Welt werden. Schöne Städte werden durch den Mangel an sozialen Dienstleistungen und Polizeischutz ruiniert werden, weil die bewusst um ihre Einnahmen gebrachten lokalen und staatlichen Regierungen nicht in der Lage sind, die steigenden

Kosten für Dienstleistungen und Schutz zu tragen. Das Verbrechen wird sich in den Vorstädten ausbreiten. Ehemals sichere Vorstädte werden zu von Kriminellen verseuchten Vorstädten werden. All das ist Teil des sozialistischen Plans, die Großstädte zu zerschlagen und Bevölkerungsgruppen zu zerstreuen - selbst in Ihren sicheren Vierteln, die in zehn Jahren oder mehr wahrscheinlich genauso kriminell und bandenverseucht sein werden wie heute die Innenstädte der amerikanischen Großstädte.

Die Illegalität wird nicht durch Abtreibung kontrolliert, weil Abtreibung darauf abzielt, die Geburtenrate der Mittelschicht einzudämmen. Die sozialistische Abtreibung und die freie Liebe von Frau Kollontay hatten immer das Ziel, die Mittelschicht daran zu hindern, zu mächtig zu werden. Die illegitime Geburtenrate wird wachsen und unter den armen Arbeitern zunehmen. Es gibt jetzt eine demografische Explosion von unehelichen Babys, die ohne Vater bei Müttern aufwachsen, die sich nicht um sie kümmern können oder wollen. Das ist der Fabianische Sozialismus in Aktion, die dunkle und böse Seite des Fabianischen Sozialismus, die immer versteckt wurde.

Die neue Randklasse, die in Amerika entsteht, wird aus Millionen von Arbeitslosen und Unbeschäftigten bestehen, was eine riesige, treibende und instabile Bevölkerung bedeutet, die sich nur der Kriminalität zuwenden kann, um zu überleben. Die Vorstädte werden von dieser Unterschicht und ihren Straßenbanden überschwemmt werden. Die Polizei wird nicht in der Lage sein, sie zu verhaften - und für eine gewisse Zeit wird man ihnen freie Hand lassen, um die Arbeit der Destabilisierung des Sozialismus zu erledigen.

Der schöne Vorort, in dem Sie derzeit leben, wird wahrscheinlich das Ghetto des Jahres 2010 sein, das von Tausenden von Gangs bevölkert wird, deren Mitglieder durch das Schwert leben. "Nach Mayberry gehen" wird immer üblicher werden, je mehr diese bösartigen jungen Schläger ihre Operationsgebiete ausweiten.

Die große Mehrheit der Amerikaner ist absolut nicht auf das vorbereitet, was auf sie zukommt. Sie lassen sich von sozialistischen Versprechungen einlullen, die niemals eingehalten werden können. Während die USA vor ihrem "Dünkirchen" stehen, wendet sich unser Volk zunehmend an die Regierung, um die Probleme zu lösen, die in erster Linie durch den Sozialismus geschaffen wurden - Probleme, bei denen weder Präsident Clinton noch seine Nachfolger auch nur die geringste Hoffnung haben, sie zu lösen, nur weil es als notwendig erachtet wird, Amerika zu DESTABILISIEREN.

Harte und bittere Zeiten liegen vor uns, alle Versprechungen der Demokratischen Partei sind nichts als klingende Becken. Da es an Bildung, Ausbildung und Arbeitsplätzen mangelt - industrielle Arbeitgeber werden entweder beseitigt oder ins Ausland verlagert - werden Scharen von Arbeitslosen auf der Suche nach dem von den Sozialisten versprochenen Leben durch die Straßen ziehen. Wenn sie ihre Arbeit getan haben und Amerika destabilisiert ist, wird die "überschüssige Bevölkerung" durch mutierte Viruskrankheiten ausgerottet werden, und zwar schneller, als wir uns vorstellen können.

Das haben die SOZIALISTEN vorausgesagt, aber nur wenige haben den Versprechungen von Bertrand Russell und H.G. Wells Beachtung geschenkt. Die Amerikaner beschäftigen sich mehr mit Baseball und Football, und zwar so sehr, dass zukünftige Historiker sich darüber wundern werden, wie die politische Massenpsychologie vom Volk nicht erkannt wurde und Widerstand leistete. "Sie müssen tief geschlafen haben, um es nicht zu sehen" wird das harte Urteil der Historiker der Zukunft lauten.

Kann man etwas tun, um die Verwüstung dieser Nation aufzuhalten? Ich glaube, was wir brauchen, ist, die Superreichen in den Reihen der Konservativen - und das sind viele - aufzuwecken und sie dazu zu bringen, eine Stiftung zu unterstützen, die einen Schnellkurs über die Verfassung der Vereinigten Staaten anbietet, der ausschließlich auf der Lektüre der Annals of Congress, der Globes of Congress und des Congressional Record basiert. Diese Dokumente enthalten die besten Informationen über die Verfassung sowie eine Vielzahl von Informationen über den Sozialismus und seine Pläne zur Errichtung einer einzigen Weltregierung - die Neue Weltordnung, das neue dunkle Zeitalter der Sklaverei.

Mit diesen Informationen bewaffnet, könnten Millionen von Bürgern ihre Volksvertreter, die verfassungswidrige Maßnahmen beschließen, zur Rede stellen. Wenn beispielsweise 100 Millionen informierte Bürger die Verfassungswidrigkeit einer

Gesetzesvorlage zur Verbrechensbekämpfung anfechten und deutlich machen würden, dass sie die Bestimmungen dieser Maßnahme nicht befolgen würden, weil sie zu 100 % verfassungswidrig ist, wäre diese Maßnahme niemals durch das Repräsentantenhaus und den Senat gekommen. Dies ist der einzige Weg, den der Patriotismus noch hat, um sich auszudrücken. Er kann und muss es tun.

Die Zeit ist spät. Denjenigen, die auf die Pläne der Sozialisten, die USA auf das Niveau eines beliebigen Dritte-Welt-Landes zu bringen, antworten: "Wir sind hier in den USA, das kann hier nicht passieren", würde ich sagen: "ES GESCHIEHT BEREITS ZU". Wer hätte noch vor wenigen Jahren geglaubt, dass ein unbekannter und undurchsichtiger Gouverneur eines relativ unbedeutenden Bundesstaates Präsident der Vereinigten Staaten werden würde - obwohl 56 % der Wähler GEGEN ihn gestimmt haben? Das ist SOZIALISMUS IN AKTION, der den USA unpopuläre und ungewollte Veränderungen aufzwingt.

DAS ERBE DES SOZIALISMUS; EIN FALLBEISPIEL

Am Freitag, dem 30. September 1994, um 9.40 Uhr wurde der 60-jährige Architekt Richard Blanchard in den Hals geschossen, nachdem er an einer roten Ampel am Rande des Stadtteils Tenderloin in San Francisco angehalten hatte. Als Blanchard am helllichten Tag in seinem Auto saß und darauf wartete, dass die Ampel umsprang, kamen zwei 16-jährige Schläger auf ihn zu, richteten eine Waffe auf ihn und forderten Geld. In diesem Moment änderte sich die Ampel und Blanchard versuchte zu fliehen. Er wurde in den Hals geschossen und ist heute vollständig gelähmt und wird im Krankenhaus am Leben gehalten.

Nach der derzeitigen Rechtslage darf der 16-jährige Schläger nicht namentlich genannt und sein Foto nicht veröffentlicht werden. Laut einem Bericht des *San Francisco Examiner* erklärte Blanchards Freund Alan Wofsy:

> "Das bedeutet, dass jemand in San Francisco nicht sicher ist, wenn er an einem normalen Arbeitstag an einer roten Ampel stehen bleibt. Das nimmt dem Leben die Unschuld. Die Vorstellung, dass Sie bei der Erfüllung Ihrer normalen täglichen

Aufgaben wachsam sein müssen, weil Ihnen Ihr Leben genommen werden könnte, bedeutet, dass es keine Grenzen für zivilisiertes Verhalten mehr gibt. Ein weiterer Teil dieser Tragödie ist, dass es sich um einen Mann handelt, dessen Hände ihm alles bedeuteten. Wegen einer Kleinigkeit wurde ein Mann von einem wunderbaren Architekten zu einem Querschnittsgelähmten".

Die Antwort der Polizei auf diesen Albtraum lautete:

"Drehen Sie Ihre Fenster hoch und verriegeln Sie Ihre Autotüren. Wenn jemand eine Waffe auf Sie richtet, geben Sie ihm, was er will. Es lohnt sich nicht, Ihr Leben wegen einer Uhr oder einer Brieftasche zu verlieren".

Dies ist das Erbe des Sozialismus:

"Gebt den kriminellen Schlägern nach, weil die Polizei euch nicht schützen kann und weil ihr, nachdem ihr durch eine sozialistische Gesetzgebung, die zu 100 % verfassungswidrig ist, entwaffnet worden seid, euch nicht mehr schützen könnt."

Nach dem Abgang der Erzsozialisten Art Agnos und Diana Feinstein (beide ehemalige Bürgermeister von San Francisco) war San Francisco das, was sie daraus gemacht hatten: ein sozialistischer Albtraum. Hätte Herr Blanchard von seinem verfassungsmäßigen Recht, eine Waffe in seinem Auto zu tragen, Gebrauch machen dürfen, hätten es sich die Schläger, da sie dies wussten, wahrscheinlich zweimal überlegt, ob sie sich ihm oder einem Bürger, der Waffen trägt, nähern sollten.

Aber dank der verfassungswidrigen Aktionen von Sozialisten wie Feinstein wurden die Bürger Kaliforniens und vieler anderer Staaten entwaffnet, und nun wird ihnen geraten, angesichts bewaffneter Krimineller "standhaft" zu bleiben. Was würden die Siedler, die sich weigerten, eine Teesteuer von einem Penny pro Pfund zu zahlen, wohl über das moderne Amerika und ein solches offizielles Eingeständnis des völligen und abscheulichen Versagens des Staates beim Schutz seiner Bürger denken?

Blanchards tragische Geschichte wiederholt sich monatlich tausendfach in den gesamten Vereinigten Staaten. Was wir brauchen, ist eine Rückkehr zur Verfassung, mit einer Auskehrung aller Waffengesetze und weichen sozialistischen Gesetze, die kriminelle Schläger wie denjenigen, der Blanchard erschossen hat, schützen. Jeder Bürger hat das Recht, Waffen zu behalten und zu tragen. Wenn die Bürger von diesem Recht in großem Umfang Gebrauch machen würden und wenn es allen bekannt wäre, würde die Kriminalitätsrate zusammenbrechen. Kein Rowdy würde es wagen, sich einem Autofahrer zu nähern, wenn er eine Waffe offen zur Schau stellt.

Die Flutwelle des Sozialismus fegt alles weg, was ihr in den Weg kommt. Diese Flutwelle muss sehr schnell angegangen und zurückgedrängt werden, sonst sind die Vereinigten Staaten wie das antike Griechenland und Rom dem Untergang geweiht. Die Polizei berichtet uns, dass sie unter Personalmangel leidet und nicht über die nötigen finanziellen Mittel verfügt, um der Kriminalitätswelle Herr zu werden. Doch im selben Atemzug peitscht Clinton ein verfassungswidriges Gesetz namens "Kriminalitätsbekämpfung" durch, das zum großen Teil ein sozialistisches Transferprogramm mit sehr wenig Hilfe für unsere Polizei ist...

In Washington D.C., der nationalen Hauptstadt des Verbrechens mit restriktiveren Gesetzen zum Waffenbesitz als in jeder anderen Stadt, forderte der Bürgermeister den Präsidenten kürzlich auf, die Nationalgarde zu entsenden, um der Gewalt der schwarzen Gangs entgegenzutreten. Clinton lehnte ab, genehmigte jedoch die Verwendung von Haushaltsmitteln, um die Parkpolizei und den Secret Service für Straßenpatrouillen einzusetzen. Die Ergebnisse waren spektakulär: Die Zahl der bandenbedingten Schießereien ging um 50 % zurück.

Dann ging das Geld aus und der Geheimdienst und die Parkpolizei wurden von den Straßen von Washington D.C. abgezogen. Die Schießereien und die Gewalt nahmen wieder zu. "Wir haben einfach nicht das Geld, um dieses Programm fortzusetzen", sagte ein Sprecher des Weißen Hauses dem Fernsehsender ABC. WARUM NICHT? Wie können wir es uns leisten, 20 Milliarden Dollar an AUSLÄNDISCHER HILFE zu geben, was zu 100 % verfassungswidrig ist, und gleichzeitig nicht in der Lage sein, wesentliche Programme zur Verbrechensverhütung in Washington zu finanzieren, dem einzigen Ort, an dem die Bundesregierung für den Polizeischutz zuständig ist? Das ist das Erbe des Sozialismus, der Weg in die Sklaverei durch Terror und Kriminalität.

QUELLEN UND ANMERKUNGEN

"Foreign Affairs" (Auswärtige Angelegenheiten). CFR Journal, April 1974. Gardner, R.

"Ein Interview mit Edward Bellamy" Frances E. Willard, 1889. "Boston Bellamy Club". Edward Bellamy, 1888.

"Der Fabianismus im politischen Leben Großbritanniens 1919-1931". John Strachey.

Siehe auch "Left News", März 1938.

"Rand Institute School of Studies Bulletin 1952-1953". Upton Sinclair. "Das wirtschaftliche Denken von John Ryan". Dr. Patrick Gearty.

"Die Zusammenarbeit zwischen Sozialisten und Kommunisten". Zigmunt Zaremba, 1964. "Korruption in einer profitorientierten Wirtschaft". Mark Starr.

"Beratende Kommission der Vereinigten Staaten". Mark Starr. "Americans for Democratic Action" (Amerikaner für Demokratische Aktion). (ADA)

"The Case Against Socialism: A Manual for Conservative Speakers" (Der Fall gegen den Sozialismus: Ein Handbuch für konservative Redner). Rt. Hon A.J. Balfour, 1909.

In den "The Fabian News" von 1930 wird Rexford Tugwell als Geschäftspartner von Roosevelt und dem Gouverneur Al Smith von New York erwähnt, und erneut in den "Who's Who" von 1934. Tugwell war auch eng mit Stuart Chase, dem Autor von "A New Deal", verbunden. Tugwell arbeitete an der Wirtschaftsabteilung der Columbia University.

"The Fabian Society" (Die Fabian-Gesellschaft). William Clarke, 1894.

"Neue Grenzen" (New Frontiers). Henry Wallace.

"Ein neuer Pakt". Stuart Chase, 1932.

"Philip Dru, Administrator". Haus Edward Mandell, 1912.

"Große Gesellschaft". Graham Wallace

"Der Beveridge-Plan". William Beveridge. Wurde zum "Plan" für die Sozialversicherung in den USA.

"Der Sozialismus, utopisch und wissenschaftlich". Federick Engels, 1892.

"Bernard Shaw". Ervine St. John, 1956.

"Der Oberste Gerichtshof und die Öffentlichkeit". Felix Frankfurter, 1930.

"The Essential Lippmann-A Philosophy for Liberal Democracy". Clinton Rossiter und James Lare.

"John Dewey und David Dubinsky". Biografie in Bildern, 1952.

"Hugo Black, die Alabama-Jahre". Hamilton und Van Der Veer, 1972.

"Eine Geschichte des Zionismus". Walter Lacquer.

"Die Gesellschaft des Überflusses". John Galbraith, 1958.

"Die Säulen der Gesellschaft". A.G. Gardiner, 1914.

"Bulletin der Rand School of Social Sciences". 1921-1935.

"Das andere Amerika: Armut in den Vereinigten Staaten". Michael Harrington, 1962

"Geschichte des Sozialismus". Morris Hilquit, 1910.

"Holmes-Laski-Briefe". Die Korrespondenz von Richter Holmes und Harold Laski. De Wolfe, 1953.

"Intime Papiere von Oberst House" C. Seymour, 1962.

"Die wirtschaftlichen Folgen des Friedens". John Maynard Keynes, 1925.

"General Theory of Economics" (Allgemeine Theorie der Wirtschaft). John Maynard Keynes, 1930.

"Die Krise und die Verfassung, 1931 und danach". Harold J. Laski, 1932.

"Aus den Tagebüchern von Felix Frankfurter. Joseph P. Lash, 1975.

"Harold Laski: A Biographical Memoir". Kingsley Martin, 1953.

"Memories of a Socialist Snob" (Erinnerungen eines sozialistischen Snobs). Elizabeth Brandeiss, 1948.

"Der Nationale Plan für Existenzgrundlagen". Prestonia Martin, 1932.

"Reminiszenzen an Felix Frankfurter". Philip Harlan, 1960.

"Kommentare zur Verfassung der Vereinigten Staaten". Joseph Story, 1883.

Everson gegen den Bildungsrat. Dies ist der erste sozialistische Triumph in der Umkehrung der Fälle von Schulen mit Religionsklauseln. Es gab keinen rechtlichen Präzedenzfall, um Eversons Argument vor Gericht zu stützen. Es gibt nichts in der Verfassung, um die von Jefferson beschriebene sogenannte "Trennmauer" zu unterstützen, und sie ist auch nicht Teil der Verfassung. Der erste Verfassungszusatz hatte NICHT zum Ziel, den Staat von der Religion zu trennen, was im Fall Everson plötzlich als verfassungskonform angesehen wurde. Wie konnte eine einfache rhetorische Figur, die von Jefferson geäußert wurde - und auch das nur in Bezug auf den Staat Virginia - plötzlich zu einem Gesetz werden? Durch welches Verfassungsmandat wurde dies getan, und durch welchen Präzedenzfall? Die Antwort lautet in beiden Fällen KEINE.

Die "Trennmauer" war für Frankfurter ein Vorwand, um seine Voreingenommenheit gegen die christliche Religion und insbesondere gegen die katholische Kirche auszuüben. Wir wiederholen: Es gibt keine verfassungsmäßige Bestimmung für diese mythenhafte "Trennmauer zwischen Kirche und Staat". In dieser Hinsicht wurde Frankfurter stark von dem antikatholischen

Harold J. Laski und dem Richter Oliver Wendell Holmes beeinflusst, die beide hartgesottene Sozialisten waren. Laski war der Ansicht, dass "Bildung, die nicht säkular und obligatorisch ist, überhaupt keine Bildung ist... Die katholische Kirche sollte auf die Vorhölle beschränkt werden ... und vor allem auf den Heiligen Augustinus ... Die Unfähigkeit der katholischen Kirche, die Wahrheit zu sagen ... macht es unmöglich, mit der römisch-katholischen Kirche Frieden zu schließen. Sie ist einer der ständigen Feinde von allem, was im menschlichen Geist anständig ist". Darüber hinaus war Black ein begeisterter Leser der Publikationen des Schottischen Ritus der Freimaurerei, in denen die katholische Kirche vehement verurteilt wurde. Dennoch sollen wir glauben, dass Richter Black keinen extremen persönlichen Schaden angerichtet hat, als er zu Gunsten von Everson entschied!

"Ausgewählte Korrespondenz 1846-1895". Karl Marx und Frederich Engels.

"Edward Bellamy." Arthur Morgan, 1944.

"Fabian Quarterly". 1948. Die Fabian Society.

"Ein amerikanisches Dilemma." Gunnar Myrdal, 1944.

"Fabian Research" (Fabian-Forschung). The Fabian Society.

"Gedanken über das Ende einer Epoche" Dr. Reinhold Niebuhr, 1934.

"Die Geschichte der Fabian Society". Edward R. Pease, 1916.

"Der Roosevelt, den ich kannte". Frances Perkins, 1946.

"The Fabian Society, Past and Present" (Die Fabian-Gesellschaft, Vergangenheit und Gegenwart). G.D.H. Cole, 1952.

"Die Dynamik der sowjetischen Gesellschaft".

"Die Vereinigten Staaten in der globalen Arena". Walt W. Rostow, 1960.

"Arbeit in Großbritannien und in der Welt" Dennis Healey, Januar 1964.

"Das Zeitalter von Roosevelt". Arthur Schlesinger, 1957.

"Am 4. Juli 1992." Edward Bellamy, Juli 1982.

"Mr. House aus Texas". A. D.H. Smith, 1940.

"New Patterns for Primary Schools" (Neue Muster für Grundschulen). Fabian Society, September 1964.

"Die kommende amerikanische Revolution". George Cole, 1934.

"H.G. Wells und der Weltstaat". Warren W. Wagner, 1920.

"Bildung in einer Klassengesellschaft". Edward Vaizey, November 1962.

"Der Sozialismus in England". Sydney Webb, 1893.

"Der Verfall der kapitalistischen Zivilisation. " Beatrice und Sydney Webb, 1923.

"Ernest Bevin". William Francis, 1952.

"Social Security" (Soziale Sicherheit). The Fabian Society, 1943 (Anpassungen des Beveridge-Plans).

"Die neue Freiheit". Woodrow Wilson, 1913.

"Aufschwung durch Revolution". (Angeblich das Gedankengut von Lovett, Moss und Laski) 1933.

"What a Education Committee can do in Primary Schools" (Was ein Bildungsausschuss in Grundschulen tun kann). Fabian Society, 1943.

"Die amerikanischen Fabianer" Periodika der ADA, 1895-1898.

"Roosevelt an Frankfurter". Dezember 1917. Briefe von Theodore Roosevelt, Library of Congress.

"Reichtum gegen das Commonwealth". Henry Demarest Lloyd, 1953.

"The Need for Militantism: The Socialism of our Time" (Die Notwendigkeit der Militanz: Der Sozialismus unserer Zeit), 1929. Enthält eine Erklärung von Roger Baldwin, in der er die Revolution in den USA befürwortet.

Rede "Freedom in the Welfare State" von Senator Lehman, in der er fälschlicherweise behauptet, dass "die Gründerväter den Wohlfahrtsstaat eingeführt haben". Veröffentlicht 1950.

"Rexford Tugwell" zitiert in Rand School Bulletins, 1934-1935.

"American Civil Liberties Union (ACLU)". Sie wurde im Januar 1920 gegründet und hieß damals "Civil Liberties Bureau". Viele ihrer Ideen stammen aus dem Buch "The Man Without a Country" von Philip Nolan. Die Aussage von Robert Moss Lovett: "Ich hasse die Vereinigten Staaten! Ich wäre bereit, die ganze Welt explodieren zu sehen, wenn dadurch die Vereinigten Staaten zerstört würden" kommt den Gefühlen, die Nolan in seinem Buch zum Ausdruck bringt, sehr nahe. Die Juni-Ausgabe 1919 von "Freedom" berichtet über die Gründung der ACLU, nennt Namen, darunter auch den des Gründers, Reverend John Nevin Sayre.

Weitere Quellen der ACLU "Freedom Through Dissent", 30. Juni 1962. Auch Rogers Baldwin, Gründungsmitglied der ACLU, "The Need for Militancy" und "The Socialism of our Times" von Laidler.

"Walter Reuther." Vorsitzender des Verbands der Automobilarbeiter. Arbeitete eng mit der Liga für industrielle Demokratie zusammen. Aus "Fourty Years of Education" (Vierzig Jahre Bildung). LID, 1945. Siehe auch Congressional Record House, 16. Oktober 1962 Seiten 22124-22125. Siehe auch Louisville Courier Journal. "Sweden: The Middle Way", Marquise Child.

"The Southern Farmer", Aubrey Williams (Bericht des House Unamerican Activities Committee von 1964).

"Woodrow Wilson". Material aus "The New Freedom" Arthur Link, 1956. Albert Shaw, Chefredakteur der "Tribune" in Minneapolis. Shaw schrieb auch "Review of Reviews". "The Year 2000: A Critical Biography of Edward Bellamy" von Sylvia Bowman, 1958. "International Government" veröffentlicht von Brentanos New York, 1916. Untersuchungsausschuss des Senats des Bundesstaates New York 1920. Dieser Ausschuss untersuchte die Rand School wegen aufrührerischer Aktivitäten. Der MI6 wies Wilson an, die Akten des Military Intelligence Bureau über subversive Elemente in der sozialistischen Fabian-Orbita zu vernichten, ein Befehl, den Wilson ausführte. Berichtet in "Our Secret War" von Thomas Johnson. "A American Chronicle", Ray Stannard Baker, 1945. "Record of the Sixty Sixth Congress", Seiten 1522-23, 1919. Anhörung des Unterausschusses für die richterliche Gewalt, 87.

Kongress, 9. Januar - 8. Februar 1961. "The Road to Security" (Der Weg zur Sicherheit). Arthur Willert, 1952. "Fabian News" Oktober, 1969. "Note for a biography" (Anmerkung für eine Biographie). 16. Juli 1930. Auch: "New Republic". "Social Agitation" von Reverend Lyman Powell, 1919 (Powell war ein alter Freund Wilsons).

"Der Krieg des Herrn Wilson". John Dos Passos, 1962.

"The New Statesman", Artikel von Leonard Woolf, 1915.

"Florence Kelley", (mit bürgerlichem Namen Weschnewetsky.) Kelleys Geschichte wird in "Impatient Crusader, Florence Kelley's Life Story" von Josephine Goldmark, 1953, erzählt. Magazin "Survey", Paul Kellog, Herausgeber. "The Nation", Freda Kirchway. "The Roosevelt I Knew", Kelley, 1946. Kelley war ein "Reformer des Sozialreformers" und Direktor der League of Industrial Democracy (LID) 1921-1922, Nationalsekretär der National Consumers League und zahlloser Frontorganisationen der Fabianischen Sozialisten.

Senator Jacob Javitts. Eng mit der Fabian Society in London verbündet, erhält er ein Glückwunschkabel von Lady Dorothy Archibald. Das Symposium "Freedom in the Welfare State" applaudierte Javitts und seiner Arbeit für den Sozialismus. Javitts stimmte für die sozialistischen Vorschläge der ADA und erzielte eine fast perfekte Punktzahl von 94 %. Nahm 1952 am "Roundtable on Democracy: Needed A Moral Awakening in America" teil. Weitere Personen, die mit Javitts zusammensaßen, waren Mark Starr, Walter Reuther und Sydney Hook.

"Konstitutionelle Befugnisse eines Präsidenten". Findet sich in Abschnitt II der Verfassung der Vereinigten Staaten. Congressional Record 27. Februar 1927.

"Gesetzentwurf über Kredite mit allgemeiner Unzulänglichkeit".

"Congressional Record, House, 26. Juni 1884 Seite 336 Appendix thereto". Hier sehen wir, warum Bildung das Mittel ist, mit dem der sozialistische Ansturm abgefedert werden kann.

"Der Geist und der Glaube". A. Powell Davies, herausgegeben von Richter William 0. Douglas. Davies, der Anhänger der Unitarian Church von Richter Hugo Black, schrieb auch "American Destiny (A Faith for America)" im Jahr 1942 und "The Faith of an

Unrepentant Liberal" im Jahr 1946. Der Einfluss, den Davies auf die Richter Douglas und Black hatte, zeigt sich in den sozialistischen Fragen, die diese beiden Richter in den Entscheidungen des Obersten Gerichtshofs, an denen sie beteiligt waren, wohlwollend betrachteten.

"Schöne neue Welt" Julian Huxley. In diesem Werk fordert Huxley die Schaffung eines totalitären sozialistischen Staates in sehr großem Maßstab, der mit eiserner Hand regieren würde.

"Kommunismus und Familie". Frau Kollontay. In dem sie ihre Empörung und Empörung über die elterliche Kontrolle über Kinder und die Rolle der Frau in der Ehe und im Familienleben zum Ausdruck bringt.

"Brave New Family" Laura Rogers. Überraschenderweise wie der Titel von Huxleys "Brave New World". Rogers legt die von den Sozialisten seit langem geforderte Strategie dar, die Kontrolle über die Kinder zu übernehmen und sie der elterlichen Kontrolle zu entziehen, und zwar nach den von Madame Sinjowjew, der Ehefrau des abgebrühten sowjetischen Kommissars Gregori Sinowjew, vorgeschlagenen Linien.

"Congressional Record, Senate S16610-S16614". Zeigt, wie der Sozialismus versucht, die Verfassung zu untergraben.

"Congressional Record, Senat 16. Februar 1882 Seiten 1195-1209". Wie sich der Senatsausschuss mit den Mormonen befasste und wie er gegen die "Bill of Attainder" verstieß.

"Die Freiheiten des Geistes". Charles Morgan. In Bezug auf die sogenannte "Psychopolitik".

"Kommunistisches Manifest von 1848". Karl Marx.

"Congressional Record, Senat, 31. Mai 1924, Seiten 9962-9977." Beschreibt, wie die amerikanischen Kommunisten ihre Programme als Sozialismus verkleiden, und erklärt, dass sie sich nur im Grad unterscheiden.

Bereits erschienen

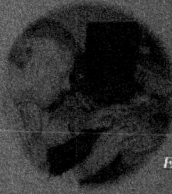

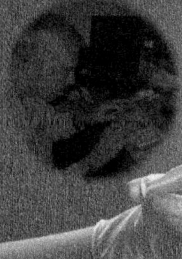

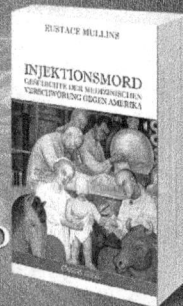

Durch die gesamte Geschichte der Zivilisation hindurch hat sich ein bestimmtes Problem für die Menschheit als konstant erwiesen

OMNIA VERITAS LTD PRÄSENTIERT:

NEUE GESCHICHTE DER JUDEN VON EUSTACE MULLINS

Ein einziges Volk irritierte die Nationen, die es in allen Teilen der zivilisierten Welt willkommen geheißen hatten

EUSTACE MULLINS

DER FLUCH VON KANAAN
Eine Dämonologie der Geschichte

Die große Bewegung der modernen Geschichte bestand darin, die Anwesenheit des Bösen auf der Erde zu verbergen

OMNIA VERITAS LTD PRÄSENTIERT:

DIE WALL STREET TRILOGIE VON ANTONY SUTTON

"Professor Sutton wird für seine Trilogie in Erinnerung bleiben: Wall St. und die bolschewistische Revolution, Wall St. und FDR und Wall St. und der Aufstieg Hitlers."

Diese Trilogie beschreibt den Einfluss der Finanzmacht bei drei Schlüsselereignissen der jüngeren Geschichte

www.ingramcontent.com/pod-product-compliance
Lightning Source LLC
Chambersburg PA
CBHW071636270326
41928CB00010B/1945